Tradutores
Carlos Henrique Trieschmann
Michele Casquilho

O Manual do Líder

Um Guia para Inspirar sua Equipe e Gerenciar o Fluxo de Trabalho no Dia-a-Dia

Peter R. Scholtes

Autor do *Best-Seller* TIMES DA QUALIDADE

PARA FAZER AS COISAS ACONTECEREM

PARA VÊ-LAS REALIZADAS

O Manual do Líder

Um Guia para Inspirar sua Equipe e Gerenciar o Fluxo de Trabalho no Dia-a-Dia

QUALITYMARK EDITORA

Tradução do original em inglês The Leader's Handbook.

Direção Editorial
SAIDUL RAHMAN MAHOMED

Produção Editorial
EQUIPE QUALITYMARK

Tradutores
BÁZAN TECNOLOGIA E LINGÜÍSTICA
(CARLOS HENRIQUE TRIESCHMANN E MICHELE CASQUILHO)

Editoração Eletrônica
UNIONTASK

CIP-BRASIL. CATALOGAÇÃO-NA-FONTE
SINDICATO NACIONAL DOS EDITORES DE LIVROS, RJ.

S391m Scholtes, Peter R.

O manual do líder: um guia para inspirar sua equipe e gerenciar o fluxo de trabalho no dia-a-dia/Peter R. Scholtes; tradução Bazán Consultoria e Lingüística (Carlos Henrique Trieschmann e Michele Casquilho). – Rio de Janeiro: Qualitymark Ed., 1999.

Tradução de: The leader's handbook.
Inclui bibliografia.

ISBN 85-7303-203-0

1. Liderança. 2. Administração de empresas. I. Título.

99-0091

CDD 658.4092
CDU 65.012.41

1999
Qualitymark Editora Ltda.
Rua Felipe Camarão, 73
20511-010 – Rio de Janeiro – RJ
Tels.: (021) 567-3311 e 567-3322
Fax: (021) 204-0687
QualityPhone:
0800-263311
E-Mail: quality@unisys.com.br

IMPRESSO NO BRASIL

Dedico este livro às pessoas que me proporcionaram uma vida cheia de amor e apoio muito além da medida e da lembrança:

Minha mãe (Mary), meu pai (Peter) e minhas irmãs (Carol e Mary K.).

Meus filhos: Peter, Matthew, Jenna, e seu marido Paul, e Ben. Eles têm me dado, cada um de uma forma única, sabedoria, desafio, alegria e apoio, e me ajudado a dar-lhes retorno.

Peg, minha esposa e melhor amiga, também líder e gerente. Aquela que me ensina e me ajuda a ser mais prático e realista e que, além de tudo, ainda ri de quase todas as minhas brincadeiras.

Agradecimentos

Foi Isaac Newton quem disse: “Se pude enxergar mais longe que outros, foi porque subi nos ombros de gigantes.” Atribuo aos seguintes gigantes o simples fato de eu poder enxergar:

Dr. W. Edwards Deming, com quem aprendi tanto e cujos ensinamentos mudaram minha vida.

Dr. Kaoru Ishikawa e seu pai, Ichiro, pioneiros nas novas abordagens à liderança no Japão.

Dr. Malcolm Knowles, pioneiro no campo de aprendizagem de adultos, meu professor e amigo da Boston University.

Dr. Myron Tribus, que tem sido uma fonte de aprendizagem, amizade e apoio por mais de 15 anos e cujos escritos me familiarizaram com Deming e a nova abordagem à liderança.

Há outros com quem aprendi, e cujas idéias e sabedoria se encontram neste livro:

Dr. Brian Joiner, com quem trabalhei durante 10 anos e aprendi imensuravelmente. Se não fosse por Brian, não estaria hoje fazendo o que faço.

Dr. Bill Hunter, meu bom amigo, cuja falta eu tanto sinto desde sua morte em 1986. A primeira tentativa de aplicar a filosofia aqui descrita se deu com Bill a meu lado, ensinando-me, aprendendo comigo e aprendendo junto comigo.

Dr. Henry Neave, escritor, pesquisador, professor e um dos fundadores da British Deming Association, além de grande amigo.

Há muitos outros com os quais aprendi e que merecem muito mais do que uma simples menção. É o mínimo que lhes devo:

Dr. Russell Ackoff
Tony Alderidge
Yukihiro Ando
Dr. Nida Backaitis
Dr. Edward Baker
Tim Ball
Joop Bokern
Dr. George Box
Bill Braswell
Roland Coates
Clare Crawford-Mason
John Criqui
Lloyd Dobyns
Lynda Finn
Maurice Fletcher
Liz Freeman
Tim Fuller
Conrad Fung
Dorothy Gill
Spencer Graves
Heero Hacquebord
Britt Hall
Knapp Hudson
Barbara Hummel
Masaki Imai
Mary Jenkins
Nye John
Noriaki Kano
David Kerridge
Alfie Kohn
Phil Landesberg
David Langford
Barbara Lawton
Bill Lawton
Kevin Little
Dawna Markova
Kathryn Metzger
Ron Moen
Tom Mosgaller
Tom Nolan
Daniel Oestreich
Joyce Orsini
Chris Oster
Frank Pilecki
Gipsie Ranney
Debbie Ray
Virginia Satir
Bill Scherkenbach
David Schwinn
Carol Schwinn
Ronald Snee
Rob Stiratelli
Mike Tveite
Lonnie Weiss
Donald Wheeler

Muitas pessoas me ajudaram no processo de elaboração deste livro.

Jenna Casbarro Hansen atuou como gerente do projeto e pessoa para contatos em meu escritório.

Bj Orllon-Rauen fez o trabalho de copidesque nas muitas versões preliminares deste livro.

Jack Covert, da Swartz Book Store, em Milwaukee, encorajou-me e ajudou-me nos momentos críticos.

Dale Mann, um filósofo cartunista, que ilustrou o *Manual do Líder*, compartilhou conosco seu talento, desta vez, neste livro.

Matthew Scholtes assumiu vários projetos de pesquisa para seu pai. ("De onde exatamente veio a citação de Wendell Holmes?")

Peter S. Scholtes é um dos melhores revisores de original que eu já tive abelhudando meus escritos.

Outros que fizeram contribuições aos manuscritos:

Tony Aldridge
Edward Baker
Jim Chandler
Patricia Clark
Maury Cotter
John Criqui
Liane Dolezar
Lynda Finn
Spencer Graves
Barbara Hummel
March Jaques
Phil Landesberg
Madison Public Library Reference Desk
Dave Nave
Lisa Nave
Kathleen Paris
Judy Schector
Myron Tribus
Al Viswanathan
Bill Warner

Prólogo

Russell L. Ackoff[1]

Peter Scholtes é um educador, não um guru. Um guru é alguém que desenvolve uma doutrina e busca discípulos que a aceitem e a transmitam sem alterá-la. Não se admitem desvios. Qualquer modificação é sinal de deslealdade, até mesmo de heresia, cuja conseqüência é a excomunhão.

Educadores, por outro lado, encorajam e até tentam inspirar progressivos desvios daquilo que professam. Seu objetivo não é eliminar a necessidade de se prosseguir na aprendizagem, como o do guru, mas sim de dar início ao processo — prover um trampolim a partir do qual os alunos possam mergulhar em suas próprias mentes, descobrir e desenvolver o que lá encontram.

O número de gurus da gerência vem crescendo em proporções alarmantes. Ainda não temos um guru para cada gerente, mas estamos caminhando rapidamente nesta direção. O sucesso máximo de um guru é produzir a moda da semana, ser o número 1 na parada de sucessos gerencial. Bem-sucedidos ou não, os gurus pregam panacéias cuja validade fingem ter recebido diretamente do Grande Gerente dos céus, que, na verdade, reside em suas mentes.

O que os educadores ensinam vem da experiência, de sua própria e das alheias, não de revelações. Este livro é produto da destilação e condensação de anos de rica experiência de uma pessoa que tem o dom de aprender com esta experiência. Diferentemente de outros livros que lidam com gerência, este é relevante para gerentes em todos os níveis, da base até o topo, do topo para a base e para os lados. Ele lida com as interações dos gerentes em seu próprio nível e, nos demais níveis, com os outros. Assume uma visão sistêmica e focaliza interações, não ações. Lida com quase todos os aspectos gerenciais em todos os níveis da organização. Em resultado, o livro é consistente e condensado. Assim

---

[1] Dr. Ackoff é presidente do conselho da Interact, the Institute for Interactive Management, e professor emérito da Wharton School. É autor de 19 livros.

sendo, não se deve tentar lê-lo de uma só tacada. É essencial que haja tempo para se absorver o material apresentado e refletir sobre ele.

Sugiro que se forme um pequeno grupo de gerentes ou estudantes de gerência, e que cada capítulo seja destacado para leitura por cada integrante, separadamente, e depois o grupo se reúna para discutir sobre o que foi lido. Devem discutir sobre o que concordam e o que não concordam e, mais importante, sobre como o que leram afetará seu comportamento. A discussão deve também continuar posteriormente para, com base nas declarações feitas por cada um, acompanhar o que de fato fizeram de diferente como resultado da leitura do livro. A forma e a clareza da apresentação encorajam essas discussões.

O livro é sobre a necessidade de transformar a gerência, fazendo-a trocar o velho estilo de comando e controle pelo novo, inspirando-a para a liderança. Ele identifica as muitas mudanças que dão lugar a esta necessidade, incluindo o nível educacional cada vez mais elevado da força de trabalho, o crescente teor tecnológico do trabalho, a capacidade da maioria dos subordinados de realizar as tarefas melhor que seus chefes (tornando, portanto, obsoleta a supervisão), as restrições atualmente impostas que impedem os subordinados de usarem tudo que sabem ser relevante para suas atividades e o fato de os gerentes não enxergarem a necessidade de capacitar seus subordinados para fazerem melhor ainda amanhã o que hoje já fazem muito bem — isto é, dar-lhes meios de *se desenvolver*. O verdadeiro objetivo de um sistema social não é o crescimento, mas o desenvolvimento de todos os envolvidos. O crescimento, na melhor das hipóteses, é um meio, não um fim. (A preocupação com o crescimento é patológica.) Desenvolvimento significa um aumento no desejo e na capacidade de uma pessoa de satisfazer necessidades e desejos próprios e das outras pessoas. É somente através de contribuições simultâneas a todos os envolvidos que uma organização pode se desenvolver. Uma carroça, mesmo que puxada por vários cavalos, só consegue avançar na velocidade do mais lento deles.

Prefácio

Em outubro de 1992, eu estava em São Paulo, Brasil, apresentando um *workshop* de dois dias de duração para uma grande empresa merecidamente reputada como muito avançada na aplicação da filosofia e dos métodos da qualidade. No final do segundo dia, fui abordado por um vice-presidente que era considerado o melhor dos professores e promotores da filosofia de Deming. Aquele senhor olhou-me nos olhos e disse com profunda sinceridade: "Você chacoalhou meus miolos!"

De início, eu não tinha certeza se era um elogio ou uma crítica. Depois, eu vi o sorriso dele se esboçando nos cantos dos olhos. Ele tinha gostado da chacoalhada nos miolos.

Serei sempre grato a esse senhor. Ele colocou, em sua sumária declaração, o que penso ser, em sua maior parte, meu propósito. Sei que o que ensino é com freqüência fora do convencional e, às vezes, controverso. Para ser realista, não posso esperar que todos que lerem este livro aceitem minha mensagem.

No final, contudo, terei cumprido minha missão se você terminar a leitura com, pelo menos, a mente conturbada e os miolos chacoalhados. Como resultado ótimo, é claro, espero que este livro forneça orientação e compreensão úteis para o desenvolvimento de uma melhor abordagem à liderança em todas as organizações a que os leitores pertençam — no trabalho e fora dele.

Estes são alguns dos "chacoalhadores de miolos" que proponho, os ensinamentos não-convencionais deste livro:

> Mais de 95% dos problemas de sua organização advêm de seus sistemas, processos e métodos, e não de seus trabalhadores. Seu pessoal está fazendo o melhor, mas seus esforços não podem compensar a inadequação e disfuncionalidade de seus sistemas.
>
> Contamos com os esforços heróicos de indivíduos extraordinários para o sucesso de nosso trabalho. Em vez disto, devemos criar sistemas que permitam, rotineiramente, que um trabalho excelente resulte de esforços normais de pessoas normais.

Uma mudança no *sistema* mudará o que as pessoas fazem. Mudar o que as pessoas fazem não mudará o sistema.

Certas abordagens gerenciais comuns — gerência por objetivos, avaliação de desempenho, remuneração por mérito, remuneração por desempenho e ISO 9000 — não representam liderança, mas a abdicação da liderança.

Palavras de impacto hoje em dia, como *empowerment*, *responsabilidade* e *alta performance*, não significam coisa alguma, só blablablá.

Noventa e cinco por cento das mudanças efetivadas nas organizações não têm nada a ver com melhoria.

Do que mais os gerentes se gabam é de conseguir motivar as pessoas. As tentativas gerenciais de motivar as pessoas só pioram as coisas.

Por trás dos programas de incentivo está a coleção de pressupostos paternalistas e céticos da gerência em relação a seus trabalhadores. "Eu sou bom, você precisa de incentivos." Os gerentes dão a entender que os trabalhadores estão sabotando, guardando um pouco de seus esforços para quando chegar o suborno.

A história da raça humana é também a história da liderança humana. Por milhares de anos, a liderança tem sido hierárquica em sua estrutura. No Exodus, Jetro, sogro de Moisés, o aconselha a fazer o seguinte:

> Selecione entre todas as pessoas alguns homens que sejam capazes, honestos, que temam a Deus e que tenham aversão por ganhos impróprios, e faça deles capitães de divisões de 1.000, de 100, de 50 ou de 10 homens; deixe-os decidir pelas pessoas em todas as ocasiões comuns; os casos importantes eles deverão trazer até você. (18:21-22)

Isto, por sinal, faz de Jetro o primeiro consultor gerencial neste mundo. (Talvez isto explique por que logo depois, no versículo 27, "Moisés deu adeus a seu sogro" e nunca mais se ouviu falar de Jetro.) Este incidente também estabelece a consultoria gerencial como a segunda mais antiga profissão do mundo.

A questão é que, por milênios, nós, humanos, aprendemos a esperar hierarquia. Este ponto de vista é ilustrado pelo exército prussiano no século XVIII, usando o que hoje é o tradicional organograma (ver Figura 1-1). Como veremos, foi só em meados do século XX que esta visão hierárquica foi desafiada.

Uma nova abordagem à liderança começou no Japão em 1950. Naquela época ocorreu uma convergência de necessidades, oportunidades e recursos — as pessoas certas, com a coisa certa, no lugar certo, na hora certa. Pessoas como Deming, Homer Sarasohn, Charles Protzman, Frank Polkinghorn, Juran, Ichiro e Kaoru Ishikawa, entre outros, desde então recebem os créditos por terem iniciado uma nova revolução industrial. De fato, devido a eles o mundo do trabalho nunca mais será o mesmo. Este livro representa uma modesta contribuição à perpetuação de uma filosofia de liderança que se iniciou com aqueles que precederam Deming e os Ishikawas (Shewhart e outros) e que tem ultrapassado muitos que os sucederam.

O tema deste livro, portanto, é o seguinte: Há uma nova maneira de se fazerem negócios, uma nova filosofia de liderança e uma nova forma de se assegurar que o trabalho seja feito. Esta nova forma é muito mais eficaz do que a antiga, e muito mais divertida.

Esta nova forma é, contudo, profundamente diferente da que existia desde antes de Moisés e daquilo que aprendemos desde a primeira infância. Nossos instintos e reflexos como gerentes são moldados pelas nossas experiências e associações passadas — nossos pais e famílias, os diretores da escola, os professores, os orientadores, os supervisores e gerentes de nossos dias mais remotos. Nossos instintos de gerente são elásticos. Eles têm "memória". Podemos esticar nossas lembranças e reconfigurá-las, mas há grandes chances de que se revertam à sua forma anterior. Mudanças, para gerentes, são normalmente difíceis, mesmo quando são desejadas e sinceramente perseguidas.

Às vezes, a diferença entre uma maneira nova e uma antiga é tão sutil quanto profunda. Eis uma analogia:

> Num Natal, minha esposa e eu recebemos dois livros de arte Magic Eye™. Quando você observa arte Magic Eye™, você vê um vetor de cores e figuras. Você pode, entretanto, aprender a focalizar seus olhos de forma tal que uma imagem tridimensional emerja do vetor de cores e figuras. ("Veja, é uma girafa!") Mas você tem que aprender a observar de um jeito diferente. Duas pessoas podem olhar a mesma figura. Uma verá apenas as cores e figuras, a outra, algo completamente diferente. (Já me disseram que pessoas com astigmatismo não conseguem ver as figuras tridimensionais.)

O mesmo se aplica à gerência. Tomemos duas pessoas, uma firmemente entrincheirada no velho conjunto de premissas (atrás de cada problema há sempre alguém que o causou) e uma outra que desenvolveu uma visão sistêmica (atrás de cada problema há uma inadequação do sistema). Ambas observarão a mesma organização, o mesmo acontecimento e os mesmos resultados, mas cada uma delas verá algo bem diferente. Depois do desastroso derramamento de óleo na baía de Prince William, no Alaska, uma verá os sistemas da Exxon operando em disfunção, enquanto a outra verá como culpado o comandante Hazelwood do *Exxon Valdez.*

O MANUAL DO LÍDER E O MANUAL DAS EQUIPES

O único outro livro que escrevi foi o *The Team Handbook*, publicado pela Joiner Associates em 1988[2]. Se apresentado de forma cronologicamente sensata, O *Manual do Líder* deveria ter vindo *antes* do *Times da Qualidade.* Os líderes precisam aprender seus papéis antes de começarem a estabelecer suas equipes. Mas, naquela época, eu não sabia o que dizer aos líderes. Finalmente, o conhecimento e a experiência chegaram a mim e eu me senti pronto para escrever este livro.

Os dois livros têm muito em comum: a mesma filosofia subjacente, os mesmos valores vinculados a sistemas, pensamento estatístico, relações com as pessoas e aprendendo a dominar melhorias. As atividades de estabelecimento de direção descritas nos Capítulos 5 e 6 são o que idealmente precede o estabelecimento de equipes de projeto. As equipes serão muitíssimo mais eficazes quando o contexto e o propósito maiores tiverem sido cuidadosamente planejados.

Portanto, vejo os dois livros como peças que se acompanham. As similaridades de título e de aparência são intencionais, para transmitir a compatibilidade entre os dois.

O que espero é que aqueles que durante esses 10 anos aprenderam com *Times da Qualidade* e assumiram papéis de liderança encontrem igual utilidade neste livro.

UMA NOTA SOBRE A ESTRUTURA DESTE LIVRO

O Capítulo 1 oferece uma breve história sobre a filosofia gerencial. Há duas razões para começar com uma história. Uma é que eu adoro

[2] Este livro foi publicado em português, pela Qualitymark Editora, com o título *Times da Qualidade.*

história e acho que consigo aprender melhor se compreender o contexto histórico no qual as filosofias se desenvolveram. A outra é que acredito que a história nos permite compreender por que certas crenças existiram e por que podemos, agora, ser capazes de descartá-las. A compreensão da história se torna um prelúdio para a mudança. Uma boa compreensão da história é um pré-requisito para a melhoria.

Reconheço que a história do Capítulo 1 é centrada na história da gerência nos EUA. A história da gerência norte-americana é a que conheço melhor, embora seja também fascinado pela longa história da gerência na Europa e na Ásia. A Revolução Industrial começou na Inglaterra cerca de 100 anos antes de sua chegada à América. Mesmo assim, há muitos paralelos entre o que é descrito sobre os Estados Unidos no Capítulo 1 e o que estava ocorrendo em toda a Europa nessa mesma época. A influência central dos militares e as estradas de ferro, e como elas moldaram as abordagens gerenciais, constituíram fatores, tanto em países europeus quanto nos Estados Unidos.

Se você não compartilha do meu gosto pela história e prefirir saltar diretamente para os capítulos seguintes, fique à vontade para fazê-lo. Os Capítulos 2 e 3 explicam o coração da nova filosofia.

Os Capítulos 4, 5, 6, 7 e 8 descrevem várias aplicações práticas.

O Capítulo 9 ataca as premissas e práticas gerenciais mais perniciosas (avaliação de desempenho, remuneração por mérito, etc.) e oferece abordagens alternativas.

O Capítulo 10 traz um resumo do que significa liderar e ser um líder no mundo atual.

No final de cada capítulo estão perguntas e atividades destinadas a estimular a reflexão e a ajudá-los com aplicações dessas abordagens à sua própria situação. Com relação a essas perguntas e atividades, *não há respostas certas* (embora possa haver muitas erradas). As perguntas não consistem em um teste. Seu valor deve repousar na autobusca que inspiram e nas discussões que suscitam.

REFLEXÃO FINAL

Meu bom amigo Bill Hunter e eu costumávamos conversar sobre coisas esotéricas tais como o relacionamento da filosofia de Deming e os ensinamentos de Teilhard de Chardin. (Desde o falecimento de Bill, Claire Crawford-Mason é a única pessoa que conheço que compreende tanto Deming quanto Teilhard de Chardin.) Pierre Teilhard de Chardin foi um sacerdote, paleontólogo/geólogo, filósofo/teólogo e homem místico francês. Ele trabalhou na China durante mais de 20 anos no início do século XX. Foi um dos principais responsáveis pela descoberta do homem de Peking.

Teilhard de Chardin escreveu eloqüentemente sobre o futuro da evolução até sua morte na cidade de Nova Iorque, em 1955. Ele propôs que a humanidade está evoluindo em direção a um estado final, que ele chama de "*Omega Point*".

> Chegará o dia em que, depois de dominar o espaço, os ventos, as marés e a gravidade — depois de todas as realizações científicas e técnicas, deveremos dominar, em nome de Deus, as energias do amor. E então, nesse dia, pela segunda vez na história do mundo, o homem terá descoberto o fogo!
>
> — Pierre Teilhard de Chardin
>
> *O Fim do Mundo*

Intrigado com o "otimismo" de Teilhard de Chardin, Bill Hunter e eu explorávamos como a filosofia de Deming poderia ajudar a humanidade a evoluir para sistemas que criassem lugares melhores para se trabalhar e aprender, para se ter melhores governos, melhores instituições de assistência à saúde e melhores propósitos organizacionais de todo tipo. A filosofia de Deming, concluímos, representa um meio pelo qual as pessoas podem contribuir para a evolução do espírito humano. Portanto, à medida que você se dedica a melhorar seu local de trabalho e a satisfazer seus clientes, você passa a observar, conscientemente, os benefícios dessas melhorias *neste* momento e *neste* lugar. Seus esforços, porém, poderão ser parte de algo muito maior.

Se isto for verdadeiro, então o que teve início com Shewhart, Sarasohn, Deming, os Ishikawas e Juran, e o que teve prosseguimento com muitos de nós que seguimos seus passos — inclusive Bill Hunter e aquele senhor de São Paulo —, é mais do que uma nova Revolução Industrial. É parte de uma nova renascença.

Peter R. Scholtes

Madison, Wisconsin

RECURSOS

Juran, J. M., Ed. 1995. *A history of managing for quality.* Milwaukee: ASQC Press.

Teilhard de Chardin, Pierre. 1959. *The phenomenon of man.* Nova Iorque: Harper Brothers.

Seus comentários, *feedback* e dúvidas são bem-vindos. Para contatar-nos:

Endereço: Scholtes Seminars and Consulting, PO Box 259327, Madison, WI 53725-9327

E-mail: Peter@pscholtes.com

Fax: (608) 221-4935

Visite também nossa *home page*: www.pscholtes.com

Sumário

1 Desastres de Trem e Rádios Ruins: Como Chegamos Até Aqui

GERÊNCIA DOS DESASTRES DE TREM

Em outubro de 1841, dois trens de passageiros da Western Railroad colidiram em algum ponto entre Worcester, Massachusetts e Albany, estado de Nova Iorque, matando o maquinista e um passageiro, e ferindo dezessete passageiros. Esse desastre marcou o início de uma nova era gerencial (Chandler, 1977).

Até as primeiras décadas do século XIX nos Estados Unidos, e do século XVIII na Europa, os negócios ainda funcionavam mais ou menos como na Idade Média: indústrias artesanais, bens produzidos um a um no "fundo do quintal" e vendidos aos vizinhos. Não havia a figura do "gerente". Os proprietários dos negócios executavam eles mesmos o trabalho ou acompanhavam seus aprendizes e auxiliares, trabalhando com eles lado a lado (o *coach*). Na Europa, a qualidade era assegurada pelas guildas e suas marcas de aprovação.

Então começou-se a utilizar o coque como combustível na Inglaterra, e descobriu-se o carvão de antracito na Pensilvânia Ocidental, ambos possibilitando o início da produção e distribuição em massa. O proprietário de uma "fábrica de fundo de quintal" pôde então escolher entre contratar engenheiros que construíssem máquinas de produção em massa — e, em 1830, começar a utilizar o sistema ferroviário, em expansão, para fazer a distribuição em massa, ou continuar "no fundo do quintal", preocupando-se eternamente com a concorrência daqueles que adotavam a ferrovia e entravam na nova era industrial.

Foi uma época de profunda mudança de paradigma no pensamento gerencial, equivalente mesmo, no mundo dos negócios, ao abandono da visão da Terra como plana. Para os empresários, foi uma época realmente traumática, exigindo a reformulação de suas premissas e práticas no trabalho: Como, se perguntavam, iremos operar e controlar uma organização geograficamente dispersa?

Com exceção do Exército e da Igreja, havia poucos modelos para tais práticas gerenciais no século XIX. As ferrovias foram o primeiro setor a aprender a gerenciar nessa nova era. Nos EUA, a Western Railroad foi a primeira a se ampliar além das fronteiras regionais convencionais e a contar com uma programação complexa e vários trens na mesma linha. Também foi a primeira a sofrer um desastre colossal, precursor de maiores tragédias que viriam pela frente.

A jurisdição de Massachusetts abriu um inquérito para averiguar as causas da colisão, e os diretores da Western Railroad nomearam um comitê encabeçado pelo major George W. Whistler para descobrir uma saída. A recomendação do comitê teve um grande e imediato impacto no setor ferroviário e, pelas décadas seguintes, ajudou a configurar todas as práticas gerenciais nos EUA.

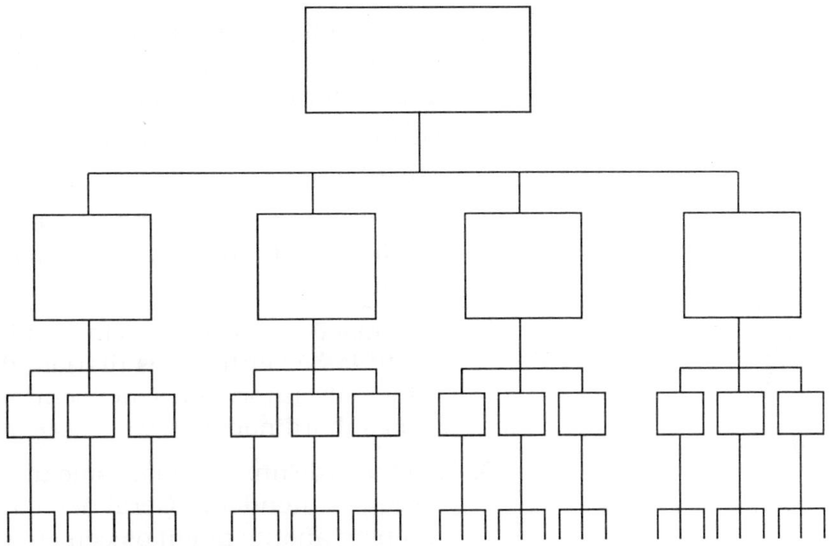

Figura 1-1. O organograma "desastre de trem".

Parte das recomendações para as ferrovias era uma estrutura organizacional que se parecia com o organograma "desastre de trem", da Figura 1-1. Embora o organograma padrão possa nos parecer tão antigo que não tenha antecedentes, ele foi adaptado do exército prussiano e introduzido nas práticas empresariais norte-americanas como uma forma de evitar desastres de trens! Em sua época era revolucionário. Suas características singulares eram:

- Escritórios centrais comandados por pessoas chamadas "gerentes" (um novo termo).
- Divisões funcionais distintas.
- Uma "cadeia de comando", linhas de autoridade bem claras.
- Linhas de comunicação e transmissão claras.
- Descrições claras das responsabilidades de cada indivíduo, desde o topo até a base.

Daniel McCallum, presidente da Erie Railroad, sofisticou, mais tarde, o organograma da Western Railroad, acrescentando-lhe seus *Seis Princípios de Administração*:

1. Uma divisão adequada de responsabilidades.
2. Poder suficiente conferido a fim de permitir que as responsabilidades sejam realizadas, que sejam reais em seu caráter (ou seja, autoridade compatível com responsabilidade).
3. Os meios para saber se essas responsabilidades são fielmente executadas.
4. Grande presteza no relatório de quaisquer desvios de responsabilidade, de forma que os males possam ser corrigidos de imediato.
5. Informações essas a serem obtidas através de um sistema de relatórios e verificações diárias, de forma a não embaraçar as principais autoridades, nem enfraquecer sua influência perante seus subordinados.
6. A adoção de um sistema, como um todo, que não apenas permita ao Superintendente-Geral detectar erros de imediato, mas que também aponte quem os cometeu. (Ver Chandler, 1977.)

Uma premissa fundamental da abordagem "desastre de trem" à gerência é que a causa primária de um problema é um "desvio de responsabilidade". A finalidade do organograma é a de especificar suficientemente as responsabilidades, de forma que a gerência possa atribuir a culpa rapidamente, caso outro desastre ocorra.

Não é de surpreender que esta abordagem gerencial tenha assumido um tom militar. Oficiais reformados das forças armadas tiveram grande influência na liderança dos primeiros empreendimentos. Os novos negócios dependiam das contribuições técnicas e gerenciais de engenheiros. Uma das poucas, e certamente a melhor, fontes de formação em engenharia nos Estados Unidos era a Academia Militar de West Point.

A era gerencial que teve início em meados do século XIX pode ser caracterizada como "gerência por resultados" (Joiner e Scholtes, 1985). Uma vez que os gerentes não podiam mais executar eles próprios o trabalho, ou comandar diretamente a execução, exerciam sua autoridade, responsabilizando as pessoas pelos resultados. Este modelo "desastre de trem" evoluiu nos Estados Unidos através dos anos a partir de 1840. Mais de um século depois, em 1950, a gerência por resultados foi

sintetizada na gerência por objetivos e na avaliação de desempenho, a "Harvardização", por assim dizer, da gerência "desastre de trem".

Desde o início da Revolução Industrial na Inglaterra, em 1730, até o presente, os gerentes têm continuamente se focalizado em indivíduos para imputar responsabilidade pelos resultados. Agora, em vez de escritos com uma pena, esses resultados são enviados por e-mail ou impressos a *laser*, mas a abordagem, em sua íntegra, não é muito diferente da dos *Princípios de Administração* de McCallum: "Grande presteza no relatório de quaisquer desvios de responsabilidade, de forma que os males possam ser corrigidos de imediato... detectar erros de imediato, mas... também apontar o culpado." Nossas operações são ótimas contanto que as pessoas cumpram o seu dever. Gerir seria facílimo, não fosse a existência dos empregados.

Da perspectiva vantajosa que temos hoje, é possível ver as falhas da gerência "desastre de trem", mas nossos antecessores tomaram o que havia de primitivo e caótico e deram-lhe ordem e capacidade de funcionamento. Pessoas como Whistler, McCallum, Frederick Taylor ou Henry Ford, nos Estados Unidos, ou Darby, os Stephensons ou Brunel, na Inglaterra, foram pioneiros, pessoas de visão e paixão, grandes realizadores. Fizeram o que podiam e o que fizeram foi, sem dúvida, muito bom. O reino da hierarquia industrial durou quase 200 anos como a melhor teoria gerencial.

ENQUANTO ISSO, NO JAPÃO...

Na época do desastre da Western Railroad, o Japão estava vivendo o final da era Shogun. Em 1853, o comodoro Matthew Perry entrou pelo porto de Tóquio em uma canhoneira da Marinha dos EUA. Sua mensagem:

"Abram seus portos ao comércio americano." A mensagem do navio de guerra: "Ou vão ver uma coisa!"

Os japoneses, historicamente, têm sido um povo de fácil adaptação, realista e flexível, embora, ao mesmo tempo, tenaz e determinado. Os líderes japoneses tiraram duas conclusões da visita do comodoro Perry: os portos japoneses devem de fato ser abertos aos estrangeiros, e o Japão tem que assumir uma abordagem mais moderna à militarização. Esta última adaptação acabou levando à Segunda Guerra Mundial e à derrota militar. Mas também levou a um novo capítulo de adaptação — e a um novo paradigma de liderança.

Se a era gerencial americana anterior pode atribuir seu início a um desastre de trem em Massachusetts, as origens da nova era gerencial pode ser atribuída à desesperada necessidade do general MacArthur por rádios. Durante seu exercicio na ocupação do Japão após a Segunda Guerra Mundial, MacArthur tinha que encontrar um método para se comunicar com todo o povo japonês. A história é relatada por Crawford-Mason e Dobyns (1991):

> MacArthur desejava rádios confiáveis, uma grande quantidade, de forma que as ordens das forças de ocupação e os programas de propaganda pudessem ser ouvidos em todas as cidades e cidadelas do Japão ocupado, e, quando os fabricantes japoneses dos anos 40 não conseguiram dar ao general o que ele desejava, ele mandou buscar americanos que lhes ensinassem.
>
> Pense nisto: um homem queria um rádio que funcionasse, e mudou a ordem econômica mundial.

A ironia de um Japão incapaz de produzir bons rádios, e que se fiou em mestres americanos para aprender a fazê-lo, é uma história surpeendente e de demonstração de humildade para nós. Os americanos enviados ao Japão foram Homer Sarasohn, um engenheiro de sistemas e eletrônica, e, mais tarde, Charles Protzman e Frank Polkinghorn, engenheiros da Western Electric.

Sarasohn e Protzman enfatizaram inicialmente a construção de fábricas e seu funcionamento e o ensino da importância de se ver a produção como um sistema. Eles ministraram um curso de 32 dias a executivos seniores que foram obrigados pela administração de MacArthur a se submeter ao treinamento.

Sarasohn recomendou à administração de MacArthur que W. Edwards Deming fosse convidado a ensinar controle de qualidade. A administração de MacArthur, por sua vez, fez um acordo com a JUSE (Japanese Union of Science and Engineering) — União Japonesa para a

Ciência e Engenharia, fundada por Ichiro Ishikawa em 1946 — para que o convite a Deming fosse efetivado.

Deming era o colega favorito de Walter Shewhart, um pioneiro em aplicações estatísticas na Western Electric na década de 30. Durante a guerra, Deming e outros desenvolveram um curso de técnicas de controle da qualidade chamado SQC, ou *Statistical Quality Control*, que ministravam aos 35.000 engenheiros e técnicos empregados nas indústrias dos EUA, cuja produção era voltada para a guerra.[1] Deming e Shewhart eram ambos muito conhecidos e altamente respeitados pelos técnicos e líderes industriais japoneses.

O momento tinha sido preparado pelo trabalho de Sarasohn, Protzman e Polkinghorn. A audiência — agora incluindo também pessoas fora do setor de comunicações — já os esperava. Deming ia dar sua mensagem a um público ansioso por ouvi-lo.

Ele chegou a Tóquio numa sexta-feira, 16 de junho de 1950. Nas semanas seguintes proferiu palestras quase diariamente a grupos que variavam de 200 a 600 pessoas — "algumas das melhores aulas que já dei", comentaria Deming mais tarde.

Na noite de quinta-feira, 13 de julho de 1950, Deming teve um jantar histórico com os presidentes e altas autoridades dos 21 principais setores da economia. Poucos anos antes, alguns desses executivos haviam sido obrigados pela administração de MacArthur a assistir ao curso de Sarasohn e Protzman. Desta vez eles vinham sob o convite de Ichiro Ishikawa, um líder entre seus pares e pai do legendário Kaoru Ishikawa, que se tornaria o líder do movimento da qualidade no Japão durante as quatro décadas seguintes.

O grupo de 21 setores econômicos representava a maior parte do poder e riqueza do Japão. Deming foi informado mais tarde que 80% do capital japonês estavam presentes naquela sala do Clube da Indústria, em Tóquio. O recado de Deming foi persuasivo porque ficava claro para a audiência que ele próprio acreditava no que dizia. O que mais os impressionara foi que suas palavras e gestos sugeriam que aquele homem não era mais um vitorioso a dar ordens aos vencidos: Aquele homem era um colega que genuinamente respeitava os japoneses e se importava com seu bem-estar. Os líderes industriais ficaram intrigados e marcaram outro encontro com Deming para algumas semanas depois. Sobre esta primeira reunião no Clube da Indústria em 13 de julho de 1950, Deming diria mais tarde: "Foi o nascimento de um novo Japão, se pudermos atribuir-lhe uma data." (Kilian, 1992, p. 23.)

---

[1] Depois da guerra, o uso do SQC virtualmente desapareceu da indústria norte-americana. Deming disse que um de seus maiores erros foi ensinar qualidade apenas para aqueles envolvidos diretamente na fabricação de produtos americanos, e não para os gerentes, que, afinal, desenvolviam as políticas.

O que Deming ensinou aos japoneses em 1950 e em suas subseqüentes viagens ao Japão — cerca de 27 ao todo — evoluiu para constituir sua filosofia gerencial, resumida em seus trabalhos (1986, 1994). Esta filosofia, junto com lições aprendidas com alguns mestres japoneses, constitui a maior parte do que é apresentado neste livro. Mas aqui está, resumidamente, uma descrição do que Deming ensinou aos japoneses em 1950 (Kilian, 1992):

- *O mercado é agora global.* Temos que ter padrões[2] internacionais de qualidade e uma linguagem internacional para descrever qualidade.
- *O cliente é o que há de mais importante.* Procure cultivar relações de longo prazo com seus clientes. Procure compreender continuamente as necessidades deles ao projetar e fabricar produtos.
- *A Qualidade é determinada pelos gerentes.* A qualidade dos produtos e serviços deve refletir as necessidades do cliente. Os produtos devem ser uniformes, consistentes e de desempenho confiável. A qualidade do produto só pode ser boa na medida das intenções e especificações da gerência. A qualidade resulta da maneira como os gerentes lideram.
- *A produção é um sistema.* O fornecedor é seu parceiro. Faça de seu fornecedor um parceiro e parte integrante do sistema. O cliente é também parte do sistema, a principal parte. O controle estatístico da qualidade deve ser aplicado a todos os estágios do sistema.
- *A reação é em cadeia.* Se melhorar os seus processos e produtos, seus custos cairão e você irá capturar mercado com melhor qualidade e preços menores, permitindo-se, assim, permanecer no negócio e proporcionar empregos e mais empregos.
- *O Japão deve se ver como um sistema.* Todo o Japão é um sistema. Deve haver cooperação por todo o país. Um compromisso comum com a qualidade, a confiança e a cooperação deve varrer todo o Japão "como um incêndio na planície. Todos os japoneses em chamas! Todos irão vencer!"

DOS ANOS 50 AO PRESENTE

O Japão acatou, de coração, a mensagem de Deming. Em meses, os japoneses começaram a notar melhorias. Em quatro anos, alguns dos

---

2 Deming não estava se referindo a uma normalização do tipo ISO.

produtos japoneses começaram a ganhar mercado mundial. (Deming previu que levaria cinco anos. Os japoneses provaram que se equivocara!)

Nos Estados Unidos, onde antes ignorávamos produtos japoneses ("Nunca poderemos obter peças de reposição!"), passamos a notá-los e a ficar aturdidos pelo encolhimento da fatia de mercado americano em setores-chave.

Sabe o que estes grupos de produtos têm em comum?

automóveis
câmeras
aparelhos de som
equipamentos médicos
Tvs em cores
ferramentas manuais

motores elétricos
máquinas-operatrizes
processadores de alimentos
fornos de microondas
equipamento de atletismo

chips de computadores
robôs industriais
microscópios de elétrons
equipamento óptico

O que têm em comum é que nos anos 70 os Estados Unidos perderam 50% ou mais de sua fatia de mercado mundial em cada um deles (Wheelright, 1984). Já nos anos 80, os americanos estavam berrando "jogo injusto" e procurando por sanções comerciais contra o Japão.

Enquanto os Estados Unidos se queixavam, o Japão aprendia mais rapidamente a melhorar a qualidade. A JUSE estava promovendo a filosofia da qualidade — chamada TQC, *Total Quality Control* — e outorgando prêmios anuais a indivíduos que contribuíam para a qualidade e a companhias que alcançavam certos padrões estabelecidos para a qualidade. Esse prêmio foi, e ainda é, chamado de Prêmio Deming. Desde sua instituição, em 1951, aproximadamente 60 indivíduos e 160 organizações já receberam o Prêmio Deming.[3]

Em 1980, a NBC apresentou um documentário na TV produzido por Clare Crawford-Mason com o repórter Lloyd Dobyns, intitulado "Se o Japão Pode, Por Que Nós Não?" Usar as medidas típicas de êxito da TV, fatia de mercado e índices de audiência, não foi um sucesso, de fato. Mas em termos de impacto nos negócios americanos foi um furacão. Capturou uma audiência de líderes empresariais. Os Estados Unidos descobriram a existência deste desconhecido estatístico de oitenta anos de idade louvado e respeitado por líderes japoneses. A era da qualidade finalmente chegava à América.

---

3 Estes dados são de 1998.

Estilo gerencial	Eventos e filosofias que influenciaram os negócios americanos
1840 – 1890 Gerência "Desastre de Trem"	• Descoberta do carvão de antracito na Pensilvânia Ocidental • Fim da era das indústrias de "fundo de quintal" • Produção em massa (máquinas alimentadas a carvão) • Distribuição em massa (ferrovias) • Primeiras fábricas (1850)
1890 – 1920 Gerência "Desastre de Trem"	• Gerência científica • Henry Ford • Linhas de produção • Linhas de montagem • Levas de trabalhadores imigrantes
Anos 20 Gerência "Desastre de Trem"	• Walter Shewhart • Diagrama de controle estatístico de processos • Advento dos sindicatos
Anos 30 Gerência "Desastre de Trem"	• A Grande Depressão • Os experimentos de Hawthorne • Escola de gerência de Relações Humanas (Western Electric)
Anos 40 Gerência "Desastre de Trem"	• Deming e outros ensinam SPC a indústrias de guerra nos EUA
Anos 50 Gerência "Desastre de Trem" adota gerência por objetivos (MBO) e avaliação de desempenho	• SPC e Relações Humanas desaparecem nos EUA • Deming ensina aos líderes industriais japoneses • TQC tem início no Japão • Prêmio Deming
Anos 60 e 70 "Desastre de Trem"/MBO nos EUA; TQC no Japão	• "Teoria X" e "Teoria Y" de Douglas McGregor • Herzberg sobre motivação • Economia japonesa floresce • EUA começam a perder fatia de mercado
Anos 80 "Desastre de Trem"/MBO, primeiros passos em gerência da qualidade nos EUA	• "Se o Japão Pode, Por que Nós Não?" • TQM se inicia nos EUA • Prêmio Baldrige • "TQM" vira moda nos EUA
Anos 90 • Gerência "Desastre de Trem" ainda domina • Certa emergência da Gerência da Qualidade • Certo declínio da Gerência da Qualidade	• Qualidade decaindo nos EUA • "TQM" se esvai como modismo • Qualidade, contudo, firmemente presente em milhares de organizações
?	

Figura 1-2. Nossa herança gerencial.

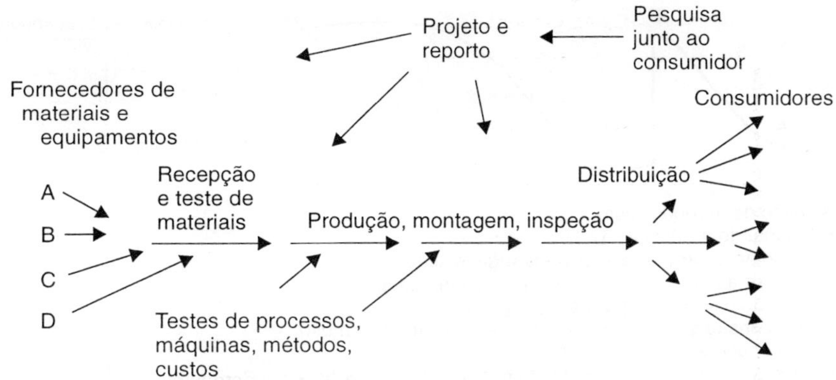

Figura 1-3. Diagrama usado por Deming em suas palestras no Japão durante o verão de 1950.

UMA GERAÇÃO EM TRANSIÇÃO

Desde o final dos anos 80 que os *baby boomers* vêm se tornando os gerentes do mundo. Não por escolha própria, mas por uma convergência de acontecimentos, eles foram também selecionados para serem a geração a liderar a transição das premissas gerenciais de 1840 para as de 1950. Esta geração de gerentes terá dificuldades com a transição. Não há muitos modelos atuais. Nenhum desses *baby boomers* cresceu em escolas ou organizações onde a nova filosofia fosse sequer ensinada, que dirá praticada. Os *boomers* aprenderão conforme forem fazendo. Sua segurança poderá vir do saber que esta filosofia foi desenvolvida, testada e aprovada por décadas. Eles não serão cobaias, talvez somente aprendizes desajeitados.

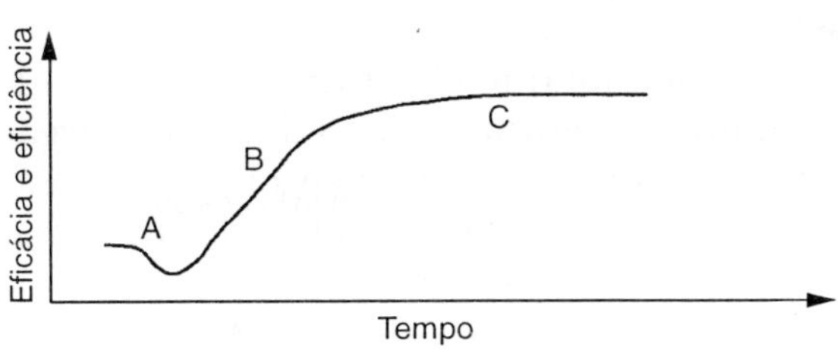

A = Uma leve perda de produtividade/tempo enquanto se ajusta ao novo modo.
B = Depois um rápido aumento em eficácia e eficiência à medida que se domina o novo modo.
C = Depois um platô em patamar mais elevado.

Figura 1-4. A curva de aprendizagem convencional.

Há uma curva de aprendizagem peculiar relacionada ao domínio desta nova filosofia. A curva de aprendizagem convencional está ilustrada na Figura 1-4. A curva de aprendizagem da transformação, entretanto, se parece com a curva da Figura 1-5.

A princípio achei que esta observação fosse mais fruto de minha exacerbada descrença do que de observação objetiva. Mas comecei a observar essa curva com freqüência em muitos gerentes em quase todas as empresas em que trabalhei. Concluí que esta falsa curva de aprendizagem não era imaginária. É um padrão previsível. O fenômeno pode ser descrito como ilustrado na Figura 1-6.

Dr. Deming enfatizou que nos movemos de incompetência inconsciente (área 1 da Figura 1-6) para incompetência consciente (2), um sinal de

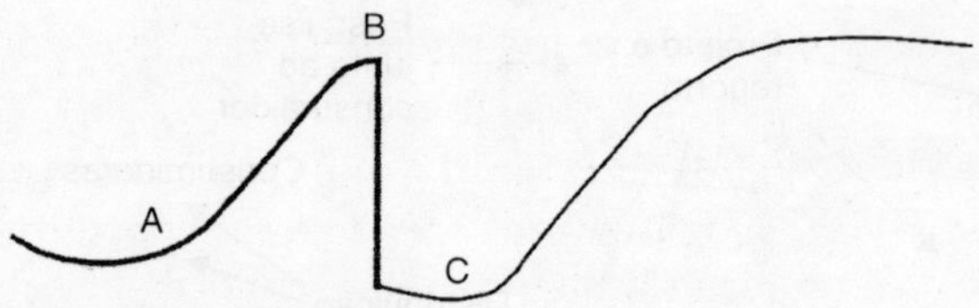

A. A ilusão de aprendizagem
- Dominando a retórica
- Implantando programas na velha organização
- As mesmas premissas antigas em funcionamento
- Sabendo o suficiente para ser perigoso

B. Compreensão suficiente para ver que "não sabemos muito"
- A experiência da "descoberta"
- O início da integração do conhecimento com o *know-how*

C. A verdadeira aprendizagem tem início.

Figura 1-5. Curva de aprendizagem da transformação.

	Inconsciente	Consciente
Incompetência	1	2
Competência	4	3

Figura 1-6. Matriz de Competência.

grande progresso. Isto nos permite partir de incompetência consciente para competência consciente (3) e, depois, para competência inconsciente (4).

Myron Tribus — um competente professor da filosofia de Deming, que aprendera sobre estes níveis de competência com um palestrante chamado Mike Vance e os ensinou ao Dr. Deming —, comentou que esta transição da falsa curva de aprendizagem para a verdadeira é uma transição de "conhecimento para *know-how*". Parece-me uma boa descrição do processo. O que observei entre clientes e outros que procuram aprender a nova filosofia foi que eles tinham um elevado nível educacional e bastante treinamento; eram capazes de usar o jargão da área ("regras do funil", "causa comum", "causa especial" e "PDSA" como acrônimo tanto do verbo quanto do substantivo); e de discursar sobre clientes — internos e externos — como se estes fossem uma subespécie recentemente descoberta da raça humana. Havia um montão de equipes e projetos, geralmente em demasia. Os gerentes eram obrigados a participar daquelas sessões de palavreados para chegar à declaração de missão. Havia muito falatório e atividade. Mas os gerentes propriamente ditos não faziam praticamente nada de novo: nenhum sistema novo, nenhum relacionamento novo, e nenhuma abordagem nova ao planejamento, à solução de problemas, à tomada de decisões, à orçamentação, etc. Eu ficava imaginando quando começaria a vê-los se transformar. Em vez disso, assistia à perpetuação das antigas maneiras de gerenciar, o que foi descrito por um de meus clientes-parceiros como "burrice com causa comum".

De repente, quase que por mágica, depois de mais ou menos um ano, comecei a notar uns sinais de algo novo: gerentes fazendo perguntas mais inteligentes, aplicando às circunstâncias atuais princípios aprendidos no ano anterior e contando-me: "Sabe aquela coisa de sistemas que você estava nos ensinando ano passado? Acho que finalmente saquei o que você queria dizer."

Tentei imaginar o que causara o desvendar da questão, mas não havia padrões ou temas em comum. A única coisa que esses gerentes tinham em comum era o longo ano de hibernação e, depois, o despertar gradual.

O que podemos aprender com essa noção de falsa curva de aprendizagem?

Em setembro de 1989, tive a oportunidade de palestrar para alunos do Dr. Noriake Kano, na Universidade de Ciência de Tóquio. Dr. Kano é um dos mais destacados professores de TQC no Japão e um dos consultores e avaliadores para a concessão do Prêmio Deming da Qualidade patrocinado pela União Japonesa de Ciência e Engenharia (JUSE). Nessa aula, apresentei meu ponto de vista sobre a falsa curva de aprendizagem àqueles que buscavam aprender mais sobre a filosofia da qualidade. Quando terminei, Dr. Kano levantou a mão e perguntou:

— Mr. Scholtes, o senhor disse que a falsa curva de aprendizagem perdura por cerca de um ano?

— Sim, Dr. Kano

— Hummm... Você deve ser um craque!

("O que ele está querendo dizer com isto", pensei com meus botões.)

Dr. Kano prosseguiu: "Acho que leva três anos!"

Para mim, esta foi uma dessas manifestações divinas, uma revelação surpreendente: O que eu vinha observando, mas suspeitava ser produto de meu ceticismo, também vinha sendo observado por Dr. Kano. Senti-me reconfortado e encorajado com sua afirmação. Além do mais, eu vinha observando este fenômeno entre gerentes americanos e Dr. Kano entre gerentes japoneses (que, todos nós sabemos, possuem uma glândula que segrega qualidade).

As observações de Dr. Kano ampliavam o período da falsa aprendizagem por dois anos mais do que em minha estimativa, mas seus comentários me deram esperanças. Este fenômeno da falsa curva de aprendizagem parece ser um fato real e previsível, porém temporário. Ele passará, se você se der tempo, for paciente e persistir. Temo que muitos dirigentes de empresas concluam, após um ano ou dois: "Tentamos, mas, aqui, não funciona."

- *Seja paciente.* Na maioria das vezes só percebemos o progresso quando olhamos para trás e vemos a situação em que nos encontrávamos dois ou três anos antes.
- *Seja persistente.* Jamais desista! Não se precipite buscando uma filosofia gerencial dessas da "ordem do dia".
- *Seja humilde.* A empresa arrogante encontrará dificuldade para aprender o que quer que seja. Reconheça as inadequações de sua organização. Em vez de pronunciamentos que busquem instalar a segurança e a certeza, ofereça hipóteses que precisem de dados que as suportem.
- *Não seja vaidoso.* Permita-se ser um tanto desajeitado e fazer perguntas pouco inteligentes. Não tente manter a pose. Ao contrário, procure aprender.

RESUMO

Alguns fatores e características de nossa organização têm estado conosco por tanto tempo que tendemos a vê-los como eternos. Estamos tão acostumados a eles que nunca nos ocorre questionar se são úteis ou necessários.

Nos Estados Unidos, os gerentes não existiam até 1840. As fábricas só entraram em funcionamento em 1860. O organograma típico não foi trazido por Moisés no Monte Sinai. Cada uma destas coisas tem sua história, e existem razões para elas fazerem sentido. Os gerentes, as fábricas e os organogramas continuam a fazer sentido, mas um sentido bem diferente daquele de seus primeiros tempos.

Em 1950, Deming "fez a reengenharia" de nossa forma de pensar sobre trabalho e liderança, sobre organizações e, de fato, sobre o mundo e a própria vida. Na verdade, Deming nos ensinou que tudo é um sistema e que fazemos parte dele. Nossas ações nos colocam em perigo quando não somos conscientes de sistemas. Descobrimos uma nova forma de pensar da qual precisamos para compreender o que está acontecendo e para sabermos como agir neste mundo.

No próximo capítulo, começaremos a examinar algumas competências que os líderes devem possuir. Muitas dessas "novas" competências são, na verdade, velhas competências que têm que ser tiradas do baú, espanadas e reaprendidas.

ATIVIDADES DO CAPÍTULO 1

Discuta as seguintes questões com seus colegas de trabalho:

1. O que é qualidade?

2. Quais são os princípios básicos da qualidade?

3. Compare sua resposta à Questão 2 com o que Deming ensinou aos japoneses em 1950.

REFERÊNCIAS

Chandler, A. D. 1977. *The visible hand.* Cambridge, MA: Belknap-Harvard.

Crawford-Mason, C., e Dobyns, L. 1991. *Quality or else.* Boston: Houghton Mifflin.

Deming, W. Edwards. 1994. *The new economics.* Cambridge, MA: MIT.

Deming, W. Edwards. 1986. *Out of the crisis.* Cambridge, MA: MIT.

Joiner, B. and Scholtes, P. 1985. *Total quality leadership versus management by results.* Madison, WI: Joiner Associates Incorporated. Incluído em uma coleção de artigos da Joiner Associates intitulada *A practical approach to quality*, publicada pela Joiner Associates.

Kilian, C. 1992. *The world of W. Edwards Deming.* 2a.ed. Knoxville, TN: SPC Press.

Kolesar, P.J. 1994. What Deming told the japanese in 1950. *Quality Management Journal*, Fall, 9-24.

Koyanagi, K. 1952. *Statistical quality control in japanese industry.* Tóquio: Nippon Kagaku Gijutsu Remmei (JUSE).

Mann, N. 1985. *The keys of excellence.* Los Angeles: Prestwick Books.

McGregor, D. 1960. *The human side of enterprise.* Nova Iorque: McGraw-Hill (Edição do 25º aniversário, 1985).

Tribus, M. *Quality first.* Alexandria, VA: AQPI. Esta é uma coleção de artigos escrita por Dr. Tribus no período de 1981 a 1987.

Wheelwright, Steven C. 1984. *Strategic management of manufacturing.* Advances in Applied Business Strategy, 1, 1, 1-15.

2

As Novas Competências de Liderança

INTRODUÇÃO

Nos Estados Unidos e na Europa temos um apetite quase que insaciável por modismos. Parece que nos interessamos mais pelo que é *novo* do que pelo que é *bom*. Conseqüentemente, temos uma mentalidade descartável: Se o que temos parece não funcionar, jogamos fora e buscamos algo novo. Isto se aplica, obviamente, à moda e à música. Infelizmente, parece se aplicar também a relacionamentos tais como entre cônjuges e com empregados. Vivemos numa época da filosofia gerencial *du jour*.

Para alguns, a abordagem gerencial descrita neste livro pode até ser vagamente conhecida o suficiente para que um gerente conclua: "Estive lá, fiz aquilo". O movimento da qualidade, de cerca de 1982 até 1992, utilizou algumas dessas idéias. Mas, de modo geral, os professores de TQM não compreendiam a filosofia, para início de conversa, e, além disto, a trivializaram. TQM, repito, é a *trivialização* de uma nova e importante maneira de pensar. Neste capítulo, descreverei a nova abordagem de liderança como foi desenvolvida pelos seus pioneiros ao longo dos últimos 50 anos, sem as cracas e afetações que se fixaram nesta maneira revolucionária e profundamente importante de pensar.

Aqui estão alguns dos modismos atuais e seus acréscimos:

- Devemos *dar empowerment* ao nosso pessoal.
- Devemos colocá-los *em equipes*.
- Devemos colocá-los *em grupos autodirigidos*.
- Devemos *motivá-los*.
- Devemos oferecer-lhe *incentivos*.
- Devemos *responsabilizá-los*.
- Devemos submetê-los à *reengenharia*, e *reinventá-los*.

Tudo isso deixa de apreciar sistemas e a importância de se dominarem sistemas para que se realize o importante trabalho diário. Compreendermos sistemas é compreendermos que:

> ***Todas as pessoas com*** empowerment***, motivadas, membros de equipes, autodirigidas, incentivadas, responsabilizadas, submetidas à reengenharia e reinventadas que você puder reunir não podem compensar um sistema disfuncional. Quando o sistema funciona bem, essas outras coisas são apenas balela. Quando o sistema não estiver funcionando bem, essas coisas são apenas baboseiras vazias e sem sentido.***

Uma organização bem-dirigida, com sistemas que funcionem bem, permite que as pessoas desde o topo até a base realizem trabalho do qual possam se orgulhar.

Quando conseguimos trabalhar juntos realizando trabalho que valha a pena, conseguimos também criar um local de trabalho alegre. As abordagens descritas neste livro criarão orgulho e alegria no local de trabalho. As baboseiras e abobrinhas atuais que são rotuladas de filosofia gerencial não agregarão orgulho e alegria, apenas descrença e ressentimento.

Este capítulo está repleto de conceitos que levarão tempo para serem assimilados por alguns leitores, especialmente pelos que forem iniciantes no que diz respeito a essas idéias. As idéias não são particularmente difíceis de compreender. São, entretanto, bastante comprimidas. Encorajamos o leitor a continuar com este capítulo e o absorver em pequenos petiscos mentais, um de cada vez.

Neste capítulo, examinaremos as novas competências de liderança. Essas são áreas de entendimento e proficiência necessárias a gerentes no novo paradigma. Andando pela rua, observei alguém que vestia uma camiseta que ostentava a palavra "paradigma" com um risco vermelho cortando-a. Reconheço que esta palavra tem sido demasiadamente usada e mal empregada. Nesse caso, entretanto, é exatamente a palavra certa. A filosofia gerencial instituída por Deming, em Tóquio, em 1950, é a primeira filosofia gerencial fundamentalmente nova desde 1840, o equivalente à transição de Newton para Einstein. Na verdade, Deming talvez represente um abandono ainda maior das antigas maneiras de pensar. A *U.S. News and World Report* (1991) incluiu Deming numa relação de pensadores revolucionários que compreende, entre muitos outros, São Paulo (Cristandade não é apenas para judeus), Copérnico (a Terra não é o centro do universo), Darwin (não fomos especialmente criados, apenas somos a mais avançada das formas de vida) e Freud (há muito em nós que não compreendemos e não podemos controlar ou prever). A contribuição de Deming à descontinuidade do pensamento humano é essa: Tudo é um *sistema* e somos parte dele.

Primeiramente vamos a um breve exame das *antigas* competências: aptidões necessárias para sobrevivermos e alcançarmos excelência na *antiga* organização.

1. *Rigor.* Parte da responsabilidade de um gerente era a de controlar a força de trabalho, fazendo com que as pessoas fizessem aquilo que de outra forma poderiam tender a desconsiderar. Bons gerentes podiam olhar nos olhos de seu pessoal e fazer com que respondesse.

2. *Motivador.* O lado mais "suave" do rigor era a capacidade de inspirar seu pessoal a realizar um grande trabalho. A criteriosa combinação de incentivos e recompensas, de inspiração e exortação, era uma exigência do cargo de gerente.
3. *Capacidade de decisão imediata.* Tomar decisões rápidas na ausência de informações era rotineiramente esperado do gerente ao estilo antigo.
4. *Vontade ferrenha.* Bons chefes sabiam o que queriam e o perseguiam incansavelmente.
5. *Assertividade.* Um bom chefe era franco. Líderes ao estilo antigo não podiam demonstrar fraqueza ou desconhecimento, pois seu pessoal os pisotearia.
6. *Orientação para resultados e lucros.* Chefes responsabilizavam as pessoas por atingirem quotas e padrões e alcançarem metas mensuráveis. Maximizar lucros sempre crescentes a cada trimestre e minimizar custos constantemente menores: essas eram as metas.
7. *Orientação para tarefas.* Gerentes mantinham todos ocupados e atarefados. Nada de folga, nada de bate-papo. As pessoas realmente não querem trabalhar e, se deixadas por conta própria, ficarão "coçando". Portanto, seja suas consciências e seu feitor.
8. *Integridade e diplomacia.* Bons chefes encobriam rigor e dureza com tato e amabilidade. Sejam honestos, justos e respeitosos e, ao mesmo tempo, deixem claro para seus subordinados que vocês saberão o que fazer se as coisas fugirem do controle.

Você percebeu. Todos nós já trabalhamos em tais ambientes e conhecemos gerentes que se superam neste conjunto de comportamentos. Estas ainda são as expectativas prevalecentes de gerentes. Essas antigas competências não estão erradas. Na verdade, são simplesmente inadequadas ou, em alguns casos, irrelevantes.

AS NOVAS COMPETÊNCIAS

As novas competências são de natureza diferente. São baseadas em premissas, suposições e crenças muito diferentes em relação a pessoas e organizações.

Qualquer um familiarizado com o Sistema de Saber Profundo de Deming reconhecerá essas abordagens. O que apresento como "as novas competências" é uma interpretação e uma elaboração do trabalho de Deming, o grande legado pelo qual tenho o mais profundo respeito e gratidão (ver também Deming, 1994).

Competência 1: A Capacidade de Pensar Sistemicamente e Saber Como Liderar Sistemas

Estamos acostumados a pensar em organizações em termos de sua estrutura, a corrente de comando, quem se reporta a quem. (Ver Figura 1-1.)

A Sabedoria Cherokee e as Competências de Liderança

De acordo com a tradição tribal dos Cherokee, existe uma antiga fórmula para o sucesso:

- *Intenção clara*: Você deve saber qual o seu propósito e persistir em sua busca.
- *Meios habilidosos:* Deverá utilizar bons métodos e ser habilidoso em seu uso.
- *Afirmação:* Sua tarefa deve possuir integridade e não deverá afrontar valores fundamentais; necessita de apoio da tribo e de seu próprio coração.

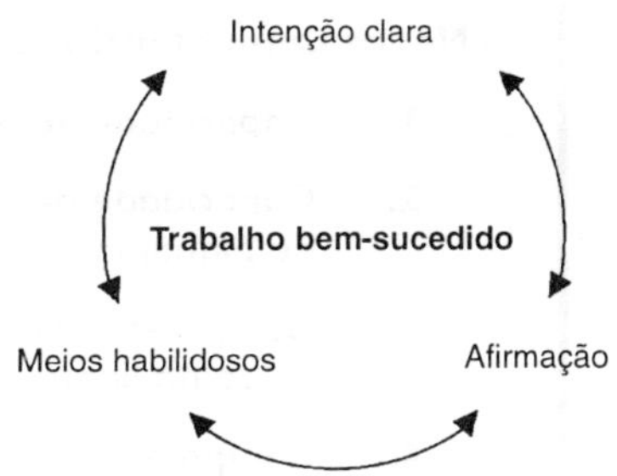

Figura 2-1. A sabedoria Cherokee (adaptado de: Dhyani Ywahoo. *Voices of Our Ancestors: Cherokee Teachings from the Wisdom Fire*. Boston: Shambhala, 1987).

Eras atrás, essas eram as novas competências de liderança. Ainda o são. Nossos "novos" *insights* ajudam-nos a descobrir e aprofundar nossa compreensão desses fundamentos do sucesso.

Deming nos ensinou a ver *sistemas*, como representado na Figura 2-2.

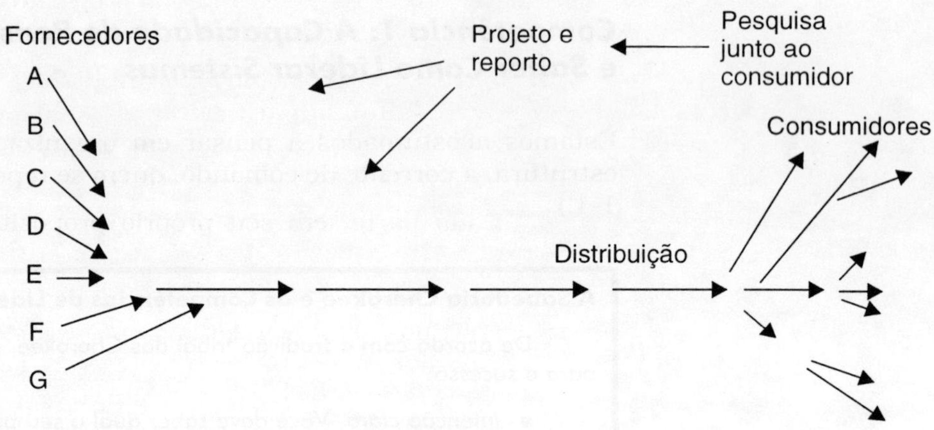

Figura 2-2. A visão sistêmica de Deming.

As Novas Competências de Liderança

1. Capacidade de pensar sistemicamente e saber como liderar sistemas.
2. Capacidade de compreender a variabilidade do trabalho em termos de planejamento e solução de problemas.
3. Compreensão de como aprendemos, desenvolvemos e melhoramos e de como liderar para a verdadeira aprendizagem e melhoria.
4. Compreensão das pessoas e do porquê de se comportarem como o fazem.
5. Compreensão da interdependência e da interação entre sistemas, variação, aprendizagem e do comportamento humano. Saber como cada um afeta os demais.
6. Dotar a organização de visão, significado, direcionamento e foco.

O que É um Sistema?

A seguir estão algumas características de um sistema:[1]

1. Um sistema é um todo composto de muitas partes (ex.: um carro).
2. A unidade sistêmica tem um propósito definível (ex.: o propósito de um carro é o de proporcionar transporte pessoal).
3. Cada parte do sistema contribui para o propósito do sistema, mas nenhuma parte por si só pode alcançar aquele propósito (ex.: o motor de um automóvel não pode proporcionar, sozinho, transporte pessoal).
4. Cada parte tem seu próprio propósito. Mas quando afeta o sistema inteiro é dependente de outras partes. As partes do sistema são *interdependentes.*
5. Podemos compreender uma parte ao vermos como se encaixa no sistema. Não podemos compreender um sistema identificando cada parte ou todo o conjunto de partes desmontadas.
6. Ver as interações entre as partes pode nos ajudar a compreender como esse sistema funciona. Mas para compreendermos *por que* o sistema existe, temos que olhar para fora do sistema, geralmente para eventos humanos e sistemas maiores. (Por que o volante fica no lado esquerdo em alguns países e no direito em outros?)
7. Para compreendermos um sistema devemos compreender seu propósito, suas interações e suas interdependências. Quando um sistema é desmontado, ele perde suas características essenciais. *Análise* envolve olhar as partes. *Síntese* envolve ver o todo.
8. Ao examinarmos uma organização, estamos examinando um sistema social complexo, bem como um sistema técnico.
   - A organização tem interesses, propósitos, e partes interativas e interdependentes.
   - A organização é apenas uma parte interativa, interdependente de sistemas ainda maiores (ou seja, do ramo de negócios, do setor industrial, da comunidade econômica, da nação, do mundo).

---

[1] Devo a Russell Ackoff a maior parte do que consta nessa lista.

- No interior da organização existem partes interativas, interdependentes (ex.: departamentos, divisões, equipes, indivíduos), cada uma das quais com seus interesses e propósitos que poderão afetar, de forma positiva ou negativa, a capacidade da organização de atingir seu propósito (Figura 2-3).

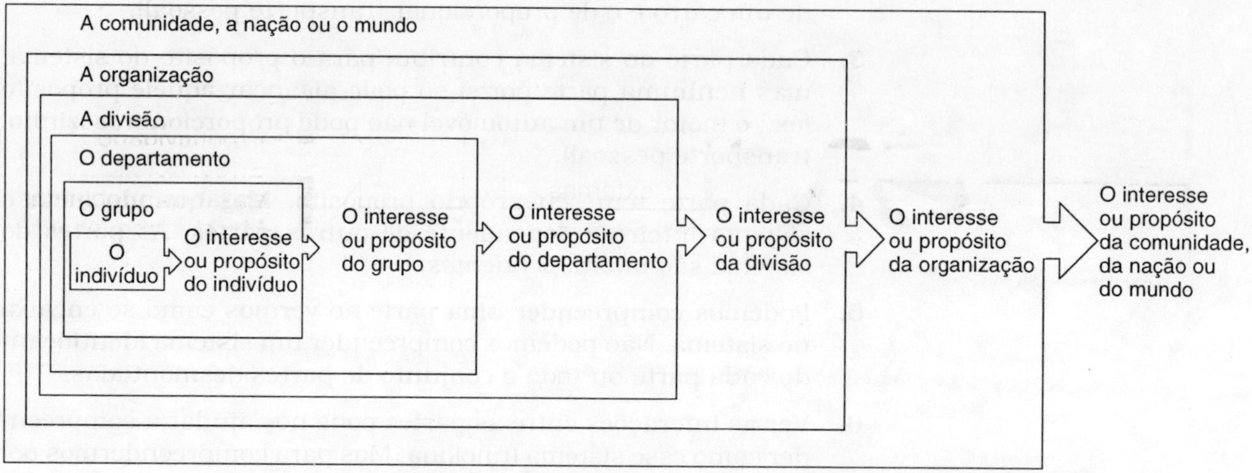

Figura 2-3. Sistemas dentro de sistemas, dentro de sistemas.

- Às interações técnicas e mecânicas, as organizações agregam a complexidade das interações sociais — relacionamentos, trabalho em equipe, colaboração, cooperação, comunidade, etc.

Qualquer situação corrente é o resultado líquido da interação e interdependência de vários fatores, forças e eventos, como demonstrado na Figura 2-4.

Como já dissemos, o sistema consiste na interação dinâmica de várias forças e fatores que resultam em alguma situação complexa. Se quiser compreender sua situação atual — seja aquilo que quiser, seja o que não quiser — precisa entender seu sistema.

O *propósito* do sistema é inextricavelmente ligado à idéia de sistemas. Sem um propósito definido, não se pode determinar se seu sistema

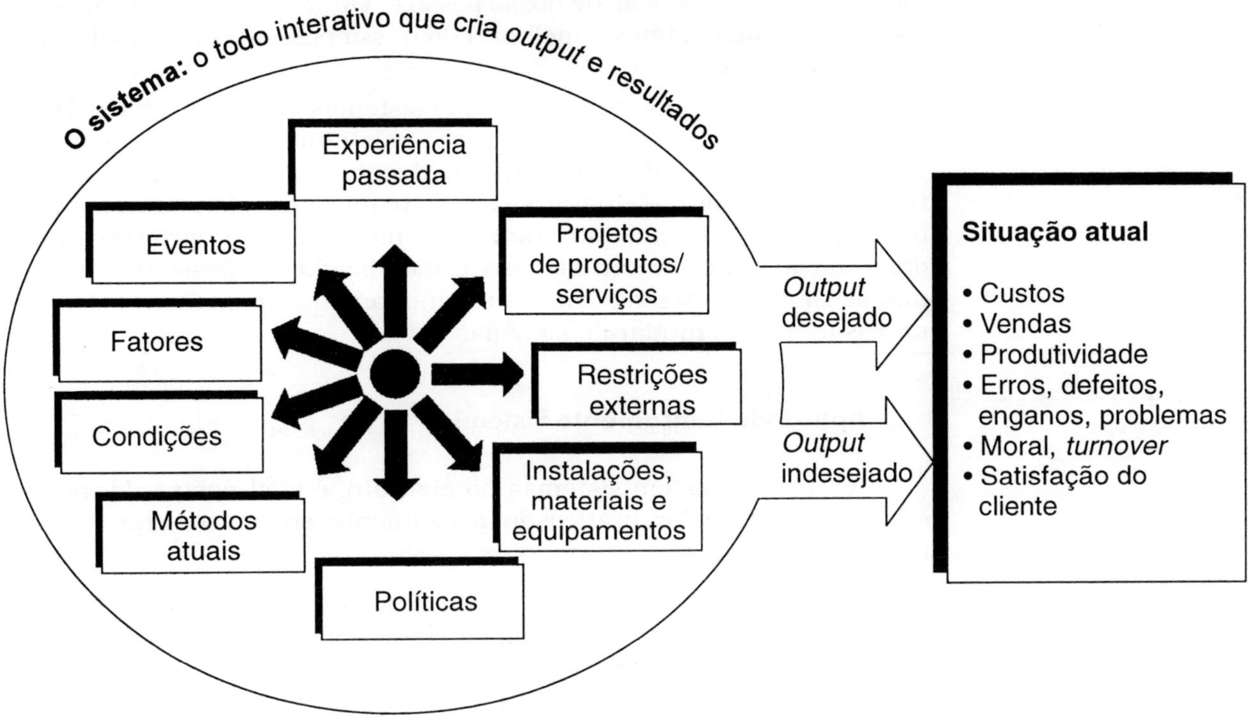

Figura 2-4. O sistema como um todo interativo.

está funcionando bem, mal, ou se simplesmente não está funcionando. Sem um propósito claro não saberá como melhorar ou reprojetar o sistema.

Um propósito inconstante resulta num sistema cronicamente disfuncional. Para que sistemas sejam flexíveis em sua resposta a mudanças necessárias de foco, é preciso haver subsistemas que planejem essas mudanças e assegurem a flexibilidade de resposta.

O sistema é o método pelo qual se alcançam resultados. O fracasso em alcançar resultados desejados é causado pela inadequação do método ou sistema.

Sem uma atenção consciente em *sistemas*, focalizaremos *pessoas*. Isso é o que fomos treinados para fazer. Em vez de compreendermos e melhorarmos nossos sistemas, buscamos melhores resultados através da exortação e motivação de nosso pessoal. Quando não compreendemos sistemas, equacionamos a melhoria do nosso pessoal com a melhoria de nossos sistemas.

As pessoas não são o mesmo que sistemas organizacionais. Trabalham nos sistemas, mas os sistemas existiam antes da maioria das pessoas ser contratada e continuarão depois que os empregados atuais tiverem ido embora. Melhorar sistemas requer um esforço concentrado, bem planejado e geralmente transfuncional liderado a partir do topo da organização. Quando um sistema é modificado, as pessoas terão que mudar aquilo que fazem. Entretanto, mudar o que as pessoas fazem não necessariamente mudará o sistema.

Aplicando Pensamento Sistêmico

Ao pensarmos em sistemas no abstrato, é fácil nos perdermos em esoterismos. O valor prático do pensamento sistêmico, entretanto, é poderoso. Considere as afirmações a seguir:

> Os custos estão fora de controle! Quero que todos encontrem meios de reduzi-los! Comecem a comprar suprimentos e materiais mais baratos e cortem todas as despesas de viagem!
>
> Reformular essa peça vai nos custar dinheiro! Não quero saber se realmente facilitaria e causaria menos quebra para o pessoal na montagem! Não vamos fazê-lo!
>
> Para melhorar as vendas ao longo dessas últimas quatro semanas do trimestre, estou dando uma televisão de 36 polegadas para qualquer um que ultrapasse sua cota em 25%!

O pensamento sistêmico nos ajudará a evitar interpretações e soluções demasiadamente simplistas para problemas complexos. Numa era de refrãos e adesivos de pára-choques, somos encorajados a procurar *slogans* e bodes expiatórios, não as explicações profundas, baseadas em sistemas, para aquilo que está acontecendo e por que motivo. Se quisermos dirigir um negócio e melhorarmos nosso trabalho diário, teremos que compreender sistemas. Mais do que compreendermos sistemas, temos que desenvolver reflexos e instintos sistêmicos.

"Os custos estão fora de controle." Estão mesmo? Como sabe? A Competência 2 aborda a questão de como indicadores (como custos) variam. Mas como estamos explorando a primeira competência, "pensamento sistêmico", consideraremos custos como sendo um sistema.

O Departamento do Eu-não-estou-inventando-isso

O mercado para um determinado tipo de papel teve uma redução de demanda devido à recessão. A matriz da empresa fabricante de papel avisou ao gerente da fábrica que os estoques do produto estavam muito elevados; portanto, as máquinas que fabricavam esse produto teriam que ser desaceleradas. O gerente da fábrica tentou protestar mas, no estilo autocrático dessa empresa, foi mandado simplesmente "acatar ordens".

O que o gerente da fábrica sabia é que quando essa máquina trabalhava com demasiada velocidade produzia muitos defeitos no papel, e o produto tinha que ser sucateado (ou "quebrado", no jargão do setor de papel). Essa máquina estava funcionando com velocidade excessiva.

Em tempos melhores, quando a demanda era alta, as ordens dadas ao gerente eram de "acelerar a máquina", que o gerente da fábrica também contestou, sem sucesso. Assim, cumprindo ordens, o gerente da fábrica reduziu a velocidade da máquina. Isto, por sua vez, resultou em menos defeitos e maior produtividade, mais papel que não podia ser vendido, estoques mais elevados, e armazéns cada vez mais abarrotados. O gerente da fábrica? Foi demitido por não acatar ordens.

Este é um exemplo da trágica conseqüência do desconhecimento do sistema por parte dos gerentes da matriz.

Custos são a saída líquida de uma série de fatores e de eventos interativos e interdependentes. Se os custos estiverem realmente "fora de controle" então um ou mais fatores ou eventos ou interações na série estão "fora de controle". A citação sobre custos feita anteriormente diz que custos estão "fora de controle", uma afirmação que requer dados para ser sustentada. A pessoa que falou, entretanto, dá uma solução ("Comecem a comprar suplementos e materiais mais baratos e cortem todas as despesas de viagem!"), sem qualquer indicação de qual seja a *causa* do problema, se, efetivamente, existir um problema. Pode ser que a causa do problema seja que os materiais de pior qualidade, mais baratos, já em uso, causem quebras, defeitos, retrabalho e atrasos. Comprar mercadorias mais baratas poderá apenas piorar o problema.

A segunda citação ("Reformular esta peça vai nos custar dinheiro!...") ilustra, mais uma vez, a ausência de pensamento sistêmico. A partir do momento que "reformular irá custar dinheiro", a idéia é rejeitada. Reformular a peça tornará a montagem mais fácil e resultará em menos quebras. Entretanto, o gerente citado está preocupado com o orçamento pelo qual *ele* é responsável, e não receberá crédito pela facilidade de montagem ou pela quebra reduzida. A política de remuneração recompensa os gerentes apenas por otimizarem a *sua* parte do sistema. Assim, *este* gerente se dá bem, mas o sistema maior sofre.

Na terceira citação, o gerente de vendas oferece um incentivo (uma televisão de 36 polegadas, grátis) para encorajar a força de vendas a aumentar as vendas e ajudar a realizar a quota trimestral. O que há de errado com essa maneira de pensar? Ela pressupõe que:

- Quotas trimestrais são uma maneira eficaz de aumentar as vendas.
- As quotas trimestrais são alcançáveis.
- O pessoal de vendas tem as informações, conhecimentos e recursos necessários para aumentar as vendas.
- A força de vendas está funcionando em ritmo reduzido, conscientemente ou não, retendo um certo volume de esforço.
- Um esforço total deve ser obtido através de agrados e lisonjas ou por meio de coação.
- Para que possa empreender seu esforço máximo, o pessoal de vendas precisa de algum tipo de incentivo material.
- Esses incentivos materiais (TVs de 36 polegadas) são eficazes.
- Forçar as vendas neste mês não exercerá efeito negativo nas do mês seguinte.
- O produto-alvo da quota é o que os clientes precisam.
- Empurrar as quotas não terá efeitos prejudiciais de longo prazo sobre seus relacionamentos com seus clientes.

Este gerente de vendas olha as vendas e os representantes de vendas e não vê um sistema com capacidade embutida, mas pessoas que precisam ser manipuladas e cooptadas. Se gerentes aprendessem a ver um *sistema* de vendas, poderiam buscar meios de melhorar o *sistema* para obterem melhores resultados de vendas, em vez de lançar mão de vara e cenoura,[2] visando "motivar" as pessoas. Exploraremos o pensamento sistêmico em maior profundidade no Capítulo 3.

Competência 2: A Capacidade de Compreender a Variabilidade do Trabalho no Planejamento e Solução de Problemas

Um psicólogo ligado à força aérea israelense havia ouvido boatos de que os instrutores de vôo estavam sendo truculentos com os pilotos-alunos:

---

2 Do inglês: Carrots and sticks. Método que consiste em amarrar uma cenoura em uma vara presa ao pescoço de um jumento, por exemplo, de forma que a cenoura fique na frente da cabeça do animal, para motivá-lo a andar constantemente para pegar o legume. Pode consistir também em uma pessoa dar varada no lombo do animal, enquanto outra mostra ao bicho uma cenoura, também com o intuito de fazê-lo andar. A expressão é corrente no meio gerencial para se referir ao modo pelo qual alguns gerentes visam motivar seus funcionários através de recompensas.

faziam poucos elogios, os repreendiam em público, aos berros, usando palavras ofensivas. O psicólogo assumiu o projeto como esforço para desenvolver instrutores de vôo "mais suaves, mais bondosos" (Kahneman e Tverski, 1973, McKean, 1985).

Em seu primeiro encontro com um instrutor de vôo, este disse ao psicólogo que "mais suave, mais bondoso" não funcionava: Seus elogios aos estudantes geralmente levavam a um desempenho deteriorado. As repreensões, entretanto, geralmente levavam a uma melhoria.

O psicólogo ficou perturbado — mas não convencido — quando ouviu basicamente a mesma história dos demais instrutores de vôo. Resolveu observar o que acontecia, ver por si mesmo quais os efeitos dos elogios e repreensões sobre o desempenho dos pilotos-alunos.

Os resultados foram um baque para o psicólogo. O desempenho dos alunos geralmente melhorava após serem repreendidos e, realmente, piorava depois de serem elogiados. Aquilo que os instrutores de vôo disseram parecia ser verdade. Com base no desempenho dos pilotos-alunos, não mais poderia advogar o uso de mais "reforço positivo" ou exortar os instrutores a evitarem as respostas mais ásperas.

O psicólogo desistiu de seu projeto e passou a tratar de outros trabalhos. Entretanto, os resultados de seu estudo o perturbavam. Não podia largar o problema, mesmo após ter desistido do projeto. Durante o ano seguinte, estudou outras coisas. Em meio a seus outros afazeres, aprendeu algo que o levou a reexaminar o problema dos instrutores de vôo truculentos.

O psicólogo estivera estudando o conceito de *variação*. Reveja a Figura 2-4, o sistema como um todo interativo. Aprender a pilotar um avião é o resultado de uma variedade de condições, fatores e eventos interativos. Esses fatores não são estáveis. Cada um varia de um dia para o outro. As condições meteorológicas variam, as aeronaves — cada uma delas com seu próprio sistema de partes interativas — variam, o instrutor de vôo varia, o piloto-aluno varia. Existem incontáveis fatores que interferem no desempenho de um piloto-aluno, e ninguém jamais saberá todos. Os resultados serão a variação.

Com essas novas aprendizagem e perspectiva em mente, o psicólogo reexaminou o desempenho dos pilotos-alunos e como o desempenho se relacionava com as intervenções dos instrutores de vôo. Os novos resultados renderam uma conclusão drasticamente diferente: as reprimendas dos instrutores de vôo *não* resultavam em desempenho melhorado, nem os elogios resultavam em desempenho piorado. O que estava acontecendo era a *variação de causa comum*.

Deming nos ensinou que há dois tipos de variação. A variação de causa comum está embutida no sistema e é o resultado de influências múltiplas, muitas das quais jamais serão conhecidas. A maior parte da variação — os problemas, defeitos, erros, acidentes, enganos, desperdício, sucata, e retrabalho que sofremos em bases diárias — é a de causa comum, embutida no sistema. Deming denomina o outro tipo de variação de *variação de causa especial*, um evento singular atribuível a alguma influência possível de se conhecer.

A maior parte da variação em nossas organizações é a de causa comum, embutida no sistema. Mas é um reflexo gerencial comum, embora errado, considerar qualquer coisa que dá errado como causa especial atribuível a alguma pessoa. É isso que os instrutores de vôo faziam. Atribuíam "dias bons" e "dias ruins" aos *pilotos*, não às capacidades variáveis embutidas no sistema.

Veja a Figura 2-5 e pergunte: "Quando será mais provável que um instrutor de vôo faça um elogio?" Provavelmente nos dias 2, 4, 8 ou 12. E quando um instrutor de vôo irá repreender um piloto-aluno? Provavelmente nos dias 6, 9, 13 e 15. Num sistema de variação de causa comum, quando o desempenho estiver alto, é muito mais provável que venha a cair do que subir. Quando o desempenho estiver baixo, é improvável que assim permaneça. Esta é a natureza da variação e a intervenção, da figura de autoridade nada tem a ver com isso.

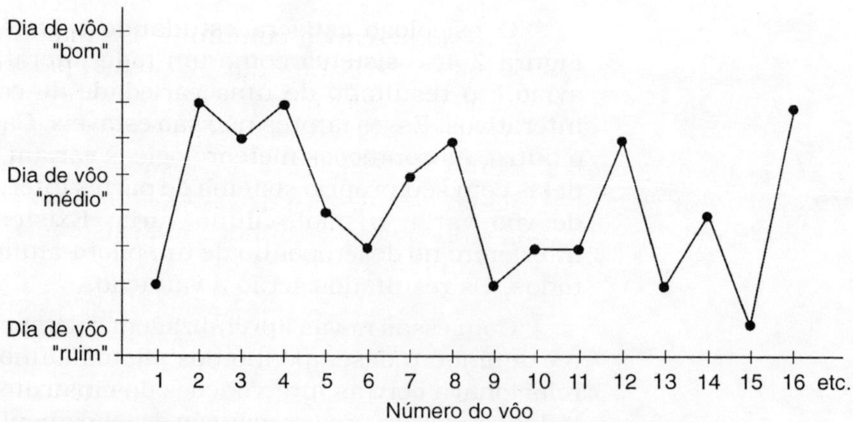

Figura 2-5. Variação de desempenho de um piloto-aluno.

Causa Comum e Causa Especial

Ao ler este texto, haverá incontáveis pequenas distrações que afetarão o quão bem conseguirão se concentrar: ruídos e atividades de fundo, seu próprio estado mental ou de saúde, a condição do material que estão lendo, etc. O efeito final de todas essas coisas é a variação de sua capacidade de se concentrarem, todas embutidas no "sistema" com uma faixa e média de desempenho previsíveis — se, na verdade, sua capacidade de concentração pudesse ser medida. Agora, suponhamos que um raio atinja uma árvore próxima de sua casa, acompanhado por uma ensurdecedora trovoada, ou que uma criança venha correndo e chorando, ou que alguém toque a campainha da porta. Ou suponhamos que todas essas coisas acontecessem ao mesmo tempo. Essas distrações são externas ao sistema. São singulares e fáceis de serem identificadas. O primeiro conjunto de fatores que afetam sua capacidade de concentração é causa comum e o segundo, fatores de causa especial.

Quando desconhecem a existência da variação embutida no sistema e têm apenas a *ilusão* do conhecimento, gerentes desenvolvem o equivalente à superstição. Suponhamos que ao final de um dia "ruim", os instrutores de vôo fizessem com que os alunos beijassem a fuselagem. O que é provável que ocorra com o desempenho do aluno no dia seguinte? Melhorará, não porque beijaram a fuselagem, e sim devido à variação. É claro que nenhum instrutor de vôo faria com que um aluno beijasse a fuselagem ao final de um dia ruim. Isso seria superstição! Em vez disso, o repreende. Isso não é considerado superstição.

Como os gerentes deveriam reagir a problemas? Isso depende se o problema advém de uma variação de causa comum ou de causa especial. Sem dados cuidadosamente coletados e habilmente analisados, o gerente não saberá com que tipo de variação está lidando. Se o problema resultar de variação de causa comum — e a maioria o faz — então livrar-se do problema envolverá mudar o sistema, processo ou método de trabalho. Se o problema deriva de uma causa especial de variação, então o gerente deve utilizar dados para desvendar a origem do problema e eliminá-lo em seu ponto de origem.

Quando um gerente deixa de compreender a variação ou, o que é ainda pior, sequer reconhece sua existência, problemas sérios e crônicos são o resultado:

- O gerente vê tendências onde não há tendências. ("Os custos estão fora de controle!")
- O gerente deixa de ver tendências onde existem tendências. ("Temos tido alguns problemas com entregas, mas nada fora do comum".)

- O gerente atribui a causa de problemas a qualquer indivíduo que esteja por perto no momento em que os problemas ocorram, mesmo que aquele indivíduo não tenha controle sobre o evento. (Devido a recentes e repentinas inundações, demitimos nosso meteorologista!")
- O gerente dá crédito a indivíduos por fazerem melhorias e desempenharem-se bem quando, ainda, não tinham controle. Apenas tiveram sorte. ("Este prêmio vai para nossa enfermeira escolar, porque, graças a ela, não foi constatado qualquer caso de sarampo no último ano letivo. Parabéns, Srta. Bliss!")
- O gerente não compreende desempenhos passados e não é capaz de prever desempenhos futuros.

Num Mundo sem Dados, a Opinião Prevalece

Se o mundo fosse um lugar lógico, seria de esperar vermos uma correlação entre a assertividade e a verdade objetiva.

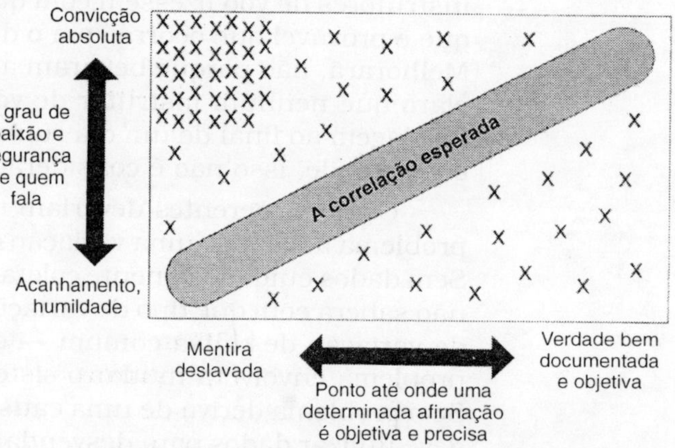

Figura 2-6. Assertividade e verdade.

A área sombreada representa aquilo que seria uma correlação ideal e lógica. Os "X" representam aquilo que comumente observamos na vida diária.

O discurso geralmente está encoberto pela retórica da racionalidade. Entretanto, dados são ingredientes necessários para a racionalidade, especialmente os que demonstram variação. Sem dados, a opinião prevalece. Quando a opinião prevalece, aquele que tiver poder é o rei. A correlação final, portanto, recai mais provavelmente entre a assertividade e a força, não entre a assertividade e a verdade objetiva. É possível que gerentes que desejem se agarrar à ilusão de poder resistam a uma visão estatística do trabalho.

- O gerente não compreende os sistemas atuais, sua vulnerabilidades, suas capacidades nem se os sistemas precisam ser melhorados ou substituídos.

Por Que as Pessoas Resistem à Utilização de Dados em Planejamento e na Solução de Problemas?

Isto será abordado novamente no Capítulo 6. Aqui estão minhas teorias sobre este dilema:

- A matemática e a estatística têm sido tradicionalmente ensinadas de tal forma que o único ponto de interesse é se os estudantes morrerão de tédio ou de susto. Ao se tornarem gerentes, as pessoas já fizeram voto de abstinência estatística.
- A utilização convencional de estatísticas em negócios é relacionada a medidas financeiras (a não ser, é claro, que você esteja no negócio de locução esportiva, em que estatísticas são a única coisa sobre a qual conversar).
- Estatísticas que não as de dados financeiros não são consideradas dados relevantes para executivos e líderes. Dados demonstrando variação nos sistemas, processos e outros indicadores-chave são relegados a uma posição de menor importância e deixados a cargo de pessoas de menor importância. Executivos ignoram esses dados.
- Como forma de evitar trabalhos estatísticos, lançamos mão de estratégias defensivas, como o ridículo. A desculpa mais usual — "existem mentiras, mentiras malditas e estatísticas" — é um chavão. (Jamais dizem "mentiras, mentiras malditas e o orçamento anual", que provavelmente seria mais verdadeiro.)
- Dados não são solicitados. Quando executivos e gerentes de alto nível esperam dados e fazem perguntas que somente podem ser respondidas com dados, os dados começarão a se tornar a linguagem do reino. Isso, é claro, exigirá que os executivos entendam dados e os apliquem.
- Com demasiada freqüência, existem dados o bastante que são inúteis e desconsiderados ou úteis e desconsiderados. Muitas empresas, como a Ford e a GM, passaram por uma reforma geral de medição, expurgando os dados inúteis e reduzindo relatórios em até 90%. Apenas os poucos significativos permanecem. Fazer isso, entretanto, requer conhecimento de sistemas e pensamento estatístico.

Competência 3. Compreendendo Como Aprendemos, nos Desenvolvemos e Melhoramos; Liderando as Verdadeiras Aprendizagem e Melhoria

Aprendizagem e melhoria por toda a vida para indivíduos, organizações e comunidades não mais são opcionais. Consideremos o seguinte (sou grato a Malcolm Knowles por esse conceito).

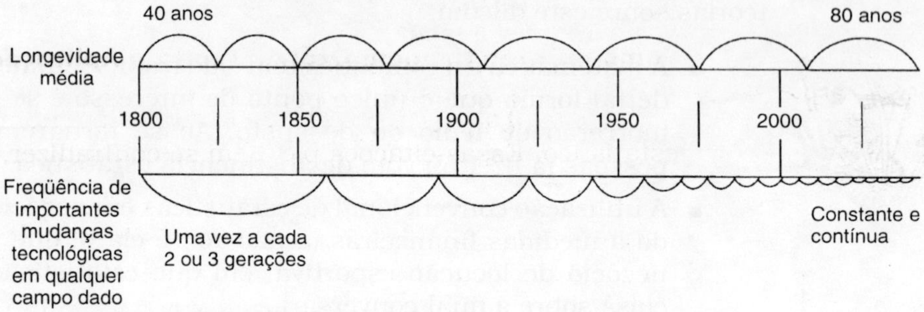

Figura 2-7. Dois fenômenos concorrentes.

Ao longo do curso da história, como ilustrado na Figura 2-7, há duas tendências relativas à aprendizagem. Uma é o aumento da expectativa de vida. A outra é a freqüência de mudanças tecnológicas, econômicas, sociais e políticas. À medida que a longevidade aumenta, assim também o faz a freqüência de mudanças. As implicações:

- A educação não mais constitui um empreendimento de nossos anos mais jovens a ser aplicado na idade adulta. A aprendizagem, forçosamente, é para toda a vida.
- A educação não mais consiste em um único conjunto de lições que perdura por gerações. As lições mudam continuamente em nossos tempos de vida individuais.
- Nossas escolas devem liderar os estudantes. A raiz da palavra *educar* é a palavra latina que significa liderar.[3] As escolas devem

[3] N.T.: O verbo "educar" vem do verbo transitivo latino *educo, -is, **-are**, -avi, -atum*, cujo sentido próprio é "criar, amamentar". No sentido figurado, "educar, instruir, ensinar" (não "liderar"). Em português, a palavra "líder" tem sua origem na similar inglesa leader, por sua vez oriunda das línguas germânicas e da Europa Central, não havendo origem latina. É provável que o autor se refira ao verbo transitivo *educo, -is, -ere, -duxi, -ductum*, cujo sentido próprio é "levar para fora, fazer sair, tirar de", podendo ter, talvez, alguma conotação com "liderar".

liderar os estudantes para *aprenderem a aprender*. Isso nem de perto é a mesma coisa que ensinar.

- Nossas organizações e comunidades devem se tornar centros de aprendizagem vitalícia. Temos que repensar radicalmente a idéia de aprendizagem prática no trabalho.
- Organizações desprovidas de sistemas de aprendizagem contínua estão, provavelmente, fadadas à obsolescência.

Como a Aprendizagem Ocorre: Teoria e Aplicação

Eis aqui duas citações, cada uma de um renomado pensador estatístico. Essas citações parecem se contradizer, mas dizem a mesma coisa:

"Todas as teorias estão erradas, mas algumas são úteis". — Dr. George Box

"Todas as teorias estão certas, em algum mundo". — Dr. W. Edwards Deming

Teoria? Hipótese? Palpite? Adivinhação?

Essas são afirmações ou opiniões que necessitam de comprovação ou, ao menos, de melhoria. Uma receita é uma teoria que sugere que se seguirmos essas instruções, teremos o prato que desejamos. A única maneira de aprendermos se a teoria da receita é válida é segui-la. Então poderemos melhorar a receita e testar aquela teoria também. Uma lista de verificação também é uma teoria. A teoria de que se completar cada item na lista de verificação, as coisas funcionarão bem. Quando as coisas não funcionarem bem, teremos aprendido que nossa lista de verificação precisa ser melhorada. Da mesma forma, um plano anual ou um orçamento anual também são teorias.

O que cada um está dizendo é que a prova de uma teoria está em sua aplicação bem-sucedida. Teorias por si sós nada provam. "Os custos estão fora de controle!" é uma teoria. Nada significa até que seja testada numa aplicação; nesse caso, dados que confirmarão se os custos estão ou não fora de controle.

A teoria por si só nada ensina. A aplicação por si só nada ensina. A aprendizagem é resultado da interação dinâmica entre as duas.

A Figura 2-8 ilustra a dinâmica básica da aprendizagem.

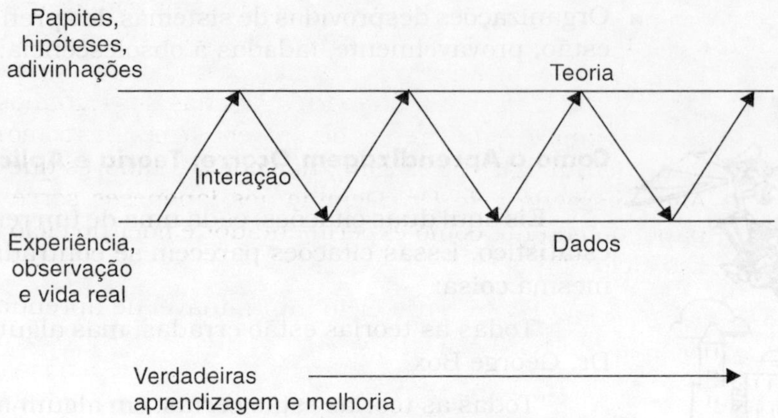

Figura 2-8. Teoria e aplicação.

Temos algo em mente em que acreditamos ser verdade:

- Os custos estão fora de controle!
- Elogiar os pilotos é prejudicial ao seu desempenho.
- As pessoas trabalharão com mais afinco se oferecermos incentivos a elas.
- Nossos comerciais de televisão resultarão em vendas mais elevadas se mostrarmos pessoas hiperativas falando num ritmo maníaco.
- Temos que responsabilizar nossos professores!

Essas são hipóteses. A maioria dos dogmas gerenciais é constituída de hipóteses. Por sua própria natureza, uma hipótese é inútil a não ser que comprovada por dados. Para aplicarmos dados ou qualquer outro teste observável, temos que definir aquilo que procuramos. A capacidade de definir nossos palpites operacionalmente nos permite buscar dados que confirmem ou contradigam nossa afirmação. Por exemplo, o que significa exatamente "fora de controle"? Já que estamos falando nisso, o que é um "custo"?

Afirmar uma opinião como fato é muito mais fácil. Fazer de conta que nossa certeza reflete a verdade objetiva é certamente conveniente. Se quisermos compreender o que está realmente acontecendo, entretanto, e aprender o que será necessário para melhorar a situação em sua origem, precisaremos testar nossas crenças com dados. Se não fizermos isso, não identificaremos nem eliminaremos as causa crônicas de problemas. Na melhor das hipóteses, apenas dos daremos um "alívio sintomático temporário". Gerentes devem ver a si mesmos como experimentadores que lideram a aprendizagem, não como ditadores que impõem controle. Algo ensinado pelo Dr. Deming aos japoneses serve para sublinhar o papel do gerente como experimentador e líder do ciclo de aprendizagem. É o ciclo PDSA.

O ciclo PDSA é um ciclo interminável de aprendizagem e melhoria desenvolvido por Deming, baseado no que aprendeu de seu mentor, Walter Shewhart. Deming ensinou-o aos japoneses em 1950. Ele o denominava "ciclo Shewhart", e os japoneses o chamam de "roda Deming".

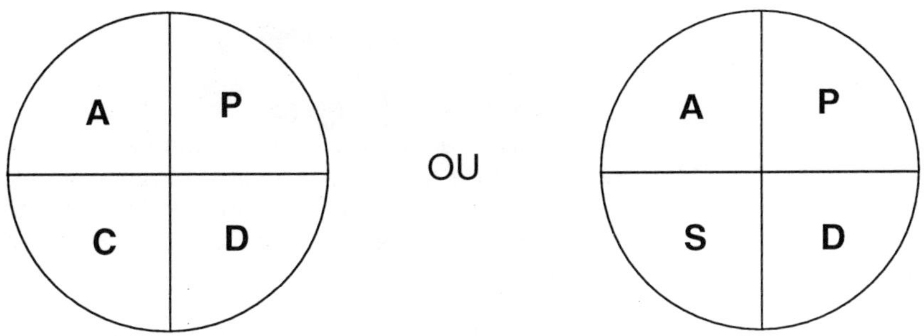

Deming preferia a palavra "estudo" ao termo "verificação", que acreditava implicar "restringir". Os japoneses o chamam de PDCA (*Plan/Do/Check/Act*) há décadas. A aplicação do PD<u>C</u>A e o espírito e a intenção do PD<u>S</u>A (*Plan/Do/Study/Act*) não são em nenhum outro lugar mais difundidos do que no Japão. Optei, entretanto, por adotar a terminologia do Dr. Deming.

As Figuras 2-9 e 2-10 tornam mais explícita a conexão entre o PDSA e a natureza da verdadeira aprendizagem.

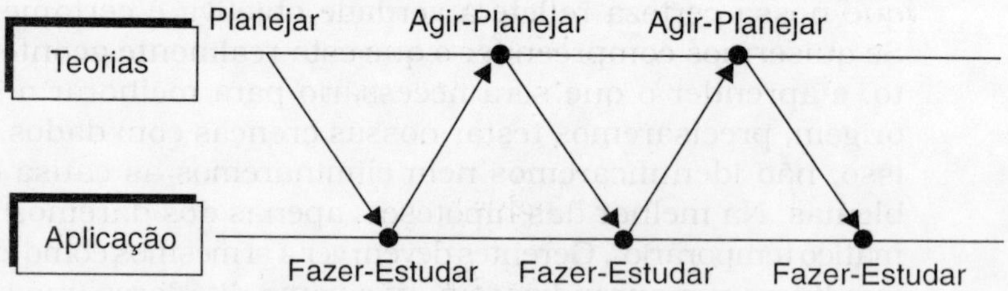

Figura 2-9. Aprendizagem e PDSA.

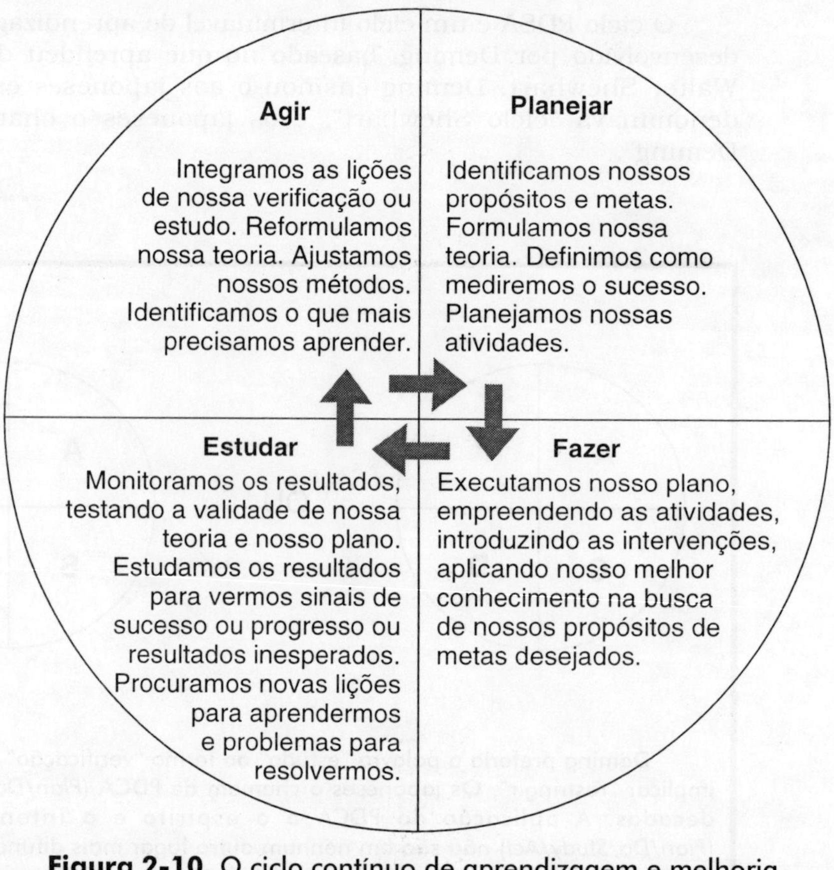

Figura 2-10. O ciclo contínuo de aprendizagem e melhoria.

O ciclo PDSA pode ser utilizado para testar mudanças associadas a metas de longo prazo (nosso plano qüinqüenal, nossa visão e nossos valores) ou com ciclos de prazo mais curto (nossa reunião de *staff* semanal). O PDSA pode ser aplicado a qualquer atividade recorrente, como nosso processo de planejamento anual ou trabalho diário em processos regularmente recorrentes — cobrança, aceitação de pedidos, manuseio de materiais. Não prometemos que nada irá dar errado, mas o PDSA desenvolve o perdão em nosso trabalho e uma promessa de que aprenderemos com as coisas que estão por vir.

Nem Todos que Aprendem Aprendem da Mesma Forma

Muito tem sido escrito nos últimos anos sobre as diferentes maneiras pelas quais as pessoas aprendem. Nossas salas de aula tradicionais parecem se basear na premissa não expressa de que todos os estudantes aprendem exatamente da mesma maneira. Isso pode ter sido o suficiente há 200 anos, quando não havia muito que aprender e a educação terminava em uns poucos anos. Mas agora, quando aprender a aprender é tão importante, um estudante deve aprender como ele aprende melhor e depois certificar-se de que suas necessidades de aprendizagem sejam atendidas no ambiente de aprendizagem. Professores devem ampliar seus métodos de ensino indo além do que aprenderam, ou além da maneira como melhor aprendem, para acomodar os diferentes tipos de educandos. Uma abordagem para se compreenderem as diferenças de aprendizagem é ensinada por Dawna Markova que, em conjunto com Anne Powell, escreveu *How Your Child is Smart* (1992).

Existem muitas teorias sobre diferenças de aprendizagem que levaram as pessoas a se considerarem "aprendedores (*learners*[4])" ou visuais, auditivos ou cinestéticos. Definições tradicionais dos tipos de "aprendedores" são:

- "Aprendedores" visuais
  - "Aprendedores" visuais aprendem primeiro observando e, depois, lendo e escrevendo.
  - A palavra escrita é importante.
  - Estudantes se expressam através de gráficos, figuras e tabelas.

[4] N.T.: Embora "aprendedor" seja um vocábulo inexistente em nosso idioma, optamos por utilizá-lo aqui para denotar *aquele que aprende, que se submete ao processo de aprendizagem, ou que se propõe a aprender*, uma vez que aprendiz não traduz a idéia em pauta.

- "Aprendedores" auditivos
  - — "Aprendedores" auditivos aprendem primeiro ouvindo e conversando.
  - — A palavra falada é importante.
  - — Estudantes se expressam através da discussão, conversação e sons.
- "Aprendedores" cinestéticos
  - — "Aprendedores" cinestéticos aprendem primeiro fazendo — experiência e atividade.
  - — Objetos, ações e sentimentos são importantes.
  - — Estudantes se expressam através de movimento, gestos e tato.

O livro *The Open Mind*, de Markova (1996), é uma abordagem para se compreender cada "aprendedor" e como ele aprende. Um *insight* importante oferecido pela abordagem de mente aberta é que *todos os três* canais de percepção — visual, auditivo e cinestético — são essenciais para o processo de aprendizagem de cada pessoa. São gatilhos para três padrões de ondas cerebrais, que correspondem a três tipos diferentes de função mental. De acordo com essa abordagem, os três canais de percepção trabalham em conjunto em um de seis padrões de pensamento pessoal possíveis: AKV, AVK, VKA, VAK, KAV e KVA.

O padrão de um "aprendedor" é a seqüência mais funcional e aquela com que se sente mais à vontade para receber e processar informações auditivas, visuais e cinestéticas. Uma pessoa se sente mais à vontade aprendendo através do primeiro canal em seu padrão, mas também necessita dos outros dois tipos de *input* para aprender mais eficazmente.

Embora as pessoas que se consideram "aprendedores" auditivos possam se sentir à vontade com uma abordagem de palestra, a informação será retida quando também tiverem algo para ver e para fazer no processo de aprendizagem. Da mesma forma, "aprendedores" cinestéticos podem ser energizados por atividades práticas e simulações, mas sua aprendizagem ativa será valorizada por um processo seguido de leitura e discussão, por exemplo.

Programas de treinamento geralmente se baseiam na premissa de que "todos nós aprendemos da mesma maneira". Treinadores devem se conscientizar de que a aprendizagem será mais eficaz, duradoura e resgatável quando todos os nossos sentidos forem utilizados no processo. Oferecer uma variedade de opções de aprendizagem poderá atender às necessidades de um número maior de treinandos.

Alguns comentários sobre o processo de aprendizagem:

- A ênfase é na aprendizagem, e como o treinando aprende, e não no ensino e em como o professor ensina.
- O ensino pode ocorrer sem que resulte em aprendizagem. É possível — e não incomum — que a aprendizagem ocorra sem professores e sem ensino.
- O velho ditado era: "Se o aluno não aprendeu, o professor não ensinou". Não vejo verdade nem utilidade nessa afirmação. Prefiro dizer: "Se o 'aprendedor' não aprendeu, o sistema ainda não é adequado".

Aplicando Essa Compreensão de Como Aprendemos nos Desenvolvemos e Melhoramos

Não compreendo como ocorre a aprendizagem, o desenvolvimento e a melhoria, líderes criam uma série de vulnerabilidades para si mesmos e para suas organizações:

- Não compreendendo a diferença entre mudança e melhoria, gerentes introduzem, e permitem que outros introduzam, intervenções que constituem ilusões de progresso e criam apenas uma infusão temporária de otimismo, não uma verdadeira melhoria.
- Líderes são assolados por pensamento sem ação ou, o que é mais comum, ação sem pensamento.
- Problemas permanecem sem solução. Na melhor das hipóteses, desaparecem por um tempo e depois reaparecem. As pessoas não sabem por que os problemas desapareceram nem por que reaparecem.
- A organização que não sabe aprender não sabe melhorar, nem como melhorar a aprendizagem, nem como incrementar a melhoria.
- A organização se torna vítima do modismo corrente, seja lá qual programa de gerência *du jour* estiver em voga no momento. As pessoas tornam-se cínicas, tendo aprendido que esse modismo virá e irá apenas para ser substituído por outro. Assim, não levam qualquer um deles a sério.

Competência 4. Compreendendo as Pessoas e Por Que se Comportam Dessa Maneira

Nós, norte-americanos, gostamos de nos considerar sensíveis às pessoas. "Pessoas são nosso ativo mais importante", vangloriam-se muitos gerentes. Nossa retórica é humanitária. Quando examinados de perto, nossas premissas, reflexos, relacionamentos e comportamento de liderança não o são.

Por Que as Pessoas Fazem o Que Fazem

Em grande parte, as pessoas se comportam de forma consistente com a forma pela qual esperamos que se comportem. Em sua obra pioneira, *The Human Side of Enterprise* (1985), Douglas McGregor descreveu dois conjuntos de suposições gerenciais e como afetam o comportamento dos empregados. (Ver Capítulo 8,) Mais recentemente, Dov Eden explorou o mesmo assunto num livro fascinante, *Pygmalion in Management* (1990).

Se um gerente quiser saber por que as pessoas fazem o que fazem, um bom ponto de partida é o gerente examinar suas próprias expectativas. Há uma grande probabilidade de que profecias autocumpridoras estejam trabalhando.

Motivação

Como gerentes podem motivar seu pessoal? Não podem. Frederick Herzberg estabeleceu isso há trinta anos (1966, 1968). É suprema presunção da gerência acreditar que podemos motivar pessoas. A motivação não é uma substância qualquer que podemos infundir de fora, como um transplante de medula óssea.

Todos os nossos esforços para motivarmos nosso pessoal são baseados em mitos comumente compartilhados. Gerentes podem, é verdade, *des*motivar pessoas. Suponhamos que seu chefe chegasse amanhã e lhe dissesse: "Por estarmos tentando cortar custos, estamos reduzindo seu salário em 50%". Um tal anúncio poderá resultar em menos esforço de sua parte e num pior desempenho. Você estaria desmotivado. Suponhamos que seu chefe fizesse um anúncio diferente: "A partir de amanhã, seus salários vão ser dobrados!" Você ficaria feliz. É claro que sim! Ficará motivado? Terá um melhor desempenho? Não, não terá. Poderá haver um "efeito auréola" temporário, enquanto — como no caso de causa especial — você presta mais atenção, trabalha horas extras e empreende algum esforço extra. Mas não é provável que isso dure muito tempo (nem a alegria de mais dinheiro perdurará), e você retornará rapidamente à variação de causa comum em seu desempenho. Considere as implicações de alguém sendo capaz de motivá-lo para um nível mais elevado de desempenho através de algum tipo de recompensa. O que isso diria a seu respeito é que esteve retendo um tipo de reservatório de esforços, esperando que fosse liberado por suborno. Nenhum de nós diria isso sobre nós mesmos. Nem dizemos que outros estão se segurando, esperando um suborno. Entretanto, com nossos concursos e pagamento com base em mérito e bônus de incentivo, *agimos* como se fosse verdade.

Knute Rockne: O Grande Motivador[5]

Knute Rockne não motivou os Irlandeses Lutadores, com seu empolgante discurso no intervalo do jogo, pedindo "vençam um pelo Gipper"? A pergunta alternativa jamais feita: "A equipe de Notre Dame teria ganho o jogo sem o discurso?"

Proponho que o que ganhou o jogo foi treinamento, condicionamento e *coaching* que se iniciaram anos antes do jogo fatídico. O sistema venceu o jogo, não a oratória. Mas minha versão, reconheço, não teria resultado num filme tão bom.

Em seu importante livro *Punished by Rewards*, Alfie Kohn (1993) nos lembra da observação de Harry Levinson, de que entre as lendárias *cenoura* e *vara* havia um *jumento*. A eficácia da abordagem motivacional da cenoura e da vara, se é que encerra qualquer motivação, parece limitada àquela espécie. Entretanto, gerentes comumente aceitam como verdade inquestionável a crença de que todas as pessoas devem ser motivadas através de uma combinação de promessas de recompensa (cenouras) e ameaças de punição (varas). Que visão cínica e pervertida das pessoas, especialmente num país que se considera humanitário! Herzberg chama tal motivação de KITA (acrônimo de "chute no

5 N.T.: Knute Rockne foi um lendário técnico de futebol americano, que treinava a equipe da universidade de Notre Dame, cuja maioria dos alunos, à época, era de ascendência irlandesa. No filme, baseado na história real, foi protagonizado pelo então ator Ronald Reagan. A famosa frase "vençam um pelo Gipper" foi empregada pelo presidente Ronald Reagan, em sua campanha eleitoral.

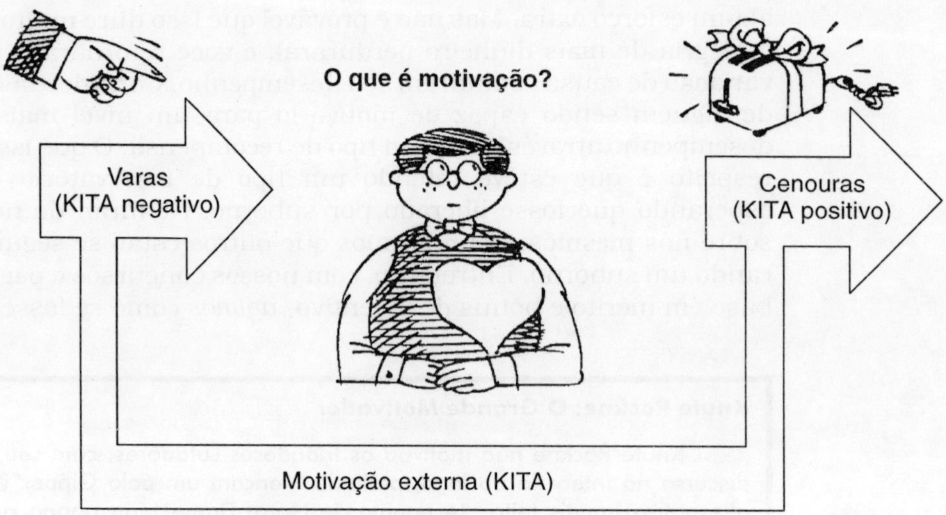

Figura 2-11. Motivação externa e interna.

traseiro[6]") Existe o KITA positivo (cenouras) e o negativo (varas).

Os problemas tanto com o KITA positivo quanto com o negativo, de acordo com Herzberg e Kohn:

- Não funcionam (exceto no caso de conformidade de curto prazo não-complexa).
- São prejudiciais aos relacionamentos entre:
  - — O motivador e aquele a ser motivado.
  - — Aquele a ser motivado e seus pares.

Como retratado na Figura 2-12, o KITA prende o gerente e o subordinado numa relação pai e filho. Quando as recompensas são questão de competição interna entre colegas de trabalho, criam vencedores e perdedores e relacionamentos adversários entre aqueles que deveriam ser colegas. Imaginem o impacto da competição sobre o trabalho em equipe e a colaboração, bem como entre gerentes que se dizem humanitários.

6 N.T.: KITA, no original, é acrônimo para *Kick-In-The-Ass* (Chute na Bunda), expressão amainada para *Kick-In-The-Pants* (Chute no Traseiro).

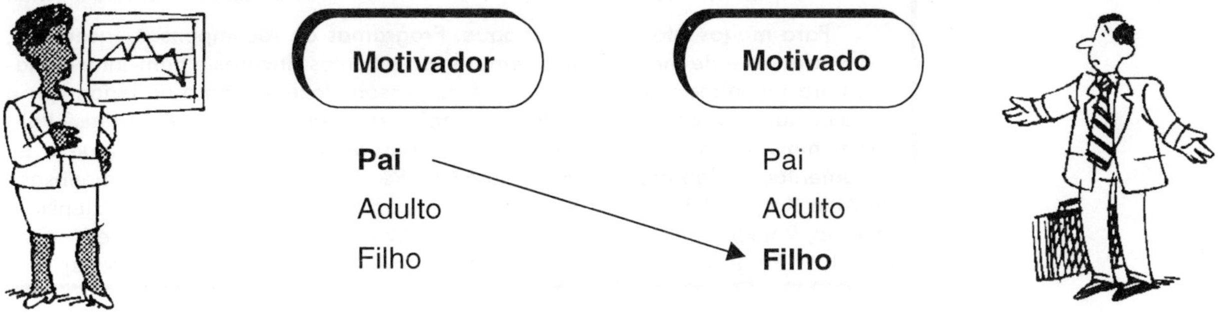

Figura 2-12. O relacionamento entre o motivador e o motivado.

Lendo em Troca de Pizzas: Motivação Externa *versus* Motivação Interna

Meu amigo Dave, de Indianápolis, estava perturbado. Sua filha Emily era uma excelente aluna, uma leitora ávida... isto é, até que a Pizza Hut entrou no negócio de recompensas. Parece que a Pizza Hut havia distribuído cupons aos professores para serem trocados por pizzas grátis para alunos sempre que completassem a leitura de dez livros. A filha de Dave começou a ler livros mais curtos e menos desafiadores, ou apenas a folhear livros mais extensos, para que conseguisse mais cupons.

Neste meio tempo, os colegas de Emily também começaram a ler mais livros. Até os que não liam passaram a fazê-lo. Os livros que liam eram curtos e simples, mas pelo menos esses garotos estavam lendo alguma coisa. Os estudantes que, como Emily, eram leitores ávidos mudaram suas preferências de leitura para livros curtos e simples.

Por fim, entretanto, a campanha de leitura em troca de pizzas terminou; e terminou também a leitura por parte dos que costumavam ser leitores ávidos de livros desafiadores assim como dos que não liam.

"O que minha mulher e eu inadvertidamente permitimos que a Pizza Hut fizesse", disse Dave, "foi substituir sua motivação *externa* pela motivação *interna* de nossa filha. Eles substituíram o motivo *dela* para ler e depois a razão substituta deles foi retirada". Uma vez que os cupons de pizza não mais estavam disponíveis, a garotada da turma achou que não mais havia razão para ler.

Essa história — um incidente verídico — demonstra a falácia de *todos* os programas de incentivo. Pesquisas sobre programas de recompensas, mérito e pagamento de incentivos — entre adultos, assim como entre crianças — apontam estes programas como sendo ineficazes e, como no caso de Emily, até mesmo prejudiciais.

Continua na página seguinte.

Continuação do quadro anterior.

Para muitos isto será um choque. Programas de recompensas, incentivos, motivacionais e de mérito quase sempre são esforços sinceros e bem-intencionados para reconhecimento do bem que as pessoas fazem. Como poderiam ser a coisa errada a fazer? Como podem ser ineficazes e até mesmo prejudiciais? Para lerem mais a esse respeito originado de um valioso recurso, com riqueza de documentação rigorosa, leiam *Punished by Rewards* (Punido por Recompensas), de Alfie Kohn. (Retirado de *Small Business Forum*. Madison, WI: UW Extension. Inverno, 94/95. p. 71 ff. "Reward and Incentive Programs are Ineffective — even harmful" [Programas de Incentivo são Ineficazes — até maléficos]. Scholtes).

Relacionamentos

Compreender as pessoas requer compreensão de relacionamentos. Liderar pessoas requer o estabelecimento de relacionamentos pessoais, fomentar esses relacionamentos diariamente e encorajar outros a formarem e fomentarem relacionamentos também.

O que é um relacionamento? Com relacionamento quero dizer um bom relacionamento "das antigas", de um para um, pessoal, cara a cara, sem cerimônias. Algumas características desse tipo de relacionamento:

- Vocês ouvem as histórias um do outro. São capazes de contar suas próprias histórias um ao outro.
- Cada um respeita o outro e sabe demonstrar respeito da forma exata que o outro espera que o respeito seja demonstrado.
- Cada um conhece o outro bem o bastante para saber quais são as vulnerabilidades e o calcanhar-de-aquiles. Cada um é escrupuloso o bastante em relação ao outro a ponto de evitar essas vulnerabilidades e calcanhar-de-aquiles.

É óbvio que uma única pessoa não poderá desfrutar desse tipo de relacionamento com todas as demais. Entretanto, é possível existir uma organização em que todos são conhecidos e têm relacionamentos com outros. Ninguém deverá estar desconectado. Passamos demasiado tempo de nossas vidas em nossos locais de trabalho para que experimentemos uma existência isolada e solitária durante longos períodos de tempo sem contato e interação humanos.

A natureza do relacionamento gerente-empregado na maioria das organizações é paternalista e condescendente. Eric Berne é o fundador da análise transacional, mas infelizmente sua obra foi associada às psicobaboseiras do movimento do potencial humano dos anos 70. Ele merece melhor. Berne popularizou e desenvolveu significativamente os ensinamentos de Freud. Berne ensinou que cada um de nós tem três "estados do ego", três posturas em relação a outros:

- *Pai ou Mãe:* na melhor das hipóteses, é fomentador(a) e apoiador(a); na pior, julgador(a) e controlador(a).
- *Adulto:* na melhor das hipóteses, é realista, lógico e racional; na pior, completamente sem efeito.
- *Criança:* na melhor das hipóteses, brincalhona e criativa; na pior, rebelde e vingativa.

A maioria dos gerentes adota o posicionamento de pais, dando àqueles em seu redor pouca escolha a não ser a de assumirem o posicionamento de crianças. A Figura 2-13 retrata esse relacionamento. Às vezes acontece que subordinados assumem o papel de crianças, tornando difícil para o chefe assumir qualquer outro posicionamento que não o de pai. A mensagem não dita do chefe-pai para o subordinado-criança, no relacionamento tradicional paternalista, é: "Eu sou OK, você não é OK!"

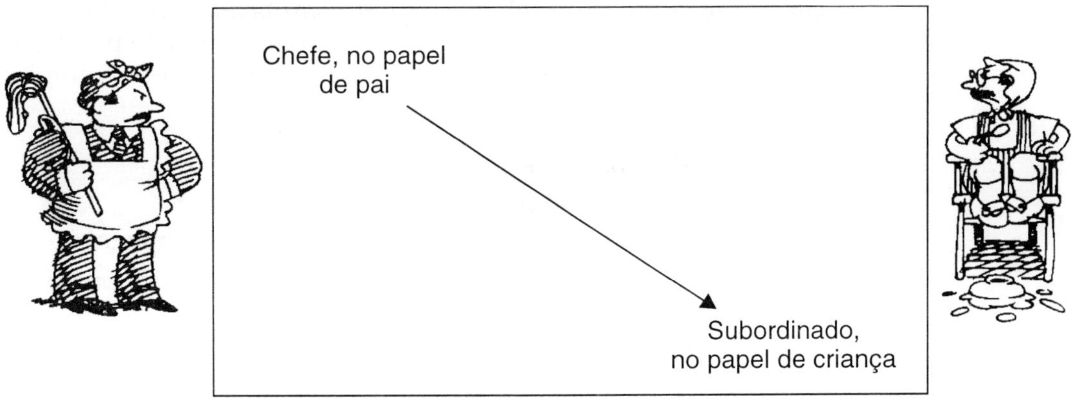

Figura 2-13. O relacionamento chefe-subordinado numa organização tradicional.

Em relacionamentos existem quatro posicionamentos possíveis, como retratado na Figura 2-14.

	Eu não sou OK	*Eu sou OK*
Você é OK	Eu não sou OK, você é OK	Eu sou Ok, você é OK
Você não é OK	Eu não sou OK, você não é OK	Eu sou Ok, você não é OK

Figura 2-14. Eu (o chefe) sou OK, você (o empregado) é OK.

"OK" significa basicamente competente e confiável; tendo valor elevado como pessoa e empregado. "Não OK" significa incompetente e/ou não-confiável; não-confiável como empregado e/ou ser humano.

Apenas um dos posicionamentos na Figura 2-14 — Eu sou OK, você é OK — representa um relacionamento saudável com o mundo que nos cerca. Os outros três representam diferentes formas de patologia social. O relacionamento tradicional e paternalista entre chefe e empregado se baseia numa forma de patologia social:

- *Eu sou OK, você* precisa de motivação.
- *Eu sou OK, você* precisa de cenouras e varas.
- *Eu sou OK, você* precisa de avaliação de desempenho.
- *Eu* estou fazendo o melhor que posso, *você* precisa receber incentivos para que se esforce.

Gerentes intervêm no comportamento de seus empregados de maneiras que considerariam desnecessárias para si mesmos. Por se esperar que fossem feitores implacáveis, gerentes no antigo paradigma eram encorajados a não se envolverem pessoalmente com seus subordinados. Em contraste com isso, considerem Tom Chappel, presidente da Tom's of Maine, que encoraja a formação de relacionamentos pessoais com e entre seu pessoal e que acredita no poder de ouvir as pessoas quando contam histórias que transmitem quem são e quais os valores que as moldam. Tom Chappell quer que seus empregados se conheçam não apenas por categoria de cargo, mas de uma forma que traga cada um para a vida dos demais. Peter Block chama isso de "estar conectado". Na Tom's of Maine procura-se criar não apenas um negócio, mas uma comunidade de pessoas. As bases de relacionamentos pessoais e comunidade são então estendidas a clientes, fornecedores, proprietários, parceiros financeiros, à comunidade local, e ao governo. "Me... vi pensando a respeito de... minha empresa não apenas como uma entidade privada, mas em relação a outras entidades — empregados, parceiros financeiros, clientes, fornecedores, até mesmo a própria Terra. Vivendo numa comunidade, somos relacionais, e temos obrigações que seguem esses relacionamentos" (1993, p. 16). Tom Chappell havia descoberto por si mesmo e para sua empresa o lado humano do pensamento sistêmico.

Confiança

Uma compreensão de pessoas e relacionamentos requer uma compreensão de confiança. Confiança requer a coexistência de duas crenças convergentes, como retratado na Figura 2-15. Quando eu acreditar que você é competente e que se importa comigo, confiarei em você. A competência ou a preocupação por si sós não engendrarão confiança. Ambas são necessárias.

Cada uma é demonstrada com o decorrer do tempo. Assim, relacionamentos levam tempo para de desenvolver. Quando acontece algo que me leva a duvidar quer de sua competência quer de seu interesse por mim, levará algum tempo para reconstruir a confiança.

Quando o ponto de partida entre indivíduos ou grupos for a desconfiança, haverá a necessidade de uma cuidadosa série de atividades que permitirá a cada parte testar sua disposição de acreditar na competência e no interesse da outra. Quando estiverem começando a trabalhar com partes de um relacionamento adversário, comecem por atividades simples de baixo risco. Por exemplo, aprendam algo novo, juntos. Aos poucos planejem sua cooperação em torno de atividades cada vez mais desafiadoras. Os pequenos incrementos de risco e confiança não parecerão grandes passos adiante. Mas o progresso lento e paulatino ao longo do tempo pode ser verdadeiramente substancial. (Sou grato a Liz Freeman e a Roland Coates pelas idéias sobre as quais estes comentários relativos à atividade para desenvolvimento de confiança entre adversários se baseiam.)

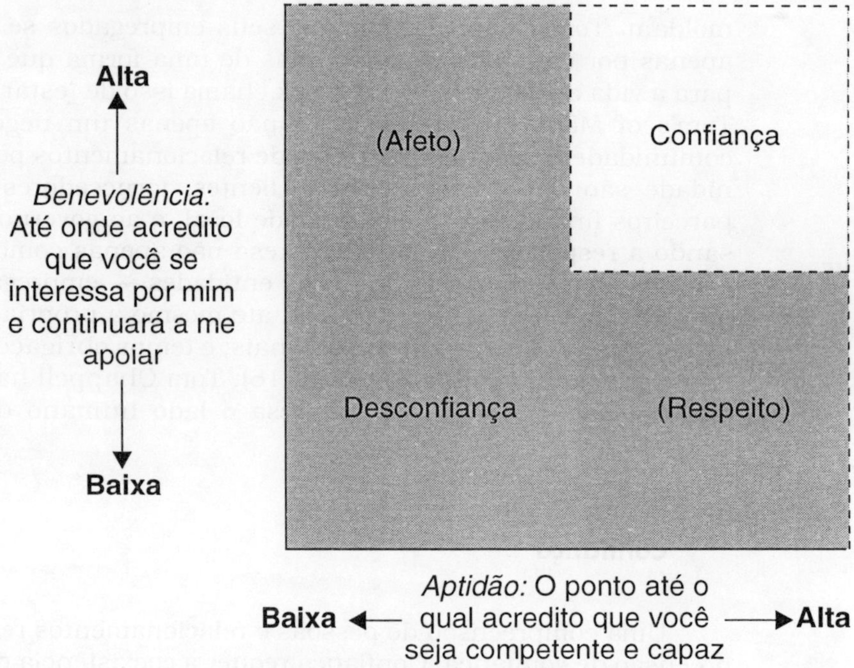

Figura 2-15. Confiança, respeito, afeto.

Competência 5: Compreendendo a Interação e a Interdependência Entre Sistemas, Variabilidade, Aprendizagem e Comportamento Humano; Conhecendo Como Cada um Afeta os Demais

A relação das novas competências de liderança anteriormente apresentada neste capítulo é baseada no sistema de saber profundo do Dr. Deming, embora redigida de forma ligeiramente diferente. Na Figura 2-16, optei por utilizar a terminologia do Dr. Deming. O significado é o mesmo.

Embora tenhamos explorado cada uma das quatro áreas do saber profundo em separado, é essencial compreender que as quatro áreas são um *sistema* interativo e interdependente de conhecimento. Não se pode compreender ou aplicar plenamente uma área de conhecimento profundo sem que se compreendam as outras três e como todas as quatro áreas impactam umas nas outras.

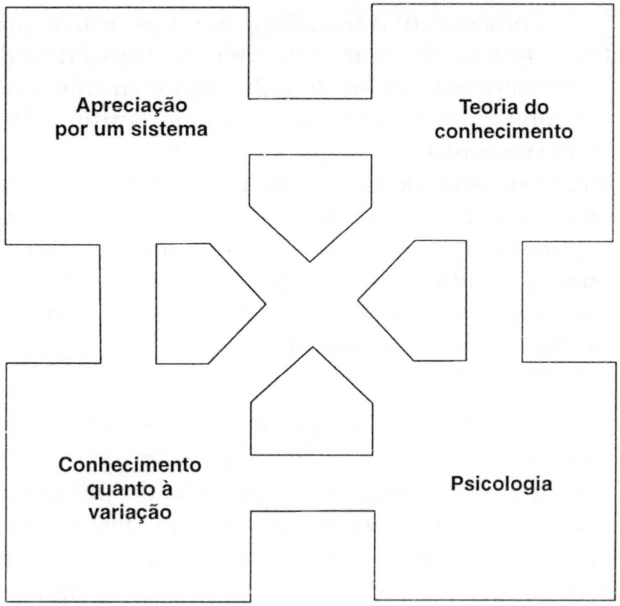

Figura 2-16. O sistema de saber profundo do Dr. Deming.

Uma de minhas primeiras experiências na aplicação da filosofia de Deming foi com o órgão de Operação de Equipamento Automotor de Wisconsin, do governo municipal da Cidade de Madison. Operação de Equipamento Automotor era responsável pela manutenção e reparo dos veículos municipais, desde viaturas policiais até caminhões de lixo, caminhões especiais para remoção de neve e outros. Eu havia desenvolvido alguma experiência nas áreas de organização, desenvolvimento e trabalho em equipe. Trabalhara com o falecido Dr. Bill Hunter, um estatístico da Universidade de Wisconsin, que também era grande conhecedor da filosofia de Deming.

Na primeira reunião com o pessoal da First Street Garage (Oficina da First Street), onde se localizava a área de Equipamento Automotor, perguntamos a eles: "Quais são seus maiores problemas?" "Moral!" foi sua resposta imediata e universal. Não queria trabalhar com problemas de moral, porque são sintomas de outra coisa, e trabalhar com eles geralmente acarreta grande quantidade de reclamações inúteis. Fiz com que concordassem em deferir o trabalho no problema do moral.

Começaram a trabalhar em dois outros projetos: *feedback* de clientes e tempo de ciclo. Os clientes imediatos da Operação de Veículos Automotores eram os demais órgãos municipais que precisavam de seus veículos em condições de funcionamento: o Departamento de Polícia, o Departamento de Parques e Jardins, o Departamento de Vias Urbanas, etc. O pessoal do Equipamento Automotor conduziu pesquisas e entrevistas junto a seus clientes, para aprender suas percepções relativas a Equipamento Automotor. Identificou as principais queixas de clientes e suas prioridades (que tipos de serviço deveriam ter prioridade sobre outros). Para sua alegre surpresa, o pessoal do Equipamento Automotor também descobriu que, em grande parte, os clientes estavam satisfeitos com seus serviços.

O projeto de tempo de ciclo estudou o tempo que levava entre o momento em que um veículo pifasse e seu retorno ao serviço. Identificaram todos os estágios de período de paralisação do veículo, e quanto tempo cada um consumia. Então desenvolveram alguns subprojetos visando à redução do tempo de ciclo. Por exemplo, um esforço objetivava reduzir o tempo de espera por peças. Após seis ou oito semanas de envolvimento em tais atividades, sugeri numa reunião: "Agora vamos falar sobre o problema do moral". "Que problema do moral?", responderam.

O problema originalmente apresentado, o moral, fazia parte da área *psicológica* do sistema de saber profundo. Sugeri, alternativamente, atividades focalizadas em compreender o *sistema*, começando pelos clientes, que são o objetivo e o propósito do sistema (uma segunda área de saber profundo). O estudo do sistema e dos tempos de ciclo envolvia, inevitavelmente, o estudo da *variação* nos componentes do tempo de ciclo: que atrasos eram devido a causas singulares (especiais) e quais estavam embutidos no sistema atual (causa comum). Isto, é claro, é uma terceira área de saber profundo. O conhecimento do sistema e da variação permitiu que focalizassem *melhorias* referentes a causas sistêmicas de problemas. Devido a seu conhecimento expandido de clientes, de sistemas e dos métodos de melhoria, o pessoal do Equipamento Automotor realizou melhorias marcantes relativas a problemas que assolavam a operação havia décadas. (Aprendizagem, conhecimento e melhoria são a quarta área do saber profundo.) Tudo isso levou à empolgação, ao orgulho, à grande motivação e a uma evaporação do problema do moral.

O exemplo dos instrutores de vôo da força aérea israelense, anteriormente descrito neste capítulo, é um exemplo de áreas interativas do saber profundo. Por não compreenderem variação, os instrutores de vôo atribuíam todos os problemas aos pilotos-alunos. Por serem os problemas atribuídos, de forma simplista, aos pilotos-alunos, os instrutores não podiam compreender a natureza sistêmica dos problemas perdendo, assim, a oportunidade de realizarem melhorias verdadeiras nas capacidades dos pilotos. Os subprodutos adicionais e infelizes dessa mentalidade de atribuição de culpa foram, indubitavelmente, estresse, ansiedade, sentimento de culpa e raiva desnecessários por parte dos pilotos-alunos e relacionamentos desnecessariamente prejudicados entre eles e os instrutores de vôo. Tais relacionamentos forçados impediriam, presumivelmente, o trabalho em conjunto dos instrutores e pilotos visando melhorar o processo de aprendizagem. Assim, as interações no interior do sistema de saber profundo continuam para sempre.

Qualquer coisa de importância, quer seja um problema a ser resolvido ou uma realização a ser alcançada, envolve compreensão e aplicação de todas as partes do sistema de saber profundo. Temos que aprender a ver todas as quatro áreas como interativas, interdependentes e concorrentes.

Atualmente, problemas e necessidades são complexos. Não podemos progredir através da aplicação de soluções simplistas a problemas complexos. O sistema de saber profundo permite que vejamos aquelas complexidades mais claramente e que lidemos com elas de forma mais realista. Ao Ministro[7] Oliver Wendell Holmes foi atribuída a afirmação: "Não daria um tostão pela simplicidade deste lado da complexidade, mas daria a vida pela simplicidade do outro lado da complexidade". (Cawthon, 1996.) O Ministro Holmes talvez estivesse articulando a necessidade por saber profundo.

Competência 6: Dando Visão, Significado, Direcionamento e Foco à Organização

Para que se mantenha a coesão de uma organização e a integridade de seus sistemas, todos os seus membros têm que saber o seguinte:

1. Quem somos nós?

[7] N.T.: Oliver Wendell Holmes (1841-1935). Ministro da Suprema Corte dos EUA, considerado um dos maiores juristas de todos os tempos naquele país. Na tradução, foi utilizado o título de "Ministro" por se adequar ao cargo equivalente no Brasil. Entretanto, cabe observar que o título original, em inglês, é *Justice*, significando "juiz". O título *Justice* é aplicado normalmente a juízes (ministros) de cortes superiores, estaduais e federais, ao invés do mais comum *judge*, também "juiz", normalmente aplicado aos tribunais inferiores.

Solipsismo: Mundo Obscuro e Maravilhoso Nº 1

Solipsismo é a crença de que nada existe fora de você mesmo. Se você, ao ler este livro, acredita que ele, e tudo ao seu redor, é produto de sua imaginação, você é solipsista... e não está batendo muito bem da cuca; procure ajuda!

Engine Charlie Wilson, ex-presidente da General Motors, disse certa vez que "O que é bom para a GM é bom para a América!" Engine Charlie estava se permitindo pensamento solipsista em nome da GM.[8]

As notas em qualquer escola podem ser outro exemplo de solipsismo. O propósito de uma escola é a aprendizagem. Criamos um indicador substituto de aprendizagem: notas. Depois entramos em conluio uns com os outros para fazermos de conta que as notas são um indicador preciso de se a aprendizagem se realizou ou não. Sequer questionamos a legitimidade de notas.

Outro exemplo: a semana de pesquisas de audiência.[9] Duas vezes por ano, realizam-se pesquisas de audiência de TV que perduram por uma semana. Os índices durante a semana de pesquisas são importantes porque determinam aquilo que as emissoras cobram por publicidade. O solipsismo é o seguinte: fazemos de conta que a programação durante a semana de pesquisas é representativa da programação normal das emissoras, e que os índices de audiência são indicativos de algo real.

Outro exemplo: *The Discipline of Market Leaders*, um livro que chegou à lista de *best-sellers* do *New York Times*. Isso aconteceu porque os que estavam por trás do livro puderam identificar que as livrarias em todo o país eram utilizadas pelo *New York Times* como amostra para cálculo de quais livros eram *best-sellers*. Comprando todos os exemplares de seu livro nessas livrarias, puderam inflacionar os números artificialmente. O solipsismo: fazer de conta que a lista do *New York Times* retrata as vendas de livros com precisão (e que o volume de vendas de livros seja um indicador preciso daquilo que vale a pena ler).

Organizações freqüentemente se permitem pensar de forma solipsista ao se engajarem em planejamento. Gerentes fazem de conta que as únicas medidas importantes — de satisfação de clientes ou sucesso nos negócios — são as medidas que eles, como gerentes, acordam. A história dos negócios está abarrotada de empresas que atingiram seus alvos e metas... e mesmo assim fracassaram. Isto porque suas medidas refletiam principalmente seu mundo interior, seu solipsismo.

Líderes devem ter certeza de que suas medidas de sucesso ou fracasso reflitam o mundo real lá fora, fora de si mesmos e de sua organização. Há uma diferença entre ter uma visão e sofrer uma alucinação.

---

8 N.T.: "Engine" Charlie era um apelido, que pode ser traduzido como Charlie "Motor". Vale observar que a declaração solipsista do Sr. Wilson parece ter sido de alguma forma adotada e parafraseada pelo governo de seu país como viga-mestra de sua política externa...

9 N.T.: No original, *sweeps week*.

2. Em que tipo de negócio estamos?

3. Em que negócio não estamos?

4. Para onde estamos indo no longo prazo?

5. Quais as prioridades no curto prazo?

6. Quais valores e princípios devem ser características de todos os nossos relacionamentos e de tudo aquilo que fazemos?

7. Qual minha própria tarefa pessoal e como minhas funções e operações se encaixam nos propósitos e sistemas maiores da organização?

8. Qual é a melhor maneira de desempenhar meu trabalho e o que é esperado de mim? Por quem? O que é um "bom trabalho", e quem o define?

9. Como poderão ser realizadas melhorias no meu trabalho? Quem realizará as melhorias e por que meios? Estarei envolvido nessas melhorias? Como?

10. Que fontes e formas de *feedback* estão disponíveis para me ajudar a saber como estou indo?

Organizações convencionais prestam pouca atenção a essas questões. As respostas às seis primeiras perguntas, relativas ao propósito e ao direcionamento organizacionais, são freqüentemente ambíguas e estão em constante mudança. Sem propósito não pode existir um sistema. Com um propósito difuso ou inconstante, o sistema sofrerá o caos e a disfunção. Os Capítulos 5 e 6 abordam as primeiras seis perguntas. Se as respostas às primeiras seis perguntas de nossa lista (as que lidam com direcionamento e propósito organizacionais) não estiverem claras e constantes, as respostas às últimas quatro (que lidam com propósito e direcionamento individuais) também não o serão. A ambigüidade organizacional leva à confusão individual. As perguntas 7, 8, 9 e 10, referentes à clareza e ao propósito individuais relativas a seu trabalho, serão abordadas no Capítulo 4.

Pensamento com Profundidade de Uma Polegada e Largura de Uma Milha

Trabalhei com uma empresa que tinha 88 altas prioridades num ano. No meio do ano, verificou que não tinha realizado qualquer das prioridades, então alijou algumas e adicionou outras — mantendo um total de 88. Perto do final do ano, quando ficou claro que nada realizaria de substancial, jurou melhorar o planejamento para o ano vindouro. Realizou uma sessão de *brainstorming* e formulou uma lista de prioridades — cerca de 80 delas — e depois tentou reduzir a lista. Mas a coisa se tornou parecida com o Congresso na hora de votar o orçamento — cada gerente fazendo *lobby* em favor de seu próprio projeto de estimação, acordos e troca de favores. Nenhum pensamento sistêmico.

Observando que estava repetindo os mesmos erros do ano anterior, buscou ceder e reduzir as prioridades para umas poucas possíveis. Pegou o excessivo número de prioridades e agrupou em categorias, declarando cada uma como uma prioridade. Passou de perto de 80 prioridades para cerca de 10, cada uma das quais contendo múltiplas subprioridades. Nada mudou exceto o grau de complexidade das sentenças em suas declarações de metas. Decidi não interferir nesse processo "com profundidade de uma polegada e largura de uma milha". Em vez disso, concentrei meu trabalho com ela em apenas uma das subprioridades. Neste caso, entramos, com sucesso, "com profundidade de uma milha e largura de uma polegada", naquela única prioridade.

O Dr. Noriaki Kano é professor de ciência da gerência na Universidade de Ciências de Tóquio, e um dos principais professores da qualidade no Japão. Já trabalhou com muitos gerentes de empresas norte-americanas. Seu conselho para nós: "Os americanos tendem a ir até uma profundidade de uma polegada e uma largura de uma milha. Devem aprender a ir a uma profundidade de uma milha e uma largura de uma polegada". Temos que aprender a fazer menos coisas mais bem-feitas ao invés de fazermos várias coisas inadequadamente. A criação de direcionamento e foco numa organização requer que os líderes considerem todas as coisas que valham a pena ser feitas e digam não à maioria delas.

Enquanto os Capítulos 4, 5 e 6 abordam isso em maior detalhe, por ora estou simplesmente sugerindo que saber como dar direcionamento e foco é competência essencial e necessária a líderes contemporâneos. Líderes que não sabem como prover direcionamento e foco às suas organizações em bases diárias são incompetentes.

RESUMO

A vida não é simples. Organizações são complexos sistemas de redes sociais e processos técnicos. Abordagens simplistas não ajudarão a resolver problemas complexos. A primeira coisa que um líder deve aprender a fazer é pensar de modo diferente.

Neste capítulo, abordamos resumidamente um punhado de competências necessárias para que os líderes possam fazer as coisas acontecerem, fazer com que as coisas sejam feitas, criar produtos e serviços dos quais as pessoas possam se orgulhar, e criar um ambiente feliz no trabalho.

Apenas roçamos a superfície do pensamento sistêmico, uma das seis novas competências da liderança. No próximo capítulo, daremos mais uma olhada em sistemas e tiraremos algumas conclusões práticas para líderes.

ATIVIDADES DO CAPÍTULO 2

Questões para discussão

1. Como se motivam os empregados?

2. Como sua resposta à pergunta anterior difere daquilo que foi descrito no Capítulo 2?

3. A. O que tem aprendido ultimamente? (Alguma compreensão ou habilidade que seja novidade para você.)

B. Como aprendeu?

C. Isto é típico de como melhor aprende?

Diagrama-radar de auto-avaliação

- Abaixo está um diagrama-radar, um formulário para anotação de sua própria competência relativa referente a diversas capacidades. As capacidades correspondem às novas competências de liderança descritas neste capítulo.
- O diagrama-radar consiste em 18 áreas de competência divididas em seis categorias.
- Este diagrama se divide em quatro círculos concêntricos ou níveis. O Nível 1, mais próximo do centro, indica ignorância quase que total da competência. O Nível 4 indica um elevado grau de domínio e aplicação.

Instruções

- Para cada competência, coloque um ponto sobre a "raia" correspondente no radar, indicando seu atual nível de compreensão e aplicação.
- Quando terminar, una os pontos. O quadro resultante parecerá uma teia de aranha irregular, mostrando seus pontos fortes e suas oportunidades para desenvolvimento adicional.

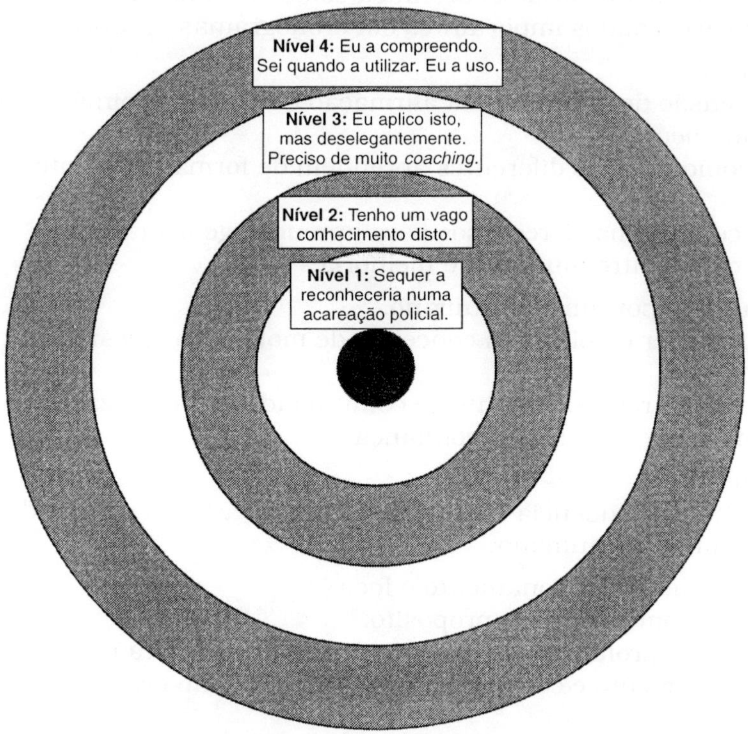

Algumas Sugestões

- Você poderá solicitar a um colega de confiança que elabore um diagrama-radar indicando a percepção dele.
- Se fizer parte de uma equipe, poderá pedir a cada indivíduo que elabore um diagrama numa transparência para retroprojetor, em branco. Depois, superponha os diagramas individuais, projete-os na tela e veja onde estão os pontos fortes e oportunidades de desenvolvimento coletivos autopercebidos.

As Competências

A. Pensamento sistêmico
1. Compreensão da diferença entre sistemas e coisas como estrutura e política.
2. Reflexos para ver conteúdos e fluxos.
3. Instintos para buscar causas sistêmicas, não culpados.

B. Variabilidade do trabalho
4. Saber a diferença entre variação de causa comum e de causa especial.
5. Saber responder à variação de causa comum e à de causa especial.
6. Coletar vários dados importantes em cronogramas apropriados.

C. Aprendizagem
7. Compreensão de quando uma afirmação é teoria ou opinião *versus* fato, e agir adequadamente.
8. Saber como pessoas diferentes aprendem de formas diferentes.
9. PDSA.
10. Fornecer sistemas e recursos para aprendizagem vitalícia.
11. A diferença entre mudança e melhoria.

D. Psicologia e comportamento humano.
12. Compreender e aplicar os conceitos de motivação e desmotivação interna *versus* externa.
13. Desenvolver relacionamentos e comunidade na organização e com os de fora.
14. Desenvolver e fomentar a confiança.

E. Interações
15. Ver a interdependência entre pensamento, variação e aprendizagem sistêmicos e o comportamento humano.

F. Visão, significado, direcionamento e foco
16. Começar com clareza de propósito.
17. Entrar com profundidade de uma polegada e largura de uma milha.
18. Desenvolvimento e comunicação contínua de um claro sentido de direcionamento e foco.

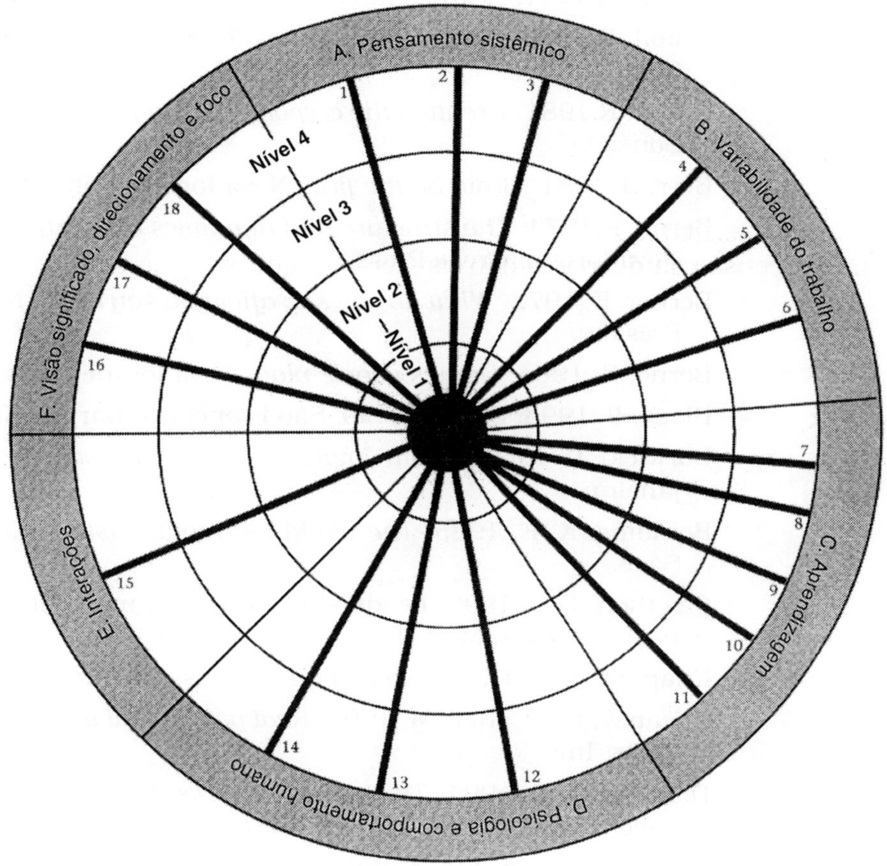
A. Pensamento sistêmico
B. Variabilidade do trabalho
C. Aprendizagem
D. Psicologia e comportamento humano
E. Interações
F. Visão significado, direcionamento e foco
Nível 4
Nível 3
Nível 2
Nível 1
1
2
3
4
5
6
7
8
9
10
11
12
13
14
15
16
17
18

REFERÊNCIAS

Ackoff R.1994. *The democratic organization.* Nova Iorque: Oxford University Press.

Ackoff, R.1991. *Ackoff's fables.* Nova Iorque: John Wiley & Sons.

Ackoff, R.1986. *Management in small doses.* Nova Iorque: John Wiley & Sons.

Ackoff, R.1981. *Creating the corporate future.* Nova Iorque: John Wiley & Sons.

Berr, S. 1981. *Brain on the firm.* Nova Iorque: John Wiley & Sons.

Berne, E.1974. *The structure and dynamics of organizations and groups.* Nova Iorque: Grove Press.

Berner, E. 1972. *What do you say after you say hello*? Nova Iorque: Grove Press.

Berne, E. 1964. *Games people play.* Nova Iorque: Grove Press.

Block, P. 1993. *Stewardship.* São Francisco: Barrett-Koehler.

Borwick, I. 1969. *Team improvement laboratory.* Personnel Journal, janeiro.

Boulding, K. E. 1985. *The world as a total system.* Newbury Park, CA: Sage.

Cawthon, D. L.1996. Leadership, the great man theory revisited. *Business Horizons.* May 15.

Chappell, T.1993. *The soul of a business.* Nova Iorque: Bantam Books.

Cheaney, L. e Cotter, M. 1991. *Real people real work.* Knoxville, TN: SPC Press, Inc.

Deming, W. E. 1994. *The new economics for industry/government/education.* Cambridge, MA. MIT CAES.

Dobyns, L. 1995. *Better management for a changing world.* Uma série de vídeos em quatro partes com a presença de Dr. Russel Ackoff junto com Lloyd Dobyns. Contact: CC-M Productions, 8510 Cedar Street, Silver Springs, MD 20910, (800) 453-6280, www.cc-m.com

Eden, D. 1990. *Pygmalion in management.* Lexington, MA: D.C. Heath and Company.

Gall, J. 1986. *Systemantics*, 2ª. ed. Ann Arbor, MI: The General Systemantics Press.

Herzberg, F. 1968. One more time: How do you motivate employees? *Harvard Business Review.* Janeiro-fevereiro.

Herzberg, F. 1966. *Work and the nature of man.* Cleveland: World Publishing.

Joiner, B. L. 1994. *Fourth generation management.* Nova Iorque: McGraw-Hill.

Jongeward, D. 1973. *Everybody wins.* Reading, MA: Addison-Wesley.

Kahneman, D. e Tverski, A. 1973. On the psychology of prediction. *Psychological Review*, 80, 237-251.

Knowles, M. 1970. *The modern practice of adult education: Androgogy versus Pedagogy.* Nova Iorque: Association Press.

Kohn, A.1993. *Punished by rewards.* Nova Iorque: Houghton Mifflin.

Kübler-Ross, E. 1969. *On death and dying.* Nova Iorque: Macmillan Company.

Langley, G. J.; Nolan, K. M; Nolan, T. W., Norman, C. L. e Provost, L. P. 1996. *The improvement guide: A practical approach to enhancing organizational performance.* São Francisco: Jossey-Bass Publishers.

Laszlo, E. 1972. *The systems view of the world.* Nova Iorque: George Braziller Inc.

Markova, D. 1996. *The open mind.* São Francisco: Conari Press.

Markova, D. 1991. *The art of the possible.* Berkeley, CA: Conari Press.

Markova, D. e Powel, A. 1992. *How your child is smart: A life-changing approach to learning.* São Francisco: Conari Press.

Maurer, R. 1996. Beyond *the wall of resistance.* Austin, TX: Bard Books.

Mc Gregor, D. 1985. *The human side of enterprise.* Nova Iorque: McGraw-Hill.

McKean, K. 1985. Decisions, decisions. *Discover*, junho, 23-32.

Neave, H. 1990. *The Deming dimension.* Knoxville, TN: SPC Press Inc.

Quinn, D.1992. *Ishmael.* Nova York: Bantam/Turner.

Scherkenbach, W. 1991. *Deming's road of continual improvement.* Knoxville, TN: SPC Press Inc.

Scholtes, P.1994. *Learning and leadership.* Salisbury, Wiltshire: The British Deming Association.

Senge, P. 1990. *The fifth discipline.* Nova Iorque: Doubleday.

Tveite, M. 1995 *The Deming philosophy: New ways to think about the world.* Salisbury, Wiltshire: The British Deming Association.

U.S. News e World Report. 1991. 10, 15:52.

Wheeler, D. 1993. *Understanding variation.* Knoxville, TN: SPC Press Inc.

3

Pensamento Sistêmico: O Coração da Liderança no Século XXI

INTRODUÇÃO

No capítulo anterior exploramos o pensamento sistêmico como uma nova competência gerencial. Neste capítulo vamos tratar de sistemas e pensamento sistêmico mais detalhadamente.

Antes de continuar, deixe-me definir alguns termos, cujos significados não são muito precisos, mostrando, pelo menos, o que quero dizer com eles. *Pensamento sistêmico* refere-se ao reflexo geral ou hábito de conceber a realidade em termos de interdependência, interações e seqüências. É uma forma de pensamento no nível macro máximo (o sistema galáxico) ou no nível micro mínimo (o sistema DNA na genética). A grande maioria das pessoas trabalha com sistemas que estão posicionados entre esses dois extremos.

Além do uso genérico da palavra *sistemas*, utilizo palavras distintas para escalas de sistemas ou pensamentos sistêmicos diferentes:

- *Sistema* refere-se a interações e interdependências em grande escala. Os sistemas consistem em subsistemas ou, se forem suficientemente pequenos em escopo, em processos. Qual o ponto em que algo deixa de ser um sistema ou um subsistema e se torna um processo? Eu não sei. (Quando um navio se torna pequeno o suficiente para ser chamado de barco?)
- *Processos* referem-se a componentes de um sistema. Os processos têm propósitos e funções próprios, mas, como processos, não podem realizar o propósito de um sistema.
- *Métodos* referem-se a componentes do processo que têm propósito e função próprios; mas o valor do método somente é visto através de sua interação com outros métodos que formam o processo.
- *Passos* referem-se a componentes de um método. Uma ocorrência em uma seqüência que interage com outros passos para servir ao propósito do método.

Um exemplo:

- Sistema
  - — Macrossistema:
    - — Operação internacional da PepsiCo
    - — A cadeia mundial da Pizza Hut
    - — Uma organização regional da Pizza Hut

— Sistema:
  — Um restaurante Pizza Hut
  — A operação da cozinha de um restaurante
— Microssistema:
  — O ato de fazer pizzas

- Processo
  — Macroprocesso: Fazer um tipo específico de pizza
  — Processo: Fazer massa de pizza
  — Microprocesso: Esticar a massa de pizza
- Método
  — Esticar a massa de pizza através de uma máquina ou
  — Esticá-la com a mão ou
  — Girá-la no ar
- Passo
  — Untar a superfície com farinha de milho antes de esticar a massa de pizza

O MODELO SIPOC

O que todos esses sistemas, processos, métodos e passos têm em comum é o modelo SIPOC, que é um acrônimo de *Supplier* (fornecedor), *Input* (entrada), *Processes* (processos), *Output* (saída), *Customers* (clientes) (Figura 3-1) é uma outra versão da perspectiva sistêmica de Deming (ver Figuras 1-3 e 2-2).

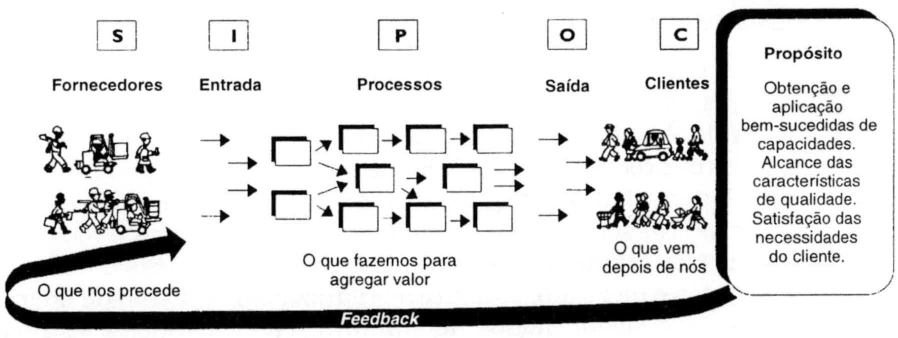

Figura 3-1. O modelo SIPOC.

O modelo SIPOC se inicia com um propósito. Sem um propósito não há SIPOC, não há sistema. "Limpe a mesa, por favor." A menos que o contexto se torne evidente, o propósito desta solicitação não é suficientemente claro para você saber que método (passos/processo/sistema) usar. Os métodos apropriados para limpar a mesa em ocasiões como um jogo de cartas, uma refeição e uma cirurgia são bastante diferentes.

O Modelo SIPOC

O modelo SIPOC foi desenvolvido com base no diagrama sistêmico de Deming (Figura 1-3). SIPOC é um acrônimo de *Suppliers* (fornecedores), *Input* (entrada), *Processes* (processos), *Output* (saída), *Customers* (clientes). Este capítulo faz uma análise detalhada do modelo SIPOC.

Aprender a aplicar o SIPOC é o primeiro e indispensável passo para se compreender como a nova filosofia se aplica ao trabalho das pessoas no dia-a-dia. Sua tarefa — e as de todas as pessoas em sua empresa — consiste em um conjunto de SIPOCs. Seu trabalho e o delas é parte de um fluxo com passos que precedem o trabalho e passos subseqüentes. Para ajudar você e seus funcionários a começarem a ver o trabalho em seu contexto *sistêmico* mais amplo, você deve vê-lo como um SIPOC dentro de um SIPOC maior que, por sua vez, faz parte de SIPOCs ainda maiores. As atividades apresentadas no final deste capítulo e no final do Capítulo 4 são formuladas para ajudar as pessoas a adotar os SIPOCs em seu trabalho.

Um problema crônico em nossas empresas, unidades de trabalho e tarefas isoladas é que o propósito normalmente não está claro ou sofre mudanças constantes. Tal inconsistência e ambigüidade tornam nula a possibilidade de se ter um sistema. Ironicamente, sem um sistema fica impossível lidar com a mudança. Nos capítulos seguintes, falaremos mais sobre isso.

Com um propósito claro, podemos identificar os clientes — aqueles cujas necessidades devem ser atendidas — e aprender com eles quais os resultados, bens ou serviços de que necessitam. Depois podemos pensar em um processo ou método capaz de produzir tal resultado e, por isso, podemos identificar que entradas de quais fornecedores se fazem necessárias. No sentido mais amplo, entradas incluem não somente os materiais e suprimentos usuais, mas também políticas e planos; pesquisa de clientes e mercado; estrutura organizacional; estilo de liderança; valores, missão e visão; modos de comunicação, métodos e estilos; e fontes de educação e treinamento. Entradas incluem todos os objetos materiais, o ambiente, vários fatores e condições, os tangíveis e intangíveis necessários para fazer o processo funcionar de maneira que agrade ao cliente e sirva ao propósito da empresa.

O SIPOC também inclui *feedback: loops* de informação que colocam aqueles que trabalham no sistema a par do quão bem ele está funcionando. Sem *feedback* baseado em sistema não haverá melhoria. O *feedback* é o "leite materno" da melhoria.

Se fôssemos examinar qualquer parte do processo no modelo SIPOC, descobriríamos um microcosmo do todo, um SIPOC dentro do SIPOC, um passo dentro de um método, que faz parte de um processo, o qual, por sua vez, é parte de um sistema. Deming ensinou que tudo é um sistema e que fazemos parte dele.

Neste capítulo avançaremos através do modelo SIPOC, estudando um elemento por vez, movendo da direita (Propósito) para a esquerda (Fornecedores). Esta é a seqüência mais adequada para se planejar qualquer sistema, processo, método ou passo. Nenhum elemento do modelo SIPOC existe por si só. Somente podemos compreender cada uma das partes — o **S**, o **I**, o **P**, o **O** e o **C** — dentro do contexto *propósito* e pela forma como cada parte interage com as outras para realizar tal propósito. Esta compreensão nos levará ao pensamento sistêmico.

PROPÓSITO

O propósito diz a você e ao mundo o porquê da sua existência, qual o seu negócio e, por conseguinte, qual *não* é o seu negócio. O propósito é mais bem definido do ponto de vista do cliente. Em vez de simplesmente descrever os seus produtos e serviços, descreva o benefício ou capacidade que seus clientes adquirem como resultado da interação com você. Seu propósito está relacionado a esses benefícios e capacidades percebidas pelos clientes. Por isso, o propósito da barraca em que seu filho compra limonada pode ser descrito como "refrescar os pedestres". Esta é a razão por que o cliente compra a limonada. A limonada, portanto, é o meio para um fim definido pelo benefício do cliente. A seguir, vejamos um exemplo [agradeço ao Dr. Noriaki Kano por esta história]:

> A Konica Camera tinha um problema: queria desenvolver um produto revolucionário, mas o *feedback* dos clientes levava somente a melhorias menores.
>
> Em uma reunião em que os gerentes da Konica estavam discutindo o problema, Mr. Takanori Yoneyama, o presidente da empresa, fez esta observação: "Talvez estejamos fazendo as perguntas erradas. Pedimos *feedback* sobre nossa *câmera*. Mas as pessoas não compram nossa câmera

para simplesmente possuir uma câmera. Elas compram o equipamento para tirar fotografias. Vemo-nos como fabricantes e vendedores de câmeras. Os clientes nos vêem como uma fonte para adquirir a capacidade de tirar fotografias. Talvez pudéssemos começar a buscar *feedback* das *fotografias*."

Reunir-se com os clientes para analisar as fotografias foi, sem dúvida, uma revelação. As fotos eram muito ruins: fora de foco, muito claras, muito escuras, uma superposta à outra. Mas os clientes não culpavam a câmera, mas a si mesmos. "Vocês têm uma boa câmera, eu é que não sou um bom fotógrafo."

A partir deste *feedback*, a Konica foi capaz de inventar a câmera a prova de erro: com foco, abertura de lente, ajuste, avanço de filme, *flash*, etc. automáticos. Agora os clientes adoram a câmera *e* suas fotografias.

O propósito de sua organização, portanto, está relacionado aos benefícios ou capacidades adquiridas por seus clientes como resultado da interação deles com você. Se os fabricantes de chicotes para carroças puxadas à força de animais vissem o seu propósito como fornecedores de capacidade para a aceleração do veículo, provavelmente teriam sobrevivido à transição do cavalo e do chicote para a era da carroça sem cavalo. Um propósito baseado na capacidade do cliente pode fornecer um sinalizador de foco e direção estável em tempos de mudanças turbulentas em tecnologia ou no mercado.

> O melhor uso que se pode fazer do capital não é fazer mais dinheiro, mas utilizá-lo para melhorar a vida.
>
> — Henry Ford, 1931

Acredito fielmente que se o propósito de uma organização é sobreviver, então esse propósito tem de ser altruístico, e não baseado em auto-engrandecimento. Por altruístico quero dizer focalizado em fazer o bem para a sociedade. Por auto-engrandecimento quero dizer um propósito focalizado principalmente no lucro e no retorno de investimentos.

Se meu propósito principal fosse maximizar o ganho do acionista, poderia fazê-lo comprando ações em baixa, conquistando o controle da empresa, fechando suas fábricas, demitindo os funcionários, vendendo seus bens e maximizando meus lucros. Isto foi reconhecido pelo Wall Street como um negócio inteligente ou, pelo menos, como o triste resultado do sistema de livre empreendimento.

Acho que deveria ser considerado um crime.

Não sou contra lucro ou retornos de investimentos. São meios necessários para se chegar a um fim. Mas quando se tornam um fim, o negócio provavelmente começará a prejudicar os clientes, os funcionários, a qualidade de seus produtos e serviços, a comunidade, o ambiente e sua sobrevivência a longo prazo. O negócio pode começar a perder sua *alma*. (Ver Chappell, 1993.)

Quando um negócio é altruístico, quando está comprometido a servir (em vez de explorar) os clientes e a sociedade, seu propósito elevado pode criar e sustentar o entusiasmo e o compromisso entre os líderes, gerentes, funcionários, acionários e — mais importante — entre os clientes. (Ver Pensamento Centrado no Cliente, apresentado na próxima seção.) O propósito de uma organização deve descrever, a meu ver, um "trabalho que valha a pena", nas palavras de Herzberg. Esse negócio, se bem direcionado, provavelmente prosperará.

O CLIENTE

Movendo-nos da direita para a esquerda no modelo SIPOC (Figura 3-2), analisaremos os clientes: aqueles que se beneficiam dos produtos e serviços que você fornece e adquirem as novas capacidades que você oferece. De outro ponto de vista, os clientes são aqueles que se desapontam ou que se aborrecem com a inadequação de seus produtos e serviços, pois são eles que deixam de receber de sua mercadoria ou serviço um novo benefício, ou de intensificar um benefício de que já dispunham.

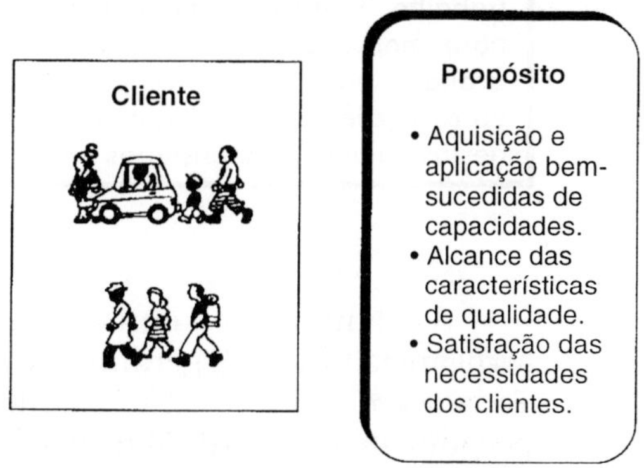

Figura 3-2. SIPOC, deslocando-se da direita para a esquerda.

Pensamento Centrado no Cliente

A perspectiva de um sistema cria uma atitude diferente perante o cliente e, conseqüentemente, uma abordagem singular em relação a ele: *pensamento centrado no cliente.*

Por tradição, nosso pensamento é "centrado no produto", como ilustrado na Figura 3-3.

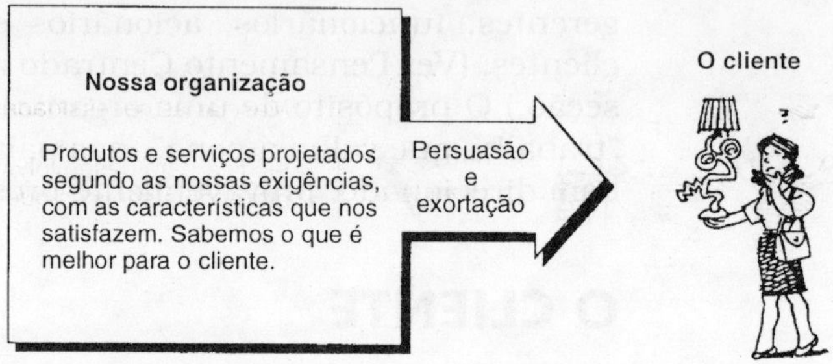

Figura 3-3. Mentalidade centrada em produto.

> **Clientes**
>
> Os clientes são o "C" do SIPOC. Este capítulo dispensará muita atenção aos clientes. Eles são a razão de ser da organização. Sem *feedback* dos clientes, você não pode saber se está realizando um bom trabalho. No Capítulo 2, discutimos motivação (retomaremos o assunto no Capítulo 8). Quando uma empresa e seu pessoal perdem *seus clientes* de vista, terão perdido o senso de altruísmo no trabalho. Sem a inerente motivação de beneficiar o cliente, os gerentes se voltam para motivações artificiais tais como concursos, incentivos, etc. Estas últimas acabam sendo destrutivas para a organização, seus empregados e, pior ainda, para os clientes (ver Capítulo 8). Atenção ao cliente é fundamental. Portanto, nestas páginas, dispensamos uma considerável dose de atenção aos clientes.

A mentalidade centrada em produto é, na melhor das hipóteses, arrogância tática. (E geralmente não é posta em prática da melhor forma.) Toda vez que você, como cliente, se sente um idiota ou manipulado, é porque está do lado de lá no cenário da mentalidade centrada em produto. Na organização centrada em produto, o departamento de marketing está focalizado em vendas: o que podemos fazer ao dar nome ao produto ou serviço, descrever suas características, embalagem, posicionamento e anúncio, para nos beneficiarmos dos hábitos de compra dos clientes potenciais? O lado obscuro de uma mentalidade centrada em produto é a auto-absorção, o isolamento e a arrogância. (Se uma idéia é boa, já pensamos nela. Se não tivermos tido tal idéia, ela não é boa!) Todos nós já tivemos que lidar com esse tipo de empresa.

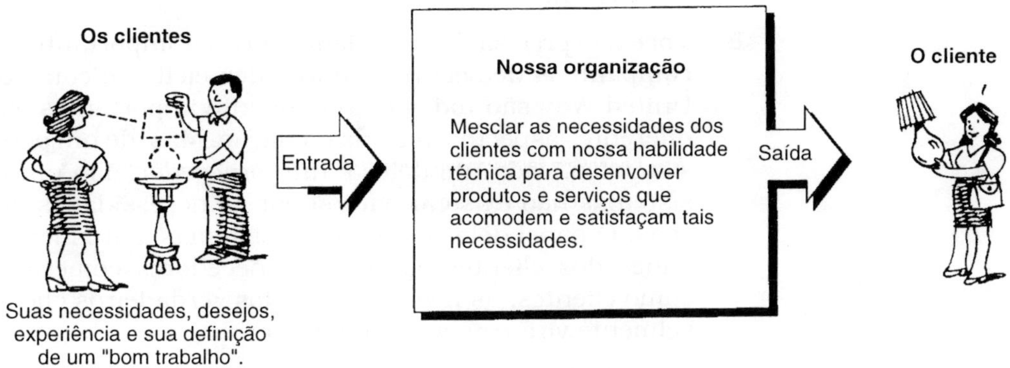

Figura 3-4. Uma mentalidade centrada no cliente.

A Mentalidade Centrada no Cliente

Quando internalizado em nossa rotina e reflexos do dia-a-dia, o pensamento sistêmico nos levará ao pensamento centrado no cliente (Figura 3-4). A mentalidade centrada no cliente é focalizada no exterior, e não narcisicamente; é centrada no outro, e não em si mesmo. Caracteriza-se pela consideração (O que mais podemos fazer por eles?), resposta às suas necessidades, empatia e altruísmo. É o melhor caminho para se criarem novos produtos e serviços. Se você compreender as experiências do dia-a-dia de seus clientes, poderá imaginar produtos e serviços sobre os quais eles nunca pensaram. O pensamento centrado no cliente aumenta a probabilidade de os clientes adquirirem o que precisam, bem como de necessitarem daquilo que adquiriram.

Em uma organização centrada no cliente, o marketing passa a se focalizar em reais pesquisas com clientes: pesquisa não somente sobre estratégias de vendas, mas sobre o cliente e suas necessidades e experiências.

Algumas Noções Importantes sobre Clientes

A. Compradores não são necessariamente clientes. O fato de uma pessoa ou grupo pagar por um produto ou serviço não os torna clientes. Pagando a minha conta de TV a cabo, sou comprador da MTV e do Beavis e Butthead. Entretanto, não sou cliente da MTV, do Beavis nem do Butthead, fato ao qual, suponho, a MTV é indiferente.

B. Você não precisa ser um cliente para ser importante. Acionistas, companhias de seguro, autoridades eleitas e contribuintes da United Way são todos extremamente importantes, embora em diferentes aspectos, na vida da nação. Mas, de um ponto de vista sistêmico, cada um deles é um *fornecedor*, não um *cliente*. Os sistemas não existem para servir às necessidades dessas pessoas. O papel delas é ajudar os sistemas a atender às necessidades dos clientes. Quando fornecedores começam a se ver como clientes, as necessidades dos verdadeiros clientes provavelmente virão em segundo lugar.

C. Quando fornecedores e clientes não conseguem chegar a um acordo ou quando os clientes não concordam uns com os outros, é provável que o propósito da organização não esteja claro. O propósito da organização deve descrever a razão de sua existência, qual o seu negócio e qual *não* é o seu negócio. Os fornecedores devem concordar quanto a seu propósito e entrar em acordo sobre quem são seus clientes e quais suas necessidades... em coerência com o propósito da organização.

Hospitais para Mamães: Parir e Dar o Fora

Nova meta considerada: seis horas e rua.

Uma mãe em um subúrbio de Chicago teve seu terceiro filho e fez ligação de trompas. Vinte e quatro horas depois de dar entrada no hospital foi liberada. A estada-maternidade no hospital pode ser cortada para doze ou seis horas se as seguradoras e fornecedores de assistência gerenciada alcançarem seus objetivos.

(Baseado em uma reportagem do *Chicago Sun-Times*, de 18 de junho de 1995.)

As necessidades dos clientes estão cedendo lugar às necessidades dos compradores?

> ***Feedback* "Imediato"**
>
> Os atacadistas da Honda na área de Cleveland colocaram nos carros novos telefones celulares grátis programados com o número do setor de atendimento ao cliente. Queriam que os clientes lhes comunicassem tudo de errado que acontecesse ou que dessem suas sugestões, à medida que as necessidades emergissem. Eles não queriam que os clientes tivessem que esperar e se lembrar do problema somente quando recebessem a próxima pesquisa por mala direta.

D. Ao "ouvir o cliente", devemos nos comprometer com ouvir também — ou mesmo procurar — os clientes insatisfeitos. Isto pode incluir:

- Contactar os clientes que deixaram de ser clientes.
- Contactar os clientes que escolheram não ser nossos clientes, *a priori*.
- Contactar os clientes que não nos escolheram nem aos nossos concorrentes, mas lidam com sua situação particular de alguma outra forma (ou deixam suas necessidades insatisfeitas).
- Buscar *feedback* imediato: fazendo com que a reclamação seja feita enquanto recente.

E. As reclamações dos clientes são "dádivas de Deus", nas palavras de um gerente. Uma reclamação dá a oportunidade de aprender. O *feedback* positivo faz você se sentir melhor, eleva seu espírito e o faz lembrar que o cliente se importa. Entretanto, elogios não nos dão oportunidade de aprender.

Modelos para Ouvir a Voz do Cliente

Há múltiplas formas pelas quais podemos ouvir o cliente. Às vezes, o cliente entra em contato conosco por diferentes razões, como, por exemplo:

- Reclamações
- Perguntas
- Chamadas dentro da garantia
- Solicitação de serviços

Às vezes, somos nós que iniciamos o contato com o cliente:

- Grupos de foco
- Pesquisas
- Entrevistas

Abaixo, descrevemos duas formas de se classificar o que se ouve dos clientes. (Embora estejamos analisando os clientes *de fora* da organização, este esquema também pode ser utilizado para *feedback* de clientes internos.)

A Matriz de Necessidades/Aquisições

	As Necessidades do Cliente	*O que o Cliente não Precisa*
Aquisições do Cliente	O cliente adquire o que precisa	O cliente adquire o que não precisa
O que o Cliente não Adquire	O cliente não adquire o que precisa	O cliente não adquire o que não precisa

Figura 3-5. A matriz de necessidades/aquisições.

Isto sugere duas perguntas a serem utilizadas ao explorar as experiências dos clientes com seus produtos e serviços ou com os produtos e serviços dos concorrentes:

- O que você adquire, mas não precisa?
- O que você precisa e não adquire?

O Modelo Kano

O Dr. Noriaki Kano, da Tokyo Science University, adaptando alguns trabalhos iniciais de Frederick Herzberg, desenvolveu uma estrutura para se identificarem, do ponto de vista do cliente, as características que descrevem seus produtos ou serviços. Este trecho é adaptado de um artigo do Dr. Kano e outros (Kano *et al.*, 1996), em que sugerem três tipos de características:

- *As básicas:* Esses são os atributos "obrigatórios" de seus produtos ou serviços, que não causam satisfação quando presentes, mas que causam irritação quando ausentes. Os clientes têm todo o direito de esperar que seus carros liguem ao virarem a chave de ignição. Quando o carro liga, os clientes não comemoram (ou, pelo menos, não deveriam comemorar). Entretanto, quando o carro falha, ficam descontentes. A maior parte das reclamações dos clientes está relacionada com os atributos básicos. Pergunte a seus clientes quais os básicos em relação a seus produtos ou serviços. Eles ficarão mais do que contentes de lhe falar.

- *Relacionadas a desempenho:* Quanto mais estas características estiverem presentes, menos descontentes e, no final, mais satisfeitos ficarão seus clientes. Quando os quilômetros rodados por litro de combustível forem muito baixos, o cliente provavelmente ficará descontente. Quando forem altos, os clientes ficarão orgulhosos. Geralmente essas características têm a ver com o tamanho, velocidade, capacidade, facilidade de uso, valor pelo preço, acessibilidade do serviço, etc.

- *Características de satisfação máxima:* A mínima presença dessas características cria a satisfação dos clientes. Do ponto de vista do cliente, essas são surpresas inesperadas, aprazíveis e agradáveis. Os carros agora têm equipamento que monitora a aproximação dos objetos, assim como a sua atenção como motorista. Esta tecnologia automaticamente irá alertá-lo quando você estiver muito perto de um objeto ou muito sonolento e irá, até mesmo, diminuir a velocidade de seu carro. As características de satisfação, geralmente, se tornam básicas em pouco tempo. O controle remoto da televisão e a ignição eletrônica dos carros, quando introduzidos pela primeira vez, eram características de satisfação. Agora são básicas.

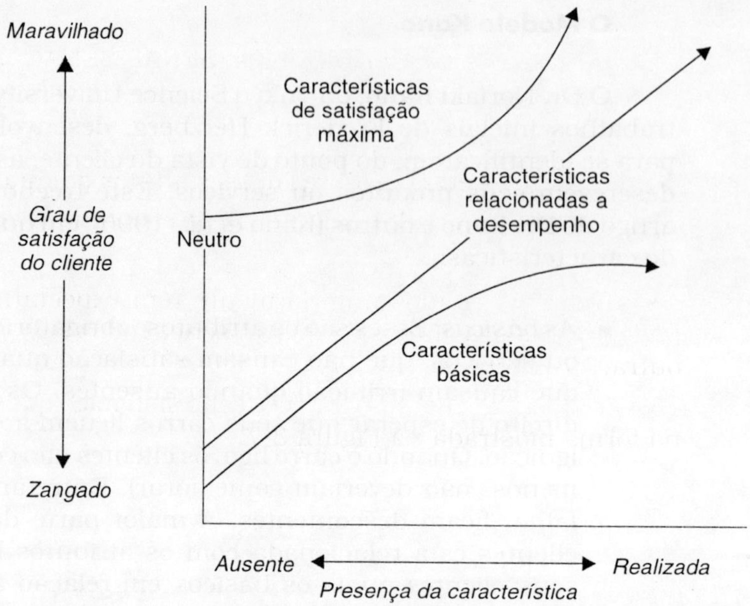

Figura 3-6. O modelo Kano.

Em geral: Se você não tiver se preocupado com as características básicas, não trabalhe nas de satisfação máxima. Não adianta ter sensores automáticos em um carro que não liga. A Figura 3-6 ilustra o modelo Kano.

A CADEIA DE CLIENTES

Quando olhamos para o cliente sistemicamente, dele apreendemos uma imagem menos simplista. Quem é o nosso cliente? A resposta a essa pergunta, normalmente, é uma complexa seqüência e rede de pessoas, organizações e sistemas que dependem de nosso bom trabalho. Quem é o cliente da quarta série?

- As crianças que estão na sala de aula
- Os pais e famílias das crianças
- A quinta série
- O ginasial

- O segundo grau
- Escolas profissionalizantes (SENAI, SENAC, no Brasil)
- Faculdades
- Universidades
- Futuros empregadores desses alunos da quarta série
- As comunidades em que vivem e em que viverão

Todos os citados anteriormente têm expectativas e necessidades relacionadas aos alunos da quarta série. Todos eles, de uma forma ou de outra, são clientes.

A cadeia de clientes é um conceito sistêmico que descreve os clientes na forma mostrada na Figura 3-7.

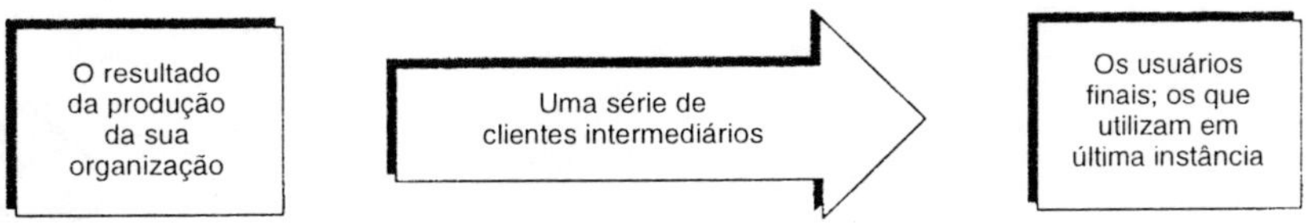

Figura 3-7. A cadeia de clientes.

A Figura 3-8 mostra uma cadeia de clientes relacionada a um negócio industrial: produção de cafeteiras. Quem é o cliente do produtor de cafeteiras? Toda a cadeia. A que clientes o produtor de cafeteiras deve ouvir? A todos eles! Pode a produção do equipamento basear-se somente no atacadista nacional como representante do restante da cadeia? Não! Este produtor irá "quebrar" se atender somente às necessidades da organização que paga suas faturas, os atacadistas.

Nos estágios iniciais da luta com a nova filosofia gerencial, as organizações normalmente tentam fazer de si mesmas uma subespécie. "Isso pode funcionar com produtores de cafeteira ou para alunos da quarta série, mas não comigo! Temos um conjunto de clientes muito complicado e eles têm expectativas conflitantes." A isto eu respondo: "Todos nós temos cadeias de clientes complexas. A vida é assim mesmo." Parece sempre mais fácil ver o sistema dos outros ou a cadeia de clientes dos outros do que o próprio. Se não conseguir perceber os seus próprios sistemas, traga alguém de fora para identificá-los.

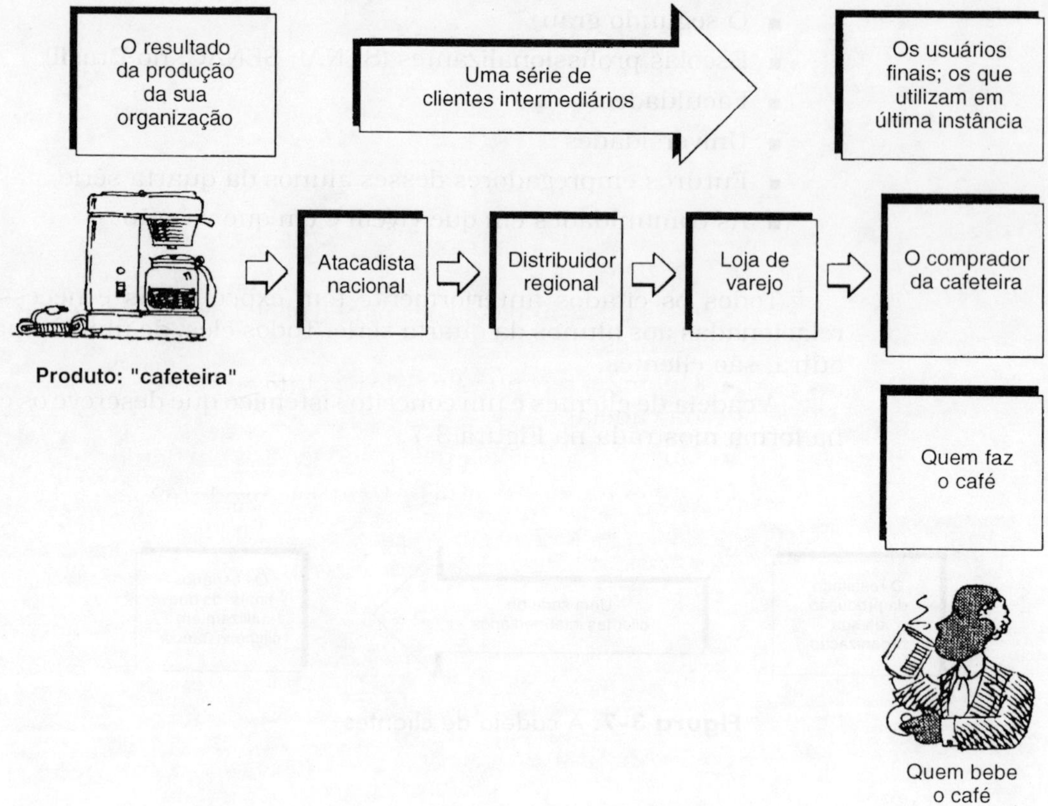

Figura 3-8. A cadeia de clientes do produtor de cafeteiras.

Quando É Difícil Definir os Clientes

É especialmente difícil identificar o cliente quando este parece ser uma abstração ("todos os cidadãos" ou "futuras gerações"). Aqui são apresentadas algumas diretrizes para se identificarem clientes difíceis.

1. Subdivida o trabalho da organização em serviços, funções ou produtos distintos. O departamento de polícia de uma cidade, por exemplo, pode ser visto em termos de serviços como patrulha em determinada área, respostas a chamadas 190 e prisões de motoristas intoxicados. Estes são serviços isolados, cada um deles com sua cadeia ou rede de clientes.

2. Para cada produto ou serviço, pergunte-se: Qual o seu propósito? Por que alguém se interessaria pelo produto ou serviço?

Como a Konica Camera concluiu, as pessoas desejam um produto pela capacidade que ele fornece. Por isso, que capacidade é fornecida, e para quem, como resultado dos produtos que você oferece?

3. Para cada serviço em particular, pergunte-se:

- O que vem a seguir no fluxo de trabalho? Quem o continua depois que essa área da organização termina sua parte? Aqueles que lidam com as chamadas 190, por exemplo, passam as informações para o oficial da patrulha, um de seus clientes.
- Quem é o receptor final do produto ou serviço (a última parada na cadeia)?
- Quem se beneficia desse serviço em particular?
- Quem é usuário ou cliente desse produto?
- Como aqueles que se beneficiam desse produto ou serviço utilizam ou consomem o que fornecemos? Às vezes, somente na aplicação é que podemos perceber com clareza quem são os clientes ou o que desejam. A respeito do serviço policial, quem na vizinhança (um cliente genérico) está mais interessado em segurança pessoal ou vandalismo ou em brigas de *gangs*? Essas prioridades devem indicar clientes específicos diferentes.
- Que capacidades são adquiridas e como ou quando essas capacidades são aplicadas? Podemos identificar diferentes clientes no ponto em que as capacidades são aplicadas. Estudantes, por exemplo, adquirem capacidades nas instituições de ensino que, mais tarde, serão aplicadas em outros locais. Se focalizarmos a época e o lugar em que essas capacidades são aplicadas, podemos identificar outras pessoas, além do próprio aluno, que têm expectativas sobre o conteúdo e eficácia da educação do estudante. Outro exemplo: Eu pago por seguro de vida. A capacidade que eu adquiro é uma forma de segurança. O ponto de aplicação, entretanto, somente ocorrerá quando eu morrer. Por isso quem é o cliente do meu seguro de vida? As necessidades de quem ele deve atender? Observe o ponto de aplicação.

Observamos o modelo SIPOC e também já trabalhamos com a noção de clientes. Sem o *feedback* do cliente não haverá definição sustentável para um "bom trabalho". Sem clientes que têm suas necessidades atendidas, não há organização sustentável. Os clientes devem ser o ponto central de tudo que o sistema faz.

SAÍDA (RESULTADO)

Estamos trabalhando de trás para frente — da direita para a esquerda — no modelo SIPOC (ver Figura 3-9). Discutimos a importância de um propósito claro, constante e altruístico. O propósito nos ajudará a identificar quem são os clientes. Exploramos quem é o cliente e vimos que, na realidade, a noção de cliente é mais complexa do que normalmente se pensa.

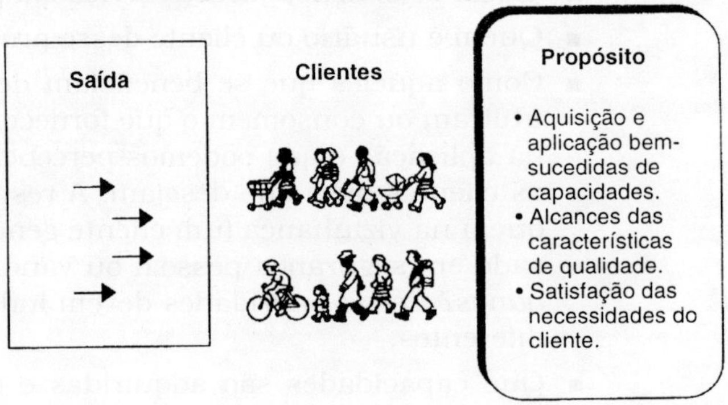

Figura 3-9. SIPOC, da direita para a esquerda.

Se temos que agradar nossos clientes com produtos e serviços ideais, devemos identificar nossa complexa cadeia de clientes e aprender a compreendê-la continuamente. Compreender as necessidades de nossos clientes nos permitirá definir o resultado de que se necessita para deixar os clientes orgulhosos. Agora, exploramos a noção de resultado.

A saída de nossa organização é o resultado de nossos sistemas, processos e métodos. Com todas as conseqüências, boas e más, que o sistema pode trazer, adquirimos — e, mais importante, nossos clientes adquirem — o que ele é capaz de nos oferecer. Do ponto de vista do cliente, o resultado, os produtos e serviços, ou os satisfazem ou os aborrecem; ou ainda, como é mais comum, os deixam em algum ponto entre esses dois extremos. Do ponto de vista da organização, o resultado é visto como vendas, serviços entregues, receita, custos, despesas, lucro líquido, fluxo de caixa, retorno de investimentos, fatia de mercado, etc. Por fim, a organização fica orgulhosa ou acaba em dificuldades financeiras.

A questão, agora, apresenta duas vertentes:

- Aos clientes cabe a palavra final no que diz respeito à qualidade de seus resultados. Se você quiser saber se está realizando um bom trabalho, pergunte aos clientes. Só eles podem saber.
- Seja o seu resultado bom ou ruim, é, entretanto, o único resultado de que seus sistemas, processos e métodos são capazes. Se você desejar um resultado melhor, deverá melhorar os sistemas, processos e métodos.

Uma outra consideração a ser feita a respeito de resultado é que o sistema deve ser apropriado à escala de esforço. O processo e métodos apropriados a uma barraca de limonada, que tem uma saída, digamos, de 50 copos de 300ml, não funcionarão quando dela se esperar 5.000 copos de 300ml de limonada, com e sem açúcar. Não será simplesmente se esforçando cem vezes mais que você dará conta dessa escala mais ampla. Isto é óbvio. Mas se é tão óbvio, por que os gerentes, normalmente, tentam aumentar o resultado das fábricas ou a carga de trabalho forçando as pessoas a fazer mais e a trabalhar mais? Se você quer mais ou melhores resultados, deve criar sistemas, processos e métodos que gerem mais e melhores resultados.

PROCESSO

No modelo SIPOC, processo se refere a sistemas, processos e métodos que interagem: condições e fatores que, bem ou mal, convertem entradas em saídas.

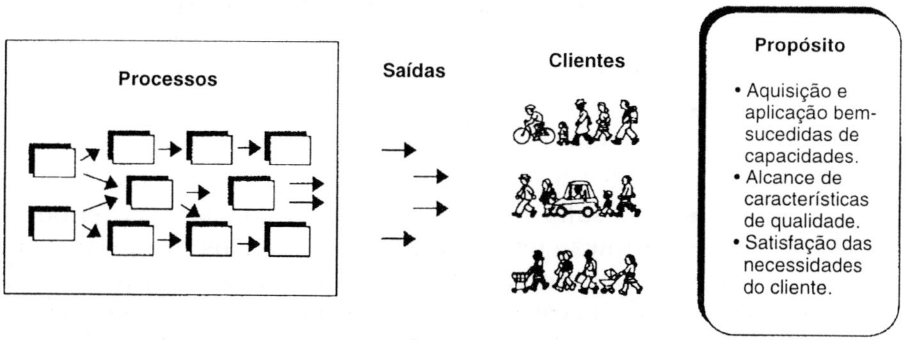

Figura 3-10. SIPOC da direita para a esquerda.

A Cadeia Interna

Assim como clientes externos podem ser descritos em termos de uma cadeia de clientes, há também uma cadeia interna na organização, com suas interdependências fornecedor-cliente.

Uma empresa que produz papel para impressão apresenta essas características em sua cadeia interna:

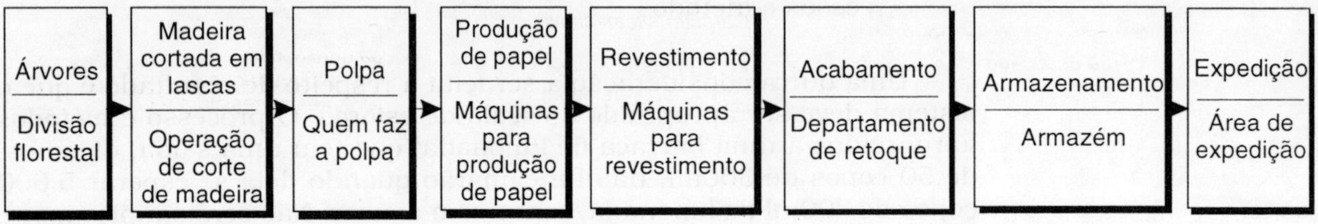

Figura 3-11. A cadeia interna: produção de papel.

Algumas diretrizes básicas para a cadeia interna:

- Não repasse erros, defeitos ou trabalho incompleto para as próximas fases da operação: seus clientes internos.
- Determine "*loops* de *feedback*" através dos quais você e seu cliente interno monitorem, rotineiramente, informações sobre os atributos importantes tanto para o cliente interno quanto para os outros clientes nas cadeias interna e externa. Inicie com seu cliente interno descrevendo os atributos de seu trabalho mais importantes para ele (características-chave de qualidade).
- Seu propósito não é simplesmente agradar a seus clientes internos, mas agradar aos clientes externos, ou seja, à *cadeia* externa de clientes.
- O desafio de cada ponto da cadeia é aprender a converter a definição de um bom trabalho pelos clientes internos e externos (características-chave de qualidade) em atributos de seu sistema ou processo (indicadores-chave de processo) que, sob controle, irão produzir, invariavelmente, o resultado desejado tanto pelos clientes internos quanto pelos externos.

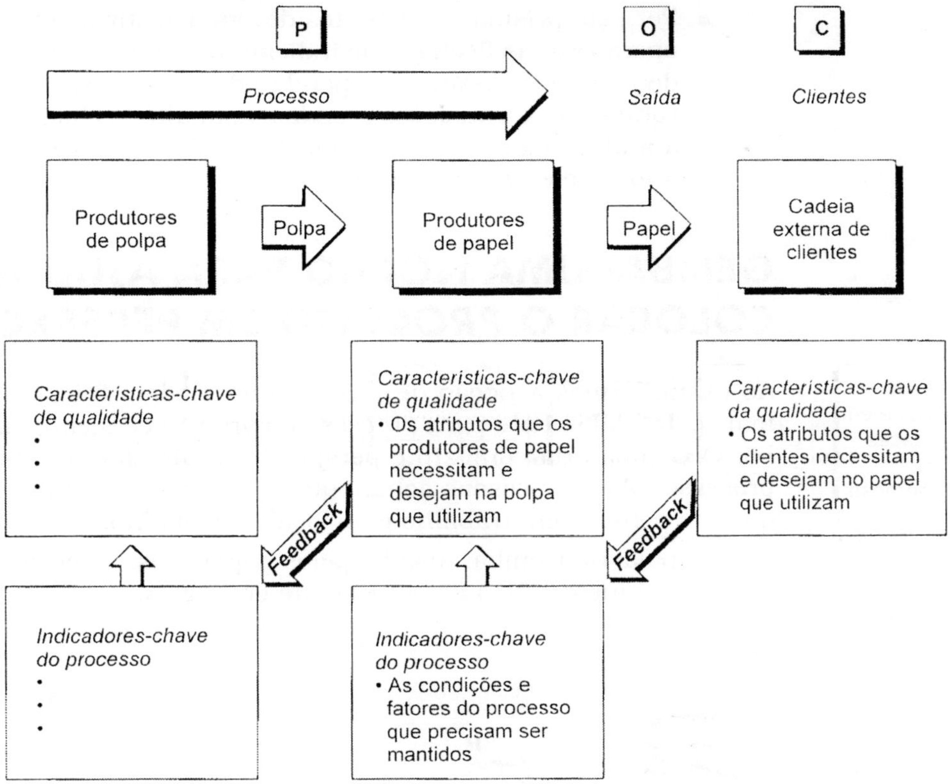

Figura 3-12. A necessidade de se converterem as Características-Chave de Qualidade de seus clientes — o que os clientes definem como "um bom trabalho" — em Indicadores-Chave do Processo de trabalho, os atributos, fatores e condições que, sob controle, irão entregar regularmente aos clientes internos (e externos), quando e como precisarem, o que lhes é importante .

Em nossa fábrica de papel, por exemplo (como descrito na Figura 3-12), haverá necessidade de *loops* de *feedback* tanto da cadeia de cliente *externa* quanto entre operações *internas*. Seus clientes internos e externos lhe dizem como eles definem um "bom trabalho", e você projeta e mantém um processo que, rotineiramente, lhes entrega o que desejam. Às vezes, você descobrirá que não pode fazê-lo. Por isso, você trabalha com os clientes, internos e externos, a fim de encontrar uma forma de eles realizarem seu propósito e alcançarem o que necessitam através de um projeto ou método alternativo.

- Por este prisma, os gerentes devem assistir os espaços entre as operações, as flechas que indicam tanto transições quanto *loops* de *feedback*. Assim, o papel da liderança é criar um ambiente e rotinas para transições e *feedback*, manter as batidas do coração, a inalação e a exalação do sistema. (Ver Capítulo 4 para outras informações sobre *feedback*.)

GEMBA: UMA NOÇÃO PARA AJUDAR A COLOCAR O *PROCESSO* EM PERSPECTIVA

Ao examinarmos a noção de *processo* no modelo SIPOC, vamos olhar mais detalhadamente para processo e para um conceito chamado *Gemba*. O Gemba cria contexto e perspectiva mais claros para a noção de processo. Muitas pessoas acham que o conceito de Gemba as persegue quando pensam em trabalho e no local de trabalho.

A palavra Gemba, usada pelos japoneses, é derivada de duas palavras chinesas. Não há equivalente em inglês.

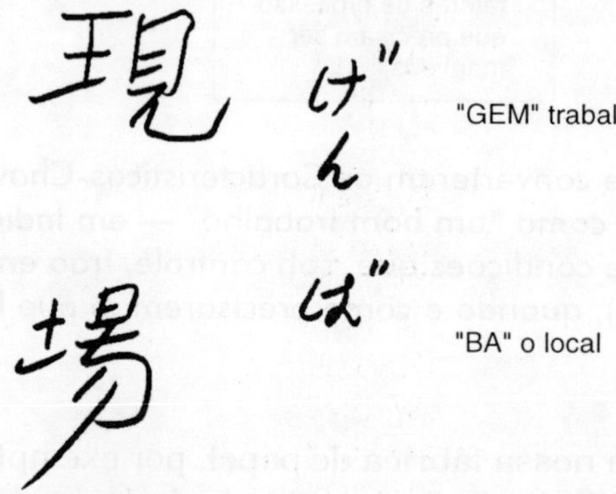

Figura 3-13. Gemba. (O Sr. LCDR K. C. Moon da Marinha dos Estados Unidos forneceu o desenho dos caracteres chineses. A ele, meus agradecimentos.)

Gemba é a união de recursos críticos e o fluxo de trabalho que contribui para os esforços que agregam valor diretamente para o cliente. Isto é ilustrado na Figura 3-14.

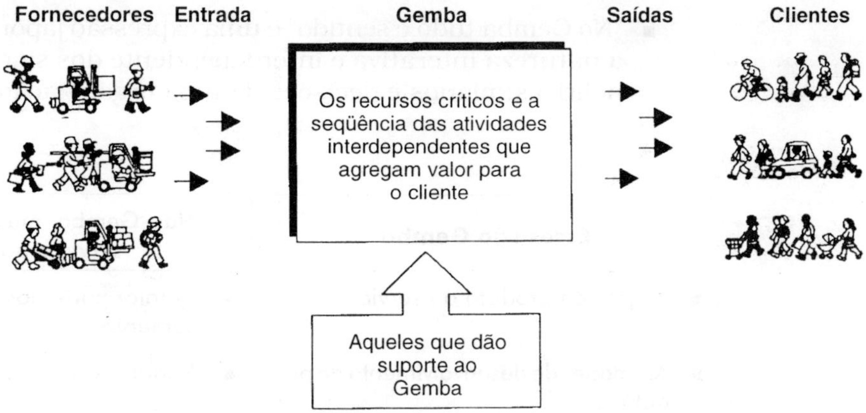

Figura 3-14. O Gemba.

Sua organização consiste em muitos sistemas e processos, inúmeros fluxos de trabalho. Nem todos são Gemba. Apenas aqueles sistemas e processos diretamente relacionados a um fluxo de trabalho que agrega valor para o cliente são Gemba.

Alguns Comentários sobre o Gemba

Mede-se o sucesso do Gemba pela satisfação do cliente. O sucesso do restante da organização está em quão bem serve ao Gemba.

O objetivo da distinção entre o que é ou não Gemba não é estabelecer uma nova hierarquia de importância entre as pessoas, uma nova hierarquia interna. O propósito é definir os sistemas da organização e identificar quais funções devem servir aos outros sistemicamente.

- O Gemba se apropria dos conceitos gerais do sistema e dos processos e extrai o sistema ou processos diretamente envolvidos na produção de valor para um cliente.
- Em termos relativos, poucos funcionários estão realizando trabalho Gemba. Todos os outros estão envolvidos em trabalho que dá apoio ao Gemba. Quase todo o trabalho do pessoal não-Gemba lida com informações.

- "No Gemba tudo é sentido" é uma expressão japonesa que descreve a natureza interativa e interdependente dos sistemas, processos, políticas, planos e decisões de uma organização.

Esses são Gemba	Não-Gemba, mas que oferecem serviços ao Gemba
■ Projeto de produto ou serviço	■ A maior parte dos serviços de gerenciamento
■ Atividades de desenvolvimento de produtos	■ Pesquisa do cliente
■ Atividades de desenvolvimento de serviços	■ Projeto do sistema ou serviço
■ Ponto de contato e vendas do cliente potencial	■ Recursos Humanos
■ Entrega de produtos e serviços	■ Reparos na fábrica ou em instalações e manutenção interna
■ Serviços de instrução e outros serviços pós-entrega oferecidos ao cliente	■ Folha de Pagamento e outros serviços financeiros: contas a pagar e a receber
■ Serviços de manutenção regulares oferecidos aos clientes	■ Compras
	■ Serviços administrativos
	■ Treinamento
	■ Orçamento
	■ Serviços de gerenciamento de informações
	■ Planejamento da produção
	■ Planejamento do serviço de entregas

Na perspectiva do Gemba, está implícito que ele merece prioridade em termos de atenção: Em tudo o que fizer, preocupe-se com o Gemba. No Capítulo 4 examinaremos em mais detalhes os cuidados e alimentação do Gemba.

A Poesia, a Música, o Espírito e o Ritmo do Gemba

Músicos, atores, dançarinos e atletas falarão sobre épocas em que o seu trabalho flui, quando ele tem vida e espírito próprios, e o artista ou atleta somente tenta ficar com ele e não interferir. Quando isso acontece, as pessoas trabalham juntas como se lessem a mente uma das outras, cada uma delas a par do próximo movimento das outras. Elas descrevem como elas e seus parceiros se complementam, realizam coisas que nunca puderam fazer e de forma nunca dantes imaginada.

Este fluxo regular, quase intuitivo, de bom trabalho é uma forma de poesia em movimento. Chame-o de uma verdadeira experiência de trabalho em equipe. Esse tipo de trabalho em equipe, de fato, existe no Gemba. "Às vezes, estamos realmente fluindo: estamos numa boa", diz Bill Warner, um engenheiro de produção de uma grande fábrica de equipamentos. Essa experiência de trabalho em equipe leva tempo. Requer pessoas que gostem de seus trabalhos e que saibam como realizar suas tarefas bem. Exige um relacionamento verdadeiro entre os membros da equipe, pessoas que se conheçam e que se preocupem umas com as outras.

Os gerentes podem ajudar esse tipo de trabalho em equipe a se desenvolver e a se sustentar reconhecendo sua importância, criando um ambiente em que esse trabalho possa florescer. Depois, os gerentes podem ajudar ainda mais ficando fora do caminho do trabalho em equipe. Quando os gerentes não compreendem os sistemas, o Gemba, e a importância do trabalho em equipe e dos relacionamentos no local de trabalho, são passíveis de fazer coisas — geralmente inconscientes e, normalmente, com boas intenções — que conturbam o trabalho em equipe e o ritmo do Gemba.

Poesia no Gemba

...Na indústria de fabricação, há um trabalho criativo que somente esperamos de poetas. Um dia eu gostaria de mostrar a um poeta como é projetar e construir uma locomotiva para estrada de ferro.

— Walter Chrysler

Treinávamos muito — mas parecia que toda vez que começávamos a nos organizar em equipes, éramos forçados a nos reorganizar.

Mais tarde, acabei compreendendo que na vida tendemos a evitar situações novas nos reorganizando, e que esse também pode ser um método genial para se criar a ilusão de progresso, enquanto se produzem confusão, ineficiência e moral baixo.

— Petronius Arbiter
65 A.D.

Em seu livro, *Flow*, Mihali Czikszentmihalyi (1990) oferece este *insight* perceptivo sobre condições que criam e sustentam o *fluxo*.

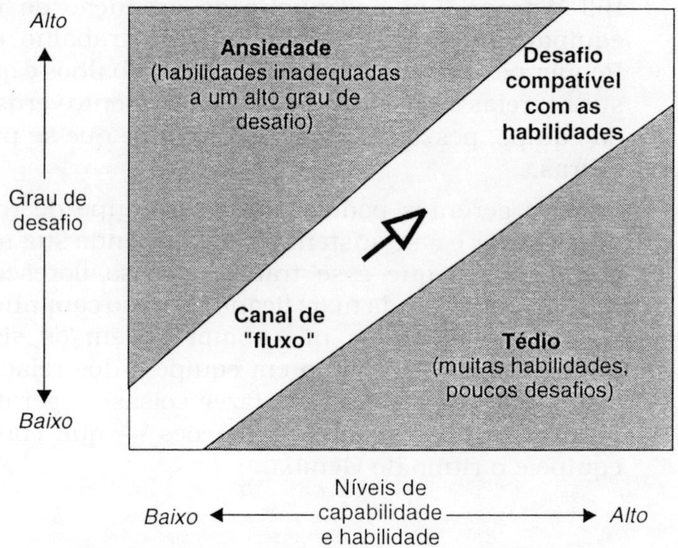

Figura 3-15. Condições que afetam o fluxo.

O fluxo, sugere Czikszentmihalyi, ocorre quando não há ansiedade nem tédio. A ansiedade ocorre quando o desafio do momento excede nossas capacidades. Já o tédio, quando somos capazes de ir, consideravelmente, além dos desafios que nos são apresentados.

Para os líderes, as implicações são as seguintes:

- Como manter o nível de desafio a fim de evitar o tédio.
- Como elevar o nível de habilidade para evitar ansiedade.

- Como saber quando há necessidade de se restaurar a congruência entre desafio e capacidade.
- Como envolver as pessoas na ampliação de habilidades e desafio.

Há, acredito, uma direta correlação entre o que Czikszentmihalyi descreve aqui e o que Herzberg diz sobre motivação e desmotivação. A ansiedade e o tédio são fatores *des*motivantes. O fluxo é motivador.

FORNECEDORES E ENTRADAS

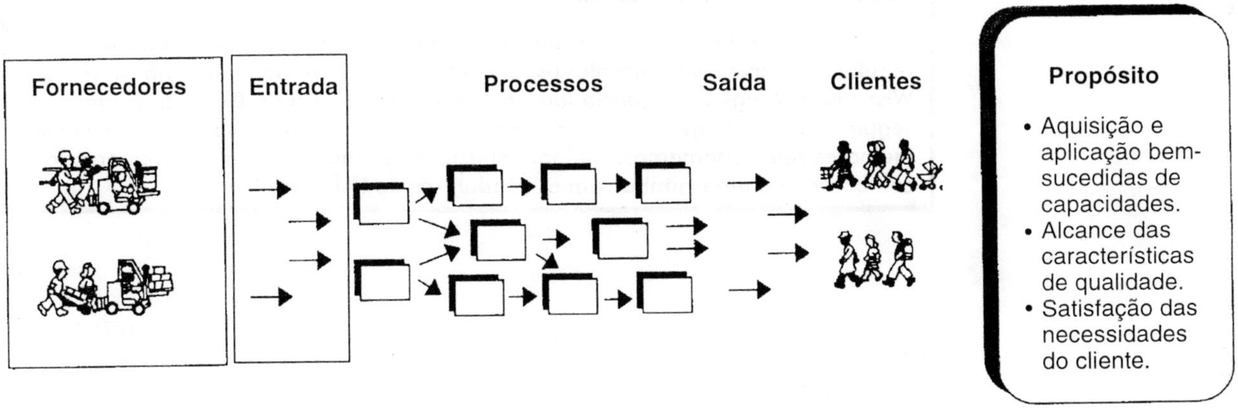

Figura 3-16. SIPOC, da direita para a esquerda.

Assim como há clientes externos e internos, cada um deles podendo ser visto em termos de cadeias de clientes, há também fornecedores externos e internos, cada um deles parte de suas próprias cadeias. E da mesma forma que você não pode lidar somente com o primeiro cliente na cadeia de clientes, é igualmente importante lidar com outros fornecedores e não somente o último. Isto se mostra especialmente verdadeiro com os principais fornecedores dos recursos básicos. Analisaremos *recursos essenciais mais detalhadamente no Capítulo 4.*

Fornecedores Eletivos e Não-Eletivos

A diferença entre fornecedores internos e externos é, provavelmente, óbvia. Um está dentro de sua organização, o outro não. O que tem mais impacto sobre você, entretanto, é se você tem ou não *escolha* de fornecedores. No meu exemplo da fábrica de papel, por exemplo (ver Figura 3-11), há um fornecedor interno de polpa para os fabricantes de papel. Então, os fabricantes de papel devem se perguntar: "Temos que adquirir polpa somente desse fornecedor interno?" Se precisarem, então, estarão lidando com um fornecedor não-eletivo. Mas já está provado pela experiência que é muito mais difícil lidar com fornecedores não-eletivos, sejam eles internos ou externos.

> **Reguladores Ganha-Ganha**
>
> O Departamento de Receita do Estado de Wisconsin é responsável por regular as cervejarias, destilarias e produtores de vinho. (Sim, há vinho em Wisconsin!) A agência licenciadora, aplicando a filosofia de Deming, começou a seguir uma abordagem não-oposicionista à sua função reguladora. O resultado: melhores relacionamentos, melhor solução de problemas, melhor cooperação e colaboração ganha-ganha com os produtores de bebidas alcoólicas.

Russell Ackoff (1994, pp.142-167) aponta para isso e argumenta que as corporações funcionariam melhor se os fornecedores internos fossem forçados a sobreviver em um mercado aberto, sem proteção empresarial com respeito a seus clientes internos. (Este é um passo que eu não estou pronto para defender. Temo que possa corromper os sistemas maiores.)

Há também fornecedores externos não-eletivos. Agências reguladoras, por exemplo, geralmente são externas e fornecem normas e regulamentos. Também são não-eletivas. Se você não gostar de suas normas, não pode buscar outras.

Parte da compreensão de como liderar um sistema está em incumbir-se de se reunir com os fornecedores e trabalhar estratégias ganha-ganha para servir aos seus interesses e ao dos fornecedores. Isto se aplica também ao trabalho com agências reguladoras. Às vezes, para ajudar os reguladores a se aprimorar, você terá de os aproximar, como faria com qualquer outro fornecedor, para ajudá-los a aprender como se tornar fornecedores focalizados em sistemas. Você pode desejar se reunir com outras organizações que trabalham sob restrição dos mesmos órgãos reguladores para trabalhar um novo acordo com este fornecedor de normas disfuncionais.

Sejam os fornecedores internos ou externos, seus sistemas e, principalmente, os seus clientes exigem um fluxo regular, de bom funcionamento entre os fornecedores e você. Esta é a tarefa dos gerentes: assegurar o fluxo de trabalho regular dos fornecedores para com o processo e do processo para com os clientes.

Os gerentes são os mais importantes fornecedores internos da organização. Eles fornecem definição, significado, direção, foco, planos, prioridades, comunicação, equipamento, material, métodos de trabalho, fluxo regular, continuidade, apoio moral e um bom ambiente de trabalho para os funcionários da empresa. Os gerentes, em outras palavras, são fornecedores do *sistema*. Como Myron Tribus diz: "Os gerentes atuam *sobre* o sistema (com capacidade para alterá-lo). Os funcionários atuam *dentro* do sistema".

Há duas perguntas as quais sugiro que os fornecedores façam a seus clientes, sejam eles fornecedores externos ou internos, eletivos ou não-eletivos. Também recomendo que os gerentes-fornecedores façam essas perguntas a seus clientes-funcionários (ver Figura 3-5):

1. O que você está adquirindo sem necessidade?

2. O que você precisa e não está adquirindo?

O SIPOC E A ORGANIZAÇÃO

A aplicação de conceitos tão dinâmicos como sistemas, SIPOC e Gemba representa uma abordagem fundamentalmente diferente à liderança, que exige dos líderes novas competências (ver Capítulo 2). O sentido de organização também é fundamentalmente diferente. Deixe-nos tomar uma organização, por exemplo.

Acredito que não haja nenhuma visão mais simples de uma organização do que a mostrada na Figura 3.17. Uma organização é:

- Um conjunto de pessoas...
- Trabalhar com sistemas e processos...
- Para realizar um propósito.

Esta definição se aplica a todos os tipos de organização: de trabalho, religiosa, social, cívica e política.

Tradicionalmente vislumbramos o sucesso, induzindo nossos funcionários a trabalhar de forma mais inteligente ou a trabalhar mais. Tentamos motivá-los, reorganizá-los, dar a eles objetivos mensuráveis, encorajá-los e mantê-los responsivos. Costumamos crer que para melhorar nossas chances de sucesso, precisamos aprimorar o nosso pessoal.

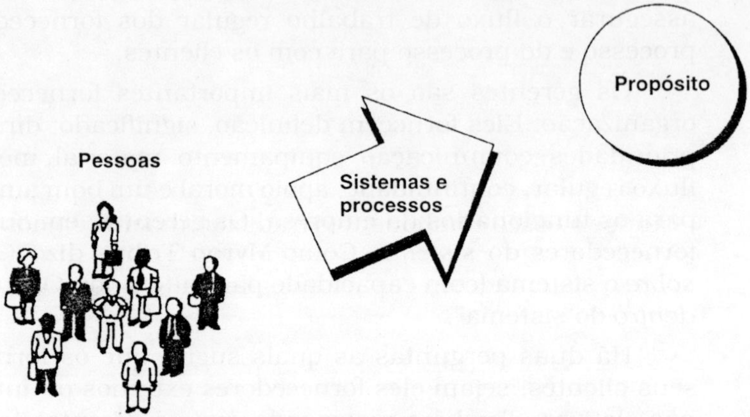

Figura 3-17. Os básicos de uma organização.

A partir de 1950 começamos a pensar de forma diferente. Começamos a compreender os sistemas. Começamos a perceber que para aprimorar as chances de sucesso, precisamos aprimorar nossos sistemas e processos. Se fizermos isso, o trabalho de nosso pessoal também será aprimorado.

Nossos funcionários trabalham em um grande sistema que contém muitos sistemas interdependentes e "interativos" sobre os quais têm pouco ou nenhum controle. Mesmo os gerentes, individualmente, têm pouca habilidade de mudar o sistema. Alguns dos componentes tradicionalmente óbvios de um sistema são:

- Projeto de produto ou serviço
- As instalações
- Projeto de processos
- Máquinas
- Materiais
- Os métodos de trabalho
- O equipamento

- As políticas
- Os orçamentos
- Níveis na hierarquia
- Prioridades
- Metas e planos de longo e curto prazos
- Treinamento
- O ambiente de trabalho
- Sistemas de comunicação

Pelo menos 95% de seus problemas de qualidade podem ser atribuídos a esses componentes tradicionalmente óbvios de sua organização. Menos de 5% resulta de erros cometidos pelas pessoas. O erro humano é uma fonte insignificante de nossos problemas. Por ainda não compreendermos sistemas, agimos como se os erros humanos fossem a causa básica de nossos problemas.

Obstáculos ao Pensamento Sistêmico

Há condições e práticas na organização que tornam difícil o pensamento sistêmico para os líderes da organização:

- Distanciamento do cliente: o pensamento centrado no produto cria um foco mais interior e narcisista.
- Gerentes de divisão e de unidades funcionais têm pouca consciência do sistema como um todo e nenhum senso de responsabilidade por ele; somente se preocupam com as unidades funcionais em particular.
- Gerentes de divisão e unidades funcionais e as pessoas que trabalham em suas áreas geralmente são remunerados com base em como ajudam essas áreas a obter êxito.
- Os planos não atravessam unidades e também não são desenvolvidos de forma transfuncional.
- O sucesso é medido não através de medidas importantes para o cliente, mas de medidas importantes apenas para os gerentes.
- Pensamento de curto-prazo: olhar à frente no período máximo de um mês, um trimestre ou um ano.
- Fomentar e sustentar um ambiente de culpa.

- Lutar para ser importante e parecer bom como indivíduo ou unidade.
- As ações não são bem planejadas, nem são monitoradas ou estudadas para se ver se realizam o que é almejado. Simplesmente fazemos as coisas e geralmente não vemos o sistema por trás dos problemas que procuramos solucionar. Como resultado, as soluções de hoje se tornam os problemas de amanhã.

Mais uma Pessoa sem Saber Profundo

Em uma entrevista na C-span, em 19 maio de 1996, Jerry Jasinowski, o presidente da Associação Nacional dos Produtores Industriais, fez o seguinte comentário a respeito do desastre do jato Value-Jet nos Everglades, na Flórida:

"Acredito que aprenderemos que — como na maioria desses acidentes — o erro é do piloto."

O Sr. Jasinowski, claro, estava errado em sua previsão. Vai adiantar responsabilizá-lo ou tentar motivá-lo a fazer previsões mais precisas?

Abordagens ao Pensamento Sistêmico

Podemos desenvolver organizações conscientes de sistemas, primeiro afastando-nos do trabalho do dia-a-dia e fazendo algumas perguntas básicas, como sugerido pelo modelo SIPOC. Depois, podemos nos focar mais e mais perto e fazer outras perguntas sobre o modelo SIPOC relacionadas ao trabalho diário.

Algumas perguntas básicas, de larga escala e de longo prazo, sugeridas pelo modelo SIPOC são:

- Qual o nosso propósito?
- Que capacidades fornecemos a nossos clientes?
- Quem são, ou deveriam ser, nossos clientes?
- O que desejam? De que necessitam?
- Como sabermos?
- No dia-a-dia, como podemos ficar cientes das necessidades dos clientes e das mudanças no mercado?

- Dado o que sabemos sobre nossos clientes, que saídas (bens e serviços) com tais características e atributos devem ser fornecidas?
- Diante dessas saídas (resultados), que sistemas, processos e métodos devem substituir os atuais?
- Como sabermos?
- Como monitorarmos esses sistemas, processos e métodos para nos assegurar de que estão sob controle e irão entregar o resultado de que nossos clientes necessitam de forma confiável, regular e perfeita?
- Dados estes sistemas, processos, métodos e saídas, de que entradas necessitamos?
- Quais fornecedores podem melhor nos fornecer as entradas necessárias?
- Como sabermos?
- Como monitoraremos as entradas de nossos fornecedores?

O Capítulo 8 aborda *sistemas* de perguntas assim como perguntas sistêmicas que os líderes devem fazer. O Capítulo 7 aborda a definição e a manutenção de indicadores que precisamos monitorar, rastreando tanto as *características-chave de qualidade* importantes para os clientes quanto os *indicadores-chave de processos* que nos dizem o quão bem nossos sistemas estão funcionando. O Capítulo 5 mostra como identificar o significado e as prioridades da organização e como comunicar direção e foco através da empresa. No Capítulo 6 mostramos como planejar e implementar mudança sistêmica de larga escala: os sistemas necessários para a mudança sistêmica. No início do capítulo você leu: "Ironicamente, sem um sistema é impossível mudar." Isto será explicado no Capítulo 6. No Capítulo 4 focalizaremos o trabalho do dia-a-dia, analisando-o sistemicamente.

Desenvolvemos uma organização centrada em sistemas, portanto recuando e fazendo perguntas sobre a empresa como um todo e sobre os grandes sistemas — o mercado, por exemplo — em que opera. Focalizamos o trabalho do dia-a-dia e fazemos perguntas sistêmicas sobre ele. Organizamo-nos em torno daquelas perguntas e da luta por respostas.

O ritmo acelerado das mudanças em nosso mundo, e sua escala em massa, exige uma abordagem totalmente nova à liderança. Os líderes não mais serão especialistas e autocratas. Os líderes devem compreender sistemas, liderar sistemas e pensar sistemicamente. Liderar sistemicamente seus sistemas é levar sua organização ao novo século.

RESUMO

Todo o trabalho pode ser caracterizado pelo modelo SIPOC: simples, mas útil. O trabalho tem um propósito específico — servir aos clientes. O trabalho é alcançado através de processos desempenhados pelo Gemba. Esses processos exigem entradas fornecidas por fornecedores. Olhar para o trabalho desta forma, compreender e integrar esses componentes é uma responsabilidade fundamental do líder do século XXI.

Neste capítulo oferecemos alguns exemplos práticos de trabalho de forma sistêmica e mostramos algumas formas de se usar pensamento sistêmico para compreender e aprimorar os locais de trabalho.

No Capítulo 4, olharemos mais detalhadamente para os processos através dos quais o trabalho do dia-a-dia é realizado.

ATIVIDADES DO CAPÍTULO 3

1. **Qual o propósito da sua organização?**
   - Não se volte para metas financeiras.
   - Descreva quem você é e o que faz. (O seu propósito pode ser inferido a partir de suas atividades?)
   - Não inclua declarações-"chavão" (declarações que descreveriam qualquer organização).

2. **Que *capacidades* os seus clientes adquirem (ou aprimoram) como resultado da interação com você?** (Não descreva seus produtos ou serviços, mas o que os seus clientes podem fazer recebendo seus produtos ou serviços. Como se aprimoram pela interação com você?)

3. **Quem são seus concorrentes?** (Organizações que fornecem produtos ou serviços similares aos seus, ou formas alternativas pelas quais as pessoas satisfazem suas necessidades ou adquirem capacidades que você fornece.)

4. **A.** Quem são os seus clientes habituais?

   B. Quem deveria/poderia ser seu cliente, mas não o é, atualmente?

   C. Quem, por escolha sua, não é seu cliente?

5. Identifique os principais produtos e serviços que beneficiam seus clientes e que servem ao seu propósito.

Produto ou serviço	Benefício/Capacidade adquirida pelo cliente a partir desse produto/serviço

Escolha um produto ou serviço específico e cite-o aqui:

6. Examine a cadeia de clientes daquele produto ou serviço.

Quem o recebe de você?	Liste os clientes intermediários:	*Quem é o usuário final ou beneficiário?*
	■ ■ ■ ■ ■ ■ ■ ■	

Exemplo: Um fabricante de cafeteiras.

Quem o recebe de você?	*Liste os clientes intermediários*	*Quem é o usuário final ou beneficiário?*
O atacadista	■ O distribuidor regional ■ O varejista ■ O comprador ■ Quem faz o café	Quem bebe o café

7. Aplicando o Modelo Kano.

	Quais são os básicos para esses clientes?	Quais são as características relacionadas a desempenho?	*Quais são, ou poderiam ser, as satisfações máximas?*
O cliente que recebe			
Os clientes intermediários			
O cliente final			

Diretrizes:

- Não especule sobre essas coisas. Saia e pergunte aos clientes.
- Utilize as informações que você já tem. Os clientes geralmente reclamam quando um básico foi negligenciado.

8. **Identifique os *loops* de *feedback* do cliente.** Esses são métodos de rotina ou sistemas com os quais você obtém informações de seus clientes e as registra de forma útil à melhoria.

	Feedback *reativo do cliente — iniciado pelo cliente (ex.: reclamações do cliente, inquirições, solicitação de serviço)*	Feedback *proativo do cliente — iniciado por você (ex.: pesquisas, grupo de foco, visitas de serviço)*
Descreva a rotina estabelecida para obter e processar informações do cliente		
Descreva uma rotina realista que possa ser adotada		

Cite um produto ou serviço específico

9. **Gemba I: Mapeando o processo.** Descreva o fluxo geral de desenvolvimento e entrega deste produto ou serviço.

Como você sabe quando o processo começou?	Identifique o fluxo de trabalho			*Como você sabe quando o processo está completo e bem feito?*
	Estágios iniciais	*Estágios intermediários*	*Estágios avançados*	

10. Rastreando pelo processo em busca de uma característica-chave de qualidade.

A. Selecione uma característica básica para o usuário final ou beneficiário deste produto ou serviço (ver Figura 3-13).

B. Onde esta característica está garantida e onde foi violada? Identifique onde no processo as coisas podem dar errado e o básico pode ser violado.

Início	Estágios iniciais	*Estágios intermediários*	*Estágios avançados*	*Fim*

Algumas diretrizes:

- Se necessário, use uma forma mais complexa de fluxograma como, por exemplo, um diagrama de interação entre pessoas/grupos no tempo (*deployment flowchart*, ver Figura 4-5).
- Seu propósito é identificar *onde* no processo as coisas dão errado, não quem as bagunçou. Procure as causas sistêmicas, não os culpados.
- Comece no *fim* do processo, perguntando: "o que acontece aqui que contribui positiva ou negativamente para a característica básica desse cliente?" Depois *trabalhe de trás para a frente* no processo.

REFERÊNCIAS

Ackoff, R. 1994. *The democratic organization.* Nova Iorque: Oxford University Press.

Arbiter, P. A citação pode ser encontrada no *The Macmillan book of business and economic quotations*, 1984. Michael Jackman, org. Nova Iorque: Macmillan.

Chappell, T. 1993. *The soul of a business.* Nova Iorque: Bantam Books.

Czikszentmihalyi, M. 1990. *Flow: The psychology of optimal experience.* Nova Iorque: Harper & Row.

Ford, H. A citação de Henry Ford pode ser encontrada no *The Macmillan book of business and economic quotations*, 1984. Michael Jackman, editor. Nova Iorque: Macmillan.

Gale, B. T. 1994. *Managing customer value: Creating quality e service that customers can see.* Nova Iorque: Macmillan.

Gitlow, H. e Gitlow, S. 1994. *Total quality management in action.* Englewood Cliffs, NJ: Prentice Hall.

Hagy, M. e Hagy, M. 1994. *Under new management: Organized common sense.* Filadélfia: Atlantic Alliance Publishing.

Kano, N., 1996. "Business strategies for the twenty-first century e attractive quality creation." Trabalho apresentado na Conferência Internacional da Qualidade, de 15 a 18 de outubro, em Yokohama.

Kano, N., Seraku, N., Takashi, F. e Tsuji, S. 1996. Attractive quality and must-be quality. *In The best of quality, vol. 7*, pp. 165ff. Milwaukee: ASQC.

Mowery, N., Reavis, P. e Polling, S. 1994. *Customer focused quality.* Knoxville, TN: SPC Press.

Vandermerwe, S. 1993. *From tin Soldiers to Russian dolls.* Oxford, UK: Butter-worth-Heinemann.

4 Realizando o Trabalho do Dia-a-Dia

INTRODUÇÃO

Se seres de outros planetas pairassem sobre nossos locais de trabalho, visualizando-nos com algum tipo de aparato que os tornasse aptos a enxergar através dos objetos, veriam os terráqueos, individualmente ou em grupo, envolvidos em várias atividades. Em alguns locais poderiam observar um considerável fluxo de trabalho que gera um produto: a madeira entra por um lado da fábrica e, do outro lado, saem móveis e, nesse ínterim, as pessoas realizam inúmeras atividades para transformar a madeira em mobília. Às vezes, pessoas sentindo dores agudas entram em um prédio e, mais tarde, saem aliviadas e, nesse meio tempo, recebem serviços que servem para amenizar seu desconforto. Em outros locais, entretanto, nem os pontos de entrada e saída nem o que se passa no intervalo entre esses dois extremos podem ser observados. Os visitantes extraterrestres precisariam utilizar outros meios para descobrir o que acontece.

Um Lembrete Sobre o Gemba

No Capítulo 3 apresentamos a noção de Gemba. Neste capítulo o abordamos mais detalhadamente.

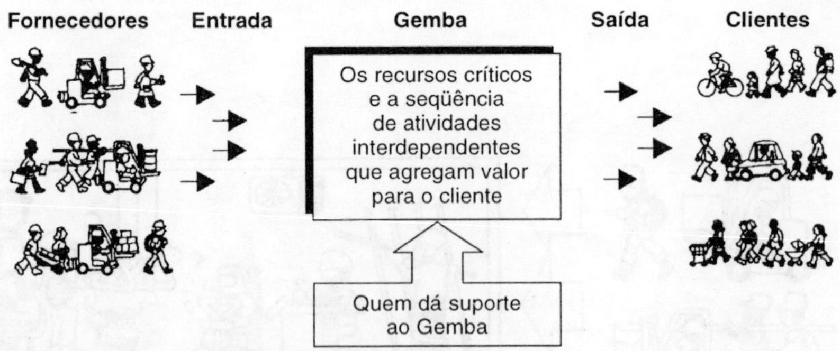

Figura 4-1. O Gemba.

O Gemba consiste em sistemas, processos e fluxos de trabalho que os seus clientes mais necessitam. São os processos que desenvolvem produtos e serviços, que lhes agregam valor e os entregam aos clientes. Os clientes são aqueles que utilizam, aplicam e se beneficiam diretamente dos produtos e serviços do Gemba.

O processo de examinar o trabalho do dia-a-dia envolve a adoção de uma perspectiva quase de visitante de outro planeta. Observamos e analisamos o local de trabalho para ver quem está fazendo o quê e por que se está realizando esta ou aquela tarefa. A perspectiva de visitante extraterrestre nos permite fazer perguntas idiotas.

Adotando novamente o ponto de vista que destaca o que é importante no fluxo de trabalho diário, podemos identificar algumas diretrizes para o trabalho do dia-a-dia, aprender a padronizar o trabalho e a remover desperdício do local de trabalho. Neste capítulo exploraremos esses assuntos.

A melhoria contínua do trabalho do dia-a-dia exige alguns processos de monitoramento e de *feedback*, os quais observaremos neste capítulo e no Capítulo 7. Os funcionários monitoram seu próprio trabalho e recebem *feedback* do sistema em que trabalham. Veremos que isso é diferente da tradicional avaliação de desempenho do funcionário. *Feedback* são informações baseadas em sistemas úteis para melhoria. A *avaliação tradicional de desempenho*, por outro lado, é o julgamento pessoal que um indivíduo em nível hierárquico mais elevado faz de outro em um nível inferior, com o propósito de estabelecer um relacionamento de controle do juiz sobre o réu. No Capítulo 9, veremos mais sobre isso.

Todo o Capítulo 4 está focalizado no fluxo de trabalho regular, principalmente aquele tipo de trabalho que identificamos no Capítulo 3 como Gemba, por exemplo. A maior parte do que dizemos aqui também se aplica às atividades não-Gemba. Entretanto, como enfatizamos no Capítulo 3, o propósito e o valor de outro trabalho devem ser visualizados em termos de contribuição para os Gemba presentes e futuros. Terminamos o Capítulo 4 mostrando formas de se criarem um ambiente de trabalho em equipe e processos para a colaboração interna entre as várias partes de uma operação que devem trabalhar em conjunto em um fluxo regular e contínuo.

A Figura 4-2 mostra o fluxo de iniciativas que você pode empreender para aprimorar o trabalho do dia-a-dia. Ela também descreve o fluxo desse capítulo.

Analisando o Gemba e assegurando que o trabalho do dia-a-dia seja feito

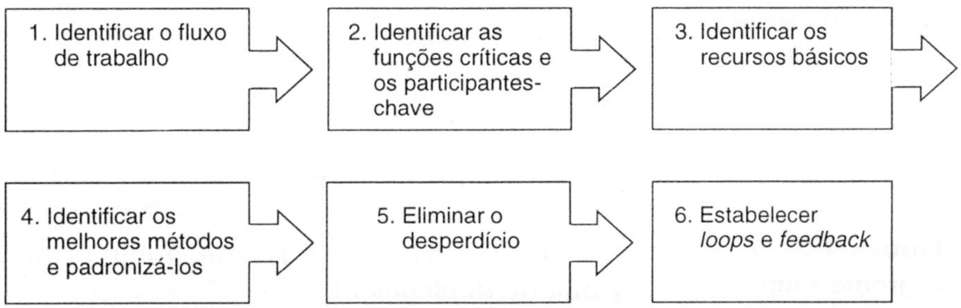

Figura 4-2. Seis iniciativas para assegurar que o trabalho do dia-a-dia seja realizado.

ANALISANDO O GEMBA

O fluxo de trabalho que flui

O trabalho, em grande escala (um sistema) ou em pequena escala (um processo ou método), pode, geralmente, ser descrito como um fluxo de eventos ou atividades. O *fluxograma* é uma representação gráfica da seqüência interdependente ou do fluxo de fases, atividades, eventos ou passos de um empreendimento. Há pelo menos seis tipos de fluxograma. (Ver Figuras 4-3 a 4-8.)

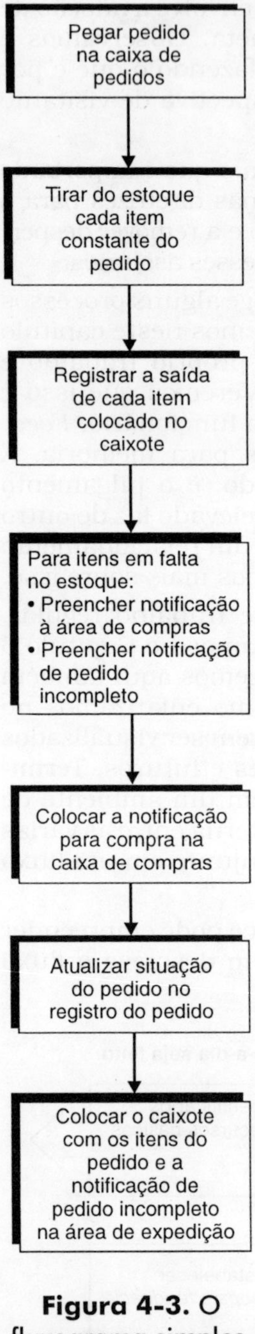

Figura 4-3. O fluxograma simples.

Seis tipos de fluxograma

1. O Fluxograma Simples (Figura 4-3)

Um *fluxograma simples* descreve as etapas seqüencialmente, da esquerda para a direita ou, às vezes, de cima para baixo, como mostrado na Figura 4-3. O fluxograma simples pode incluir mais, ou menos, detalhes conforme o propósito a que vai servir.

2. O Fluxograma *Top-Down* (Figura 4-4)

Um *fluxograma top-down* descreve os cinco ou seis passos básicos seqüencialmente, da esquerda para a direita e cinco ou seis subpassos seqüenciais, verticalmente, abaixo de cada passo. O fluxograma *top-down* mostra, portanto, o fluxo simples, acrescentando um outro nível de detalhe, todos na mesma página.

Aprendi sobre este fluxograma com Brian Joiner, a quem sou grato.

3. O Fluxograma de Interação no Tempo (ou de *Deployment*) (Figura 4-5)

Um *fluxograma de deployment* mostra o tempo na seqüência vertical dos passos. Mas também mostra a interação entre os diferentes indivíduos ou grupos. Todos os participantes ativos no processo são citados, individualmente, no topo de uma coluna, e a ação se desenrola seqüencialmente tanto em direção à parte inferior da página quanto lateralmente para a coluna correspondente ao grupo ou indivíduo envolvido no passo.

Sou grato a Myron Tribus, quem primeiro me ensinou sobre fluxograma de *deployment*.

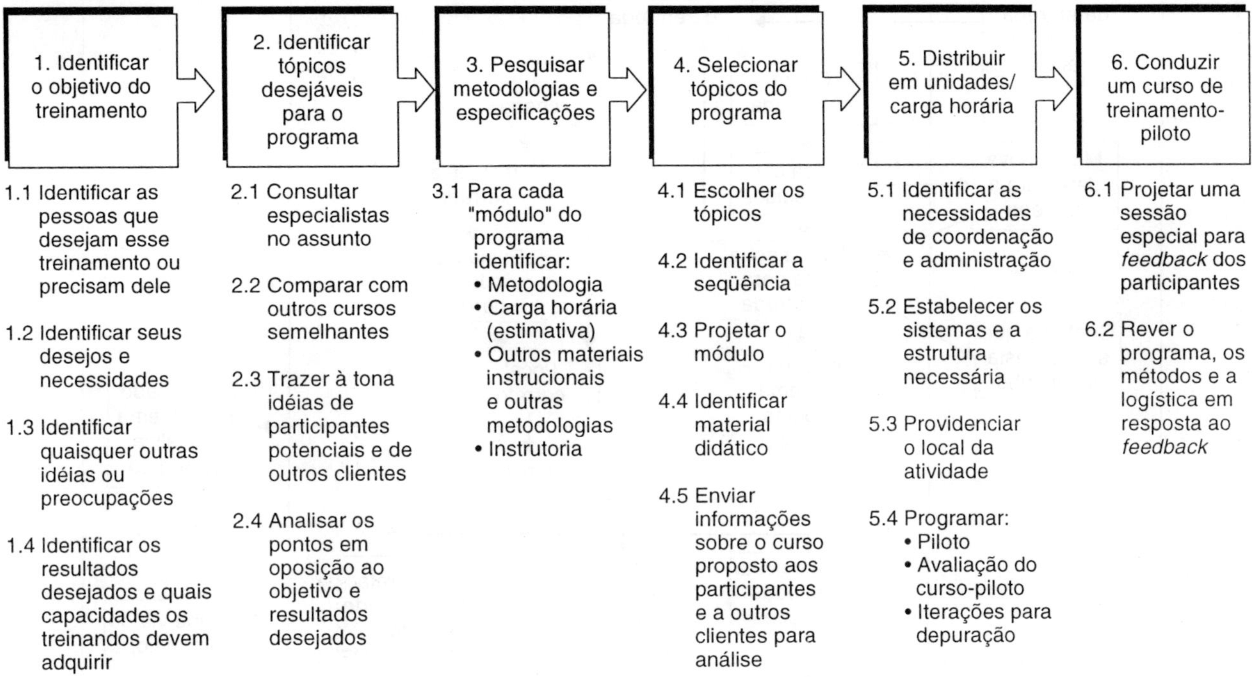

Figura 4-4. O fluxograma *top-down*.

4. O Fluxograma de Oportunidade (Figura 4-6)

O *fluxograma de oportunidade*, o qual aprendi com Heero Hacquebord, mostra o fluxo simples de passos que agregam valor a uma tarefa, seguindo seqüencialmente para baixo, do lado esquerdo da página. Sempre que um passo no processo não agregar valor, mas somente custo, ele será mostrado à direita. Passos relacionados a inspeção ou retrabalho, por exemplo, não são parte do fluxo da esquerda que segue para baixo; eles estão do lado direito, reservado a itens que agregam custo. A Figura 4-6 mostra o mesmo fluxo de trabalho descrito na Figura 4-5, mas apresenta as informações utilizando o formato de fluxograma de oportunidade.

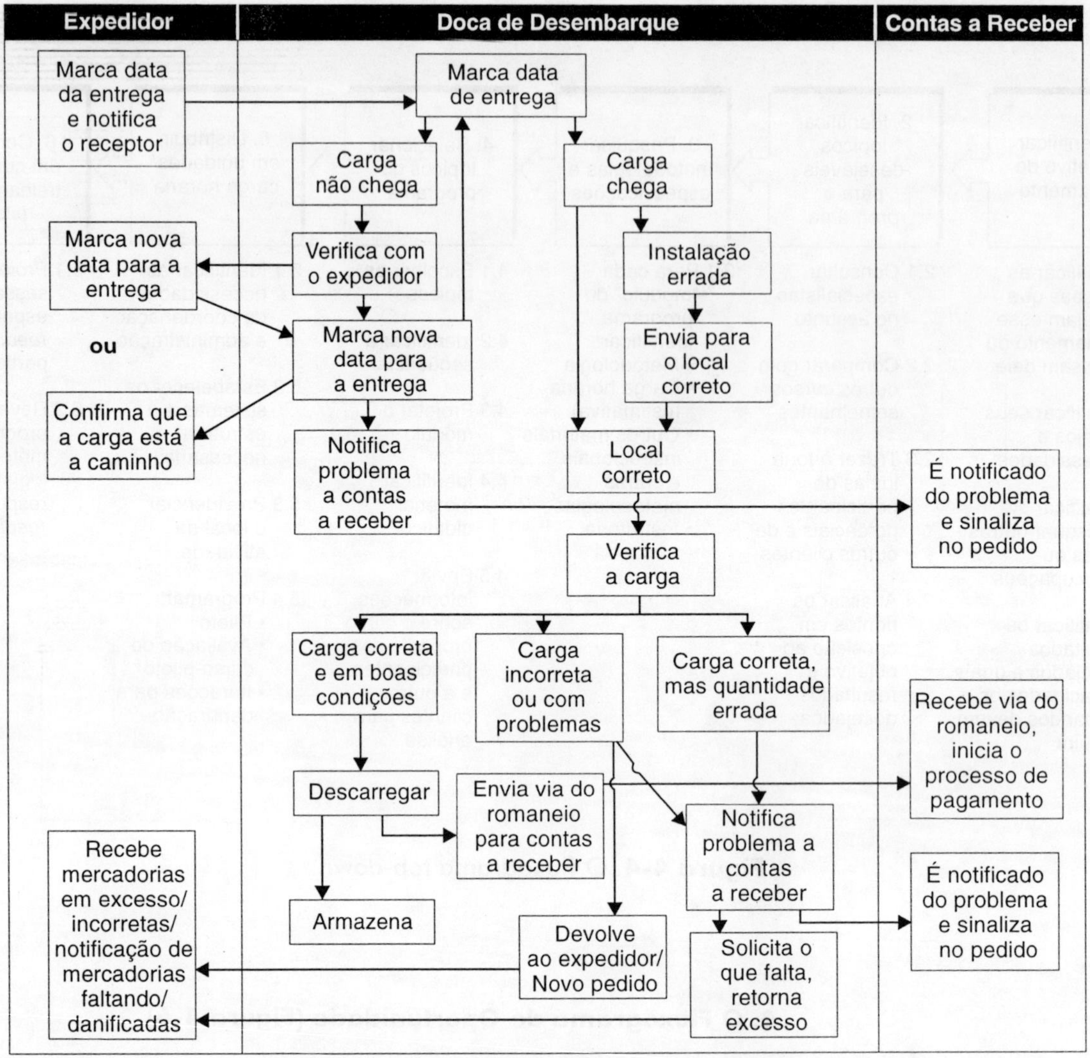

Figura 4-5. O fluxograma de interação.

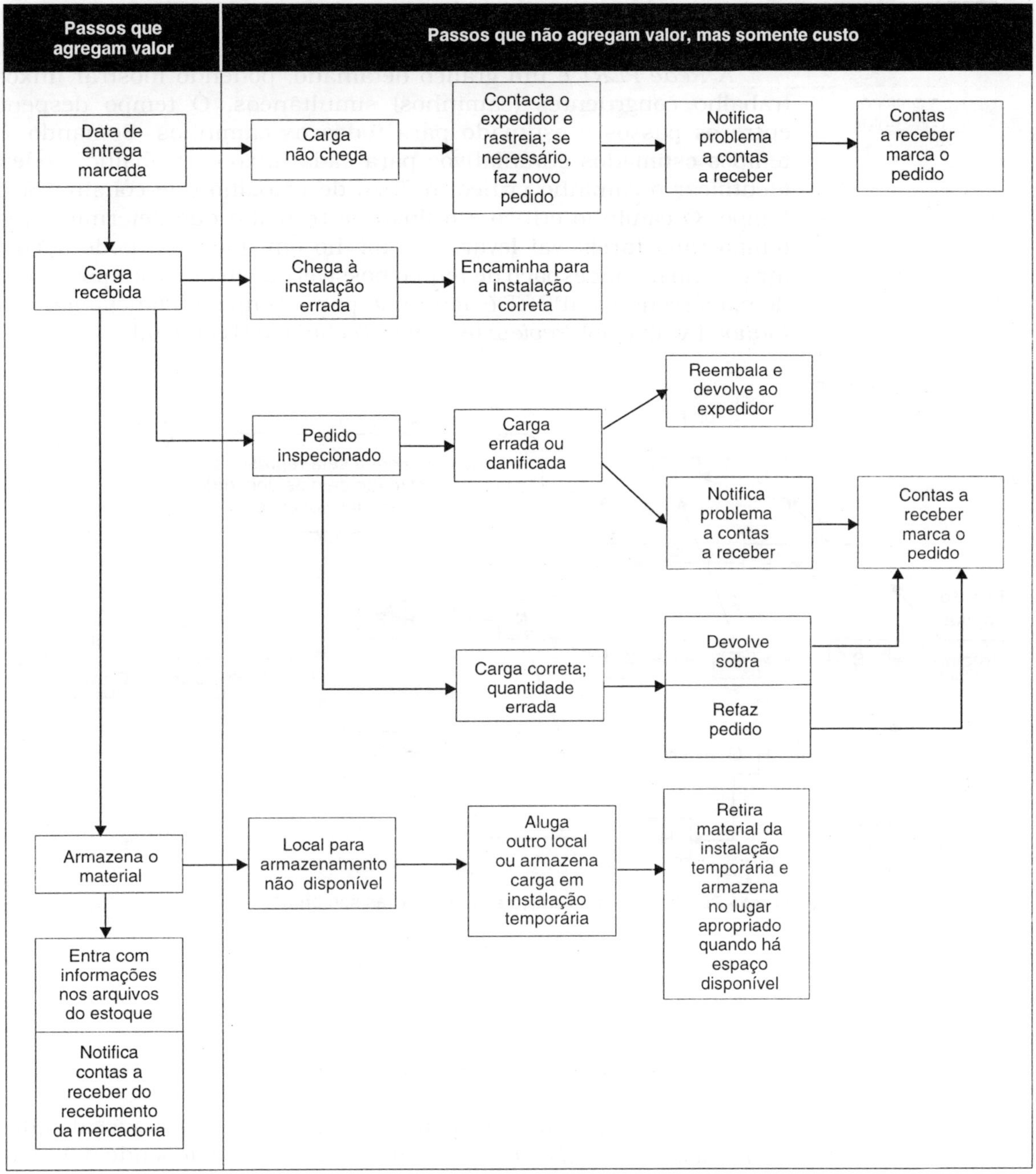

Figura 4-6. O fluxograma de oportunidade.

5. A Rede PERT (Figura 4-7)

A *Rede PERT* é um gráfico detalhado, podendo mostrar fluxos de trabalho congruentes (caminhos) simultâneos. O tempo despendido entre os passos é estimado para todos os caminhos. Somando-se os tempos estimados cumulativos para cada fluxo de trabalho, podem-se identificar o caminho crítico, o fluxo de trabalho que consumirá mais tempo. O caminho crítico é o fluxo de trabalho que determina quanto tempo uma tarefa vai levar, o caminho em que você pode acomodar atrasos no menor espaço de tempo possível ou em que você pode precisar de mais recursos. [PERT é acrônimo para *Planning* (Planejamento) *Evaluation* (Avaliação) *Review* (Análise) *Technique* (Técnica).]

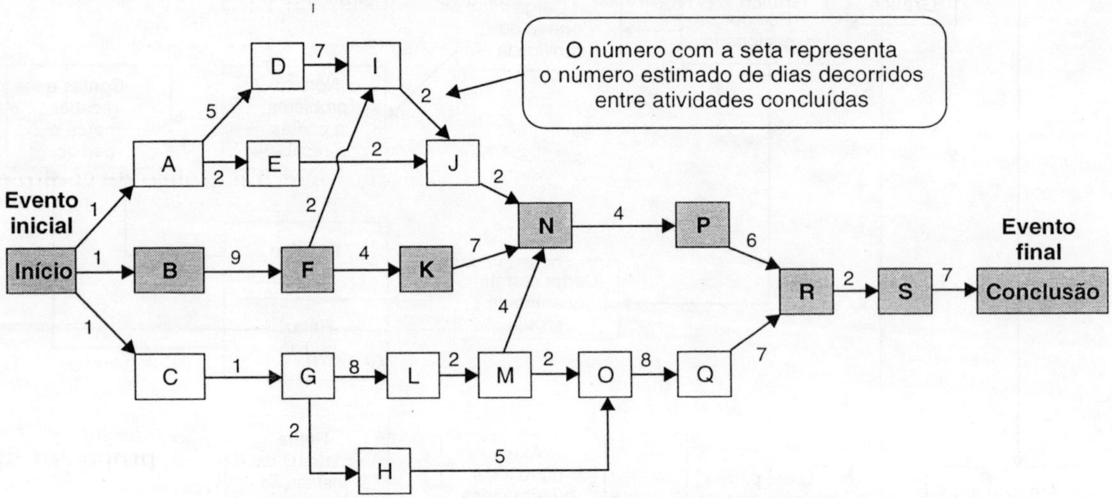

Nesta rede PERT, o caminho crítico está nas caixas sombreadas (40 dias).

Figura 4-7. A rede PERT.

6. A Árvore de Decisão (Figura 4-8)

Uma *árvore de decisão* é menos um fluxo de atividades do que uma seqüência de decisões em que a decisão seguinte depende das tomadas anteriormente. Às vezes, outros tipos de fluxograma incluem escolhas de árvore de decisão no fluxo de atividades.

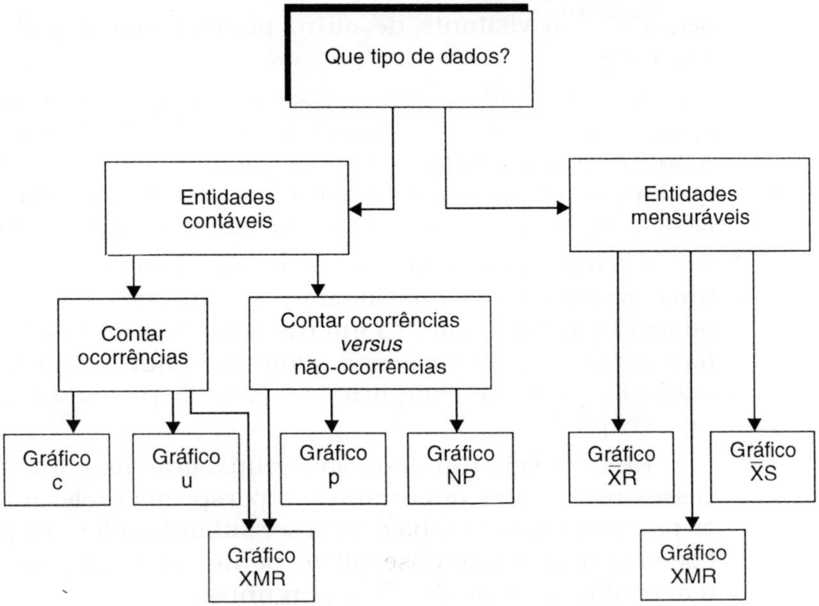

Figura 4-8. A árvore de decisão: um mapa-resumo para selecionar um gráfico de controle.

> **Algumas Dicas para se Montar Fluxogramas**
>
> **1.** Decida os pontos de entrada e de saída.
>
> **2.** Decida o nível de detalhe, refletindo sobre o propósito de seu fluxograma e sobre o público a que se destina.
>
> **3.** Normalmente, começar pelo fim e trabalhar de trás para a frente ajuda. (Isto se chama encadeamento de trás para a frente.)
>
> **4.** Utilize Post-its™ ou outro tipo de papeleta adesiva. Colocar cada passo em seu próprio Post-it™ economizará tempo e evitará agravantes.

Fluxograme seus Processos Gemba

Envolva as pessoas que estão realizando o trabalho na construção de um fluxograma de seus processos Gemba. Incluir uma pessoa de fora pode ser útil — o visitante de outro planeta, quem pode fazer perguntas ingênuas.

Esta atividade, por si só, pode trazer melhoria. Fazer um fluxograma ajudará as pessoas a se tornarem conscientes do que foi feito anteriormente de forma inconsciente. O fluxograma revelará variações, até então ocultas, dos métodos; fomentará discussões e, provavelmente, irá encorajar estudos para determinar que método funciona melhor.

Fluxogramas de interação entre os processos Gemba irão fornecer uma descrição dos relacionamentos internos fornecedor-cliente. Eles podem levar participantes interdependentes do Gemba a discutir questões como: "O que você está adquirindo que você não precisa e o que necessita e não está adquirindo?" (Ver "Derrubando Barreiras", adiante neste capítulo.)

Embora seja útil desenvolver fluxogramas para todos os seus processos recorrentes importantes, a perspectiva relevante a manter é que os processos não-Gemba devem ser subordinados aos processos Gemba. Pode ser importante observar os pontos onde os processos não-Gemba têm contato com os Gemba e perguntar:

- Qual o propósito desse contato com o Gemba?
- Esses pontos de interface são necessários?
- Como eles auxiliam o Gemba?

Se for necessário, pergunte:

- Como eles podem se tornar uma excelente oportunidade para fornecer serviço útil ao Gemba?
- Como eles podem se tornar impertinentes e destrutivos?

Como veremos aqui, através deste capítulo, tentamos manter um fluxo de trabalho regular e organizado no Gemba, a fim de evitar interferir em seu impulso e ritmo, fazendo-o fluir de forma eficiente e contínua. No geral, o Gemba é "o trabalho do cliente".

Funções Críticas e Participantes-Chave

À medida que você analisar o fluxo de trabalho, perceberá dois fatores importantes: os recursos humanos e os recursos não-humanos. Na seção intitulada "Recursos Básicos", falaremos sobre os equipamentos, maquinaria e outros importantes recursos não-humanos. Aqui discutiremos sobre as habilidades e capacidades humanas necessárias para manter o Gemba (ou outras funções não-Gemba) em funcionamento.

Em todo o local de trabalho há pessoas trabalhando. Todas elas são importantes. É fácil perder isso de vista quando examinamos o local de trabalho através dessas lentes que chamamos de Gemba. O Gemba trata da subordinação de processos e funções, não das pessoas. As pessoas que se utilizam de seu cargo para proteger outras em cargos inferiores estão satisfazendo o seu próprio ego. Não estão criando trabalho em equipe, nem construindo e sustentando sistemas para servir aos clientes.

Aqui não observamos *todos* os papéis e funções, nem mesmo todos os que fazem parte do Gemba. Estamos analisando o Gemba para descobrir os fatores *críticos* (o que Tim Fuller chama de pontos-chave de alavancagem), aqueles papéis especializados e pivôs: o médico em uma clínica, o operador da impressora em uma empresa de impressão, os compradores e vendedores em um distribuidor a atacado, e outros. Alguns Gembas são tão dominados pelas pessoas que fica relativamente fácil identificar os participantes-chave, os papéis e as funções-pivôs. Alguns Gembas são dominados pela máquina e outros envolvem relativamente poucas pessoas especializadas, como discutido no Capítulo 3.

Identificando Funções Críticas e Participantes-Chave

Mais uma vez falaremos sobre o Gemba, embora o que diremos também se aplique ao trabalho não-Gemba. Nosso propósito é fornecer foco para nossos esforços, a fim de manter um fluxo de trabalho regular.

1. *Que participantes do fluxo de trabalho estão servindo diretamente ao cliente ou agregando valor diretamente a produtos e serviços em processo e a caminho dos clientes?*
2. *Quais desses participantes são de difícil substituição tendo em vista o seu vasto e profundo conhecimento e domínio de habilidades necessárias para desempenhar a função?*
   - Alguns exemplos óbvios: médicos, advogados, programadores habilidosos, *chefs de cuisine* e arquitetos.
   - Há variação no nível de habilidade e conhecimento necessários. Os motoristas de táxi em Londres levam três anos para adquirir o que eles chamam de "o conhecimento". Em algumas organizações de vendas o treinamento de um novo vendedor pode exigir apenas três horas. Em outras, pode levar três

anos. Estamos tentando identificar aquelas posições ou funções que exigem um nível de habilidade mais elevado.

3. *Quais desses participantes que agregam valor e apresentam excepcional habilidade afetam diretamente a capacidade de sua organização servir ao cliente?*
("A demanda do cliente é tão grande que se nós pudéssemos encontrar mais operadores de máquinas habilidosos poderíamos fazer nosso negócio crescer uns 40%.")

Em outro ponto (Capítulo 9) discutiremos assuntos relevantes como, por exemplo, pagar aquelas pessoas com nível de habilidade indispensável e difícil de ser encontrado. Neste capítulo estamos simplesmente examinando o local de trabalho para identificar os fatores críticos e pontos de alavancagem. Em nossa explanação do Gemba, até o presente momento, analisamos o fluxo de trabalho, a seqüência de passos interdependentes que podem ser descritos usando-se um ou outro tipo de fluxograma. Depois observamos as funções críticas e os participantes-chave: os participantes do Gemba que desempenham funções indispensáveis que exigem um alto nível de habilidade técnica.

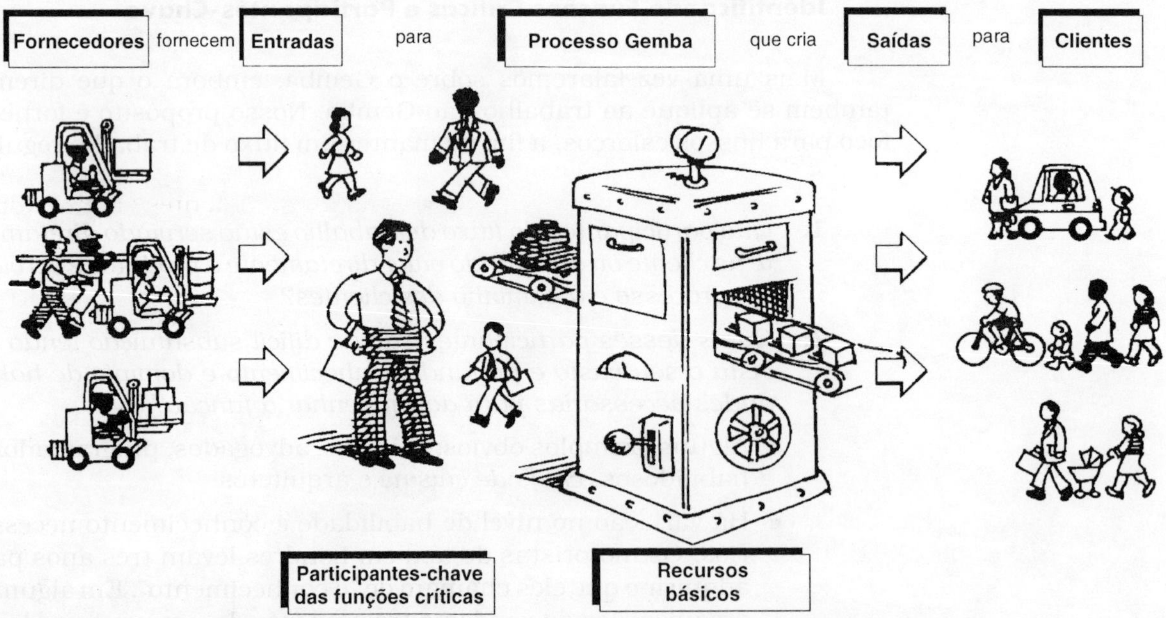

Figura 4-9. Funções críticas, participantes-chave e recursos básicos.

A seguir analisamos os recursos básicos, os pontos de alavancagem não-humanos do Gemba. Como mencionamos anteriormente, alguns Gembas são dominados por pessoas, outros o são por equipamentos e há ainda aqueles dominados por ambos. Na seção seguinte observamos as fontes críticas não-humanas que chamamos de *recursos básicos*.

A Figura 4-9 mostra o conceito de funções críticas, participantes-chave e recursos básicos.

Recursos Básicos

Ao examinarmos o Gemba, devemos olhar também para os recursos básicos e não somente para as pessoas. Aqui observamos os equipamentos e a maquinaria, o local onde o trabalho Gemba é feito, o *layout* desses espaços de trabalho, os materiais, os fornecedores, os ingredientes, o ambiente e os procedimentos do Gemba.

Não abordamos todos os recursos. De forma similar à nossa análise das funções críticas e de participantes-chave, observamos os recursos básicos que são fatores críticos, os fatores indispensáveis que contribuem para resultados positivos no Gemba.

Nosso propósito em examinar esses recursos básicos é fornecer um outro ponto de vista ao buscar criar um fluxo de trabalho regular.

Essas abordagens também são aplicáveis a locais de trabalho não-Gemba. Novamente, entretanto, estamos tentando manter uma perspectiva de Gemba-como-prioridade no trabalho. A seguir, algumas perguntas para serem feitas ao se examinarem os recursos básicos:

1. Que recursos básicos agregam valor diretamente aos clientes ou aos produtos e serviços oferecidos aos clientes? Por exemplo:
   - Uma impressora em uma empresa de impressão
   - Um forno em uma fábrica de cerâmica
   - Um MRI (abreviatura de *Magnetic Resonance Imaging*) em um hospital
   - O chão de uma danceteria
2. Entre esses recursos básicos que agregam valor, quais são dispendiosos para se comprar, instalar e manter? Por exemplo:
   - Uma máquina de papel de US$15 milhões.
   - Um forno de pizza
   - Uma impressora
   - Teleféricos e máquinas de neve em uma estação de inverno

3. Que recursos básicos podem criar atrasos, obstáculos ou qualquer outro limite à sua capacidade de servir ao cliente?

- A organização e o *layout* do armazém em um negócio de reembolso postal
- O processo de se marcarem consultas e a velocidade de acesso aos dados em um consultório médico
- O fornecimento adequado de alimentos e vários outros ingredientes, assim como de pratos, copos e utensílios limpos em um restaurante.

4. Que recursos básicos são caracterizados pela segurança ou por serem adequados ao trabalhador? O Gemba e outros locais de trabalho devem ser seguros e ergonomicamente confiáveis. Devemos isso a nossos funcionários, clientes e à comunidade em que trabalhamos. Ao analisar o local de trabalho, devemos fazer as seguintes perguntas:

- Que riscos ambientais criamos com nossos processos? Quais suas causas sistêmicas?
- Qual a freqüência e tipos de ferimentos e acidentes que vivenciamos no local de trabalho ou que percebemos ao nosso redor? Quais suas causas sistêmicas?
- A que hábitos de trabalho ou síndromes relacionadas à ergonomia os funcionários estão sujeitos? Por exemplo:
  — Síndrome do túnel do carpo no caso de datilógrafos
  — Problemas nas costas no caso de funcionários de fábricas e lojas
- O que podemos aprender a partir da pesquisa sobre itens de segurança e problemas relacionados à ergonomia aos quais as pessoas que realizam a nossa função e processos de trabalho estão vulneráveis?

Queremos identificar os recursos básicos que exercem impacto na precisão, acuidade, amplitude, tempo, agrado ao cliente e na qualidade total de nossos produtos e serviços, assim como na segurança e boa disposição dos empregados em nossos processos. Em todos esses pontos, com exceção das questões relacionadas à segurança e ergonomia que devem predominar em todos os lugares, devemos dar prioridade ao Gemba. Devemos ter uma imagem racional e clara do fluxo de trabalho, das funções críticas, dos participantes-chave e dos recursos básicos do Gemba. Para o local de trabalho como um todo, e não apenas para o Gemba, precisamos de consciência aguçada da segurança e das necessidades e questões de ergonomia.

Tipos de trabalho	Funções críticas e participantes-chave	Recursos básicos	Recursos não-Gemba	Fornecedores internos — Gemba	Cliente interno — Gemba
Fazer pizza na cozinha de um restaurante	• O *chef-de-cuisine*	• O forno • A receita • Os ingredientes • O espaço de trabalho (bancadas, etc.) • Etc.	• O uniforme do *chef-de-cuisine* • Música ambiente	• Processos da equipe de ajudantes • Compras • Lavagem da louça	• Processos da equipe de ajudantes • Processo de entrega a domicílio
Tratar de parada cardíaca na emergência de um hospital	• Médicos da emergência • Enfermeiras da emergência	• Defibriladores • Medicamentos • Vários equipamentos • Seringas • Etc.	• Sala de espera de acompanhantes	• Serviços de emergência (ambulância, UTI móvel) • Serviços de laboratório (Raios-X, etc.)	• Sala de operação • UTI • Centro de reabilitação • Etc.
Prender um motorista intoxicado	• Oficial da patrulha • Operador do bafômetro	• Viatura • Bafômetro • Etc.	• Cela	• 190 e presteza no auxílio • Processos do oficial de patrulha	• Promotoria do distrito ou defensoria pública • Centros de desintoxicação
Fazer lenços de papel ex.: Kleenex™	• Operadores das máquinas de fazer papel • Operadores das máquinas de embalagem	• Máquina de fazer papel • Máquina para embalagem • Polpa e outros ingredientes • Material para embalagem • Etc.	• Pôsteres e *slogans* • Refeitório • Processos de inspeção	• Processo de produção da polpa • Processo de fornecimento de madeira	• Processo de embalagem • Processos de armazenamento e expedição
Fazer um empréstimo comercial	• Gerente da instituição financeira	• Computador • Políticas • Formulários • Etc.	• Calendário de brinde para o cliente	• Processo de verificação de crédito • Processo de informações de crédito	• Atendente • Processos de monitoramento

Figura 4-10. Exemplos de Gembas e alguns outros fatores críticos ou pontos-chave de alavancagem.

A Figura 4-10 mostra parte do que descrevemos até o presente momento, apresentando exemplos de vários Gembas. Vale ressaltar que essa lista não engloba todos os fatores importantes. Ao contrário, mostra alguns exemplos para fazê-lo pensar sobre seu local de trabalho com mais clareza.

VINTE REGRAS E DIRETRIZES PARA O GEMBA

As Diretrizes do Gemba

Apresentamos aqui uma lista de 20 diretrizes para o Gemba.

1. Dê prioridade ao Gemba.
2. Focalize-se em desimpedir e limpar o Gemba.
3. Assegure-se de que os recursos básicos, principalmente aqueles com funções e papéis-chave, estejam quase sempre ocupados com o Gemba.
4. Estude os processos e os recursos básicos do Gemba.
5. Faça mudanças para reduzir os custos no Gemba (sem comprometer a qualidade).
6. Otimize o Gemba e organize o trabalho.
7. Identifique e elimine o desperdício no Gemba.
8. Não deixe o Gemba esperando.
9. Não interrompa nem conturbe o Gemba.
10. Torne o Gemba à prova de erro; torne-o mais robusto.
11. Padronize as tarefas recorrentes do Gemba quando os fatores importantes forem controláveis.
12. Aborde os fatores que estão fora de controle no Gemba.
13. Faça mudanças no Gemba e aumente a produtividade.
14. Identifique os indicadores-chave do processo do Gemba e monitore-os regularmente.
15. Promova aprendizagem e treinamento contínuos no Gemba.
16. Assegure-se de que haja comunicação no Gemba.

Continua na página seguinte.

Continuação do quadro anterior.

17. Desenvolva no Gemba os reflexos, hábitos e processos para PDSA contínuo.

18. Dê atenção às necessidades pessoais dos envolvidos no Gemba (e às dos demais funcionários também).

19. Torne o Gemba um local de trabalho agradável.

20. Parta do pressuposto de que no Gemba "tudo é sentido".

1. *Dê prioridade ao Gemba.* Como já enfatizei, o Gemba é o coração da sua organização e deve preceder todo o resto. Embora esses princípios e diretrizes se apliquem e sejam úteis para toda a organização, aplique-os primeiro no Gemba e somente a partir daí volte-se para o restante da empresa.

2. *Focalize-se em desimpedir e limpar o Gemba.* Há duas categorias de trabalho que se aplicam aqui:

   - *Desobstrução e limpeza sistêmicas:* Observe o atual fluxo de trabalho e faça mudanças que irão eliminar passos desnecessários e que não agregam valor. O fluxograma de oportunidade pode ser uma ferramenta útil para isso.

   - *Desobstrução e limpeza físicas:* Quando o Gemba estiver em ordem e bem organizado será mais difícil perder as coisas e mais fácil encontrá-las, assim como mais agradável aos olhos.

3. *Assegure-se de que os recursos básicos, principalmente aqueles com funções e papéis-chave, estejam quase sempre ocupados realizando o trabalho Gemba.*

   - Em uma clínica ou em um escritório de advocacia, você não quer que todas as pessoas fiquem ocupadas e o médico ou o advogado, desocupado.

   - Você não quer que uma máquina de US$ 15 milhões fique parada.

   - Se houver muita variação nos passos anteriores, resultando em recursos básicos inutilizados, trabalhe para reduzir essa variabilidade, tornando o fluxo mais previsível.

   - Programe o trabalho dos recursos básicos, cuidadosamente, para que eles se ocupem com o trabalho mais importante da forma mais eficiente possível.

4. *Estude os processos e os recursos básicos do Gemba.*
- As pessoas envolvidas no Gemba devem ser estudiosas, especialistas e mestres no trabalho Gemba.
- As pessoas envolvidas no Gemba devem conhecer os fatores necessários para fazer o processo funcionar bem mesmo sob condições instáveis. Devem saber mais sobre o seu equipamento e maquinaria do que quem os projetou e produziu.
- As pessoas envolvidas no Gemba devem ser especialistas nas ciências e métodos que resultam na melhor saída para seus clientes.

5. *Faça mudanças para reduzir os custos no Gemba.*
- Reduza desperdício, resíduos e retrabalho.
- Reduza, reaproveite e recicle materiais (sem comprometer a qualidade).
- Estude formas de utilizar menos (materiais, tempo, espaço, pessoal, etc.) com iguais ou melhores resultados para o cliente.
- Deixe os clientes participarem dos ganhos.

Aisin Seiki e o Ozashiki

A Aisin Seiki faz parte do grupo Toyota, sendo parcialmente possuída pelo gigante automobilístico ao qual fornece várias peças e componentes.

A Aisin Seiki assumiu o desafio do prêmio Deming, conquistando-o em 1972.

Em sua fábrica de bomba d'água em Nagoya, um de seus esforços de melhoria em 1980 era limpar a fábrica, tonando-a como o Ozashiki, o saguão, no estilo das casas japonesas, que era mantido impecavelmente limpo (caso aparecesse uma visita). A Aisin Seiki levou cinco anos para atingir esta meta.

Tive a oportunidade de visitar esta fábrica em 1985, juntamente com visitantes americanos. A despeito de suas operações de produção (perfuração, esmerilhamento, estamparia etc.), a fábrica estava limpa, sem graxa, sem sujeira, sem limalha. Quase todos os funcionários decoraram sua estação de trabalho como se fosse uma casa: com flores, árvores, quadros, relógios e outros enfeites. Pela fábrica havia recantos utilizados pelos funcionários para refeições, intervalos e reuniões. Foram criados pelos funcionários e são mantidos pelos mesmos. Alguns são fantásticos, com árvores, mesas, lagos com peixinhos dourados e fontes.

Continua na página seguinte.

Continuação do quadro anterior.

Todas as estações de trabalho tinham espaço para guardar as ferramentas, sistemas de alarme que avisavam quando a broca devia ser trocada e sistemas que asseguravam a reposição dos componentes quando faltavam no estoque. O sistema *just-in-time* aplicava-se não somente ao componente em que estavam trabalhando, mas às brocas e outras ferramentas que utilizavam no trabalho.

Como mantinham o local tão limpo? O tempo de três minutos para limpeza em cada turno, com cada funcionário limpando sua área, parecia muito curto para responder por tamanha limpeza, que deixaria até mesmo minha mãe enciumada. Eles construíram aparatos para coleta de resíduos em torno de suas máquinas. Os funcionários aprenderam como evitar a sujeira e o desperdício em seus equipamentos e métodos do dia-a-dia.

O resultado alcançado através da limpeza foi um nível mais elevado de qualidade e produtividade. De forma preventiva, a ausência de sujeira e desordem pode ajudar a evitar a perda de componentes e ferramentas ou a distração. Um outro efeito da limpeza de Aisin, apontado por um gerente da fábrica, foi o aumento do orgulho e da autoconfiança dos funcionários e supervisores. Em uma série de cartazes colados pelos funcionários da fábrica, lê-se: "Estamos orgulhosos/De nosso cantinho TQC[1]/ Para o mundo." O inglês não era o mais elegante, mas a mensagem era eloqüente. Tinham todo o direito de estar orgulhosos. Fotografias tiradas cinco anos antes mostram que esta era uma fábrica tipicamente bagunçada. Agora é um Ozashiki. (De Scholtes, 1986.)

6. *Otimize o Gemba e organize o trabalho.*
   - Desenhe um mapa do Gemba e trace os padrões de movimento (um vídeo em *fast-motion* pode ser útil para este estudo). Procure oportunidades de se reduzir o movimento reprojetanto o *layout*.
   - Arrume lugar para tudo e coloque as coisas no lugar. Use cartazes, etiquetas, e faça desenhos para tornar as coisas mais fáceis de se encontrar e de serem colocadas no lugar.
   - Coloque os equipamentos e suprimentos mais usados em locais de fácil acesso.
   - Garanta acesso imediato ao que é necessário no atual ciclo ou tarefa; por exemplo, todos os componentes necessários para montar uma peça. Crie meios de disponibilidade *just-in-time* para o que vai ser necessário na tarefa ou ciclo seguinte.

[1] N.T.: TQC, Total Quality Control.

Especificações ou Teste à Prova de Queda: Estudando o Processo

Uma empresa de equipamentos eletrônicos localizada na Europa subcontratou um fabricante de televisão japonês. Meses de longas reuniões e negociações resultaram em várias normas e especificações que a empresa japonesa devia atender, mediante contrato.

Algumas semanas depois de as especificações serem cumpridas, um representante do fabricante japonês (JM) contactou o gerente de projeto da empresa européia (EC).

JM: Na seção que trata das normas você descreve a especificação do material que deve ser utilizado na embalagem da televisão.

EC: É verdade.

JM: Você também descreve como norma que a caixa de papelão deve passar por um teste de prova de queda para garantir que o aparelho não se danifique com a queda da caixa.

EC: É verdade.

JM: Se atendermos à norma de teste de queda, ainda teremos que atender às especificações de embalagem?

EC: Não. O teste de queda é a medida mais importante.

JM: Muito bem! Projetamos um método de embalagem resistente a quedas e reduzimos o tamanho da caixa de papelão.

EC: É mesmo?

JM: E com uma caixa menor podemos colocar mais unidades em cada *container* e aumentar o número de unidades expedidas sem aumentar o custo da expedição.

EC: Não diga!

JM: E, obviamente, repassaremos as economias para a sua empresa.

Esta é uma história real que mostra um compromisso com a melhoria e com a máxima satisfação do cliente.

7. *Identifique e elimine o desperdício no Gemba.*

- Conheça os diferentes tipos de desperdício e como reduzi-los ou eliminá-los.
- Veja "Os diferentes tipos de desperdício" mostrados adiante neste capítulo.

8. *Não deixe o Gemba esperando.*
   - Não deixe as pessoas-chave esperando.
   - Elimine obstáculos ao progresso.
   - Mantenha o fluxo de trabalho Gemba uniforme e contínuo.
9. *Não interrompa nem conturbe o Gemba.*
   - Estude os tipos e padrões de interrupção e crie métodos para reduzi-los ou eliminá-los, ou para lidar com a questão sem interromper o fluxo de trabalho.
10. *Torne o Gemba à prova de erro; torne-o mais robusto.*
    - Encontre métodos de tornar o Gemba mais:
      - — À prova de erro
      - — À prova de omissão
      - — À prova de inadvertência
      - — À prova de intrusão
      - — Fácil de ser ensinado
      - — Fácil de se aprender
      - — Tolerante a variação
      - — Magnânimo
      - — Elástico
      - — Flexível
      - — Adaptável
      - — Simples
      - — Resistente
      - — Amigável
      - — Versátil
      - — Durável
      - — Robusto
      - — Sustentável
    - Alcance isto através de mudanças sistêmicas, e não através de advertências e lemas.
11. *Padronize as tarefas recorrentes do Gemba quando os fatores importantes forem controláveis.*
    - Veja a próxima seção, "Padronização".
12. *Aborde os fatores que estão fora de controle no Gemba.*
    - Dê prioridade aos efeitos negativos desses fatores incontroláveis.

- Analise as tendências à falta de controle: Quando? Onde? Em que circunstâncias?
- Determine as causas sistêmicas do fator que está fora de controle.
- Reprojete o sistema ou processo para eliminar a causa, evitar o seu impacto ou, pelo menos, reduzir as chances de ocorrência.

Eliminando Desperdício no Gemba

Este caso baseia-se em esforços reais de melhorias que ocorreram em uma fábrica de porte médio.

Antes da otimização

- Um *layout* de produção e montagem bem típico. Toda a operação ocupava dois prédios.
- A área de montagem principal era muito longa (cerca de 50m) com uma grande distância a ser percorrida pelo produto entre uma estação e outra, sem que nada fosse feito neste espaço de transição.
- Grandes pilhas de estoque:
  — Componentes aguardando serem fornecidos aos montadores
  — Componentes perto dos montadores
  — Componentes aguardando serem fornecidos à produção
  — Componentes perto da produção
  — Produtos prontos aguardando pedidos e expedição

Após a otimização

- Todas as operações foram colocadas em um só local. Fez-se isso reduzindo-se a distância, compactando as operações e reduzindo drasticamente o estoque e o espaço necessário para armazená-lo.
- A linha de montagem principal, em termos de extensão, foi reduzida para um quinto do que era antes. O longo período de transição foi eliminado (*no primeiro dia* do esforço). O estoque foi removido da área da linha de produção. *Loops* de submontagem foram criados em áreas de trabalho compactas, adjacentes à linha de montagem principal.

O fluxo de trabalho

Isto levou alguns meses, mas a fabricação, a submontagem e a montagem principal se tornaram tão sincronizadas que não mais havia acúmulo de peças ou componentes aguardando para serem utilizados. Passou-se a ter um fluxo regular — *just-in-time*.

Estoque

O fluxo suave permitiu uma drástica redução do estoque. Esse fluxo suave se estendeu aos fornecedores que passaram a fornecer um fluxo de material e componentes mais lento e mais regular, conforme a necessidade — *just-in-time*.

Continua na página 130.

Antes da Otimização

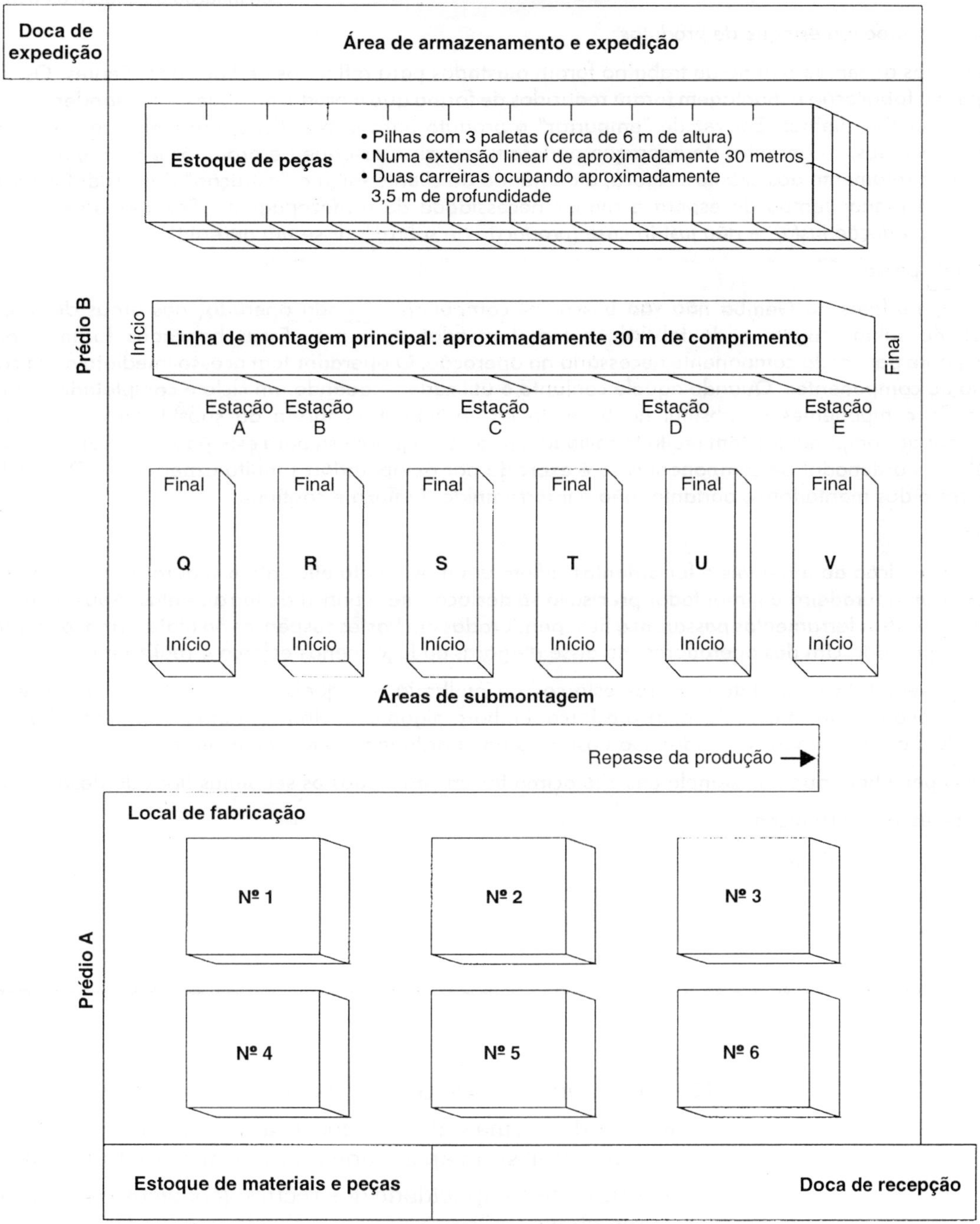

Continuação do quadro da página 128.

Os ciclos de tempo e o estoque de produtos

Os ciclos de tempo e ritmo de trabalho foram ajustados para refletir os pedidos dos clientes. Os ciclos de tempo para a fabricação e montagem foram reduzidos de forma que a produção pudesse responder de imediato às solicitações dos clientes. Em vez de "empurrar" o produto para a expedição, onde ele era armazenado e aguardava pedidos, os gerentes de operação puderam reduzir o estoque de produtos e estender a noção de fluxo suave diretamente aos clientes. Agora, a demanda do cliente força a "extração" dos produtos através do sistema, com menor tempo de espera e menor necessidade de armazenagem. "Fazemos nossos produtos *just-in-time (produção justa)*, e não *just-in-case (produção de sobra)*", disse um gerente.

Bancadas de passo

Os operadores do Gemba não vão buscar os componentes. Cada operador nas áreas de montagem principal, de submontagem e de fabricação tem bancadas de passo. Essas bancadas foram projetadas especialmente para cada componente necessário na operação. O operador tem acesso imediato a um conjunto completo de componentes. Quando aquele conjunto é utilizado — quando um ciclo é completado — um novo conjunto de componentes o substitui na base do *just-in-time*. Esta tarefa de substituição é feita por um *coordenador* de componentes com muita mobilidade. (A palavra japonesa para este papel é "aranha aquática".) O papel do coordenador de componentes só é exercido por ex-operadores muito experientes. O trabalho dos operadores e dos montadores, portanto, não é interrompido. O fluxo é contínuo.

Ergonomia

A substituição de materiais e ferramentas reflete um movimento eficiente e seguro. Antes, por exemplo, para pegar uma furadeira um montador precisava se deslocar até a banca de ferramentas. Após a otimização, a furadeira e outras ferramentas passaram a ficar penduradas em hastes suspensas na plataforma, bem próximas à mão do operador. Um dos operadores me disse: "Agora, eu faço menos esforço e realizo mais!"

Este exemplo é o resultado de três esforços de melhoria dos quais ou fiz parte ou testemunhei. Tal otimização levou alguns meses de intenso esforço, embora algumas melhorias tenham sido introduzidas logo no primeiro dia. Os métodos utilizados são baseados na abordagem do Kaizen Institute.

Você perceberá que no exemplo descrito acima foram verificados os seguintes tipos de desperdício:

- Excesso na produção
- Excesso de estoque
- Espera
- Movimentação desnecessária

(Ver Bohman, 1992.)

13. *Faça mudanças no Gemba e aumente a produtividade.*

- Estude formas de melhorar a produção do Gemba e de aumentar sua capacidade de realizar trabalho Gemba.
- Aumente a capacidade dos recursos básicos e dos participantes-chave.

Após a otimização

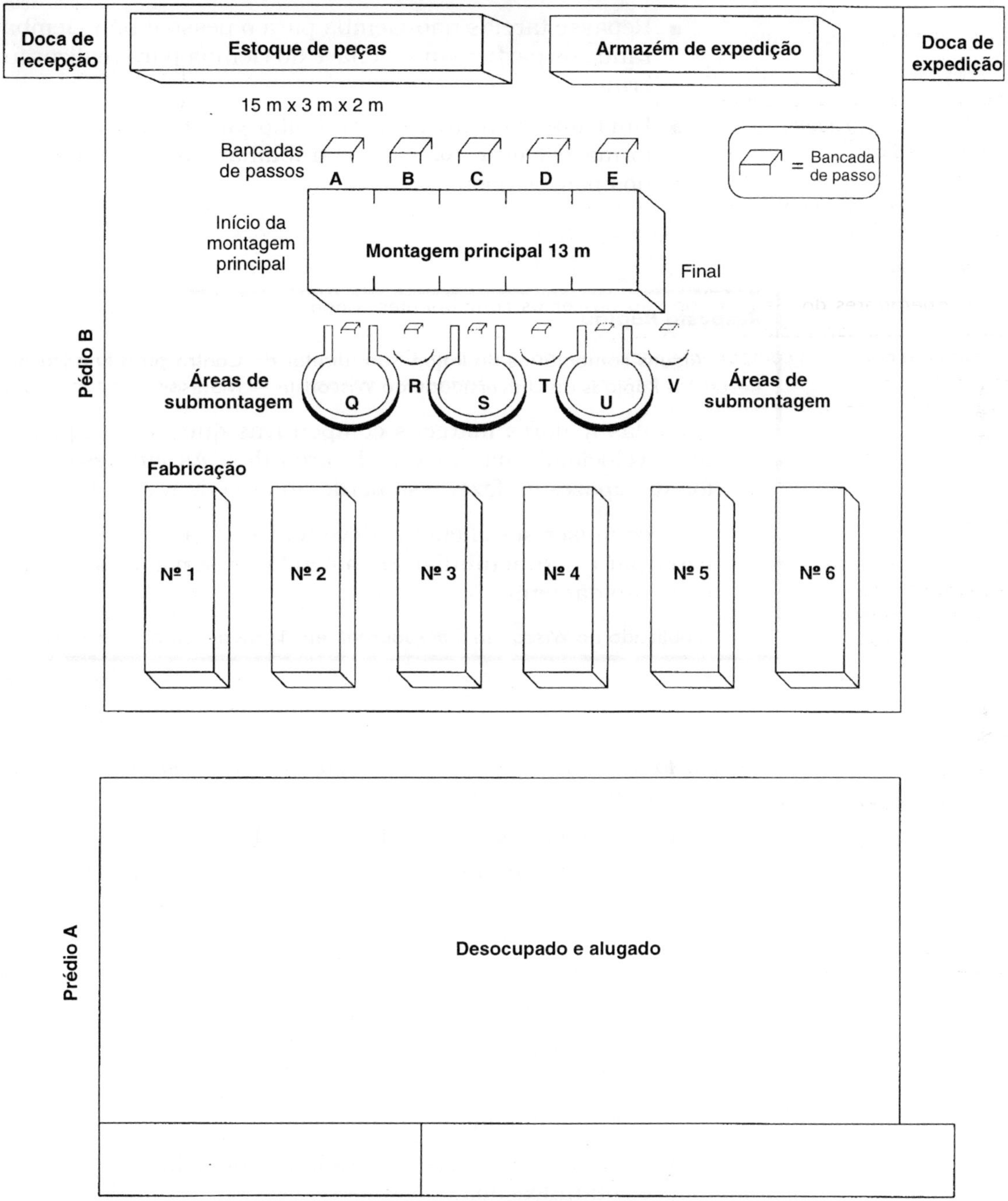

- Elimine as pausas e os obstáculos ao progresso.
- Repasse tarefas não-Gemba para o pessoal não-Gemba, liberando os participantes-chave do Gemba para realizar funções críticas.
- Uma advertência: Se o trabalho Gemba estiver fluindo de forma eficiente, você deve trabalhar para evitar obstáculos nos passos posteriores.

Resposta Rápida

Alguns comentários de Rajan Suri, diretor do Centro para Fabricação com Respostas Rápidas da Universidade de Wisconsin — Madison.

Uma das maiores margens competitivas que uma empresa pode ter é velocidade na entrega de produtos. As empresas que não forem capazes de fazer isso perderão fatia de mercado.

Se você quiser ser eficiente, deve ter de 10 a 15% de capacidade livre, para não acumular encomendas e servir (a seus clientes) mais rapidamente.

Publicado no *Wisconsin State Journal*, em 1º de dezembro de 1996.

14. *Identifique os indicadores-chave do processo do Gemba e monitore-os regularmente.*

- Perceba os "sinais vitais" do Gemba. Registre as informações de forma apropriada e as analise e interprete de forma adequada.
- Peça ajuda de alguém experiente em aplicações estatísticas.
- Crie *sistemas* para obter, registrar e analisar as informações. (O Capítulo 7 examina algumas dessas questões.)

15. *Promova aprendizagem e treinamento contínuos no Gemba.*

- Utilize formas e meios diversos para assegurar que as pessoas aprendam o que se faz necessário.
- Se se desviar, faça-o, lado a lado, com educação, treinamento e comunicação.

- Projete formas de educar, treinar e de se comunicar que sejam eficazes e que interrompam o mínimo possível o Gemba ou o trabalho.

16. *Assegure-se de que haja comunicação no Gemba.*
    - Projetos e equipes bem-sucedidos sustentam comunicação contínua no grupo e entre o grupo e os sistemas ao seu redor.
    - Devem-se utilizar formas e meios diversos para comunicar. Pergunte: "O que deve ser comunicado, a quem e como estas pessoas aprendem melhor?"
    - Deixe o Gemba "fluir" com comunicação e "florescer" com evidência visual de trabalho e progresso.

Komatsu: À Prova de Erro

Uma das empresas destacadas com o prêmio Deming que visitamos em 1985 foi a Komatsu, fabricante de equipamentos pesados. Em sua fábrica em Awazu vimos exemplos à prova de erro. Por exemplo, uma unidade se movimentando através da linha de montagem leva, anexado, um cartão magnético do tamanho de um cartão de crédito. O cartão magnético traz instruções previamente programadas para as várias ferramentas e equipamentos da linha de montagem.

Em uma estação o operário ajusta parafusos com uma chave. Antes de realizar a tarefa o funcionário insere o cartão magnético na máquina que controla o equipamento. Este programa o equipamento para que os parafusos sejam automaticamente ajustados da forma correta — nem muito apertado nem muito frouxo. O equipamento também conta os parafusos, à medida que estes são ajustados, advertindo o operador que tenta passar adiante uma unidade faltando parafuso.

A Komatsu identificou os erros mais comuns no processo e, sempre que possível, desenvolveu um mecanismo à prova de erro.

17. *Desenvolva no Gemba os reflexos, hábitos e processos para PDSA contínuo.*
    - O PDSA é um ciclo contínuo de *planejar*, *fazer*, *estudar* e *agir* (ver Capítulo 2). Ele gera perdão e aprendizagem quando as coisas dão errado. Entretanto, não podemos garantir que nunca cometeremos um erro. Mas garantimos que aprenderemos com os nossos erros.

- Com o PDSA não há falha. Os erros são uma oportunidade de aprender. Os erros são o que descobrimos quando *estudamos*. Depois, reagimos e ajustamos o processo em resposta ao que aprendemos. Assim, quando tivermos dados suficientes para saber quais respostas são apropriadas podemos *agir*. Os dados que obtemos, o estudo que fazemos e a otimização feita permitem que nos preparemos de forma mais eficaz para planejar o ciclo seguinte.
- No Gemba, aprendemos a estudar continuamente os indicadores-chave do processo (KPIs) e as características-chave da qualidade (KQCs), os atributos dos produtos e serviços importantes para os nossos clientes. Usamos estes dados para aprender como ajustar o processo sem corrompê-lo. (Deming 1994, Capítulo 9.)

A Cadeira de Barbeiro de Pete Gillespie

Um dos meus heróis gerentes é Pete Gillespie. Pete era presidente e principal executivo de um distribuidor de papel de Chicago, que comprava os milheiros das fábricas de papel e os vendia aos usuários. Conheci Pete quando trabalhei em seu depósito em umas férias de verão. Pete tinha um escritório extra próximo a seu escritório de trabalho com uma cadeira de barbeiro e aparatos de cortar cabelo. Uma forma de Pete manter contato com os homens de sua empresa era oferecer cortes de cabelo gratuitamente.

Ele era um bom barbeiro, embora nunca tenha aprendido a cortar cabelo de mulher. Todos — gerentes, vendedores, funcionários subalternos e mesmo o pessoal contratado para ajudar na temporada de verão — marcavam hora para um corte de cabelo com o principal executivo. Enquanto cortava o cabelo, Pete Gillespie conversava e conhecia seus funcionários.

A lição aqui não é que os gerentes devam se tornar barbeiros, mas que devam encontrar formas apropriadas de mantê-los em contato com o seu pessoal.

18. *Dê atenção às necessidades pessoais dos envolvidos no Gemba (e às dos demais funcionários também).*

- Torne o Gemba seguro e ergonomicamente confiável. Não faça isso através de lemas e advertências, mas removendo as causas sistêmicas dos ferimentos e problemas de saúde.

- Assegure espaço para intervalos, e locais para as refeições, reuniões e treinamento, próximos à área de trabalho.
- Deixe que as pessoas comuniquem suas necessidades e se socializem espontaneamente.

19. *Torne o Gemba um local de trabalho agradável.*

- Remova os pontos de "insatisfação".
- Desenvolva coisas que satisfazem.
- Deixe as pessoas do Gemba liderarem este esforço.

20. *Parta do pressuposto de que no Gemba "tudo é sentido".*

- Todas as doenças na organização criam sintomas que são sentidos no Gemba.
- Todos os planos bem-intencionados e toda e qualquer decisão tomada em algum lugar da organização repercutirão no Gemba.
- Em geral: Não faça nada sem antes perguntar: "Que impacto isso causará no Gemba?" Se sua resposta for "Não causará impacto algum", olhe a questão mais a fundo. Você não perdeu nada.
- Ver a citação de Petronius Arbiter na página 90.

PADRONIZAÇÃO (NORMALIZAÇÃO)

A maior parte do nosso trabalho é repetitiva: mudar o cartucho da impressora ou a bobina da caixa registradora, fechar os livros no final do ano ou fechar o escritório no final do expediente, fazer uma reunião semanal ou uma conferência anual.

Tarefas repetitivas podem ser estudadas e aprimoradas. Podemos determinar a forma mais eficiente, confiável, fácil, segura e produtiva que conhecemos para fazer o trabalho. Depois podemos documentar aquele método, ensiná-lo a todos os envolvidos na tarefa e reforçar seu uso contínuo de forma amigável no trabalho.

Normalizar uma tarefa em torno do melhor método resulta em melhores produto e serviço aos clientes, maior facilidade para treinar funcionários novos e mais habilidade para solucionar problemas e aprimorar ainda mais o processo. Enquanto aquele considerado o melhor método está sendo usado como parte da rotina, os funcionários podem continuar a estudar a tarefa para pensar em um método ainda melhor. O esforço continua.

O PDSA do Dia-a-Dia

Quando um reconhecido professor da qualidade japonês visitou uma cidade americana, ele foi convidado a visitar um hospital local. Os altos gerentes desse hospital eram ávidos seguidores de Deming, aplicando, realmente, a filosofia da qualidade na organização. Eles é que desejavam conhecer o especialista japonês.

Quando o visitante chegou ao hospital na hora marcada, apenas um dos diretores estava presente. A mulher responsável por agendar a reunião ficou sem graça e se encheu de desculpas, pedindo para reprogramar a reunião para outro dia.

"Certamente", foi a resposta do professor japonês, "mas antes deixe-nos aprender com o dia de hoje".

"Mas como faremos isso?", perguntou a mulher.

"Por que hoje apareceram tão poucas pessoas?"

"Talvez porque estamos tão perto dos feriados. As pessoas devem ter tirado folga. Mas concordaram com esta data! Eu realmente não sei lhe dizer."

"Como você poderia descobrir?"

"Perguntando-lhes", suponho.

"Talvez devêssemos fazer isso: Você tenta descobrir por que a reunião não aconteceu. Depois me telefone e discutiremos um plano para a próxima reunião."

O reflexo do visitante foi PDSA. Uma reunião fracassada foi uma oportunidade de aprender. As informações eram importantes, não mera especulação. Melhoria era o que estava em pauta, e não culpar pessoas ou desculpar-se. Aprendizagem era o que importava, e não simplesmente uma nova tentativa sem descobrir o que se faz necessário para o sucesso.

O que É uma Norma?

Uma norma é o melhor método documentado para desempenhar algumas tarefas ou processos. Uma norma combina conhecimento tecnológico e *know-how* de processo documentados por escrito para que qualquer um possa utilizá-los. O propósito da norma é:

- Tornar as tarefas mais fáceis para as pessoas.
- Evitar as falhas conhecidas na tarefa.
- Assegurar operações seguras.
- Tornar mais fácil o ensino aos funcionários.

- Tornar mais fácil o rastreamento da causa de um problema.
- Eliminar desvios desnecessários causados pela utilização de vários métodos para realizar a mesma tarefa.

Pontos de Encontro

Ao se comunicar com funcionários, os gerentes podem utilizar uma mentalidade centrada no produto ou centrada no cliente. A mentalidade centrada no produto significa: "Isto é o que queremos comunicar a eles e é assim que desejamos comunicar." A mentalidade centrada no cliente significa: "Isto é o que eles acreditam ser importante saber e é assim que aprendem."

Uma empresa, desejando comunicar mudanças na produção, decidiu-se por múltiplos métodos de comunicação. Perguntou-se às pessoas no chão da fábrica como elas geralmente ficavam sabendo das coisas. Inesperadamente, a maior parte das pessoas disse: "Nas mesas de piquenique, durante o almoço e nos intervalos." Por isso, os gerentes incluíram este meio em seu sistema de comunicação: comunicados impressos eram deixados nas mesas, e alguém da área de planejamento ficava disponível para responder às perguntas.

Onde se localizam os pontos de encontro de sua organização? Escolha locais que a maior parte das pessoas freqüente e onde elas param, esperando por algo. Normalmente, esses são os locais onde ocorre a socialização informal: perto do aparelho de fax, na área do cafezinho, próximo a máquinas copiadoras, nos banheiros, nos elevadores, etc.

Características de uma Boa Norma

- *Clara e específica.* Descreve de forma precisa que passos a serem tomados, quando, como e por que tomá-los, o que monitorar e como responder a sinais de problemas.
- *Projetada para os não-iniciados.* Deve ser compreensível a funcionários novos que ainda não foram totalmente treinados. Projete-a para aqueles que substituem o operador do processo quando ele se ausenta por doença.
- *Realista.* Deve funcionar e ter a capacidade de ser facilmente acompanhada e compreendida e não deve incluir nada considerado desnecessário ou contraditório.
- *Todos devem concordar.* A norma deve vir de um consenso daqueles que a irão utilizar. Eles devem estudar os métodos e

informações utilizados para determinar qual método funcionará melhor.

Perguntas a Serem Feitas Quando Alguma Coisa Dá Errado

- Sabemos onde no processo o problema ocorreu?
- Aquela parte do processo tem um método padrão?
- Todas as pessoas que trabalham naquela parte do processo conhecem o método padrão?
- O método-padrão é utilizado regularmente? Isto não deve ser utilizado com o propósito de encontrar um culpado. No caso de um indivíduo não usar a método padrão, devemos considerar o acontecimento uma oportunidade para aprimorar o processo:
  - —Talvez aquele indivíduo tenha desenvolvido um método melhor.
  - —Talvez alguma coisa esteja inadequada em nosso processo de treinamento.
  - —Talvez o método padrão não seja adequado para este funcionário (devido à sua altura, por ele ser canhoto, etc.).
  - —Talvez haja uma causa rara e especial que desconhecemos.

Para Desenvolver uma Norma:

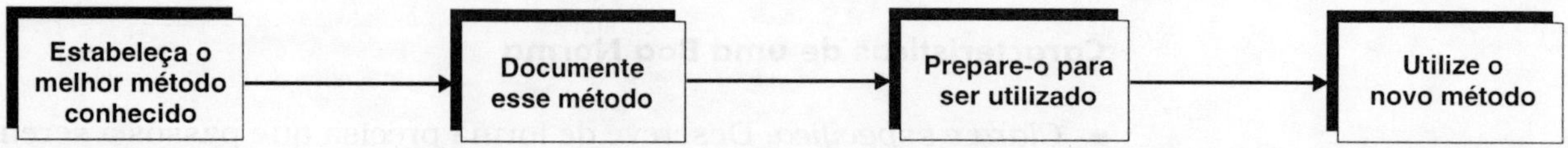

Estabeleça o melhor método conhecido

- Utilize dados para saber qual o melhor método
- Torne o método o mais à "prova de erros por distração" possível
- Envolva as pessoas que utilizarão o novo método
- Obtenha o consenso com relação ao novo método

Documente esse método

- Utilize fluxogramas e diagramas de processo padronizados
- Mostre como utilizar o novo método, que problemas monitorar, como reagir frente a problemas
- Utilize manuais, *checklists* e instruções gráficas
- Mostre como utilizar o método no local em que ele será utilizado

Prepare-o para ser utilizado

- Faça com que as pessoas recebam treinamento no novo método
- Treine os que treinarão o pessoal
- Prepare materiais.
  - – Para os funcionários atuais
  - – Para os futuros funcionários
- Planeje os detalhes para a adoção do novo método
- Decida como o progresso e o sucesso serão monitorados

Utilize o novo método

- Faça um pouco de alvoroço no primeiro dia/semana/mês de utilização
- Monitore o novo método para saber se ele está:
  - – Sendo utilizado de forma consistente
  - – Resultando em processo e resultados aprimorados

Um Diagrama de Processo Padronizado

Como mostrado na Figura 4-11, um diagrama de processo padronizado é uma forma de documentar informação crítica a respeito do processo ou tarefa após sua normalização. O ideal é que todas as tarefas e subtarefas caibam em uma mesma página.

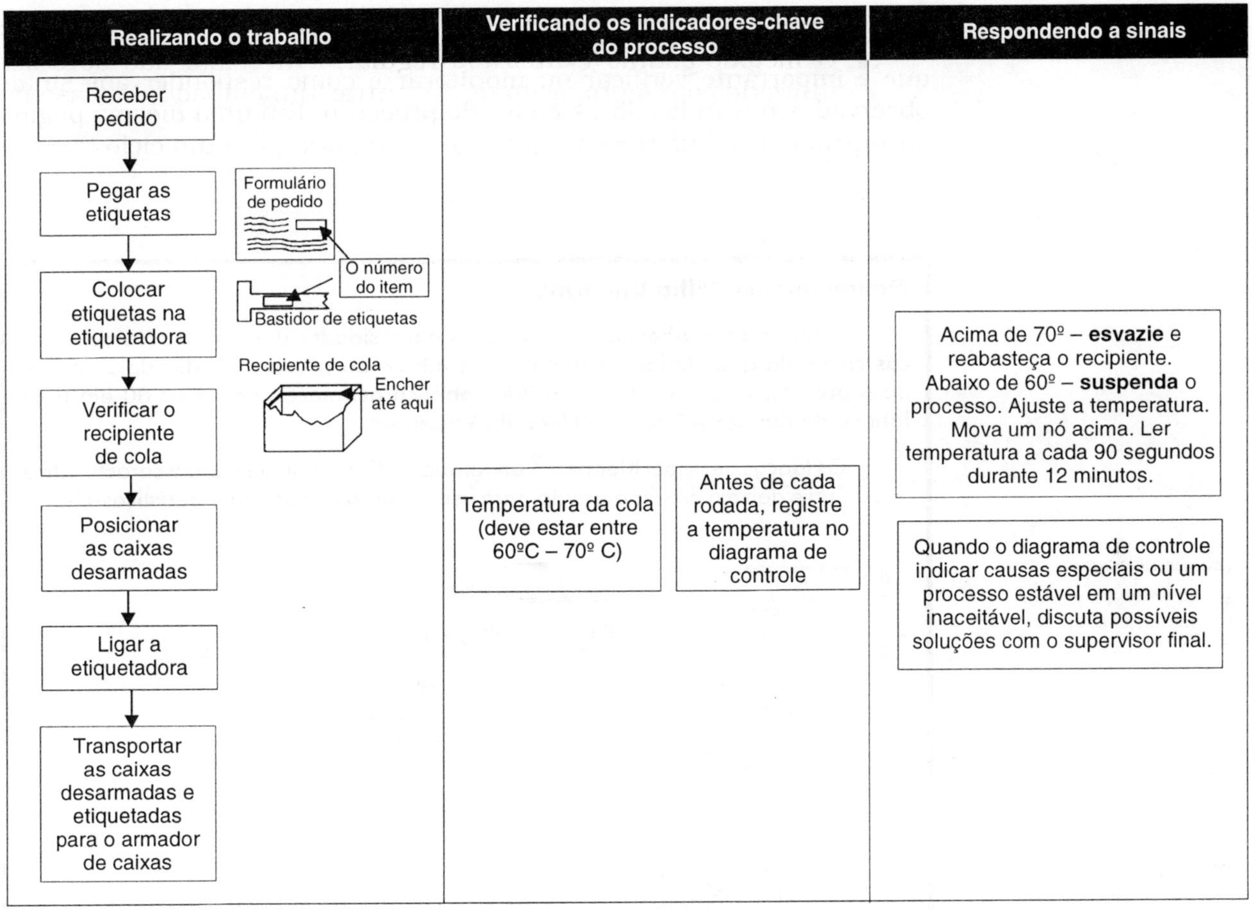

Figura 4-11. Exemplo de diagramação de processo padronizado para um operador de etiquetagem de caixas.

Pelo fato de o processo mostrado na Figura 4-11 se referir a uma só pessoa, este diagrama de processo padronizado utiliza um fluxograma simples na seção esquerda. Se o processo padronizado exigir a interação entre as pessoas, um fluxograma de interação no tempo, chamado fluxograma de *deployment*, é mais apropriado. (Ver Figura 4-5.)

Para este funcionário em particular (este exemplo é de um local de trabalho real), a operação da máquina etiquetadora representa somente uma das várias tarefas. Em vez de uma descrição de tarefa convencional, o funcionário tem um conjunto de diagramas de processos padronizados que descrevem os 15 ou mais processos em que está envolvido. Portanto, o funcionário sabe que tarefas desempenhar, como desempenhá-las, o que é importante verificar ou monitorar e como responder aos sinais observados nos indicadores-chave do processo. Em uma mesma página encontram-se as informações *fazer, estudar, agir* para um ciclo PDSA.

Mantendo uma Pilha Uniforme

É importante saber como traduzir as necessidades dos clientes (características-chave da qualidade) em pontos de controle do processo (indicadores-chave do processo). O melhor exemplo que conheço aconteceu nos anos 80 em uma fábrica da Kimberly-Clark em Neenah, Wisconsin.

Os lenços de papel Kleenex™ da Kimberly-Clark anunciavam a característica "puxe um e deixe o próximo pronto para uso". É uma de suas características-chave.

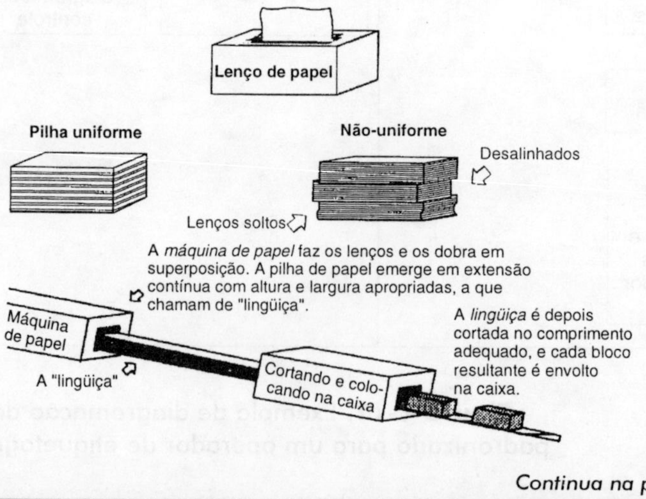

Continua na página seguinte.

Continuação do quadro anterior.

Se a pilha não estiver uniforme, ela arruinará o processo de corte e embalagem ou poderá vencer parte do processo e ser embalada, mas não fornecerá a característica importante para o cliente — "puxe um e deixe o próximo pronto para uso".

Somente dois operadores veteranos sabiam como manter a pilha uniforme e já estavam próximos à aposentadoria. Os operadores veteranos operavam as máquinas por intuição e instinto. Não sabiam explicar o que faziam. Então, o projeto consistiu em duas equipes de observadores, uma para cada operador veterano, que anotavam os objetos de atenção daqueles especialistas (às vezes, uma mudança sutil no som da máquina) e suas reações.

Levou algumas semanas para transcrever em forma de norma o que os operadores faziam, mas acabaram conseguindo. Por fim, todos os operadores conseguiram fazer pilhas uniformes.

Este operador em particular aprendeu com a experiência que esse processo tem três pontos de vulnerabilidade: etiquetas erradas, pote de cola vazio e cola muito quente ou muito fria. Essas possibilidades de erro são apontadas nesse diagrama de processo padronizado como uma descrição mais detalhada e com a instrução para se indicar a temperatura da cola em um diagrama de controle. Neste caso, o mecanismo de controle da temperatura da cola é suficientemente errático para que o funcionário que está utilizando as informações de um diagrama de controle possa determinar se o equipamento pode ser mantido sob controle ou deve ser substituído.

A Figura 4-12 descreve o formato do diagrama de processo padronizado.

1. Realizando a tarefa	2. Verificando os indicadores-chave do processo	3. Respondendo a sinais
Esta seção faz uso de um fluxograma para descrever a seqüência de atividades e, se apropriado, o fluxo de trabalho entre grupos e indivíduos em interação. Informações mais detalhadas podem ser incluídas ou, se necessário, pode-se fazer referência a elas.	Muitos processos têm passos críticos que precisam ser monitorados pelo operador. Esses passos têm "indicadores-chave do processo" (KPIs), sinais vitais que indicam se o processo está ou não sob controle e no caminho certo. Eles devem ser utilizados somente quando se tem conhecimento de um ponto vulnerável.	• Um KPI o informa que um ajuste se faz necessário. As instruções de resposta são colocadas nesta parte do diagrama. • Descreve respostas imediatas para o operador e indica a quem se deve informar sobre o desempenho do processo, caso seja necessário mais que um simples ajuste e controle para evitar problemas.

Figura 4-12. O formato do diagrama de processo padronizado.

Diretrizes para o Diagrama de Processo Padronizado

1. O diagrama, normalmente, deve descrever, em uma única página, uma tarefa ou operação específica. Se a sua operação for muito longa para caber em uma página, subdivida-a em subtarefas, colocando-as em uma página.

2. As tarefas das pessoas, por fim — pelo menos a maior parte de suas tarefas —, podem ser descritas utilizando-se uma série de diagramas.

3. Evite esforço desnecessário. Focalize-se no que é importante e útil. Adicione detalhes onde e quando for necessário.

4. Comece "onde os calos doem". Utilize este diagrama primeiramente em processos com os quais você está tendo problemas. Monitore somente os indicadores que, por experiência própria, você considera importante acompanhar. As colunas 2 e 3 não precisam ser completadas em todos os diagramas de processo padronizados.

5. Não faça tudo ao mesmo tempo! Se você iniciar um processo padronizado de uma hora para outra em sua organização, deixará as pessoas malucas. Implante o esforço, gradualmente, aprendendo conforme avança. Deixe os grupos e indivíduos padronizarem processos, cada um a seu tempo, em um ritmo suportável, iniciando pelos processos que mais precisam ser padronizados.

6. O mesmo formato pode ser utilizado para descrever a tarefa de um supervisor ou gerente. A Figura 4-13 mostra um dos grandes fluxos de trabalho coordenados pelo supervisor final, o chefe do operador de etiquetadora. Perceba que um dos processos, "Embalar o Produto em Caixas Etiquetadas", mostra onde o operador da etiquetadora entra em cena no sistema.

Ao utilizar um fluxograma como o da Figura 4-13 para revisar suas tarefas, os gerentes precisam prestar atenção nas *setas*, os pontos de transição nos sistemas. Os gerentes normalmente se envolvem em problemas quando gerenciam "dentro das caixas". Os gerentes devem confiar no seu pessoal Gemba para realizar o trabalho dentro das caixas. Os gerentes gerenciam as setas e os espaços em branco.

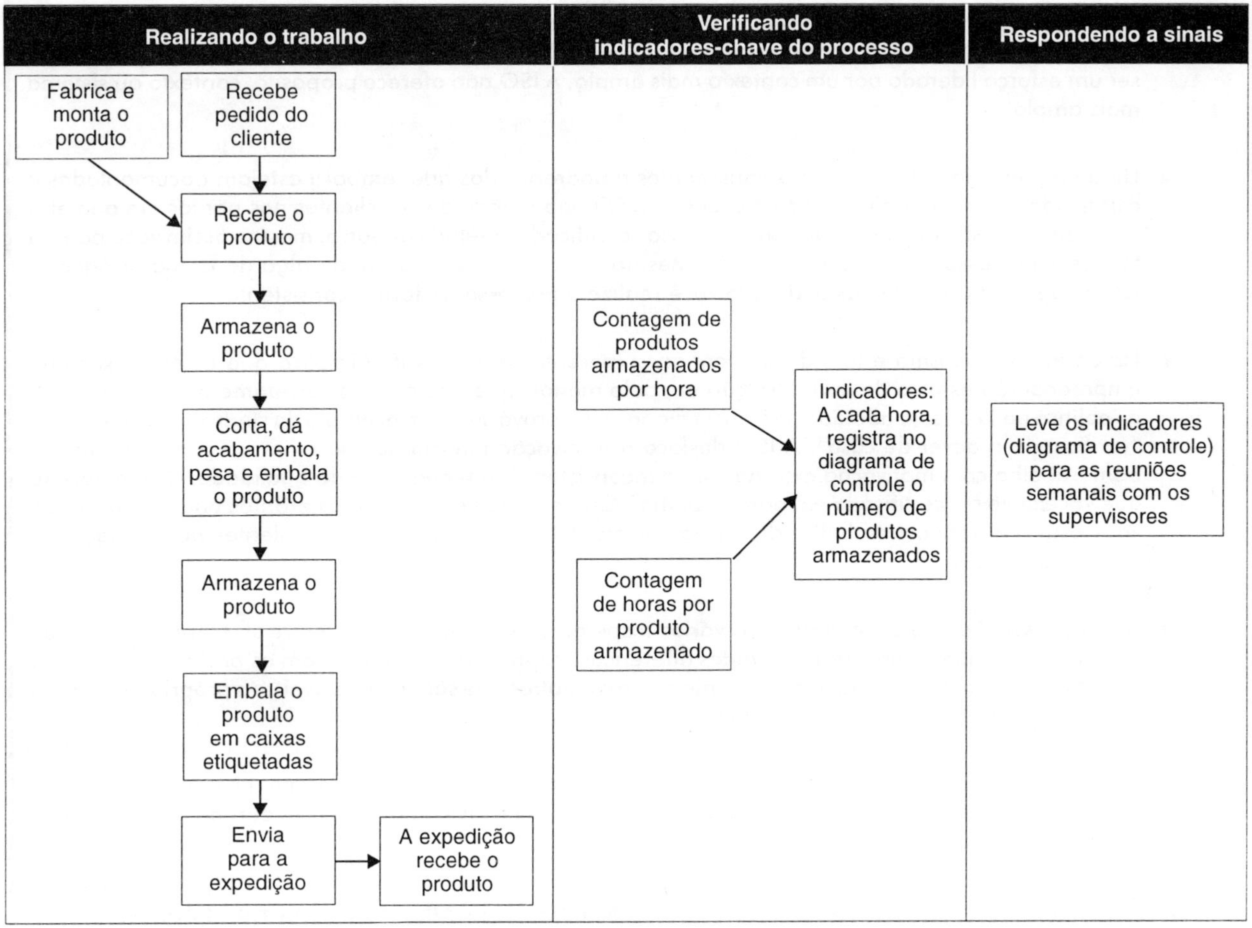

Figura 4-13. O sistema final gerenciado pelo supervisor final.

ISO 9000

Por alto, a ISO 9000 (ou o seu equivalente automotivo, a QS 9000) parece a coisa certa a ser feita. Você deve tornar os processos consistentes, documentá-los e certificá-los. Então, você se torna certificado pela ISO! E pronto.

O que há de errado com a ISO?

- A luta pela qualidade é uma jornada longa e árdua, que exige uma abordagem holística e integrada. A normalização é a coisa certa a ser feita. Esta seção fala sobre isso. Entretanto, a normalização deve ser um esforço liderado por um contexto mais amplo. A ISO não oferece propósito, contexto ou sistema mais amplo.

- Uma empresa pode ter processos consistentes e padronizados que, embora estejam documentados e certificados, acabam enfurecendo o cliente. A ISO não atende a seus clientes nos pontos em que eles mostram insatisfação. Se um de seus processos certificados prejudicar outro, mesmo assim você poderá ter esses processos aprovados pela ISO. Mesmo se você estiver realizando algo de forma errônea, a ISO não se importa, apenas pede que você realize o processo de forma consistente.

- Há certo paternalismo e tom de desconfiança inerentes à ISO. A ISO implica que as empresas não empreenderão esforço de normalização ou, pelo menos, que não o farão corretamente, a menos que a "política da ISO" seja adotada para inspecioná-lo e aprová-lo. É um exemplo da síndrome do professor "verificando o dever de casa". A ISO desloca a motivação interna de sua empresa para realizar um bom trabalho com motivação externa. Isto é inconsistente com o espírito da qualidade. Quem decidiu que você deve ser certificado em bom trabalho? Quem decide que "estamos prontos para declarar que você está realizando o trabalho da forma correta"? Você não decide. Seus clientes não decidem. A *política ISO* decide!

- A ISO pressupõe que os métodos dos vários inspetores estão consistentes entre si. Entretanto, os que foram inspecionados mostraram grandes diferenças. Assim como acontece com os professores quando verificam o dever de casa, há os que são mais duros e outros que são mais flexíveis. As próprias inspeções ISO, ao que parece, não são normalizadas.

- A ISO é colocada como algo que você precisa fazer para exportar para a Europa. Não é verdade! Não há uma única série de normas comum a toda a Europa. Além disto, alguns países europeus não impõem esses tipos de normas.

- Certificar-se ou recertificar-se pela ISO é dispendioso e burocrático. No caso de introduzir melhorias em um de seus processos já certificados, você se depara com um dilema: utiliza os processos certificados sem a melhoria ou o processo já melhorado mas não certificado? No caso de escolher o último, assume a despesa da certificação ou simplesmente adota o novo processo de qualquer jeito?

Os gerentes também podem ajudar as unidades Gemba a estabelecer e manter os *loops* de *feedback* entre si. Eles também devem trabalhar dentro dessas unidades para criar *loops* de *feedback* com os clientes externos. (Ver "*Loops* de *feedback*" no final deste capítulo.)

Comentários Finais sobre Normalização

Há uma linha tênue a seguir, quando se trata de normalização. Por um lado, desejamos métodos de trabalho que sejam restritivos e úteis, que eliminem variação desnecessária no método e, portanto, na saída. Embora as pessoas possam considerar suas tarefas uma arte que depende de sua genialidade particular e individual, raramente é o que acontece. Embora queiramos eliminar caprichos do tipo "artístico" e variação desnecessária no trabalho, não desejamos tornar o trabalho opressivo e odiosamente burocrático. Entre esses dois pólos há uma linha tênue. Envolvendo as pessoas no trabalho de normalização podemos remover um pouco do que ele contém de opressor. É menos provável que as pessoas falhem nos padrões por *elas* desenvolvidos. Concordar em começar por aqueles processos que todos reconhecem que precisam ser padronizados pode ajudar. O ideal é as pessoas tomarem a frente de seu próprio processo de normalização. Myron Tribus lembra uma conversa com o Sr. Sasaoka da Yokagawa Hewlett-Packard quando o presidente da YHP descreveu como exigia que os novos funcionários reescrevessem as instruções que descrevem como desempenhar os processos de trabalho normalizados. O novo funcionário provavelmente saberá julgar o quanto de normalização faz-se necessário e o quanto é demais.

OS DIFERENTES TIPOS DE DESPERDÍCIO

Após identificar o fluxo de trabalho, as funções críticas, os participantes-chave, os recursos básicos e após discutir como se devem normalizar os processos recorrentes, exploramos agora um outro aspecto do trabalho do dia-a-dia: o desperdício. Muitas das regras e diretrizes identificadas anteriormente focalizam-se em como desobstruir e limpar o Gemba, fazer mudanças para reduzir os custos, otimizar o Gemba e identificar e eliminar o desperdício. Também abordaremos essas questões nessa seção.

Há alguns princípios que devemos manter em mente à medida que buscamos tornar o Gemba (ou qualquer parte da operação) mais eficiente e mais produtivo:

Normalizando as Vendas

Talvez mais do que qualquer outro profissional, os vendedores sejam inclinados a se ver como uma subespécie singular da raça humana. "Isso pode funcionar com os outros profissionais", protestam, "mas com vendedores é diferente. O que fazemos é intuitivo. Temos que utilizar nosso instinto. Não há sistema aqui. É arte!"

Essa foi a resposta dos vendedores em uma organização de produtos/serviços de alta tecnologia. Eles forneciam softwares de sistemas financeiros altamente sofisticados ajustados às necessidades do usuário. Esses vendedores também tinham de ser tecnicamente astutos.

"Vocês saem e fazem visitas?", perguntei. Eles responderam afirmativamente.

"Então, vamos analisar as vendas da seguinte forma." Montei o *flipchart:*

Antes da visita	Durante a visita	Depois da visita

"O que é importante fazer antes da visita? Eles apresentaram respostas diversas, as quais listei. Alguns itens causaram discussão entre os vendedores, mas nenhum mais do que a consciência dos diferentes interesses em suas abordagens.

Depois, prosseguimos: "O que é importante durante a visita?", perguntei. Eles apontaram alguns itens, mas um dos vendedores disse: "A apresentação é a parte mais importante da visita! E todos os outros concordaram.

"O que constitui uma boa apresentação?", perguntei. Os vendedores começaram a listar vários fatores. Mais uma vez, a maioria concordou, embora tenha havido variação no que diz respeito à intenção da abordagem. Depois, fiz duas perguntas importantes:

- "Quem decide o que é uma boa apresentação?" E eles levaram um tempo para responder "O cliente!".
- "E como seus clientes definem uma "boa apresentação"? Silêncio.

Então, elaboramos um pequeno projeto de pesquisa para a equipe de vendas: Falar com os clientes sobre a apresentação de vendas que viram. O que fez com que umas fossem melhores e outras, piores? Como se podem melhorar nossas apresentações? O que você, cliente, está adquirindo com nossas apresentações e que não necessita? O que você necessita e não está adquirindo?

O que acontece aqui? Os vendedores começaram a olhar para o seu trabalho como um processo centrado nos clientes, um processo que pode ser melhorado com o *feedback* do próprio cliente.

Não usamos as palavras "sistema" ou "processo". Também não precisamos debater as questões intuição e arte. Mas começamos a examinar o sistema chamado vendas. E os vendedores também ficaram empolgados com esta pesquisa.

Os Diferentes Tipos de Desperdício

1. Na produção
2. Excesso de estoque
3. Transporte
4. Tempo de espera
5. Movimentação desnecessária
6. Excesso de processamento
7. Correção
8. Complexidade
9. Burocracia

- Não devemos buscar mais eficiência e produtividade simplesmente forçando os funcionários a trabalhar mais e mais rápido. Induzir o estresse não é liderança, nem levará a melhorias.
- Não devemos atingir mais eficiência e produtividade comprometendo a funcionalidade de nossos sistemas e processos. A produtividade de curto prazo pode criar o caos a longo prazo.
- Não devemos atingir mais eficiência e produtividade ao custo de menor satisfação por parte do cliente.

Então, como podemos aumentar a eficiência e a produtividade? *Reduzindo ou eliminando o desperdício.* Devem-se alcançar esses resultados a partir de estudo cuidadoso e esforços bem planejados e não a partir da obrigação.

Desperdício mais Complexidade e Burocracia

1. *O desperdício na linha de produção*
   - Fazer mais do que você precisa.
   - Ter mais capacidade do que o necessário.
   - Ter mais espaço do que o necessário.
2. *O desperdício no estoque*
   - Ter mais materiais, fornecedores, ingredientes e componentes do que você precisa.
   - Níveis excessivos *work-in-process*.

ALGUNS COMENTÁRIOS SOBRE EXCESSOS NA PRODUÇÃO E NO ESTOQUE

- O ideal é ter sempre um fluxo em movimento, onde nada espera ou acumula. A melhor forma de determinar os níveis apropriados de capacidade de produção, de estoque ou de trabalho em processo é começar com estudos estatísticos para criar perfis da variação em seus sistemas. Identifique a extensão, média e padrões de variação na demanda de produtos e serviços, os ciclos de tempo para a produção total e a duração de cada fase no tempo total do ciclo.

- Determine os níveis de produção, estoque e trabalho em processo com informações baseadas no desempenho atual, e não em intuição, desejo e sonhos.
- Quando seus planos de melhoria incluem intervenções específicas para reduzir os ciclos de tempo ou para aumentar a capacidade, a otimização medida em níveis de produção, estoque e trabalho em processo pode ser apropriada.

3. *O desperdício do transporte*

O tempo que seus produtos ou serviços levam para chegar a seus clientes é desperdício.

COMENTÁRIOS SOBRE DESPERDÍCIO COM TRANSPORTE

- Você pode considerar o transporte como inevitável. Do ponto de vista do cliente, entretanto, é desperdício. Por exemplo: A Kikkoman costumava transportar soja dos Estados Unidos para o Japão, preparava o molho de soja e o exportava, enlatado, de volta para os Estados Unidos. No final da década de 70 a Kikkoman desafiou a tradição e construiu uma fábrica de produção e de embalagem do produto em Wisconsin, eliminando, portanto, grande parte do desperdício com transporte.
- Você não pode nunca eliminar todo o desperdício de transporte (a menos que encontre uma forma de "transmitir por ondas" os produtos e serviços a seus clientes). Mas deve sempre buscar formas de reduzi-lo.

4. *O desperdício de esperar*

Perde-se muito em esperar: é o tempo das pessoas; são as instalações que acabam sendo mal aproveitadas, e os equipamentos e outros recursos que não são utilizados da forma mais apropriada. Esperar interrompe o fluxo e ritmo de trabalho. Os responsáveis pela montagem não podem terminar uma unidade. Os gerentes não podem completar os planos porque a informação não está pronta. Os responsáveis pela construção não podem dar continuidade a seu trabalho porque os materiais necessários estão atrasados, porque o pessoal da obra está atrasado, e também porque os encanadores e eletricistas estão atrasados nas tarefas que são de sua alçada.

ALGUNS COMENTÁRIOS SOBRE ESPERA

- À medida que você explorar o Gemba, busque sinais de espera. Pergunte aos funcionários do Gemba o quanto eles normalmente esperam, os tipos de atraso, e por quanto tempo o fazem.
- Não deixe o Gemba esperando. Esta é a regra número 1. Deixar um manipulador de material esperando, por exemplo, é ainda mais prejudicial se resultar em espera por parte, também, do montador. Manter o gerente esperando é menos prejudicial do que manter um operador de máquina esperando.
- Um bom planejamento e conhecimento de processo devem virtualmente eliminar todo tipo de espera. Colete informações sobre as causas da espera. Inicie com o tipo de espera que consome a maior parte do tempo. Encontre as causas sistêmicas da espera e as elimine.

5. *O desperdício da movimentação desnecessária*

- *Layouts* medíocres que exigem movimento desnecessário e em excesso.
- Distâncias físicas que exigem movimento desnecessário ou em excesso.
- Ergonomia medíocre.
- Ver o exemplo "Eliminando desperdício no Gemba" (pp. 128-130).

ALGUNS COMENTÁRIOS SOBRE MOVIMENTO DESNECESSÁRIO

- Pode ser bastante útil fazer uma planta do seu escritório ou loja e traçar o movimento físico de uma tarefa no local de trabalho. Um método alternativo de conduzir este estudo é usar um vídeo em *fast-motion*. (Ver Figura 7-12.)
- O *layout* do escritório ou loja reflete a seqüência lógica e contínua de passos em um processo, ou se está exigindo dos funcionários idas e voltas para desempenhar os passos intermediários? As ferramentas e equipamentos estão em locais de fácil acesso para a pessoa que os utiliza: não se fazem esforços demasiados nem são necessários paradas ou movi-

mentos para a frente e para trás para alcançar o componente ou ferramenta?

6. *O desperdício no processamento*

- Passos que não agregam valor.
- Ocupação "inócua", gerando trabalho posterior.
- Várias inspeções, várias assinaturas.
- *Skeuomorphs*[2] *(ver quadro a seguir).*

ALGUNS COMENTÁRIOS SOBRE EXCESSO NO PROCESSAMENTO

Ao desenvolver um fluxograma do processo, é de utilidade perguntar o propósito de cada passo ("Por que retiramos o osso do pernil?"). Depois pergunte-se se este propósito continua a ser relevante. Isto pode ajudá-lo a identificar passos desnecessários e a indicar excesso de processamento.

7. *O desperdício da correção*

Uma vez Deming disse: "Vamos fazer torrada à moda americana. Você tosta. Eu raspo!" O desperdício da correção é o desperdício envolvido na inspeção de enganos e erros e no desfazer e refazer coisas que foram feitas de forma errada: raspar torrada queimada, atividades de recuperação na escola, controle de prejuízo, inspeção e correção, desculpar-se frente aos clientes (necessário, talvez, mas um indicador de desperdício).

UM EXEMPLO DE EXCESSO DE PROCESSAMENTO QUE LEVA À CORREÇÃO, QUE GERA MAIS EXCESSO DE PROCESSAMENTO

Em uma empresa que fabrica placas de circuitos, um dos passos do processo era o revestimento de cobre e um outro posterior tratava da escovação do excesso de cobre. Quando perguntamos o que estavam fazendo e por que, as pessoas que estavam escovando o cobre responderam: "Estamos escovando o cobre para que fique na espessura adequada. Temos que fazer isso porque o grupo responsável pelo revestimento utilizou material em excesso."

[2] N.T.: Ornamento ou implemento sem função.

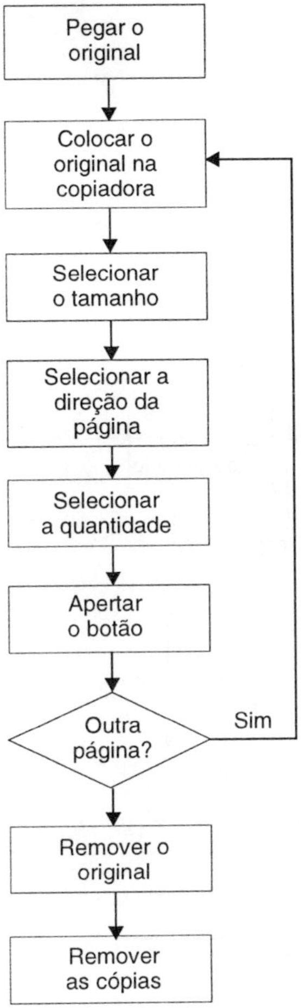

Figura 4-14. Um processo de máquina copiadora sem erros.

> ***Skeuomorph:* Termo Obscuro e Maravilhoso Nº 2**
>
> Uma atividade ou artefato que continua em uso muito tempo depois de seu propósito original desaparece. A bisavó tirava o osso do pernil porque o forno era muito pequeno. A avó, a mãe e a filha continuaram a fazer o mesmo por força da tradição e não pelo tamanho de seus fornos. (Meus agradecimentos a John Norrie, da British Deming Association por introduzir-me neste universo.)

Fomos ao ponto da linha de produção onde os operadores estavam fazendo o revestimento das placas e pedimos que eles descrevessem o que estavam fazendo e por quê. Eles nos responderam.

Depois, perguntamos: "Como vocês sabem qual a quantidade de cobre que se deve colocar?"

Eles explicaram e complementaram: "Mas, claro, sempre adicionamos um pouco mais.

"Por quê?", perguntamos.

"Porque os amigos lá embaixo têm de retirar o excesso!

8. *Complexidade*

A complexidade é uma combinação de espera, movimento desnecessário e correção. A complexidade é o trabalho que é adicionado porque a tarefa não foi ou não pôde ser completada corretamente com o primeiro esforço. Esta noção nos foi apresentada pela primeira vez por Tim Fuller (1985).

A Figura 4-14 é um fluxograma simples de uma máquina de fotocópia sem erros percebidos. Agora observe o mesmo processo quando ocorrem erros (Figura 4-15).

O processo das máquinas de fotocópia é mostrado utilizando-se um fluxograma de oportunidade (ver Figura 4-6) com os passos sem erros do lado esquerdo, seguindo para baixo, e a complexidade à direita da linha vertical.

9. *Burocracia*

A burocracia é uma combinação peculiar de outras formas de desperdício. Russell Ackoff (1991, p. 3) diz que a burocracia é uma organização cujo principal objetivo é manter as pessoas ocupadas sem fazer nada. A burocracia como uma forma de desperdício é o resultado do que acontece quando as pessoas sem trabalho real impõem demanda desnecessária sobre aqueles que têm trabalho real a fazer. Em outras

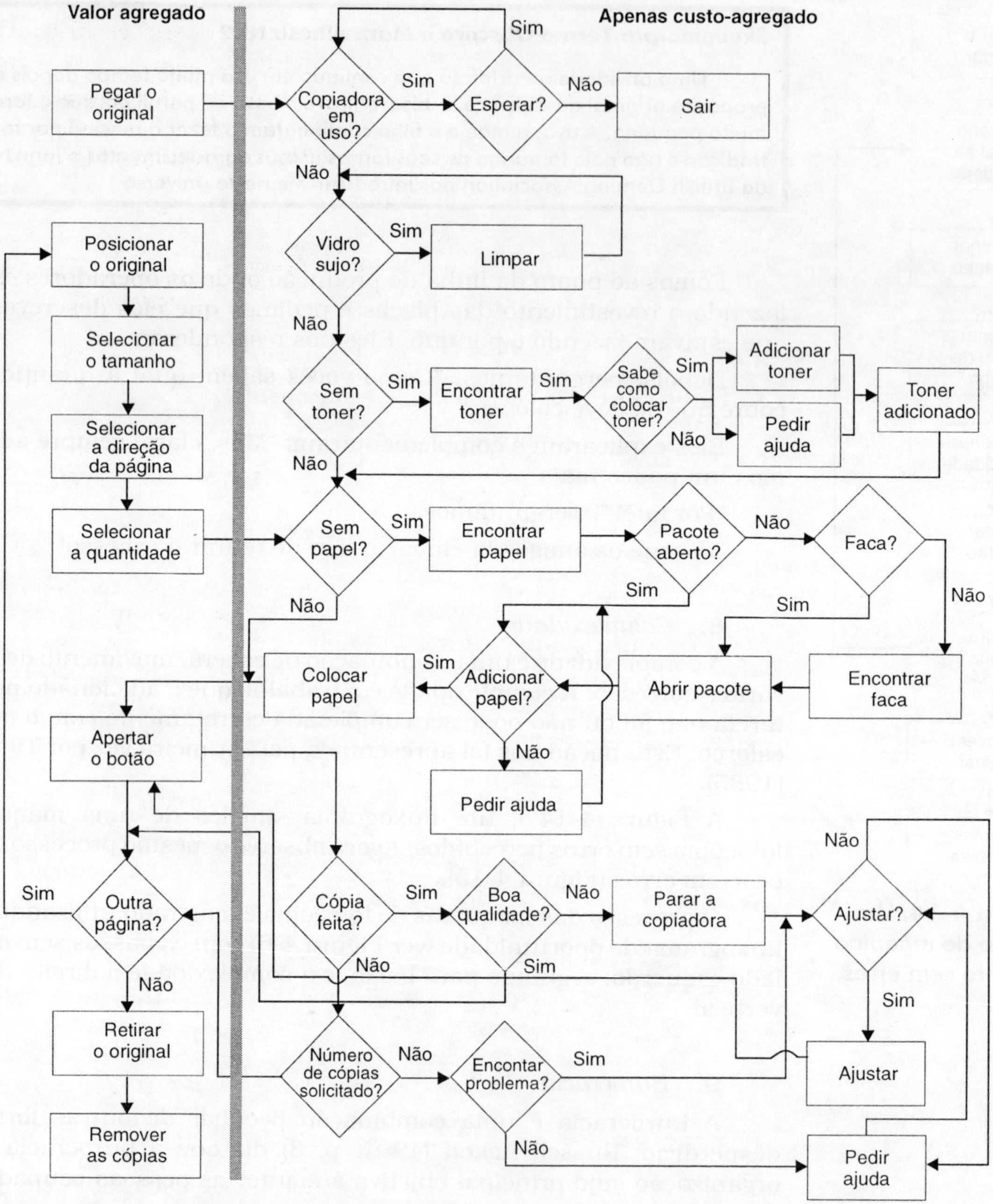

Figura 4-15. O processo de tiragem de cópias com complexidade.

palavras, quando o não-Gemba impõe trabalho desnecessário ao Gemba, você tem o tipo de desperdício chamado burocracia.

A burocracia tem a ver tanto com trabalho desnecessário quanto com restrições desnecessárias. A noção das restrições pode ser visualizada no contexto de um *continuum*, como mostrado na Figura 4-16.

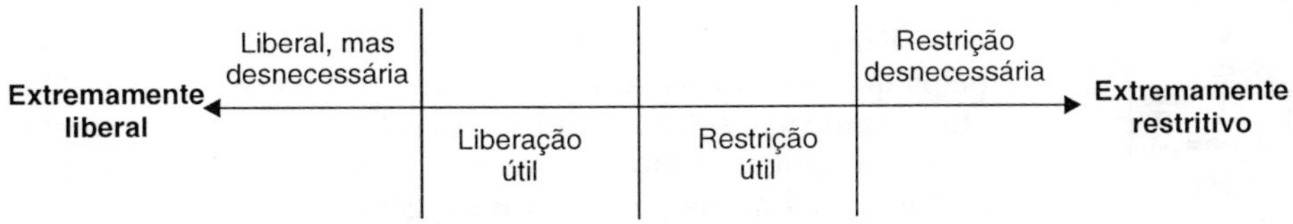

Figura 4-16. O *continuum* de restrições.

Liberando

- Um maior número de opções. "Liberação desnecessária" é quando a organização se prejudica com muitas opções (muitos produtos, serviços ou prioridades; uma abordagem superficial ou uma abordagem superabrangente).
- Uma das exigências da criatividade é uma forma de liberação útil, permissão para romper com as normas (mas seguindo algumas estruturas e limites preestabelecidos).

Restrição

- Menos opções, impondo novas limitações.
- "Restrição útil" também é parte das exigências da criatividade. Restrições úteis fornecem direção e foco ao esforço criativo das pessoas.
- "Restrição desnecessária" é uma forma de burocracia definidora. A burocracia consiste em limitações sem propósito ou limitações que se opõem à realização do propósito de um empreendimento. A burocracia consiste em limitações colocadas no processo de servir às necessidades importantes do cliente.

Tendemos a culpar o governo e outras agências reguladoras pela maior parte das restrições burocráticas. Minha observação é que, de longe, a maior parte da burocracia é gerada dentro da empresa, restrições maquinadas não pelo governo mas pelos próprios advogados, contadores, representantes trabalhistas ou pelo pessoal de Recursos Humanos.

A Resposta de um Oficial à Burocracia

Senhores:

Enquanto me deslocava de Portugal para comandar o sítio a Madri e às forças francesas, meus oficiais obedeceram fielmente as ordens enviadas de Londres pelo navio de Sua Majestade e seguidas por mensageiro a cavalo até nosso quartel.

Enumeramos nossas selas, bridões, barracas e todos os outros itens pelos quais sou responsável perante o Governo de Sua Majestade. Despachei relatórios sobre a índole, prudência e humor de todos os oficiais. Prestei conta de todos os itens e de cada vintém, com exceção de duas coisas, pelas quais peço sua indulgência.

Infelizmente não conseguimos prestar contas de um *shilling* e nove *penny* do caixa pequeno de um batalhão de infantaria e houve confusão sobre quantos potes de geléia de framboesa foram distribuídos para um regimento da cavalaria durante uma tempestade de areia no oeste da Espanha. Este descuido repreensível pode estar relacionado à pressão das circunstâncias, uma vez que estamos em guerra com a França, o que pode ser surpresa para vocês no Whitehall.

Isto me traz ao presente propósito desta carta, que é solicitar elucidação das instruções que recebi do Governo, para que possa compreender por que estou empurrando um exército através dessas planícies improdutivas. Deduzo que, por força, devo cumprir uma das tarefas citadas abaixo. Devo realizar uma destas duas tarefas da melhor forma que puder, mas não posso alcançar as duas.

1. Treinar, na Espanha, um exército de escrivães ingleses fardados para o bem dos contadores e mensageiros de Londres ou, talvez,
2. Fazer com que as forças de Napoleão deixem a Espanha.

Seu criado mais obediente,

Wellington

Um Conto Sobre Dois Táxis

Esta história é um exemplo de burocracia no trabalho. Esse exemplo fala da política comumente utilizada por empresas de táxi em detrimento dos clientes.

Era tarde da noite e eu chegava de uma viagem de negócios. O aeroporto estava quase fechando. Olhei para o ponto de táxi e ele estava vazio. Então chamei minha empresa de táxi favorita. Eu a denominei "Táxi Amarelo". Quando caminhei para o local em que o táxi ia me pegar, encontrei uma mulher que também aguardava um táxi. Ela me disse que havia chamado a "Táxi Branco".

Continua na página seguinte.

Continuação do quadro anterior

O táxi branco chegou; a mulher se aproximou e conversou com o motorista e voltou para o local onde estava aguardando.

"O que houve?", perguntei.

"Oh! Ele não pode me levar. O motorista que recebeu meu chamado está a caminho. Ele virá me buscar."

"Não é ridículo?!"

Depois o táxi amarelo chegou, e a mesma coisa aconteceu comigo. Então ela ficou esperando pelo táxi branco e eu pelo amarelo; havia um táxi amarelo vazio, mas não podia me levar, e havia um carro branco à busca de passageiro, mas não podia levar a mulher. Poderíamos ter pego esses táxis, e estaria tudo resolvido.

A quem essa política tem a intenção de servir? Com certeza, não ao cliente. Ela pune o cliente. A política queria evitar concorrência interna entre os motoristas da empresa. Obviamente, não é preciso dizer que esse fato se deve aos baixos salários pagos aos motoristas.

Aproximei-me do motorista do táxi amarelo e perguntei: "O que de pior pode acontecer se você me levar em casa?"

"Um outro motorista ficará zangado comigo!", respondeu.

"O que é pior para a Táxi Amarelo", respondi, "ter um motorista zangado com outro ou o cliente zangado com a empresa?"

Ele ligou para o despachante e pediu permissão para me levar.

Não sei o que aconteceu com a mulher.

LOOPS DE FEEDBACK

Até aqui, exploramos alguns tópicos relacionados à realização do trabalho do dia-a-dia:

- Compreender a importância do fluxo de trabalho regular.
- Identificar as funções críticas, os participantes-chave e os resultados.
- As regras e as diretrizes do trabalho Gemba.
- A importância da normalização do trabalho recorrente do dia-a-dia.

- Diferentes tipos de desperdício que devem ser removidos e reduzidos no Gemba.

Nesta seção exploraremos a importância de se estabelecerem *loops* de *feedback*. Mencionamos os *loops* de *feedback* no Capítulo 3, na discussão de processo. Veja como a Figura 3-12 ilustra *loops* de *feedback*.

Todas as pessoas envolvidas no Gemba precisam de direção e foco claros. Todos no Gemba e em qualquer outro lugar precisam saber exatamente "como estão indo". Na organização hierárquica os indivíduos eram avaliados por seus chefes: "É assim que eu (seu chefe) percebo você (meu subordinado). Em uma organização consciente dos sistemas, o conjunto hierárquico de atividades individuais é substituído por atividades baseadas em sistemas e processos. Isto é descrito na tabela apresentada na Figura 4-17.

	Organização centrada em sistemas	*Organização hierarquicamente centrada*
1. *Quem recebe feedback?*	Uma parte do sistema ou processo	Um indivíduo
2. *Quem dá esse feedback?*	Clientes externos e/ou clientes internos, partes subseqüentes do sistema ou processo	Seu chefe
3. *A forma do feedback?*	Informações sobre os indicadores-chave de qualidade identificados pelos clientes externos/internos	Qualificação, classificação e julgamento a respeito da conformidade do indivíduo com os padrões e objetivos dos gerentes
4. *O propósito do feedback?*	Melhoria	Controle de gerenciamento

Figura 4-17. *Feedback*: Novo e antigo.

A fim de manter um sistema ou processo em bom funcionamento, os gerentes precisam encorajar as pessoas a estabelecer e manter *loops* de *feedback*: processos e rotinas em andamento, através dos quais os clientes (internos e externos) compartilham informações com seus principais fornecedores (internos ou externos). Os *loops* de *feedback* também precisam ser estabelecidos entre as pessoas e seus próprios processos de trabalho. Os funcionários em uma dada parte do sistema ou processo monitoram os indicadores-chave que os mantêm informados sobre o funcionamento do processo. A Figura 4-18 descreve os processos típicos de *feedback* em que os funcionários estão regularmente envolvidos.

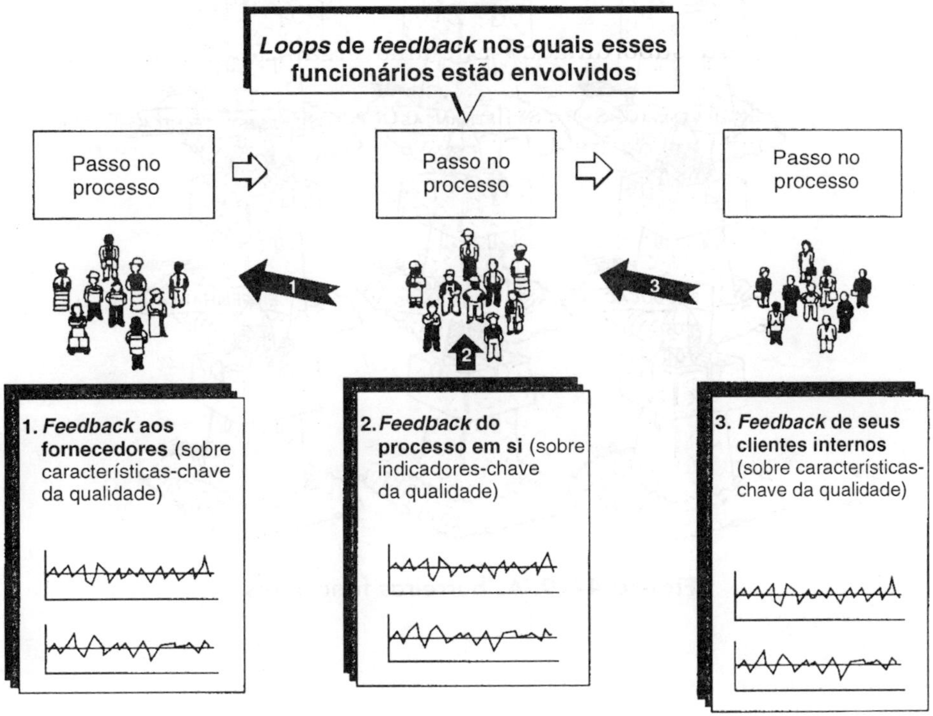

Figura 4-18. *Loops* de *feedback*.

QUEBRANDO BARREIRAS

A seção final de "Realizando o Trabalho do Dia-a-dia" explora a necessidade de se criarem relacionamentos de interdependência entre as unidades funcionais. Talvez o maior obstáculo ao fluxo de trabalho regular e à criação de *loops* de *feedback* em nossa prática tradicional em empresas do Ocidente seja a permissão, e até mesmo encorajamento, da prática autônoma por parte dos gerentes. A Figura 4-19 ilustra esse ponto, mostrando os obstáculos funcionais.

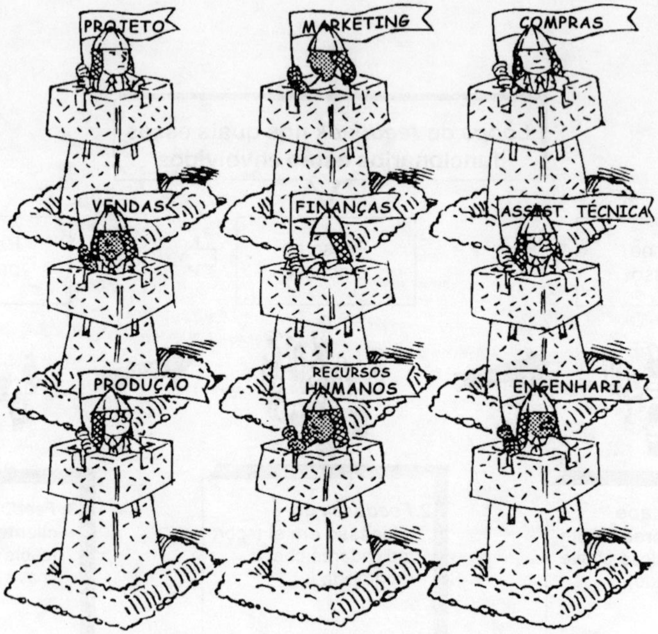

Figura 4-19. As barreiras funcionais.

As características de uma mentalidade baseada em obstáculos são:

- Gerentes independentes, trabalhando isoladamente e com relativa autonomia: "Eu não interfiro em seu domínio. Você não interfere no meu".
- Cada entidade é administrada por um gerente, que faz o melhor que pode, respondendo pelo êxito de sua operação.
- A competição interna, geralmente, é encorajada.
- Interação e interdependência são difíceis:

— Mentalidade Rambo: "Devo ser durão e independente." (Ver a citação de David Couper nas páginas 249 e 250.)

— Não há precedentes, modelos ou métodos para interdependência.

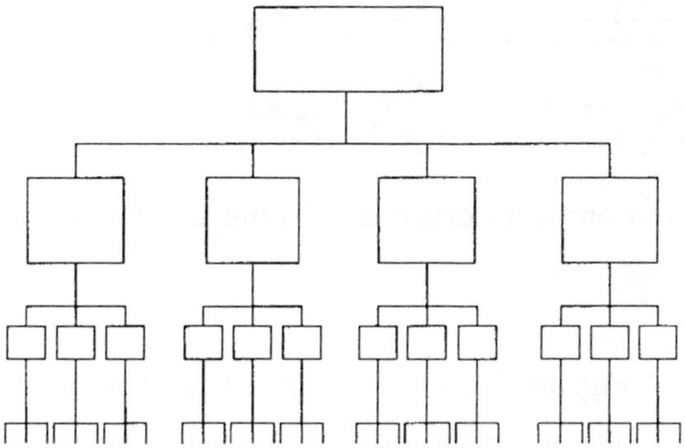

Figura 4-20. A mentalidade que fomenta os obstáculos funcionais.

Se existimos em uma estrutura hierárquica (assim como a maior parte dos gerentes e funcionários do Ocidente), estamos vulneráveis à mentalidade de obstáculos funcionais.

E mesmo assim parece que conseguimos fazer com que o trabalho seja realizado. Agimos assim por mais de um século e meio. Conseguimos fazer com que o trabalho seja realizado através de persuasão, agrados e coerção em uma hierarquia de obstáculos e de isolamento, como mostrado na Figura 4-21.

Este fluxo de trabalho através da organização é, na melhor das hipóteses, desnecessariamente complicado: muitos passos, muita burocracia e probabilidade de passar erros e defeitos para outra unidade. Quando os gerentes na hierarquia são pessoas convencidas com egos "inflados" que concorrem uma com as outras, o fluxo de trabalho se torna ainda mais obstruído. Normalmente, os impedimentos são sutis, mas reais. ("Se nossa unidade acrescentasse esse passo e seu custo ao *nosso* processo, tornaria as coisas mais fáceis, mais rápidas e mais baratas para a operação de George. Mas não vamos ser voluntários para aumentar os custos!")

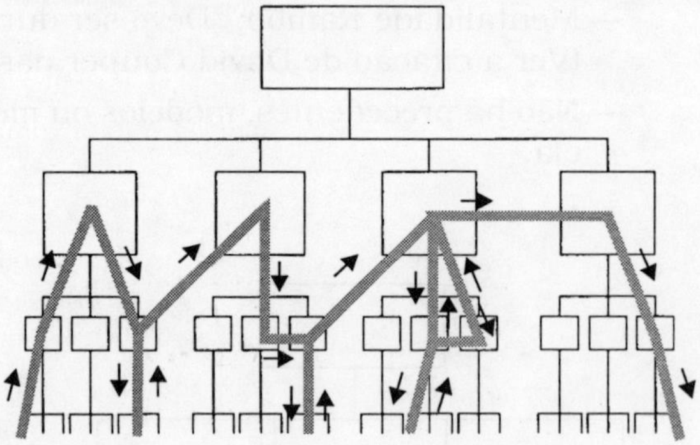

Figura 4-21. O trabalho em uma organização hierárquica com barreiras funcionais.

A Figura 4-21 ilustra muitos processos comuns em organizações.

- Desenvolvimento de um novo produto (ou serviço).
- O fluxo de trabalho do pedido à entrega.
- O fluxo de trabalho da reclamação do cliente à solução e melhoria dos sistemas para evitar problemas futuros.
- A produção de um produto da matéria-prima ao processo de fabricação, submontagem e montagem final.

Um Exemplo de Quebra de Barreiras

Uma fábrica usa maquinaria complexa e cara para fazer seus produtos. Essa maquinaria exige conhecimento sofisticado de engenharia mecânica, química, eletrônica e hidráulica. A máquina era constituída de um sistema contínuo com oito subsistemas isolados e gerenciados por oito superintendentes em cada turno. A Figura 4-22 ilustra esse sistema.

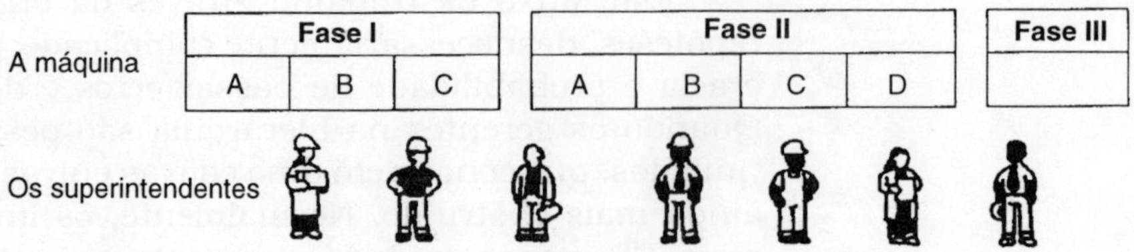

Figura 4-22. O sistema antigo.

Continua na página seguinte.

Continuação do quadro anterior.

Os superintendentes eram diretores de operação seniores experientes, e todos tinham sido gerentes orgulhosos e relativamente independentes. Todos eles diziam: "A mim pertence esta parte da operação. Sou o responsável por ela!"

Então, o desastre aconteceu. Os superintendentes foram expostos a idéias como melhoria contínua. Começaram a aprender um pouco da filosofia da qualidade e metodologia de melhorias. Todos eles sabiam o suficiente para colocar as coisas em perigo.

Em uma interrupção programada da produção, superintendentes responsáveis por partes distintas das operações introduziram "melhorias" independentes que resultaram em um sistema incapaz de gerar um produto.

- Quando foram ligar a máquina, ela não funcionava mais.
- Ninguém conhecia todas as complexas interações entre o antigo sistema e as várias inovações nele introduzidas.
- As pessoas não sabiam nem mesmo que mudanças tinham sido feitas pelos superintendentes.
- O que todos sabiam é que o sistema não funcionava mais e que ninguém sabia o porquê, e que isto, em termos de receita, significava milhões de dólares no final do mês.

Levou cerca de nove meses para se descobrir o que estava errado e para fazer com que o sistema retornasse ao estado anterior com a mesma eficiência e qualidade.

Em resposta a esta experiência, os superintendentes independentes foram organizados em uma *Equipe Prioritária* como ilustrado na Figura 4-23.

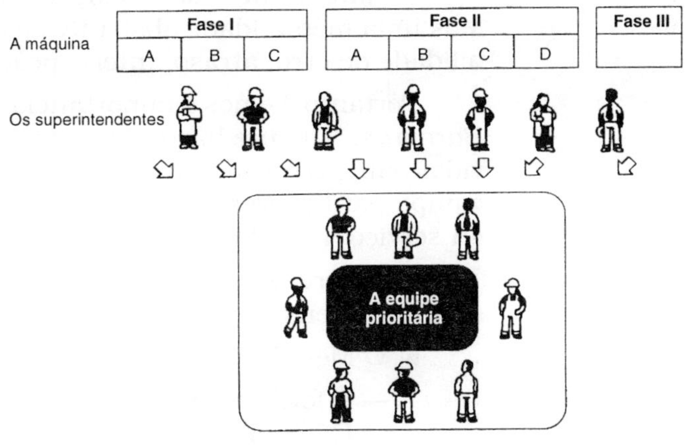

Figura 4-23. A equipe prioritária.

Continua na página seguinte.

Continuação do quadro anterior.

- A equipe prioritária gerenciava, em conjunto, o processo. Nenhum dos superintendentes era "dono" de uma parte.
- Melhorias propostas tinham de serem sugeridas e aprovadas por toda a equipe prioritária.
- As melhorias propostas exigiam certo "dever de casa" antes de serem propostas. O processo de análise seguia uma adaptação do Método de 7 Passos. Isto é mostrado na Figura 4-24 (ver páginas 163-164).

O que aconteceu foi mais do que simplesmente a formação de uma equipe. É o que um superintendente descreveu como mudança de cultura. Exigiu uma mudança maior na forma pela qual os superintendentes concebiam seu trabalho, realizavam suas tarefas e se relacionavam uns com os outros. Eles precisaram mudar:

- Da funcionalidade autônoma à interdependente.
- Da especialização individual para a equipe de colaboração.
- Do impulso para a disciplina.
- Do uso da experiência e do instinto para o uso de informações.
- De funções isoladas para uma mentalidade sistêmica.

De fato, muitos deles exigem sistemas complexos para terem êxito. Mas uma mentalidade obstrutiva e burocrática aumenta muito a probabilidade de erro, atraso, interrupção, defeito e fracasso total.

Portanto, vemos a importância do Ponto nº 9 de Deming: *Quebrando Barreiras*. "Quebre barreiras entre os departamentos. As pessoas envolvidas em pesquisa, projeto, vendas e produção devem trabalhar em equipe para prever problemas de produção e utilização de um produto ou serviço" (Deming, 1982, pp. 62-67).

A Árvore de Decisão de Melhoria Proposta inclui adaptação dos seguintes itens:

- O Método de 7 Passos (ver também o Diagrama 8-6):
  - A fonte original desse método é Kume (1985), que o chama de QC Story (História do Controle da Qualidade).
  - Brian Joiner e eu desenvolvemos uma versão alternativa do QC Story de Kume. Essa versão é chamada de Método Joiner dos 7 Passos, publicado pela Joiner Associates.

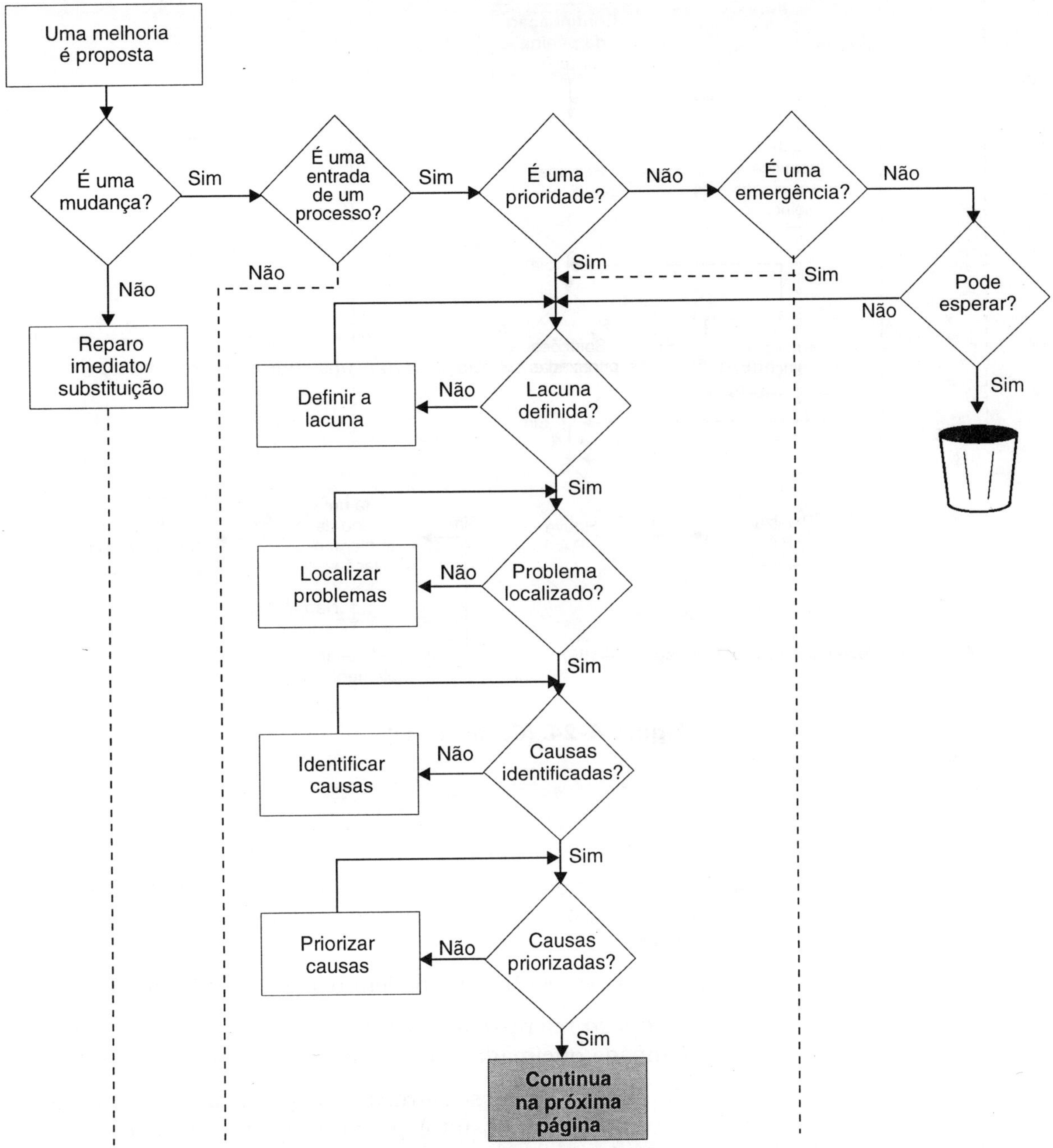

Figura 4-24. A árvore de decisão da melhoria proposta.

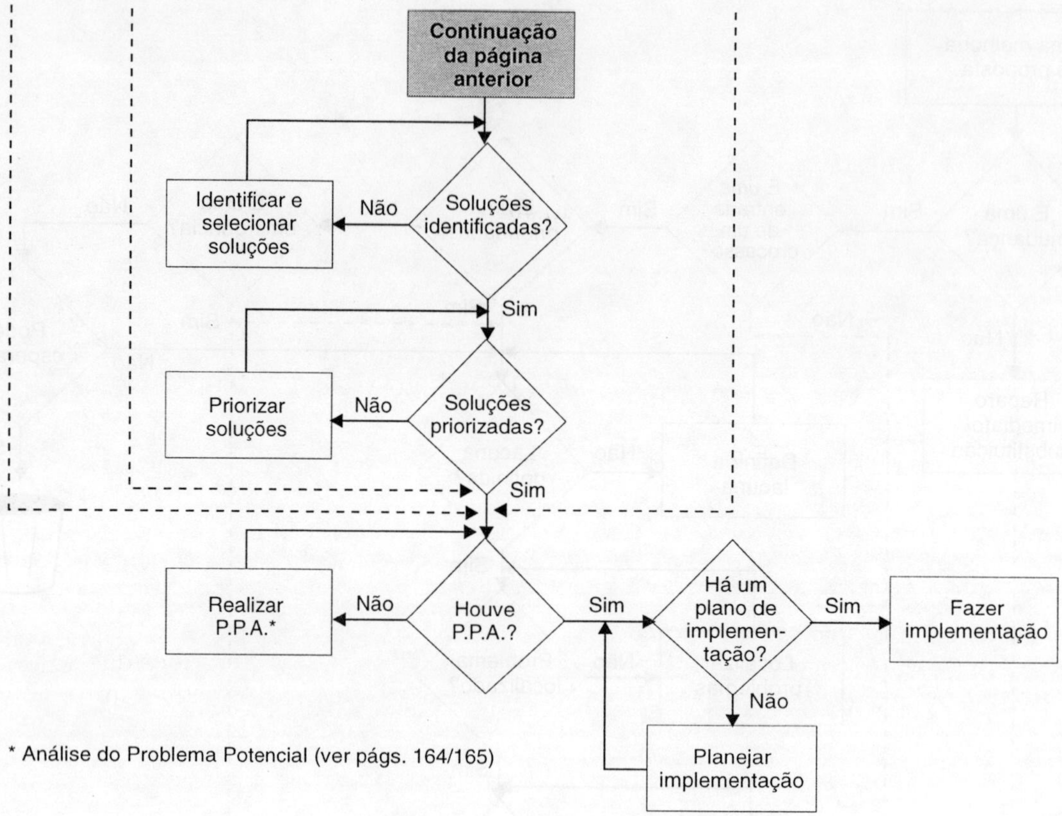

Figura 4-24. (*Continuação*).

- Kepner e Tregoe (1981). Análise do Problema Potencial, Análise É/Não é, e outros métodos são descritos no *The New Rational Manager.*
- Algumas expressões que podem necessitar de explicação:

  — *Mudança* refere-se a troca por algo não idêntico. Trocar uma lâmpada queimada por uma nova e idêntica não é mudança.

  — *Entrada de processo* se refere a algo que afeta o processo (um novo tipo de termostato), provocando uma mudança interna ao invés de uma externa ao processo (uma escada nova instalada ao lado da máquina).

— *Prioridade* se refere a prioridades já identificadas, parte do processo de planejamento anual.

— *Lacuna* se refere à disparidade entre o que você precisa e o que você tem (é quase sinônimo de "problema").

— *Localizar:* Similar à análise É/Não é de Kepner-Tregoe, é um processo analítico através do qual você estreita as possíveis causas do problema, utilizando as informações para observar padrões de ocorrência: quando acontece *versus* quando não acontece, onde acontece *versus* onde não acontece, etc.

— *PPA* ou Análise de Problema Potencial (Kepner-Tregoe): perguntando "O que pode dar errado?" e planejando a partir dessa reflexão.

O Desafio da Interdependência

A maior parte das pessoas não foi acostumada a pensar em termos de interdependência, embora na cultura americana esse tipo de abordagem já tenha marcado presença nos celeiros e nas reuniões das senhoras que fazem colchas e edredões para caridade. Mas à medida que o trabalho se tornou mais despersonalizado e hierárquico, e os gerentes, mais autônomos e competitivos entre si, perdemos nosso senso de mutualidade. Talvez o maior desafio dos líderes de hoje seja aprender a ajudar as pessoas a compreender e a apreciar sua interdependência. Há duas categorias genéricas de interdependência: social e sistêmica. Somos *socialmente* interdependentes porque como seres humanos precisamos uns dos outros: ninguém é uma ilha. Somos *sistemicamente* interdependentes porque é assim que se faz um bom trabalho. No Capítulo 2, exploramos a interdependência social, discutindo a importância dos relacionamentos. Nesse capítulo, e principalmente na última seção, discutimos relacionamentos sistêmicos.

As pessoas em sua organização precisam perguntar uma às outras — principalmente nos pontos de interação de seu trabalho — "O que você necessita que eu lhe forneça, mas não está recebendo? O que você está recebendo, mas não precisa?"

Observe os obstáculos funcionais mostrados na Figura 4-19. Se fôssemos mostrá-los como funções interdependentes, poderíamos usar uma matriz como a mostrada na Figura 4-25. Há 72 células na matriz mostrada na Figura 4-25.

Clientes / Fornecedores	1 Projeto	2 Marketing	3 Vendas	4 Compras	5 Finanças	6 Serviço Técnico	7 Produção	8 Recursos Humanos	9 Engenharia
A Projeto									
B Marketing									
C Vendas									
D Compras									
E Finanças									
F Serviço Técnico									
G Produção									
H Recursos Humanos									
I Engenharia									

Figura 4-25. A matriz da interdependência funcional.

Para cada um dos itens, pergunte:

- Qual a natureza da interdependência?
- O que o cliente (1 a 9) precisa do fornecedor (A a I)?
- Que sistemas, processos e rotinas precisam ser implantados para se analisar regularmente as interdependências e fornecer a ambos o que é necessário?
- Que *loops* de *feedback* precisam ser implantados no lugar dos antigos?

Esta abordagem foi-me apresentada pela primeira vez por Ed Baker como um processo que ele desenvolveu para gerentes da Ford Motor Company. Sou grato ao Dr. Baker por esta idéia.

RESUMO

Fazer com que o trabalho do dia-a-dia seja feito exige que se estabeleçam prioridades e rotinas. Precisamos de um sentido de Gemba, o fluxo de trabalho que mais importa aos clientes. Precisamos manter o fluxo Gemba sem interrupção, obstáculo ou desperdício. Para manter a confiabilidade e a consistência, precisamos colocar nossos processos no papel e estabelecer métodos uniformes e normalizados baseados no que sabemos ser, atualmente, a melhor forma de se fazer o trabalho. Para manter a integridade de nosso trabalho e aprimorar continuamente nossos sistemas e processos precisamos fomentar um espírito de colaboração e interdependência entre nossas unidades, anteriormente dependentes. Precisamos criar um ambiente que torne seguro o *feedback* de uma parte do sistema a outra e precisamos estabelecer processos — *loops* de *feedback* — que tornem esse *feedback* uma ocorrência constante.

Esse trabalho é árduo. Não há nada glamuroso ou esotérico nessa abordagem. Entretanto, não há nada na liderança que se compare à satisfação de criar e sustentar um local de trabalho que flui, em que um grupo de pessoas se preocupa em entregar produtos e serviços excelentes e em manter os clientes satisfeitos. Não há nada melhor do que isso!

ATIVIDADES DO CAPÍTULO 4

Indique o produto ou serviço específico: [ ]

1. **O coração do Gemba: As funções críticas e os participantes-chave.**

As funções críticas e os participantes-chave são papéis e capacidades humanas indispensáveis para agregar valor ao trabalho que será entregue ao cliente. A seguir citamos algumas das características das funções críticas e dos participantes-chave:

- São papéis e funções tecnicamente desafiantes.
- As pessoas com esses papéis e funções são altamente treinadas e habilidosas.
- É difícil substituí-las.
- Estão diretamente envolvidas no trabalho que serve ao cliente externo.

Por exemplo: A contabilidade e os contadores são funções críticas e participantes-chave em uma empresa de contabilidade. Mas embora úteis e importantes, a contabilidade e os contadores não são funções críticas ou participantes-chave em uma fábrica.

Identifique as funções críticas e os participantes-chave que se aplicam ao produto ou serviço citado acima:

Projeto do produto ou serviço	*Fabricação do produto/ desenvolvimento do serviço, montagem de componentes*	*Entrega do produto/serviço ao cliente*	*Acompanhamento e serviço a cliente*	*Obtenção de feedback dos clientes*

Esta estrutura alternativa pode ser útil.

No início do fluxo de trabalho	*Nos estágios intermediários*	*Nos estágios finais*	*No ponto de aplicação/uso pelo cliente*

2. O coração do Gemba: os recursos básicos.

Recursos básicos são recursos não-humanos e indispensáveis do Gemba: instalações, equipamentos, maquinaria, locais de trabalho, etc. Os recursos básicos são objetos que contribuem diretamente para trabalhar para os clientes. Por exemplo: Uma copiadora é um recurso básico em um negócio de fotocópia. Mas embora indispensável, uma copiadora não é um recurso básico em um restaurante.

Indique o produto ou serviço específico: ____________________

Com respeito ao produto ou serviço citado acima, identifique os recursos básicos:

Projeto do produto ou serviço	*Fabricação do produto/ desenvolvimento do serviço, montagem de componentes*	*Entrega do produto/serviço ao cliente*	*Acompanhamento e serviço a cliente*	*Obtenção de feedback dos clientes*

Esta estrutura alternativa pode ser útil.

No início do fluxo de trabalho	*Nos estágios intermediários*	*Nos estágios finais*	*No ponto de aplicação/uso pelo cliente*

3. Sustentando o Gemba.

Sua organização tem o trabalho Gemba — trabalho para o cliente externo — e trabalho não-Gemba. Aqui exploramos como as funções não-Gemba dão apoio ao Gemba.

Indique o produto ou serviço específico: ____________________

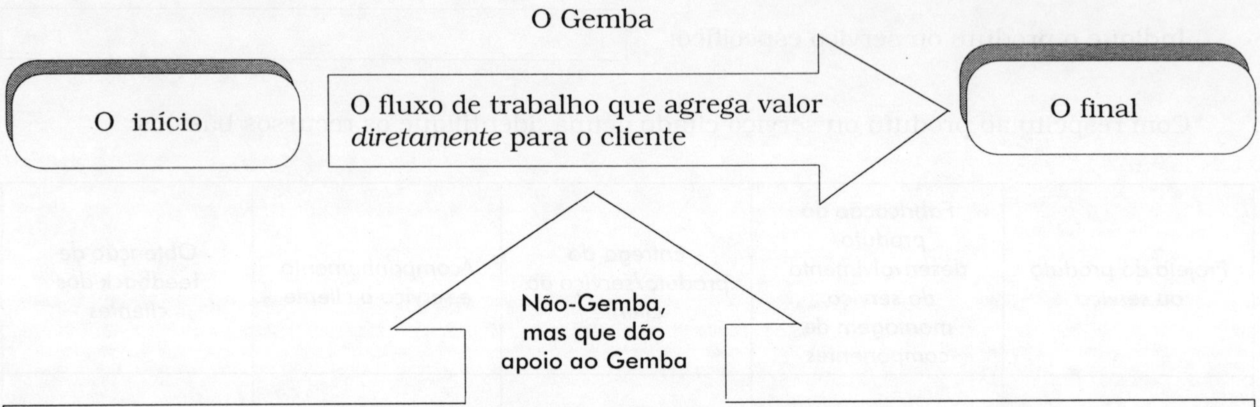

Identifique as funções-chave, serviços e recursos em sua empresa. Não são Gemba, mas dão apoio ao Gemba	*Descreva como cada função, serviço ou recurso-chave não-Gemba contribui para o sucesso do Gemba*

Algumas diretrizes:

- Muitas dessas funções serão gerenciais, administrativas, financeiras, de manutenção e de RH.
- Elas tenderão a servir a *todos* os Gembas, e não somente ao que você identificou.
- Algumas funções não-Gemba darão apoio às Gemba. Considere essas informações interessantes e úteis.

4. Identifique desperdícios.

Indique o produto ou serviço específico:

Para cada estágio do processo Gemba, identifique exemplos de desperdício.

Estágios iniciais	*Estágios intermediários*	*Estágios finais*	*No ponto de utilização pelo cliente*

Tipos de desperdício:

1. Superprodução — mais produção, espaço, capacidade, etc. do que você precisa.

2. Estoque — mais suprimentos do que são necessários.

3. Transporte — mais distância entre o ponto final de uma etapa e o início de outra do que se faz necessário.

4. Espera — obstáculos, coisas incompletas.

5. Movimentação desnecessária — longas distâncias, movimentos complicados, caminhos ineficientes.

6. Excesso de processamento — passos desnecessários, etapas vazias.

7. Correção — "raspar torrada queimada", retrabalho, passos para remediar.

8. Complexidade — todo o desperdício envolvido quando algo não sai perfeito da primeira vez (múltiplas formas de desperdício).

9. Burocracia — restrições não-úteis e desnecessárias impostas sobre o Gemba.

5. Criando processos normalizados.

Indique o produto ou serviço específico:

Passo 1: Utilize um fluxograma para criar um mapa do processo.

Passo 2: Faça com que as pessoas envolvidas nas etapas do processo cheguem a um acordo sobre qual a melhor forma de realizar aquela parte do processo.

A. Utilize as informações para determinar qual o melhor método.

B. Torne cada etapa o mais à prova de erro possível.

C. Faça um novo fluxograma para cada parte.

D. As pessoas trabalhando nas diferentes partes do processo devem trabalhar em interação uma com as outras para garantir alinhamento e integração.

E. Prepare manuais novos, *checklists* e instruções gráficas.

F. Planeje e implemente treinamento no novo método.

G. Monitore um novo método para ver o que ele faz e o que você deseja ou não realizar e evitar.

6. **Documente o processo normalizado.** A seguir, mostramos um formato de diagrama para documentar um processo normalizado.

1. Na realização da tarefa	*2. Verificando os indicadores-chave do processo*	*3. Respondendo a sinais*
Esta seção utiliza um fluxograma para descrever a seqüência de atividades e, se apropriado, o fluxo de trabalho entre grupos e indivíduos que interagem. Podem-se incluir informações mais detalhadas ou fazer referências.	Muitos processos apresentam passos críticos que precisam ser monitorados pelo operador. Esses passos têm indicadores-chave do processo (KPIs), sinais vitais que indicam se o processo está ou não sob controle e no caminho certo. Isso pode ser utilizado quando você souber de um ponto de vulnerabilidade.	■ Um KPI o informa que um ajuste faz-se necessário. As instruções para resposta são colocadas nessa parte do diagrama. ■ Descreve respostas imediatas para o operador, assim como para quem o informa sobre o desempenho do processo, no caso de ser necessário mais do que um ajuste no processo ou controle para evitar problemas.

Documente o processo conforme mostrado a seguir:

1. Realizando a tarefa	*2. Verificando os indicadores-chave do processo*	*3. Respondendo a sinais*

Algumas diretrizes:

- O diagrama, normalmente, deve descrever em uma única página uma tarefa ou operação específica. Se sua operação for muito longa para caber em uma página, subdivida-a em subtarefas e coloque cada uma delas em uma página.
- As tarefas das pessoas como um todo, ou pelo menos a maior parte delas, podem ser descritas utilizando-se uma série de diagramas.
- Evite esforço desnecessário. Focalize-se no que é importante e útil. Acrescente detalhes onde e quando for necessário.
- Inicie por onde você está sentindo dor. Primeiro utilize esse diagrama em processos em que está vivendo problemas. Monitore somente os indicadores que, pela experiência, você julgue ser importante monitorar. As colunas 2 e 3 não precisam ser completadas em todo diagrama de processo normalizado.
- Não faça demais! Se você implantar um diagrama de processo normalizado, de uma hora para outra, em sua organização, deixará as pessoas malucas. Implemente algumas atividades de normalização. Gradualmente, expanda o esforço, aprendendo, à medida que caminha. Deixe os grupos e os indivíduos normalizarem os processos, cada um a seu tempo, em um ritmo suportável, iniciando com os processos que mais precisam de normalização.

7. Estabeleça *loops* de *feedback* internos.

Indique um produto ou serviço específico:

A seguir, uma ilustração de *loops* de *feedback:*

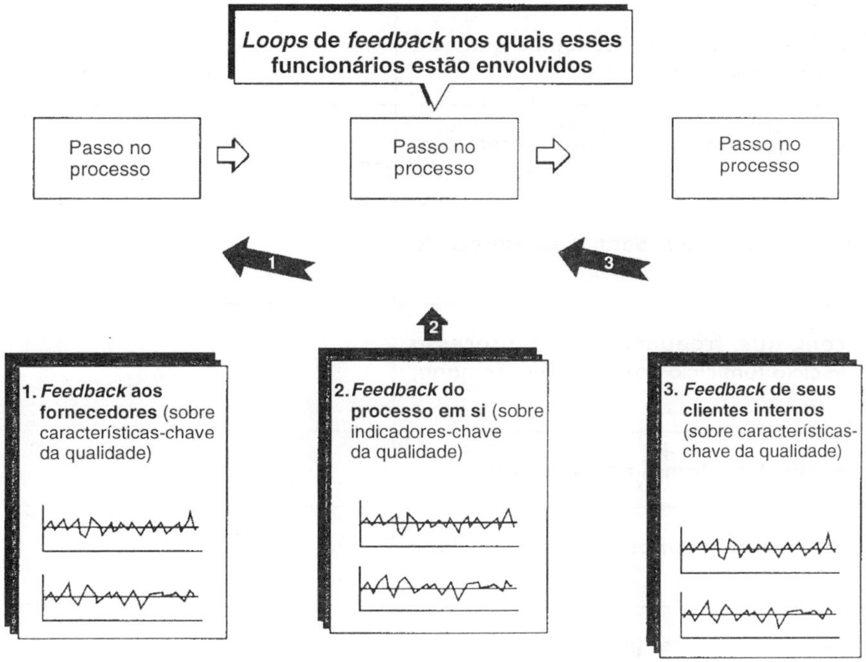

Ajudando os seus funcionários a estabelecer *loops* de *feedback*

1. *Faça com que os funcionários redefinam suas funções de acordo com os processos em que estão envolvidos.*
   - Às vezes, o processo ou etapa do processo envolve um grupo ou equipe; outras vezes, um indivíduo, que trabalha isoladamente.
   - Faça com que o grupo ou indivíduo explore informações como as descritas na página seguinte, *o trabalho e seu processo*, por exemplo.

O Trabalho e seu Processo	
Utilize este formulário para organizar informações sobre as várias tarefas relacionadas ao seu trabalho. Embora você possa ser tentado a especular sobre as respostas 4 e 7, não há outra forma de coletar informações sobre os clientes internos e externos.	
1. Cite uma tarefa, operação ou função que seja parte de seu trabalho.	
2. Mostre qual a percentagem de seu tempo que está sendo tomada por essa tarefa.	
3. Liste as pessoas que compartilham essa tarefa com você.	
4. Como essa tarefa contribui para a satisfação do cliente externo?	
5. Descreva com que freqüência esse processo completa um ciclo (um ciclo por hora, dia, semana, mês).	
6. Quem são os clientes internos desse processo?	
7. Como esses clientes internos definem um bom trabalho?	
8. Quem são seus fornecedores (internos e externos)?	
9. Como você define um bom trabalho? O que é importante que eles lhe ofereçam?	

OBS.: Inicie com a tarefa mais importante e sustente este processo de planejamento até o fim. Depois vá para a próxima tarefa mais importante. Não faça isso correndo. Mova-se devagar, aprendendo conforme segue adiante. Isto pode ser feito, completando-se um processo por vez.

2. *Planejando com o cliente: Parte I*

As pessoas envolvidas no processo descrito acima em "O trabalho e seu processo" se encontram com os clientes internos. A seguir, mostramos um formato que pode ser útil para essa discussão.

Planejamento de *Feedback* do Cliente Interno: Parte I	
Descreva ou dê nome a seu cliente interno: ______	
Que processo você vai descrever? ______	
1. Liste as expectativas básicas de seu cliente interno. (A ausência dessas características provoca descontentamento.)	
2. Liste as características que, quanto mais estiverem presentes, resultam em enorme satisfação por parte do cliente.	
3. Descreva como essas características se relacionam às necessidades do cliente externo.	
4. Que informações indicarão a presença dessa característica? Que sinal servirá como medida do êxito dessa característica?	
5. Como essas informações serão coletadas, registradas e analisadas? Quem irá registrar as informações, quais dados serão registrados e como e quando isso ocorrerá?	

Algumas observações:

- "Básicas" em 1 se refere às características básicas como definido pelo Dr. Kano (ver Capítulo 3).
- Responder às perguntas 4 e 5 exigirá algum conhecimento de estatística e a aplicação de métodos estatísticos. O Capítulo 5 falará sobre isso, mas sua organização deve ser feita com a ajuda de especialistas que projetem tais sistemas de mensuração.
- O Capítulo 5 também fornecerá alguns exemplos de indicadores que podem ser a base para *loops* de *feedback*. Por fim, entretanto, você precisará se reunir com os clientes para identificar e projetar o seu próprio.

3. *Planejando com o cliente: Parte II*

- Com quem, normalmente, vamos nos encontrar para analisar as informações sobre os indicadores?
- Quem vai marcar essas reuniões e preparar a agenda?
- Quando aprimoramos, continuamente, as características de nossa interação:

A. Como podemos, inadvertidamente, criar problemas para o cliente externo?	*Como evitar? Como detectar? Que ação tomar caso aconteça?*
B. Como podemos, inadvertidamente, criar problemas em outro ponto do sistema?	*Como evitar? Como detectar? Que ação tomar caso aconteça?*

Pauta sugerida:

A. Analise a pauta.

B. Analise as informações sobre as características escolhidas?

C. O que o cliente adquire que ele não necessita?

D. De que o cliente precisa que ele não adquire?

E. Adições e revisões nos indicadores.

F. Avaliação da reunião.

G. Marque a próxima reunião.

Algumas observações:

- As Partes I e II fornecem direção e guia para a discussão inicial entre o fornecedor interno e seu cliente.
- Experimente esse modelo e ajuste-o conforme sua necessidade. A parte importante desse esforço é a comunicação sobre o que é importante e a concordância entre você e o cliente sobre a forma em que se deve criar um processo de *feedback* que funcione.

REFERÊNCIAS

Ackoff, R. 1991. *Ackoff's Fables.* Nova Iorque: John Wiley & Sons.

Bohman, J. 1992. Power-tool maker borrows from Japan. *Wisconsin State Journal,* 8 de março (Cox News Service Story).

Brassard, M. 1989. *Memory jogger plus.* Metheun, MA: GOAL/QPC.

Deming, W. E. 1994. *The new economics for industry/government/education.* Cambridge, MA: MIT-CAES, Capítulo 9.

Deming, W. E. 1982. *Out of the crisis.* Cambridge, MA: MIT-CAES.

Fuller, T. 1995. Why many improvement projects fail. *The Chicago Quarterly Review,* 1, 4 Winter. Este artigo foi também publicado, com várias adaptações, em *The Public Sector Network News,* 2, 1, verão de 1995, sob o título "Focus on the work: Pick improvement projects that really help your agency's operation."

Fuller, T. 1985. Eliminating complexity from work. *National Productivity Review.* Outono.

Gass, K. C. 1995. *The Procedural System.* LaCrosse, WI: Specialized Quality Publications.

Gitlow, H.; Shelly, A. e Oppenheim, R. 1989. *Tools and methods for the improvement of quality.* Homewood, IL: Irwin.

Goldratt, E. 1990. *Theory of constraints.* Great Barrington, MA: North River Press.

Goldratt, E. 1984. *The goal.* Croton-on-Hudson, NY: North River Press.

Imai, M. 1997. *Gemba Kaizen.* Nova Iorque: McGraw-Hill.

Imai, M. 1986. *Kaizen.* Nova Iorque: McGraw-Hill.

Ishikawa, K. 1988. *Introduction to quality control.* Tóquio: 3A Corporation.

Ishikawa, K. 1985. *What is total quality control?* Englewood Cliffs, NJ: Prentice Hall.

Ishikawa, K. 1982. *Guide to quality control.* Tóquio: Asian Productivity Organization.

Joiner Associates. 1990. *The Joiner 7-step Method.* Madison, WI: Joiner Associates.

Juran, J. 1988. *The quality control handbook,* 4ª edição. Nova Iorque: McGraw-Hill.

Kepner, C. H. e Tregoe, B. B. 1981. *The new rational manager.* Princeton, NJ: Princeton Research Press.

Kerridge, D. e Kerridge, S. 1996. Dr. Deming's cure for a sick system. *Journal for Quality and Participation*, 19, 7:24-27. (Título original: Diseases of the system. Old Aberdeen Scotland. E-mail: dfk@rsc.co.uk).

King, B. 1988. *Better designs in half the time*. Methuen, MA: GOAL/QPC.

Kume, H. 1985. *Statistical methods for quality control*. Tóquio: AOTS.

Mizuno, S. 1988. *Management for quality improvement: The 7 new QC tools*. Cambridge, MA: Productivity Press.

Nakajo, T. e Kume, H. 1996. Studies on the foolproofing of operation systems: The principles of foolproofing. Em *The Best of Quality*, vol. 7, Cap. 11, 185 págs. Milwaukee: ASQC Quality Press.

QIP Inc. e PQ Systems. 1993. *Total quality transformation improvement tools*. Dayton, OH: PQ Systems.

Scholtes, P. 1994. *The methodology of improvement*. Madison, WI: Scholtes Seminars and Consulting.

Scholtes, P. 1988. *The team handbook*. Madison, WI: Joiner Associates.

Scholtes, P. 1986. My first trip to Japan. *Center for Quality and Productivity*, Report 5. Madison, WI: University of Wisconsin.

Snee, R. D. 1993. Creating robust work processes. *Quality Progress*, fevereiro.

Swanson, R. C. 1995. *The quality improvement handbook*. Delray Beach, FL: St. Lucie Press.

Tribus, M. 1990. *Deployment flow charting*. Los Angeles: Quality and Productivity Inc.

Weisbord, M.1991. *Productive workplaces*. São Francisco: Jossey-Bass Publishers.

Wellington. A carta do Duque de Wellington foi escrita em agosto de 1812, em algum lugar próximo a Salamanca, Espanha. Esta e outras mensagens de Wellington foram publicadas pela Clowes of London em 1837. Atualmente esta carta pode ser encontrada no arquivo do *The War Times Journal: Archives: Wellington*, 1997, Londres.

Wilson, R. e Harson, P. *Process mastery*. (Este livro ainda não está disponível no mercado. Contacte: Ray Wilson, 6448 Blossom Lane, Indianapolis, IN 46278.)

Contato para Encomendas:

Introduction to Quality Control por Kaoru Ishikawa. JUSE Press, Ltd., 3-A Corporation, Shoei Building, G-3, Sarugaku-Cho 2 Chome, Chiyoda-ku, Tóquio 101, Japão.

Memory Jogger por Michael Brassard e Diane Ritter. GOAL/QPC, 13 Branch Street, Methuen, MA 01844, (508) 685-3900.

The New Rational Manager por Charles H. Kepner e Benjamin B. Tregoe. Princeton Research Press, P.O. Box 704, Research Road, Princeton, NJ 08540.

PQ System, Inc., P.O. Box 750010, Dayton, OH 45475-0010, (800) 777-3020 ou (513) 885-2255.

Statistical Methods for Quality Improvement por Hitoshi Kume (ISBN 4-906224-34-2 C0034). The Association for Overseas Technical Scholarship (AOTS), 30-1 Senju-azuma 1 Chome, Adachiku, Tokyo 120, Japão.

Theory of Constraints by Eliyahn M. Goldratt. North River Press Inc., Box 309, Croton-on-Hudson, NY 10520, (914) 941-7175.

5

Dotando o Trabalho de Significado, Propósito, Direção e Foco

INTRODUÇÃO

O Norte verdadeiro![1] Ouvimos falar muito do Norte verdadeiro. Necessitamos, sem sombra de dúvida, de um senso de direção, de um indicador constante e confiável que nos diga onde estamos e em que direção seguir para chegarmos ao nosso destino. O comandante do navio tem que saber para que lado fica o Norte verdadeiro, e também deve saber a respeito das correntezas, dos ventos e das marés prevalecentes, da presença de arrecifes e outras barreiras, os padrões meteorológicos — que tempestades evitar e como atravessar as que não podem ser evitadas. O comandante deve compreender a capacidade e as características do navio e de sua tripulação e deve saber liderar. *O Norte verdadeiro é bom, mas não é bom o suficiente.*

O local de trabalho está repleto de ambigüidade e incerteza. As pessoas sempre tiveram que lidar com a inconstância de seus líderes, migrando de um modismo para outro. Trabalhadores aprenderam a agüentar firme, porque "Isto, também, passará". Já ouvi isso ser descrito como a síndrome BOHICA[2]. "Abaixe-se, lá vem a foice!"

Mas, atualmente, a incerteza é dramaticamente diferente. O emprego das pessoas está em jogo no modismo gerencial de hoje. *Downsizing* tem estado sempre conosco, e cada instância tem seu próprio conjunto de causas. Embora eu tenda a concordar com Russell Ackoff (1996), que diz que *downsizing* é imoral, reconheço que às vezes o *downsizing* é uma trágica inevitabilidade. Talvez o imoral não seja o *downsizing* em si, e sim a falta de liderança que trouxe a organização a esta escolha inevitável.

Entre 1990 e 1995 quase 30% dos trabalhadores nos EUA que perderam seus empregos os perderam devido ao *downsizing* e a fechamentos de empresas (Cognetics Research Group, 1996). Por que esta súbita corrida para o *downsizing*? Por que tantas corporações estão realizando *downsizing* agora, nesta década? Grande parte da epidemia de reestruturação corporativa e demissões em massa parece ser resultado de um modismo semelhante a um vírus que se espalha pelo país. CEOs e conselhos de administração querem se mostrar proativos, em controle e responsáveis, tomando as ações decisivas, respirando fundo e fazendo as escolhas difíceis. Como resultado, acabam por desempregar um montão de pessoas. Pensam que estão liderando a organização para uma fase enxuta e competitiva. Ao invés disso, ela se torna emaciada e

---

1 N.T.: O Norte verdadeiro, ou pólo norte, (latitude 90° Norte) difere do *norte magnético*, indicado pelas bússolas magnéticas. Este muda constantemente, exigindo que cartas náuticas indiquem a chamada *declinação magnética*, ou compensação, para que se possa rumar para a direção norte.

2 NT.: No original, *B*end *O*ver *H*ere *I*t *C*omes *A*gain! Algo equivalente à expressão "Abaixe-se, lá vem a foice!"

maligna. Ainda mais preocupante é o aparente indício de que o *downsizing* nada melhora, quer no curto prazo, quer no longo. (Ackoff e Pourdehnad, 1997.)

Propósito e Direção

O que falta em nossas corporações, com demasiada freqüência, é um sentido de propósito e direcionamento, uma definição de quem somos e uma descrição de para onde estamos indo. Precisamos de valores, princípios e prioridades que nos guiem quando nos deparamos com obstáculos e reveses. Precisamos de sistemas que ofereçam continuidade de esforços e outros sistemas que ofereçam ágil responsividade à mudança. Em outras palavras, a América do Norte corporativa necessita de liderança.

Perguntas para Adeptos do *Downsizing*

1. Como sabem que devem realizar um *downsizing*?
2. Como sabem o grau de *downsizing* a ser empreendido?
3. Como sabem que deve ser permanente?
4. Que outras alternativas foram adotadas antes do *downsizing*?

   Por exemplo:

   - Redução dos ganhos dos acionistas?
   - Redução de salários e bônus dos executivos?
   - Redução da jornada de trabalho?
5. Que dados têm para comprovar que o *downsizing* será um remédio eficaz?
6. Que economias realizaram através da aplicação das metodologias de melhoria de sistemas e processos?
7. O que estão fazendo para dar aos que perdem seus empregos um processo de transição digno e humano?
8. O que estão fazendo para consolar e apoiar aqueles que sobreviveram ao *downsizing*?
9. O que planejam fazer para:
   - Manter uma comunicação clara, contínua e honesta com sua força de trabalho, relativa ao *status* contínuo da empresa?
   - Restaurar a confiança?
   - Restaurar um sentimento de lealdade mútua?
   - Assegurarem-se de que isto não mais acontecerá?
10. Já pediram desculpas a seu pessoal por isso?

No Capítulo 2 oferecemos a seguinte lista de perguntas que os membros de uma organização devem responder:

1. Quem somos nós?
2. Em que tipo de negócio estamos?
3. Em que negócio não estamos?
4. Para onde estamos indo no longo prazo?
5. Quais as prioridades no curto prazo?
6. Quais valores e princípios devem ser características de todos os nossos relacionamentos e de tudo aquilo que fazemos?
7. Qual minha própria tarefa pessoal e como minhas funções e operações se encaixam nas finalidades e sistemas maiores da organização?
8. Qual é a melhor maneira de desempenhar meu trabalho e o que é esperado de mim? Por quem? O que é um "bom trabalho", e quem o define?
9. Como poderão ser realizadas melhorias no meu trabalho? Quem realizará as melhorias e por que meios? Estarei envolvido nessas melhorias? Como?
10. Que fontes e formas de *feedback* estão disponíveis para me ajudar a saber como estou indo?

O Capítulo 4 abordou as últimas quatro perguntas. Neste capítulo, e no Capítulo 6, lidaremos com as primeiras seis perguntas.

Metas, Previsões, Fatos da Vida e Capacidade de Processo

Suponha que sua organização esteja se deparando com um problema, digamos um tempo de ciclo excessivo desde o pedido até a entrega.

Examinemos a diferença entre metas, previsões, fatos da vida e capacidade de processo em relação ao tempo de ciclo. Suponha que seu maior cliente tenha dito: "Se vocês não reduzirem o tempo de ciclo entre nosso pedido e sua entrega para não mais do que quatro dias, vamos fazer negócios em outro lugar. Vocês têm seis meses para fazerem isso e reterem nossa clientela!"

Este É um Fato da Vida

Se algo não mudar haverá uma conseqüência inevitável, algo sobre o qual você não tem qualquer controle... um fato da vida.

Meta

Uma meta reflete como gostaria que as coisas fossem. Poderá decidir arbitrariamente que o ciclo entre pedido e entrega não deverá ultrapassar três dias. Isso seria ótimo!

A meta, entretanto, não reflete necessariamente a realidade e geralmente nada realiza. Na verdade, uma meta poderá acarretar prejuízo. Se a meta for irreal, mas as pessoas forem responsabilizadas por alcançá-la, algum estresse e algumas distorções poderão afetar o trabalho e os métodos de relatório.

Capacidade de Processo

Através do uso de dados, especialmente cronogramas de controle, poderá ver o desempenho atual do sistema e se a variação é de causa comum ou especial. Poderá descobrir alguns dos padrões que afetam o tempo de ciclo. A partir daí, será possível elaborar estratégias para lidar com os problemas na origem e tentar reduzir o tempo de ciclo.

A capacidade de processo poderá se assemelhar ao cronograma na Figura 5-1.

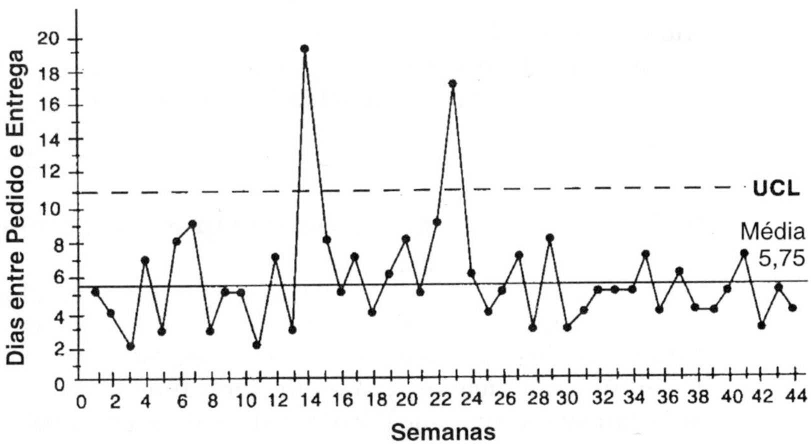

Figura 5-1. Capacidade atual do sistema pedido-até-entrega.

Os dados nos dizem que o processo atual varia de 2 a 19 dias, com média de 5,75 dias e é instável (duas causas especiais). A diferença entre o fato da vida (necessidade do cliente) e nossa capacidade é considerável. O cliente requer um limite superior de quatro dias. Nossa capacidade de processo é uma média de 5,75 dias. Em 44 entregas, 28 excederam quatro dias.

Previsões

Uma previsão é uma predição baseada na compreensão de dois fatores:

- *Teoria.* Os dados referentes ao tempo de ciclo podem ajudar a levar a teorias sobre por que o ciclo demora tanto. Isto levará a teorias sobre como melhorá-lo.
- *Dados.* Neste caso, os dados podem comprovar ou desmentir suas teorias.

A combinação de dados legítimos e teorias comprovadas pode permitir que você elabore previsões realistas — não palpites, não adivinhações, mas projeções de desempenho futuro baseadas em dados e teoria.

No caso de nosso projeto de tempo de ciclo, é possível prevermos que, se nos livrarmos das causas especiais, poderemos trazer nossa média para 4,94 dias. Fazer uma previsão mais otimista exigiria um conhecimento de métodos específicos de melhoria que nos permitissem calcular um tempo de ciclo realista.

A gerência é predição, e esta requer, entre outras coisas, uma compreensão de suas capacidades atuais e uma teoria sobre como melhorar.

Trabalho Diário versus Melhoria Revolucionária

A diferença entre o trabalho diário e a melhoria revolucionária pode ser vista nas Figuras 5-2 e 5-3. Na Figura 5-2 vemos o histórico da produção de uma organização ao longo de 12 meses. Isto é descrito aqui em termos de um único indicador, visitas de serviço ao cliente, mostrado no valor cumulativo. Este mesmo tipo de gráfico poderia ser utilizado para retratar produtos fabricados, vendas, carga de trabalho ou qualquer outro indicador-chave do trabalho de uma organização.

A Figura 5-2 descreve a capacidade atual do sistema em termos deste indicador em particular. Se vários fatores, dentro e fora da organização, permanecerem estáveis — uma ocorrência pouco provável — então a capacidade do sistema permanecerá a mesma. A Figura 5-3 toma aqueles dados e acrescenta a eles.

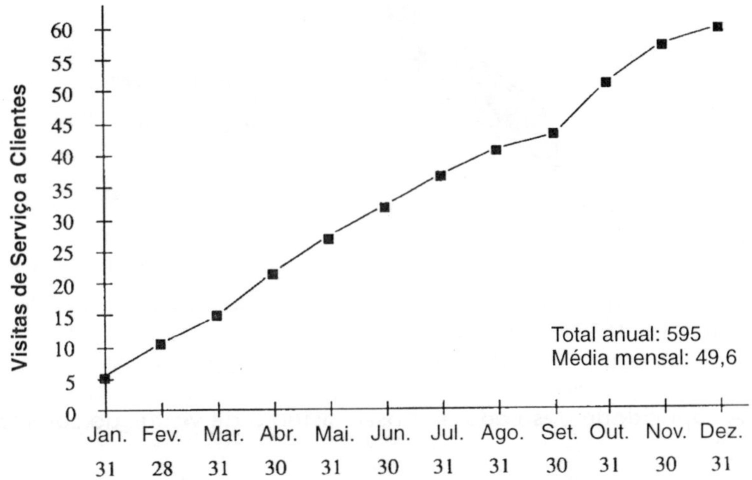

Figura 5-2. Número cumulativo de visitas de serviço ao cliente.

Retratada na Figura 5-3 está uma melhoria projetada, um nível de produção além da capacidade do sistema atual. A Figura 5-3 destaca a necessidade de dois sistemas de gerência distintos, não necessariamente diferentes quadros de pessoal gerencial, mas dois conjuntos distintos de funções, papéis, processos e métodos necessários para os gerentes. Um é o de *gerenciamento do trabalho diário*. Isto foi abordado no Capítulo 4. O segundo sistema de gerência é o de *gerenciamento de melhorias revolucionárias*, o foco deste capítulo e do Capítulo 6.

A melhoria revolucionária envolve um sistema de intervenções. Anteriormente, afirmamos que sem um sistema, é impossível mudar. Este capítulo e o seguinte focalizam os sistemas necessários para a melhoria revolucionária.

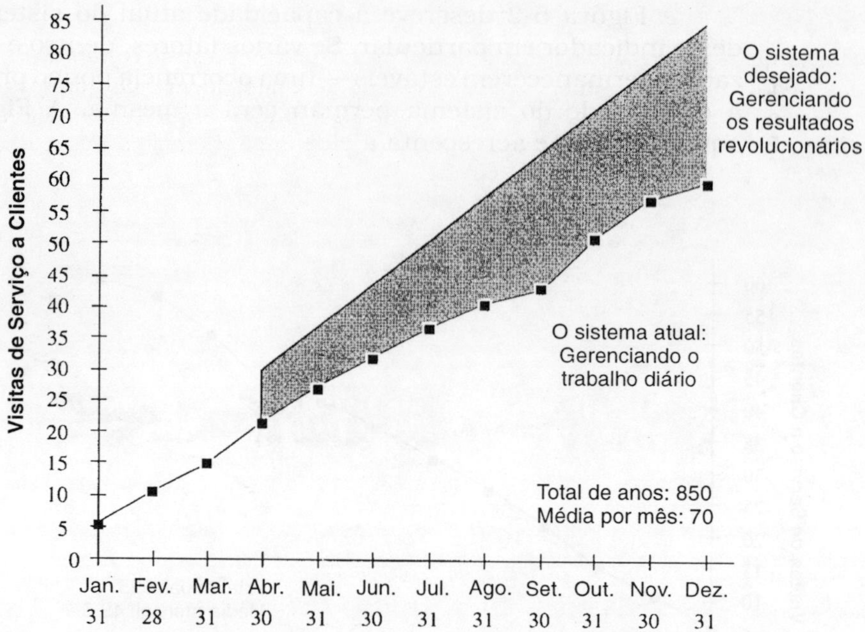

Figura 5-3. A capacidade desejada de nosso sistema de visitas de serviço a clientes.

FALTA DE DIRECIONAMENTO E DE PROPÓSITO

A falta de direcionamento e de propósito começa no topo. Se o seu pessoal não tiver sentido de missão, propósito, valores ou foco é porque os líderes não os possuem ou não os comunicam adequadamente. Outra razão pela qual a força de trabalho não tem sentido de direcionamento e propósito é a inconstância da gerência: direcionamentos em demasia, o programa *du jour*, o mais recente BOHICA.

Conheço uma empresa que num ano focalizou a gerência de alto desempenho. Os resultados foram desapontadores e, dois anos depois, o foco foi direcionado para a organização de alto desempenho. Em nenhum dos casos o *propósito* estava claro. Era uma palavra de ordem, enfeitada por fora sem conteúdo por dentro. É isso que acontece quando marketing se infiltra na gerência.

Por Que a Média Gerência Não Está Liderando?

Fiz parte de uma equipe de consultores que trabalhava com uma empresa da *Fortune 500*. Trabalhávamos com ela havia mais de ano: muito treinamento, muitas sessões de planejamento. Os gerentes pareciam saber e compreender tudo que precisavam saber e compreender. Mas não estava ocorrendo muita coisa em termos de mudança. Por quê? Enquanto discutíamos isso, eu estava rabiscando. O rabisco quase que desenhou a si mesmo. Acabei com um desenho assim:

Trabalhávamos com vice-presidentes de divisão, em sua maioria um ou dois níveis abaixo dos CEO, COO e Presidente do Conselho. A ambivalência residia nesse grupo de alto nível. Até que se decidisse em relação ao caminho a seguir, o restante da organização teria que esperar.

Mudança versus *Melhoria*

Líderes se deparam com desafios complexos quando se voltam para a mudança. Algumas das questões relativas à mudança são:

1. Essa mudança é um *fato da vida*?
   Essa mudança é parte do inexorável avanço da natureza, da economia, da ciência, tecnologia ou forças políticas sobre as quais pessoa alguma tem qualquer controle? É uma mudança que, bem ou mal, acontecerá quer estejamos aqui, quer não? Alguns exemplos:
   - Tentar acompanhar as mudanças nas comunicações e na tecnologia de processamento de dados.

Tecnologia Rápida

A Figura 5-4 retrata um exemplo de mudança tecnológica moldando as vidas de pessoas e negócios. Ao longo da maior parte da história da humanidade, desde que os humanos aprenderam a domesticar animais até cerca de 1830, a velocidade do transporte humano era limitada pela velocidade de um cavalo, um pouco mais que 60km/h. Então, a partir de meados da década de 80, avanços tecnológicos nos permitiram velocidades cada vez maiores.

A Figura 5-4 mostra não apenas a razão de aumento da velocidade, mas também a rapidez da mudança. As implicações dessa explosão de mudanças rápidas na aprendizagem foram discutidas no Capítulo 2. A velocidade da mudança é abordada por Stafford Beer em *Brain of the Firm*. Adaptei algumas de suas idéias aqui.

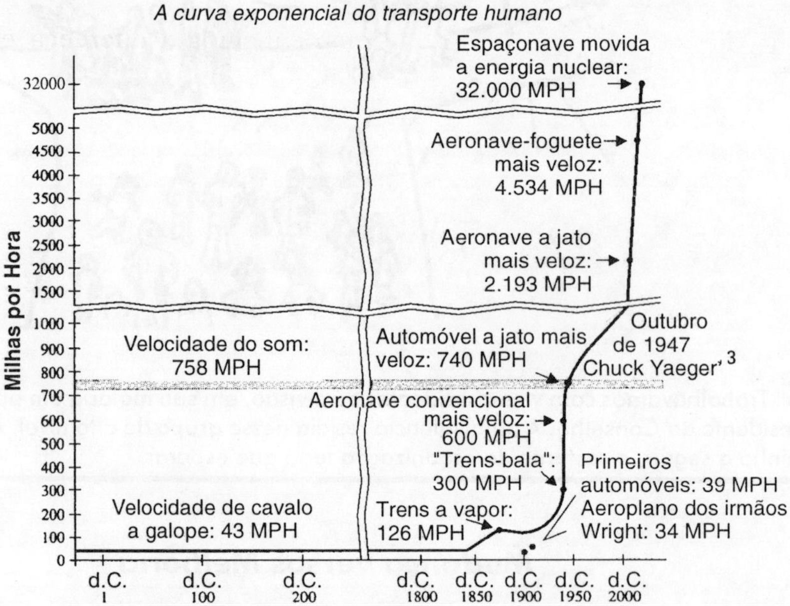

Figura 5-4. Velocidade do transporte humano.

Este gráfico descreve apenas aquilo que ocorreu com a velocidade do transporte. Somem-se a isso todas as demais transformações velozes — em comunicações, tecnologia, medicina, etc. — e podemos ver rapidamente por que o escopo, a escala e a velocidade da mudança estão além das capacidades atuais de nossas organizações contemporâneas e abordagens convencionais de liderança.

[3] N.T.: Chuck Yaeger, piloto da força aérea dos EUA. Primeiro homem a quebrar a barreira do som, em 1947, com a aeronave experimental Bell X-1, movida a foguete.

- Ajustar-se ao impacto demográfico do *baby boom* que permeia a população.
- O desafio de lidar com um meio ambiente em deterioração e com a redução de recursos naturais.

2. Esta é uma mudança sobre a qual temos algum controle?

- Existem respostas opcionais?
- Uma das alternativas é a de simplesmente cair fora?

3. Isto é apenas uma mudança ou é uma melhoria?

- Minha observação é que 95% da maioria das mudanças organizacionais iniciadas por gerentes nada têm a ver com melhoria!
- Como sabemos a diferença entre uma simples mudança e uma melhoria?
- Quem se dá bem devido a essa mudança? Por quê? Como mediremos "se dar bem"?

4. Qual o propósito da mudança?

- Se a mudança for uma solução, qual é o problema? Quais as causas do problema? Há alguma ligação entre a mudança proposta (solução) e as causas discerníveis do problema?

5. Que escala e escopo de mudança são necessários, suficientes, desejáveis ou inevitáveis?

- Mudar toda a organização: seu propósito, sua produção, seus sistemas, processos, funções, papéis e estrutura?
- Que partes da organização serão diretamente afetadas, e como isso produzirá impacto indireto no restante do sistema?

Do Propósito para a Estrutura: O Que Muda e Por Quê?

Vamos dar uma olhada mais de perto na escala e escopo de uma organização e, portanto, nas mudanças possíveis que poderão ocorrer numa organização. A Figura 5-5 demonstra uma seqüência de conceitos e dinâmicas organizacionais que moldam e são moldadas umas pelas outras. É um modelo organizacional em branco, indicando a seqüência provável na qual se poderia projetar uma organização partindo do zero.

Alguns comentários sobre o modelo:

1. *Propósito:* Sem um propósito claro e constante, nada mais se encaixará. (Ver Capítulo 3.)

2. *Sistemas:* A idéia de *sistemas* inclui todos os elementos do modelo SIPOC: fornecedor, insumos, processo, produção e cliente. (Ver Capítulo 3.)
3. *Funções:* não é sinônimo de *cargos*. Alguns cargos consistem em várias funções diferentes, e algumas funções requerem vários cargos. Função é uma categoria separada de tarefas: faturamento, registro de pedidos, montagem, controle de qualidade etc. Aqui, tentamos descrever o sistema através da identificação das seqüências de funções interdependentes.
4. *Capacidades:* Para que sejam desempenhadas as funções, são necessárias certas capacidades, algumas das quais são orientadas para equipamentos (ex.: um computador ou equipamento de construção), outras orientadas para pessoal (ex.: cozinha, programação, vendas, etc.) e outras, ainda, que podem ser uma coisa ou outra (ex.: soldagem, expedição de correspondência, etc.). Essas ainda não são cargos, e sim as capacidades em torno das quais os cargos deverão ser formados.
5. *Papéis/cargos:* Aqui descrevemos as posições, os papéis ou cargos que criamos para que se possam distribuir as capacidades necessárias de forma adequada ao desempenho das funções. Alguns cargos requerem diversas capacidades e outros apenas uma. Alguns papéis envolvem várias funções, outros apenas uma.
6. *Estrutura:* O propósito, os sistemas, as funções, as capacidades e os cargos agora devem ser integrados e apoiados. A estrutura não os precede e sim é projetada especificamente para fazê-los funcionar. Estrutura envolve:
   - Relacionamentos de subordinação.
   - Caminhos para comunicação formal.
   - Divisões, departamentos, grupos.
   - Políticas.
   - Equipes contínuas.
   - Modos de gerência e liderança.
7. *Pessoal:* Quem irá escolher para trabalhar com você?
   - Quem recrutará?
   - Quem contratará?
   - A quem promoverá?
   - Quem despedirá?

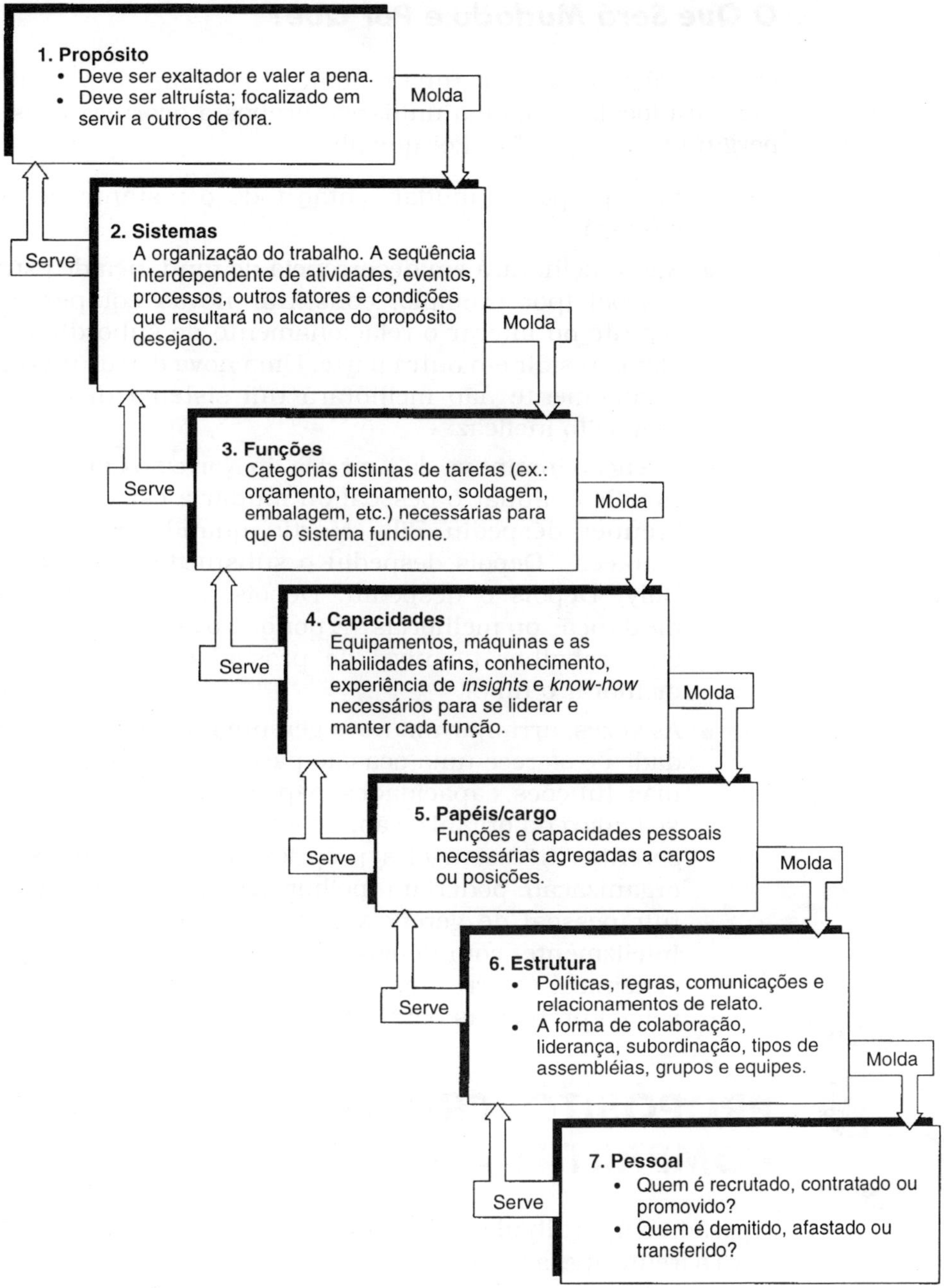

Figura 5-5. De propósito a pessoal: Um modelo para o desenvolvimento organizacional.

O Que Será Mudado e Por Quê?

Quando alguém sugerir uma mudança na organização, utilize a Figura 5-5 para localizar onde a mudança proposta ocorrerá nesse esquema e pergunte, "Por quê?" e "Por que ali?"

- Se o propósito mudar, então todo o restante necessariamente mudará.
- Nada melhorará em decorrência de mudança de estrutura ou de pessoal (por exemplo, constituir novas equipes, despedir um gerente ou alterar o relacionamento de subordinação) se o problema residir em outra parte. Uma nova estrutura organizacional normalmente não melhorará um sistema disfuncional ou um propósito ineficaz.
- A reação instintiva da América do Norte aos problemas organizacionais é mudar o pessoal ou mudar a estrutura. George Steinbrenner despediu Billy Martin quando este era gerente dos Yankees[4]. Depois despediu o substituto de Billy e recontratou Billy. Depois o despediu. Depois o recontratou. Essas eram mudanças ou melhorias? E por que o sr. Steinbrenner acreditava que trabalhar no nível de pessoal era o que precisava para melhorar o time?
- Às vezes, arranjar um novo gerente realmente traz novas capacidades e oferece uma ocasião para o reexame de propósito, sistemas, funções, capacidades, papéis e estruturas — uma visão mais *sistêmica* da organização. Se aqueles que despedem e contratam gerentes tivessem eles próprios uma visão mais sistêmica da organização, poderiam melhor decidir quando e por que substituir pessoal de gerência e o que procurar na nova liderança. Infelizmente, com demasiada freqüência não há qualquer visão sistêmica. Ocorre uma mudança na gerência, mas os mesmos velhos problemas persistem sob o novo regime.

PROPÓSITO: CRIANDO UMA VISÃO COMPARTILHADA

A visão compartilhada é a cola que une as pessoas e as mantém indo para a frente apesar das adversidades. Um propósito elevado dá um maior

[4] The New York Yankees — renomada equipe de beisebol, nos EUA.

significado ao trabalho e transforma tarefas ignóbeis numa parte tediosa mas necessária de trabalhos importantes. "O trabalhador na linha de montagem nesta fábrica não está apenas dando o acabamento a uma porta, ele está construindo um carro", disse-me um gerente de fábrica. "E nós nos certificamos de que nosso pessoal saiba e veja e se reúna e fale com nossos clientes, as pessoas lá fora que serão proprietárias desse carro, e o usarão e dependerão dele. Portanto, ele não está apenas dando o acabamento a uma porta, nem apenas construindo um carro. Está atendendo as necessidades de transporte das pessoas." Essa fábrica tinha programas rotineiros através dos quais o pessoal da fábrica visitava revendedores e se encontrava com clientes no salão de vendas e na área de serviços, aprendendo a ver seus produtos com os olhos dos clientes. Essa fábrica também tinha clientes que recebiam seus carros lá na fábrica, numa cerimônia à qual compareciam os empregados.

Peter Senge disse (1990, p. 206): "Uma visão compartilhada não é uma idéia... é uma força no coração das pessoas, uma força com impressionantes poderes". Preenche, nas palavras de Senge, "... seu desejo de estarem ligadas a um empreendimento importante".

Propósito, Visão, Missão

Sei de pessoas que insistem veementemente nas diferenças entre propósito, visão e missão e em que as declarações apresentando cada um devem ser abordadas de formas rigorosamente distintas. Talvez seja assim. Entretanto, em minha experiência, as organizações os têm utilizado de forma intercambiável sem quaisquer efeitos danosos.

O que é importante, penso eu, é que empresas encontrem meios para dizer a elas mesmas e ao mundo que as cerca: "Isto é o que somos, isto é o que fazemos, e isto é para onde estamos indo". As declarações sucintas são mais fáceis de ser lembradas. As declarações mais extensas podem elaborar sobre o tema. O importante é o impacto sobre os que ouvem; deve, em condições ideais, criar empolgação, aprendizagem, foco, limites, desafio e compromisso.

Infelizmente, a maioria das declarações que estabelecem direcionamento provoca pouca empolgação. São exercícios de artesanato verbal sobre o óbvio: "Nós ofereceremos o máximo valor aos nossos clientes!" Esta é a declaração de missão de um importante fabricante de alta tecnologia, não é exatamente uma declaração audaciosa e definidora.

Gritos de Guerra

Muitas empresas têm frases curtas que servem para dizer aos empregados algo sobre si próprios e seu trabalho:

- "Komatsu do mundo" expande a visão que os trabalhadores têm da empresa e de seu trabalho.
- Toyota: "Carros para o mundo amar".
- Marshall Fields, a empresa varejista: "Dê à senhora aquilo que ela quer".
- Ford: "Qualidade é a tarefa número um".
- A Herman Miller não apenas fabrica móveis excelentes; procura "ser uma dádiva para o espírito humano".
- Minha própria pequena empresa, Scholtes Seminars and Consulting, tem como seu elevado propósito "criar orgulho e alegria no trabalho".

É claro que *slogans* como estes se tornam vazios se você não for bom no que faz. Sears, Roebuck alardeava "Satisfação garantida ou seu dinheiro será alegremente devolvido", até mesmo quando clientes de sua divisão de serviços automotivos estavam sendo enganados.

Visões sem método não são visões; são alucinações.

Para alguns *insights* úteis sobre este tópico, veja Collins e Porras (1996).

Um Processo para o Desenvolvimento de Propósito/Missão/Visão/Valores

Para o desenvolvimento de uma visão compartilhada, deve haver um processo compartilhado. Mas acredito que a minuta inicial deve começar no topo da organização e depois circular por toda ela.

Os líderes da organização se preparam para desenvolver a primeira minuta. Num retiro, com um facilitador à mão, os líderes compartilham seus pensamentos sobre o seguinte:

1. Do que você gosta naquilo que faz aqui?
2. Do que você gosta em nosso setor industrial ou profissão?
3. Do que você gosta em nossa empresa quando ela está em sua melhor fase?

4. Que legado gostaria de deixar — sua contribuição pessoal à organização?
5. Que legado você acha que nós, coletivamente, devemos deixar?

Algumas diretrizes para a discussão dessas questões são:

- Cada líder deve falar de coração.
- Abordem uma pergunta por vez, cada indivíduo falando do assunto na sua vez, no círculo.

O Que Constitui uma Boa Declaração de Propósito, Missão, Visão, Valores?

- É de coração.
- É enobrecedora, apelando para nossos melhores instintos.
- Diz algo que se aplica unicamente a vocês e não é uma declaração genérica, utilizável por qualquer um.
- Oferece um direcionamento suficientemente claro para, daqui a um ano, vocês poderem discutir os progressos alcançados.
- Tem resistência. Será uma declaração adequada ao longo de anos.

- Nenhuma discordância é permitida, apenas palavras de apoio e compreensão e perguntas para fins de esclarecimento.
- Depois de terminarem de rodar o grupo abordando uma pergunta, procurem temas comuns e anotem. Depois, passem para a próxima pergunta.

Depois de terem terminado a discussão de todas as perguntas, revejam o que foi dito, especialmente em relação aos temas comuns. Formulem uma série de declarações descrevendo "coisas que são importantes para nós". Circulem essa lista entre seu pessoal com uma descrição da origem da lista e daquilo que pretendem fazer com ela. Peçam às pessoas em seus grupos de trabalho que a leiam, discutam, peçam esclarecimentos e adicionem tudo aquilo que concordam, por consenso, ser importante dizer.

Quando o grupo de líderes recebe essas respostas, as usa para refinar sua lista de declarações original. Os líderes então discutem o conteúdo das declarações de propósito, missão, visão e valores. É provável que os líderes não devam compor as declarações. Será melhor deixar isso a cargo de um indivíduo a quem caberá expressar os pensamentos dos líderes. Os líderes deverão, então, aprovar a minuta de suas declarações estabelecedoras de direcionamento. A minuta, desta forma, circula por toda a organização para *feedback* e *input*.

Os líderes revêem as respostas advindas da organização e criam a versão final, mais uma vez através de um processo de grupo.

EQUIPES, PROPÓSITO E SISTEMAS

Existe uma diferença entre equipes e trabalho em equipe. *Equipes* refere-se a pequenos grupos de pessoas trabalhando em conjunto em direção a um propósito comum. *Trabalho em equipe* refere-se a um ambiente na organização maior que cria e sustenta relacionamentos de confiança, apoio, respeito, interdependência e colaboração. É um erro confundir os dois. É relativamente fácil para um líder estabelecer equipes. Mas criar e sustentar um ambiente de trabalho em equipe é muitíssimo mais importante e enormemente mais difícil. Um ambiente adverso arruinará equipes (veja a citação de Petronius Arbiter, na página 90).

Equipes não são novidade. Alguns gerentes podem ver a formação de equipes como um importante passo adiante em suas organizações, mas provavelmente sentem-se da mesma forma em relação a instalações sanitárias dentro de casa, e não no fundo do quintal. O que é novo em termos de equipes é o seguinte: *Equipes são sistemas e fazem parte de um sistema.* Sem uma compreensão dos contextos sistêmicos em equipes e em torno de equipes, o potencial de equipes jamais será realizado e provavelmente fracassará.

No Capítulo 3 discutimos a interdependência de propósito e sistemas. Sem propósito não há sistema. Há uma interdependência semelhante entre propósito e trabalho em equipe. Sem propósito não há qualquer equipe, apenas um agregado de indivíduos sem razão para estarem juntos. Existe outra interdependência entre o trabalho em equipe e sistemas. Uma equipe com um propósito mas sem método acabará bem-intencionada mas sem sucesso, uma maneira eficaz de solapar o trabalho em equipe. Esta interdependência tripla é retratada na Figura 5-6.

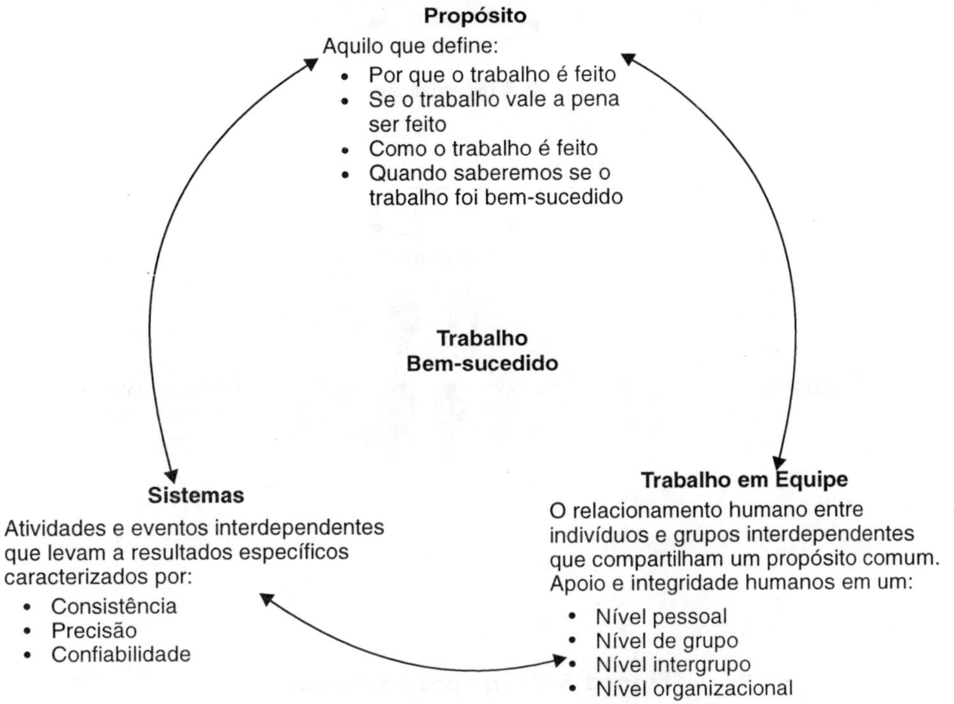

Figura 5-6. A interdependência entre propósito, sistemas e trabalho em equipe.

Na Figura 2-3 retratamos como cada grupo é apenas um sistema dentro de sistemas maiores. Na Figura 5-7, um diagrama diferente retrata um ponto similar. A equipe retratada na Figura 5-7 é provavelmente apenas uma de várias equipes na organização. Cada equipe poderá ter seu próprio propósito e cada propósito poderá valer a pena. Um problema comum que tenho observado em organizações, entretanto, é uma multidão de equipes ou grupos, cada um dos quais servindo a seu próprio propósito, que presumivelmente vale a pena, mas sem qualquer coisa que os alinhe. Podem ser individualmente válidos, mas coletivamente não vão a lugar algum. (Veja Figura 5-8.)

Propósito e visão podem ajudar a alinhar equipes, oferecendo um conjunto comum de pontos de foco como guia. Isto é retratado na Figura 5-9.

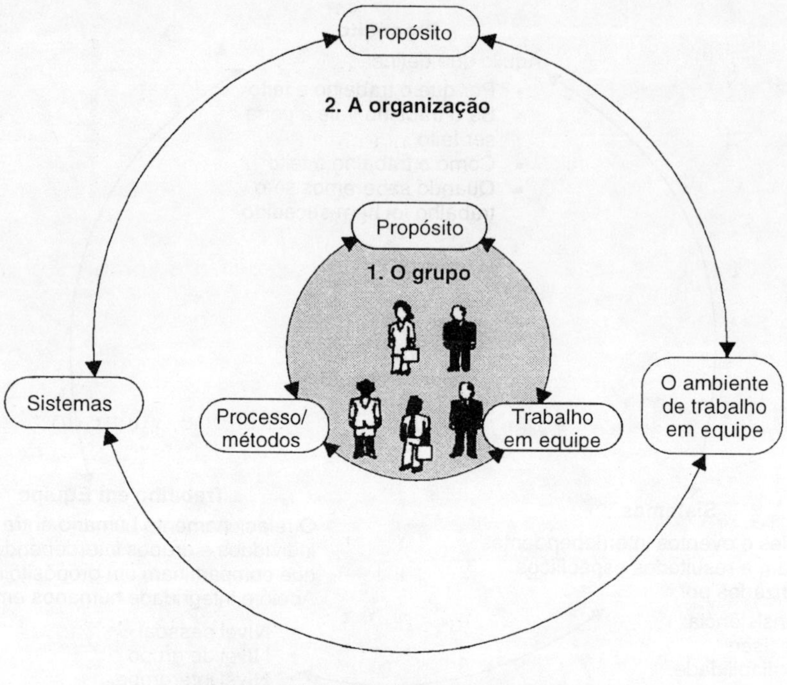

Figura 5-7. Equipes e sistemas.

Figura 5-8. Grupos ou equipes seguindo seus caminhos separados na organização.

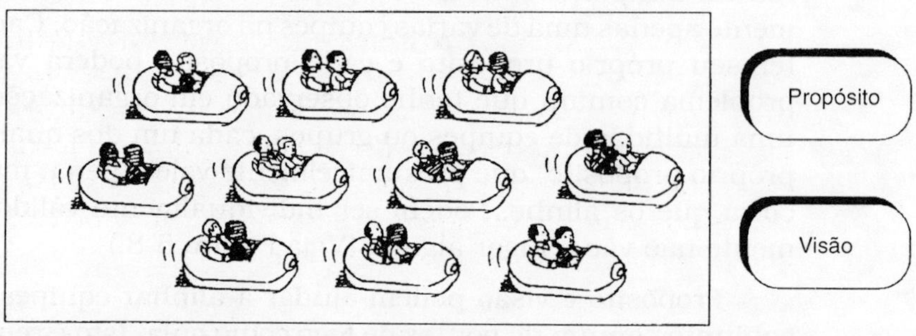

Figura 5-9. Alinhando equipes através de propósito e visão.

Figura 5-10. Equipes alinhadas e integradas num sistema comum de melhoria.

Isso é útil mas não é o suficiente. Além do propósito e da visão comuns, os vários grupos e equipes na organização necessitam participar de prioridades comuns e de um plano de ação integrado. Deverá haver uma rede de atividades conectadas para que se realize algo de grande importância para a organização e seus clientes. Isto é retratado na Figura 5-10.

Referimo-nos a essa fonte de integração e alinhamento de esforços que dirige e focaliza toda a organização como *melhoria revolucionária*. Descrevêmo-la no Capítulo 6. Primeiro, examinaremos outro fator comumente associado com a cultura da mudança.

Cultura Organizacional: Talvez um Oximoro[5]

Cultura é um termo antropológico. Cultura é o que Margaret Mead aprendeu enquanto estudava os hábitos de acasalamento de tribos insulares. O que, portanto, querem dizer quando se referem à cultura de uma organização?

Tenho observado que o emprego da palavra "cultura" freqüentemente eleva o comportamento disfuncional comum a algo mais etéreo. "Não trabalhamos em equipes. Não faz parte de nossa cultura." Quando algum tipo de comportamento é descrito como cultura é tornado inacessível e, portanto, aqueles que são caracterizados por esse comportamento não precisam assumir qualquer responsabilidade por ele. É o equivalente organizacional da palavra "personalidade".

5 N.T.: O oximoro, ou oximóron (do grego oxymoros), é uma figura que consiste em reunir palavras aparentemente contraditórias; paradoxismo. Ex.: Silêncio eloqüente.

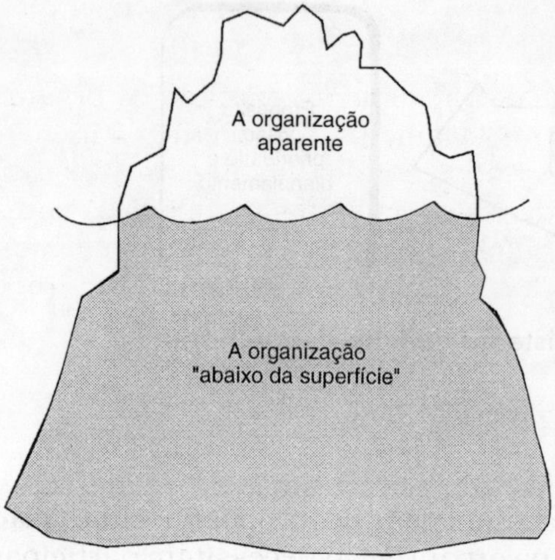

Figura 5-11. O *iceberg* organizacional.

Além de ser uma desculpa para comportamento detestável, que mais poderia significar cultura organizacional?

O Que É Cultura Organizacional?

Se é que significa alguma coisa, cultura deve descrever a experiência do dia-a-dia do trabalhador comum. Cultura é o que torna a experiência de trabalhar numa empresa diferente de fazer o mesmo trabalho em outra empresa que ofereça produtos ou serviços semelhantes.

A organização tem sido freqüentemente retratada como um *iceberg*. Na Figura 5-11 utilizamos o *iceberg* para descrever os componentes da cultura.

Adolescência Interrompida e Cultura Organizacional

Fui convidado a visitar uma importante instalação de produção de um conhecido fabricante de alta tecnologia. Um de meus primeiros encontros foi com o diretor dessa instalação. Era também um vice-presidente sênior da empresa.

Após as apresentações, pude notar pelo seu silêncio que ele esperava que eu iniciasse a conversa. Então, perguntei-lhe: "Você está começando a liderar essa parte da empresa na aplicação da filosofia da qualidade às suas abordagens. Como espera que seu trabalho mudará como resultado disso?"

Sua resposta: "Não estou interessado em discutir essa bosta intelectual ocidental!" Depois, silêncio. Minha pergunta talvez não fosse das mais brilhantes, mas merecia uma resposta melhor do que aquela. Eu, honestamente, não consigo me recordar do resto da conversa. De alguma forma conseguimos ultrapassá-la. Mais tarde, visitei amigos que trabalhavam nessa instalação e descrevi o incidente, comentando a falta de educação do diretor.

"Ih!", respondeu meu amigo, "você não compreende nossa cultura. É assim que os gerentes tratam as pessoas aqui. Chama-se 'confrontação construtiva'".

Eu chamaria isso de habilidades sociais disfuncionais adolescentes interrompidas, às vezes conhecido como sendo um fedelho! Essa empresa o chama de cultura e diz que é uma coisa admirável.

Posteriormente soube que em seu catálogo de programas corporativos de treinamento, ofereciam um curso de confrontação construtiva. "OK, turma, agora imaginem-se como sendo fedelhos de 12 anos, precoces, mimados, anti-sociais..."

A Organização Aparente

Há a versão visível, formal, óbvia e oficialmente relatada da organização. Consiste nos produtos, serviços, segmentos de clientes e mercados; na estrutura hierárquica e linha de comando; nos papéis, funções, descrições de cargos e responsabilidades oficiais; nas instalações, equipamentos, máquinas e suprimentos; nos sistemas, processos e métodos de trabalho oficiais; nas políticas, metas, planos, objetivos e padrões oficiais.

A Organização Abaixo da Superfície

A organização informal tem seus líderes não-oficiais e suas regras não-escritas. A organização informal é moldada pelos estilos e valores de seu fundador e de seus líderes, e por sua história — os impactos residuais de vitórias e reveses passados, antigas rixas e rivalidades. A organização informal possui seus próprios canais de comunicação, seu "telefone sem fio"; consiste em redes e "panelinhas" não-oficiais. A organização informal freqüentemente determina o quão bem aceito e respeitado um empregado se sente. No interior de uma organização não-oficial e em seu perímetro, existem vários grupos não-oficiais e influentes, cada um com suas regras não escritas de associação. A organização informal toma medidas que poderão afetar como as decisões oficiais são ou não, ou o quão bem são implementadas.

A organização oculta, abaixo da superfície, é a que determina a experiência de trabalho do trabalhador médio. A organização oculta cria, e efetivamente constitui a cultura da organização. Quanto mais elevado o cargo de uma pessoa na organização, menos provável será que conheça ou compreenda como é a experiência do empregado comum no dia-a-dia do local de trabalho. É pouco provável que até mesmo chefes que subiram das fileiras captem isso. Portanto, os gerentes são os menos prováveis de compreender a cultura de sua organização, e os mais prováveis de falar a respeito. Também é provável que gerentes não apreciem aquilo que é necessário para mudar a cultura de uma organização. Do ponto de vista de um empregado, a cultura talvez pudesse ser retratada como na Figura 5-12.

Como empregado:

- Posso gostar de meus colegas de trabalho e da empresa mas não gostar de meu trabalho.
- Posso gostar de meu trabalho e de meus colegas mas não da empresa.

- Posso gostar de meu trabalho e da empresa mas não de meus colegas.
- Quando gosto de todos os três, é mais provável que eu seja enérgico, comprometido e motivado para realizar um bom trabalho.

Existe uma ligação entre a cultura e a mudança.

- A cultura muitas vezes se torna uma desculpa para *não* mudar.

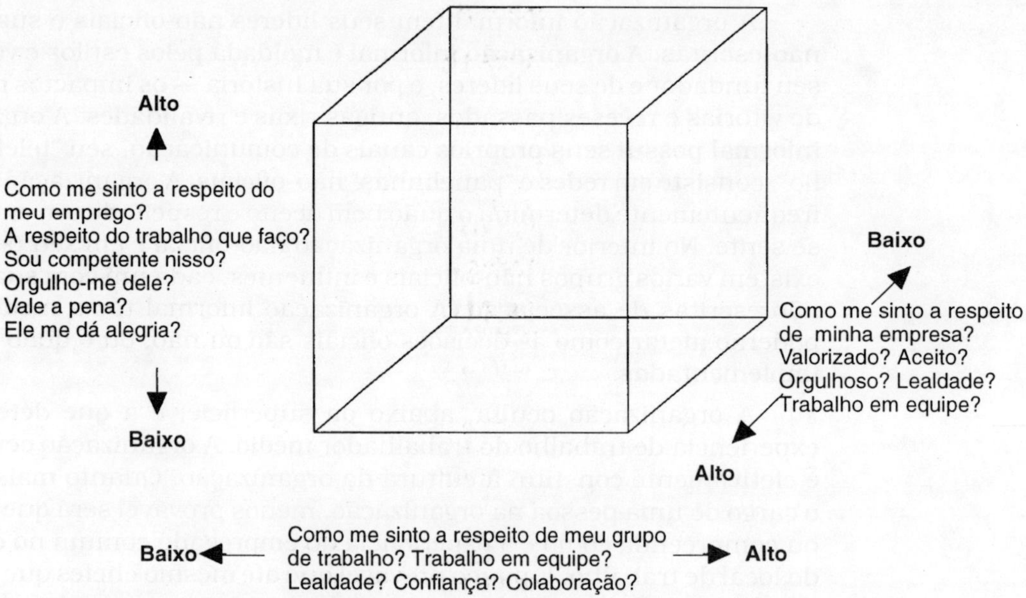

Figura 5-12. Cultura organizacional do ponto de vista de um empregado.

- A cultura toma aquilo que é comum e explicável e o eleva para o etéreo e inatingível.
- Sempre que for tentado a usar a palavra "cultura", substitua-a por "comportamento atual" e reflita sobre como isso muda a natureza daquilo até então visto como cultura.

RESUMO

Dar significado, propósito, direcionamento e foco ao trabalho é a quintessência do papel da liderança. Essa responsabilidade de um líder é traída pelo brincar com modismos e pela dança dos egos.

Há uma certa poesia nobre no trabalho que é capturada em nossas declarações de visão e propósito. E há um verdadeiro *esprit de corps* quando as pessoas se unem em torno de uma meta comum empolgante. É isso que os líderes nos ajudam a alcançar e manter.

Há três níveis de determinação de direcionamento:

- Primeiro, dar clareza e foco ao trabalho diário. Isso foi discutido no Capítulo 4.
- Segundo, a força galvanizadora da visão compartilhada e do propósito comum; a visão maior, de longo prazo, que nos molda e a nosso futuro que foi o tópico deste capítulo.
- Terceiro, o trabalho árduo de cuidadosamente selecionar prioridades e planejar sua realização bem-sucedida, que abordaremos no Capítulo 6.

ATIVIDADES DO CAPÍTULO 5

Direcionamento e foco

1. Quais são as declarações de missão, propósito, visão ou valores de sua organização?

2. Essas declarações são singulares, ou são declarações genéricas que poderiam se encaixar em praticamente qualquer organização do tipo da sua?

    - O que é singular?

    - O que é genérico?

3. Essas declarações são de utilidade para alguém? Caso positivo, para quem e como?

Trabalho em equipe e equipes

Selecione uma equipe e responda às seguintes perguntas com aquela equipe em mente.

1. Anote o nome da equipe.

2. Quem constituiu essa equipe?

3. Qual o propósito dessa equipe?

4. Quem definiu seu propósito?

5. Descreva o problema, necessidade ou oportunidade que essa equipe foi estabelecida para abordar.

6. Por que é mais importante abordar esse problema, necessidade ou oportunidade do que outros alvos possíveis do esforço de sua equipe?

7. O que, de modo geral, estão tentando realizar?

8. Sua equipe faz parte de um esforço maior? Caso positivo, descreva o contexto maior e como sua equipe nele se encaixa.

9. Como sua equipe diferencia entre aquelas questões que são apropriadas para serem abordadas por sua equipe e as que não são?

10. Quais são as medidas supremas de sucesso para sua equipe?

11. Como saberá se estão fazendo progresso?

12. Como saberá se estão fazendo uma diferença benéfica?

13. Como saberá quando seu projeto atual está completo?

14. Onde posicionaria sua equipe neste *continuum*?

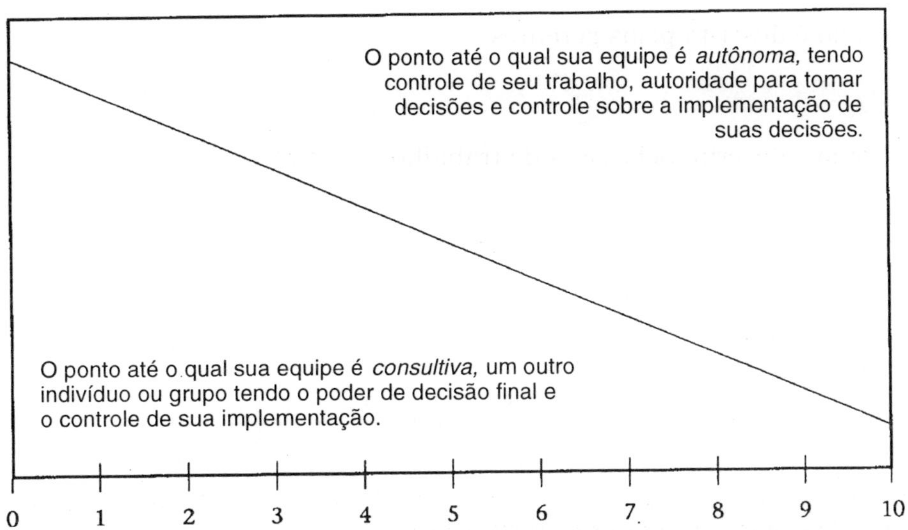

15. Onde, neste *continuum*, o próximo nível mais alto de gerência hierárquica colocaria sua equipe?

16. Caracterize sua equipe:

Um agregado de indivíduos desarmoniosos e não coordenados	(circule um) 1 2 3 4 5 6 7 8	Uma unidade sincronizada, sinergística e colaborativa

17. Descreva o que poderia ajudar sua equipe a se posicionar mais à direita no *continuum* da pergunta 16.

Perguntas sobre cultura

1. Qual a cultura de sua organização:

A. Como é descrita pelos executivos?

B. Como é descrita pelos gerentes?

C. Como é descrita pela força de trabalho horista?

REFERÊNCIAS

Ackoff, R. 1996. Relatório de uma apresentação de outubro de 1995. *Quality Matters*, o boletim informativo da Madison Area Quality Improvement Network, IX, 1, janeiro/fevereiro.

Ackoff, R., e Pourdehnad, J. 1997. The irresponsibility and ineffectiveness of downsizing. *Systems Practice*, 10, 1.

Barker, J. 1996. Palestra à Conferência Anual da Association for Quality and Participation, em Portland, Oregon.

Cognetics Research Group. 1996. Relatório corporativo anual sobre demografia do trabalho. *Wisconsin State Journal*, de 26 de dezembro.

Collins, J., e Porras, J. 1996. Building your company's vision. *Harvard Business Review*, setembro-outubro.

Juran, J. M. 1995. *Managerial breakthrough*, Nova Iorque: McGraw-Hill.

Juran, J. M. 1988. *On planning for quality*. Nova Iorque: The Free Press.

Likert, R. 1967. *The human organization*. Nova Iorque: McGraw-Hill.

Lippit, G. L. 1973. *Visualizing change*. Fairfax, VA: NTL.

Schein, E. 1985. *Organizational culture and leadership*. São Francisco: Jossey-Bass.

Scholtes, P. 1985. Teams in the age of systems. *Quality Progress*, dezembro.

Senge, P. 1990. *The fifth discipline*. Nova Iorque: Doubleday Currency.

6

Melhoria Revolucionária

INTRODUÇÃO

No Capítulo 5 oferecemos alguma orientação para se preparar a empresa para a mudança: a elaboração de declarações de visão, significado, propósito, direcionamento e foco. Também mencionamos equipes e trabalho em equipe como pré-requisitos para a mudança e abordamos a idéia da cultura de uma organização como, talvez, um obstáculo ou uma perspectiva útil no que diz respeito a mudança.

No Capítulo 6 falaremos de mudança e melhoria. A tarefa do líder é saber a diferença entre estes dois tópicos e saber liderar a melhoria.

Primeiro discutiremos as sete fases da melhoria revolucionária e, depois, alguns princípios relativos a mudança e resistência a mudanças.

Eficácia versus *Eficiência*

Eficácia é fazer a coisa certa. Eficiência é fazer as coisas da maneira certa. Essa distinção perspicaz é atribuída a Peter Drucker, o grande estudioso da gerência. Russell Ackoff alega que é melhor fazer mal as coisas certas (eficácia ineficiente) do que fazer bem as coisas erradas (ineficácia eficiente). Por exemplo, estamos nos tornando cada vez mais eficientes na fabricação de automóveis num mundo que é cada vez menos capaz de tolerar sua existência.

A diferença entre gerenciar o trabalho do dia-a-dia e gerenciar melhorias revolucionárias, ilustrada através das Figuras 5-2 e 5-3, é relevante. O trabalho diário focaliza-se no alcance de maiores eficiências na produção e entrega de nossos atuais produtos e serviços. O planejamento revolucionário também poderá, é claro, contribuir para uma produção mais eficiente. Mas o ponto de partida da gerência revolucionária precisa abordar a pergunta: "Essa é a coisa certa a fazer?" Este é o ponto em que a questão da eficácia precisa ser suscitada e resolvida.

O propósito deste capítulo é ajudar os leitores a se afastarem do dia-a-dia e fazer perguntas relativas a sistemas mais amplos e prazos mais longos. Esta é, quintessencialmente, a tarefa do líder.

MELHORIAS REVOLUCIONÁRIAS

O que segue é um modelo para o planejamento de melhorias revolucionárias. Como disse George Box: "Todos os modelos estão errados, mas alguns são úteis". Este modelo talvez não seja o certo para você. Talvez não seja o certo para ninguém! Mas se o adaptar à sua própria situação, provavelmente será útil.

Uma Visão Sistêmica da Eficácia:
Uma Nova Versão para um Velho Chavão

Por falta de um prego, perdeu-se a ferradura. Por falta de uma ferradura, perdeu-se o cavalo. Por falta de um cavalo, perdeu-se o cavaleiro. Por falta de um cavaleiro, perdeu-se a batalha. Com a perda da batalha, perdeu-se a guerra. Tendo perdido a guerra, o tirano foi exilado. E o povo reencontrou a liberdade.

Moral da história: Às vezes a ineficiência é melhor do que a eficiência.

Na Figura 5-3, vimos a diferença entre a melhoria revolucionária e a melhoria paulatina no trabalho diário. A melhoria revolucionária envolve:

- Fazermos aquilo que jamais fizemos antes (novos produtos, novos serviços).
- Produzirmos numa escala que jamais imaginávamos alcançar (mais, mais rápido, melhor).
- Trabalharmos muito além das capabilidades e capacidades de nossos atuais sistemas, processos e métodos.
- Alcançarmos muito além daquilo que poderia ter sido alcançado com o simples empreendimento de mais esforço, ou trabalho mais rápido, utilizando nossas abordagens atuais.
- Projetarmos um novo sistema.

Aqui estão as sete fases do planejamento para melhorias revolucionárias:

1. Dar um passo atrás e ver o que está acontecendo.
2. Dar um passo mais para perto e examinar as atuais capacidades e os atuais sistemas de sua empresa.
3. Descrever o futuro, definir o ideal.
4. Identificar as ações, planejar a realização bem-sucedida, e selecionar as prioridades.
5. Mobilizar os recursos e começar.

6. Líderes passam de planejadores a avaliadores, de tomadores de decisões a pesquisadores.
7. A organização aprende a melhorar e integra o que foi aprendido a ciclos futuros.

Talvez Precisem de Melhoria Revolucionária!

A abertura de uma sala de visitas na Internet requer aprovação dos participantes da Internet. Embora qualquer pessoa com um endereço de *e-mail* possa votar, geralmente há apenas de 200 a 300 votos sempre que alguém solicita aprovação.

Recentemente, entretanto, alguém solicitou permissão para abrir um grupo de discussão para seguidores da supremacia branca. Em vez de 300 votantes, havia 40.000. (A proposta foi derrotada na proporção de 66 para 1.)

O voluntário que se ofereceu para contar os votos precisou de vários meses para fazer aquilo que normalmente levaria algumas horas. Seu computador, o endereço para votar, estava em seu trabalho. O computador de sua empresa deu pau três vezes, devido ao volume de tráfego. Seu chefe foi bastante compreensivo, permitindo o uso continuado do computador do escritório após o expediente.

Alguém, comentando o processo de votação de grupos de discussão na Internet, admitiu: "Acho que precisamos descobrir um meio melhor!"

Exploraremos as fases uma de cada vez. Para cada fase é importante obter um sentido do todo, ao invés de se perder em detalhes logo de saída.

Fase 1. Dê um Passo Atrás e Veja o que Está Acontecendo.

Aqui, descrevemos não um único evento, mas sistemas contínuos de informação, que oferecem dados continuamente. Esses dados são reunidos por vários motivos em diversos momentos. Descrevemos a convergência de dados no início do processo de planejamento para melhoria revolucionária. Quando o processo de planejamento estiver completado,

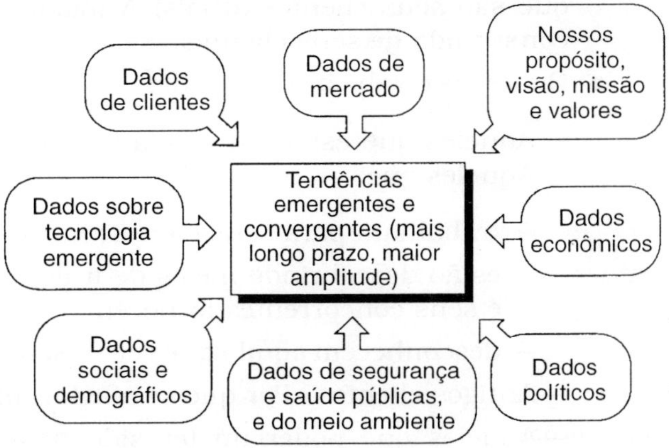

Figura 6-1. Tipos de dados convergentes.

entretanto, os sistemas de coleta de dados continuarão. Alguns dos tipos de dados convergentes são mostrados na Figura 6-1.

Cada área de coleta de dados representa um sistema em funcionamento para monitorar rotineiramente as tendências que são importantes para a organização. Cada organização seleciona que tipos de dados considera importante monitorar. Obviamente, isso variará em razão do propósito, da missão, da visão e dos valores da organização. Um dos papéis importantes da liderança é o de visionário: afastar-se das urgências do dia-a-dia e adotar a visão mais ampla, de mais longo prazo, utilizando dados nessa busca.

Nossos Propósito, Missão, Visão e Valores

- Que progresso foi feito em relação a eles?
- Estão emergindo eventos e tendências em outras áreas que sugeriram alguma reconsideração dessas declarações direcionadoras?

Dados de Mercado

- O mercado é o universo no qual seus produtos, serviços e capacidades são oferecidos. Parte do mercado consiste naqueles que são seus clientes atuais. A maior parte do mercado não é constituída de seus clientes.

- O que você sabe a respeito de:

—Aqueles que estão no mercado e que não são seus clientes? Aqueles que:

—trabalham para seus concorrentes.

—estão descobrindo meios de ir adiante sem aquilo que você e seus concorrentes fornecem.

—desconhecem aquilo que você e seus concorrentes fornecem.

—Antigos clientes? Por que se afastaram, para onde foram?

—Aqueles que poderiam ter sido nossos clientes mas nunca foram?

Mudanças de Missão

Em 1995, a Association for Quality and Participation (Associação para a Qualidade e Participação) mudou sua missão para que incluísse *comunidades* como alvo dos serviços da AQP.

Em 1997, o conselho da American Society for Quality Control (Sociedade Americana de Controle da Qualidade) anunciou a mudança do nome da organização para American Society for Quality (Associação Americana da Qualidade), reconhecendo, assim, o foco mais amplo já ocorrendo na ASQC.

—Dados de *benchmark:* O que seus concorrentes podem oferecer que você não pode (mais, melhor, mais rápido, menor, mais barato, mais amigável ao usuário, etc.)?

- Sem compreender tanto seus clientes quanto o mercado, você terá dificuldade em identificar revoluções e prioridades.
- Uma inovação (aquilo que Kano chamaria de “características de satisfação máxima”) quase nunca é sugerida por clientes. Mas a consciência de clientes e suas experiências podem sugerir esses tipos de revolução ao líder criativo.

Os *Baby Boomers*

Em 1945 terminou a Segunda Guerra Mundial e, nove meses após o regresso das tropas às suas casas, começamos a ver praticamente toda a população feminina com uma enorme "barriga" (por assim dizer).

No início de 1996, os *baby boomers* começaram a atingir os 50 anos de idade, à razão de um a cada sete segundos. Toda sorte de órgãos e negócios tem sido forçada a considerar esse fenômeno demográfico ao planejar servir à população de *boomers*.

Na Nova Zelândia, agentes funerários estão se planejando para a enxurrada do que apelidaram de "*body boomers*"[1].

Clientes Atuais

- Alguma mudança perceptível em quantidade? Tipo ou segmento? Padrões demográficos?
- Veja, também, os dados mais imediatos, relativos a clientes, relacionados na Fase 2.

Dados sobre Tecnologia Emergente

- Que nova tecnologia já existe lá fora?
- Quais as características que poderiam ser projetadas para tecnologia ainda não desenvolvida que lhe daria uma vantagem (ou desvantagem, caso seus concorrentes a tivessem)?

Dados Sociais e Demográficos

- Como a sociedade e a população estão mudando?
- O que poderia ser projetado para daqui a cinco, 10 ou 20 anos, em bases realistas?

Dados Sobre Segurança e Saúde Públicas e Sobre o Meio Ambiente

- Qual a disponibilidade previsível de recursos naturais necessários a seus produtos ou serviços?

---

[1] N.T.: Trocadilho com *baby boomers*, para significar um *boom* de cadáveres.

- Que danos você causa, ou poderia causar, em termos de segurança, saúde e meio ambiente?
- Quais os regulamentos razoavelmente previsíveis em termos de segurança, saúde ou meio ambiente que afetam, ou poderiam afetar, sua empresa?
- O que deverá fazer para cuidar da segurança, saúde e do meio ambiente, de forma responsável e tempestiva, visando evitar danos, ao invés de intervenção num momento de crise?

Dados Políticos

- O que está acontecendo na política local, estadual, nacional ou internacional que terá impacto em seus fornecedores, processos, economia e mercados?
- Como melhor monitorar esses problemas nacionais e internacionais que afetarão seu trabalho?
- Onde os problemas estão sendo resolvidos e a estabilidade, restaurada? Onde poderá buscar novas oportunidades?

Dados Econômicos

- Quais os padrões e tendências de distribuição econômica em nível local, nacional e internacional?
- Como esses padrões e tendências afetarão seus negócios?
- Que valores e responsabilidades irá assumir relativamente a salários e remuneração justos?
- Como irá diferenciar entre variação de causa comum e variação de causa especial ao observar e analisar eventos na bolsa de valores? No desempenho financeiro corporativo? Na flutuação de oferta, demanda e de preços?

Esta, é claro, é apenas uma amostra. Nem tudo se aplicará a você e outros indicadores não constantes da lista se aplicarão. Os pontos importantes são:

- Selecione dados a serem monitorados e os indicadores a serem observados que sejam mais importantes para suas necessidades e as da sua organização.

- Considere sua lista de indicadores não como uma pauta de assuntos para discussão, e sim como uma lista de sistemas contínuos de coleta e análise de dados.

Fase 2. Aproxime-se e Examine os Sistemas e Capacidades Atuais de sua Organização.

A Figura 6-2 mostra alguns dos tipos de dados internos a serem monitorados a analisados. Esses, também, devem ser vistos como sistemas contínuos de coleta de dados, não apenas como tópicos para discussão.

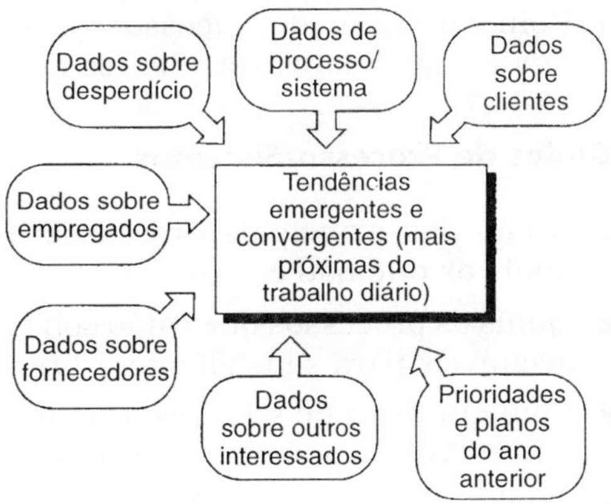

Figura 6-2. Tipos de dados internos, de trabalho diário, a serem analisados.

No Capítulo 7 abordaremos a questão de medição em maior detalhe. Aqui daremos um lampejo rápido de cada tipo de dado.

Dados Sobre Clientes

Alguns desses dados se encaixarão com os dados sobre cliente descritos na Fase 1. A diferença é a seguinte: Dados de clientes da Fase 1 abordam tendências de mais longo prazo. Aqui, examinamos tendências mais imediatas. A Fase 1 examina o futuro de mercado no mais longo prazo. Aqui, examinamos aquilo que está acontecendo agora, com nossos clientes atuais.

- Utilizando o modelo Kano (Figura 3-6), explore o seguinte com seus clientes atuais.
  - — Quais são os itens básicos e como está indo com eles?
  - — Quais suas características relacionadas a desempenho e como está indo com elas?
  - — O que mais poderá fazer?
  - — Quais são ou poderiam ser as características de satisfação máxima? Como está indo? O que mais poderá fazer?
- Qual é a freqüência de reclamações de clientes e quais os padrões? (Veja destaque "O Que Fazer com Reclamações de Clientes", no Capítulo 7.)
- O que aprendeu com grupos de foco e pesquisas de clientes?
- Com que grau de sucesso conseguiu prever e se antecipar a tendências relativas a clientes nos últimos anos?

Dados de Processo/Sistemas

- Quais dos principais processos estão sob controle estatístico; quais os que não estão?
- Quais os processos que estão sob controle com amplitude e média aceitáveis para seus clientes? (Ver Capítulo 2.)
- Com que grau de sucesso trouxe para controle os processos que não estavam controlados no ano passado?
- Quais os principais processos que estão padronizados, e quais não estão? (Ver Capítulo 4.)
- Quais os dados que possui relativos à conformidade às características-chave da qualidade identificadas pelos seus clientes? (Veja Capítulos 3 e 4.)

Desperdício

Que dados temos relativos a qualquer um dos itens seguintes? (Ver Capítulo 4.)

- Desperdício.
- Tempos de ciclo.
- Sucata.
- Capacidade de produção.
- Retrabalho.

- Estoque.
- Atividades corretivas.
- Trabalho em processamento.
- Quebras.
- Gargalos.
- Erros, omissões e falhas administrativos.
- Dados financeiros-chave (lucros e perdas, fluxo de caixa, custos orçados ou previstos, ou receita *versus* atual, etc.).

Dados Sobre Empregados

- O que seu pessoal diz com relação à funcionalidade de seus sistemas e processo?
- O que impede as pessoas de realizar trabalho do qual podem se orgulhar?
- O que as impede de terem alegria em seu trabalho?
- Que dados possui sobre giro de pessoal? Por que as pessoas vão embora?
- Que dados tem quanto à freqüência e padrões de queixas?
- Em bases do dia-a-dia, como está indo em relação à saúde e segurança dos empregados?
- Que dados possui relativos a contratação e promoção? Quantas solicitações? Quantos candidatos com capacidades ideais? Quais os padrões relativos a capacidades insuficientes?

Dados de Fornecedores

- O quão bem seus fornecedores estão atendendo suas características-chave da qualidade?
- Que tendências são prováveis de afetar o serviço deles para você?
- Que dados possui demonstrando quais dos sistemas ou processos dos fornecedores estão sob controle ou não?

Dados Sobre Outros Interessados

Esta é uma categoria de miscelânea que inclui dados de fontes como:

- Sindicatos.
- Acionistas, analistas de ações.

- Órgãos regulamentadores ou licenciadores.
- Banqueiros.
- Vizinhos de suas instalações, as comunidades em que está localizado.

Plano do Ano Anterior e Prioridades Revolucionárias

- O que aprendeu com o processo de planejamento do ano passado que possa incorporar ao processo de planejamento deste ano?
- O quão bem se saiu com as prioridades do ano passado? Há alguma esperando para ser completada?

Classificando os Dados

Os dados analisados nas Fases 1 e 2 da melhoria revolucionária oferecerão muitas pistas e sinais de possíveis direcionamentos. Mas isto será um tanto caótico. Os dados terão que ser peneirados e separados.

Há diversas ferramentas e abordagens para este processo de classificação. Muitas delas estão descritas em *The Memory Jogger Plus* (Brassard, 1989). Em especial, o diagrama de afinidade (p. 17 ff.) e o diágrafo inter-relacionamento, também denominado diagrama de relações (p. 39 ff.), são úteis. Essas abordagens ajudarão a criar alguma ordem em meio ao caos.

Em sua obra clássica, *The New Rational Manager*, Charles Kepner e Benjamin Tregoe (1981) exploram várias maneiras de se analisarem problemas (Capítulos 1 e 2) e decisões (Capítulos 3 e 4). O trabalho de Kepner e Tregoe representa uma síntese da metodologia de solução de problemas e tomada de decisões como existia antes das abordagens que nos foram ensinadas por Deming, Ishikawa e outros. O trabalho de Kepner e Tregoe pode ser cuidadosamente combinado com o trabalho dos engajados no Movimento da Qualidade e se tornar uma maneira poderosa de planejar, tomar decisões e solucionar problemas.

Algumas Diretrizes para Peneirar e Separar

Procure Confirmação de Seus Pontos Fortes

- Em que você é bom?
- Pelo que é conhecido?

- Onde e junto a quem tem maior aceitação?
- Que capacidades já dominou?

Procure Indicações de suas Vulnerabilidades

- Onde está perdendo sua vantagem competitiva?
- Que tendências e desenvolvimentos tecnológicos podem ultrapassá-lo?
- Que verdades financeiras e tendências econômicas podem deixá-lo exposto?

Procure Oportunidades

- Procure o desdobramento provável de eventos que o colocarão numa posição singular para capturar o mercado e a tecnologia.
- Procure novos direcionamentos e novas capacidades que você pode oferecer ao mercado que tiram vantagem de sua especialidade e de seus recursos singulares.

Procure Urgências

- Problemas que poderão se transformar em crises.
- Problemas que poderão se alastrar, afetando outras partes da organização.
- Oportunidades que poderão desaparecer em breve e jamais se apresentarem novamente.

Procure Antecedentes que Levem a Conseqüências

- Quais são as causas dos problemas? Quais as causas das causas?
- Quais as barreiras ao progresso?
- Quais os fatores ou condições sistêmicos que permitem a existência desse problema?
- Que necessidades não-atendidas se interpõem no caminho da resolução de outros problemas?

Durante Tudo Isso, Use Dados: Não Opiniões, Não Adivinhação, Não Retórica Bombástica ou Apaixonada... ***Dados!***

Participação de Empregados na Melhoria Revolucionária

Quando as prioridades forem anunciadas no final da Fase 3, e o plano for compartilhado ao final da Fase 4, não deverão constituir surpresa para pessoa alguma.

À medida que o processo se desdobra, deverá haver um compartilhamento contínuo com empregados, entradas e *feedback* deles originados e seu envolvimento no planejamento.

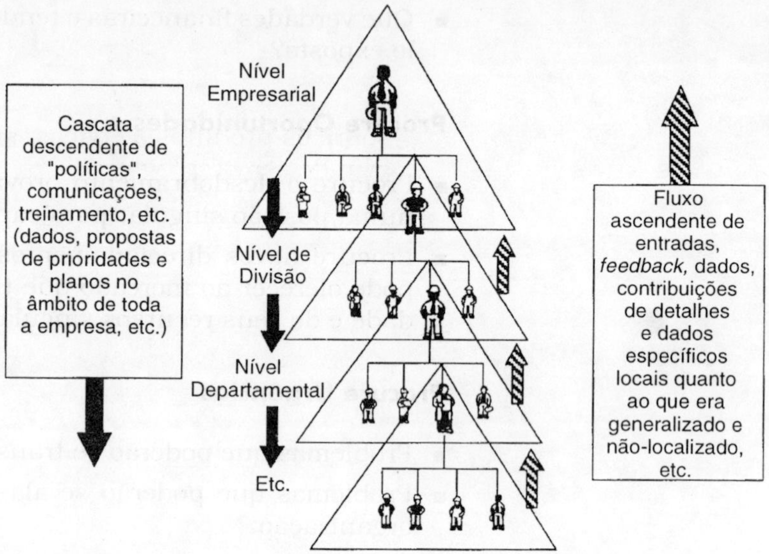

Figura 6-3. O modelo de chaveta Rensis Likert pode ser uma abordagem útil para o desenvolvimento de caminhos de participação.

Fase 3. Descrever o Futuro, Definir o Ideal.

Ao final da Fase 2 você já deverá ter um sentido dos temas emergentes. Com essa conscientização como estrutura e pano de fundo, os líderes podem iniciar um processo de reconcepção da realidade. O planejamento revolucionário requer que abramos mão de todas as nossas antigas pressuposições, ou que é mais fácil dizer do que fazer.

Em *Creating the Corporate Future*, Russell Ackoff (1981) oferece alguma ajuda com aquilo que denomina projeto idealizado (pp. 104-125). A seguir, uma adaptação de seu trabalho.

Defina o Futuro Utilizando o Projeto Idealizado

1. *Presuma que seus produtos, serviços, sistemas e processos acabam de ser destruídos.* Não mais existem. Você não poderá recriá-los. Restam-lhe apenas o propósito de sua organização e o conhecimento, a experiência e imaginação de seu pessoal.

2. *Seu desafio é substituir o que foi destruído com novos produtos, serviços, sistemas e processos;* não reconstruir o antigo e sim iniciar do zero e começar de novo. Aquilo que havia lá se foi para sempre.

3. Como parte do projeto idealizado, faça as seguintes perguntas sobre os produtos, serviços, sistemas ou processos que acabaram de ser destruídos:

    - Qual era o seu propósito?
    - Que capacidades nossos clientes adquiriram como resultado desses produtos ou serviços?
    - Valerá a pena preservar esse propósito e essas capacidades no novo projeto?
    - Que novos propósito e capacidades seria importante oferecer?

4. Você tem total liberdade para reprojetar produtos, serviços, sistemas ou processos dentro dos seguintes parâmetros:

    - Aquilo que fizer deverá ser tecnologicamente viável. Poderá ter que utilizar tecnologia existente para inventar coisas novas, mas nada de ficção científica.

        Por exemplo: A Sony utilizou tecnologia desenvolvida pela Texas Instruments para uso em aparelhos de audição e aplicou-a a rádios — o limiar da era dos rádios transistorizados.

    - Deve ser operacionalmente funcional no ambiente existente. Uma vez desenvolvida, a nova tecnologia deve ser capaz de funcionar como pretendido e sobreviver.
    - Suponha que não existam regulamentos que o impeçam de ir adiante. Considere, entretanto, meios alternativos para preencher a intenção e espírito legítimos da regulamentação.

Defina o Ideal

Se conseguirmos, eis o que queremos:

1. A seguinte nova rede de produtos: ____________________
   - Oferecendo estas capacidades ____________________
   - Com estas características e estes atributos ____________________
2. A seguinte nova rede de serviços: ____________________
   - Oferecendo estas capacidades ____________________
   - Com estas características e estes atributos ____________________
3. Os seguintes novos sistemas e processos: ____________________
   - Oferecendo estas capacidades ____________________
   - Com estas características e atributos ____________________
4. Nosso ideal é responsivo aos seguintes dados que obtivemos e analisamos nas Fases 1 e 2: ____________________
5. Eis como nossos clientes serão beneficiados por estes novos produtos, serviços, sistemas ou processos: ____________________

Fase 4. Identificar as Ações, Planejar para uma Realização Bem-Sucedida e Selecionar as Prioridades.

A esta altura, já examinamos a situação atual (Fases 1 e 2) e definimos um futuro idealizado (Fase 3). Agora perguntamos o que teremos que fazer para alcançar nosso futuro idealizado. Também precisamos identificar as prioridades para implementarmos aquelas atividades. A pergunta mais importante a ser feita no início da Fase 4 — e que deve ser continuamente repetida — é: "O que será necessário para a realização bem-sucedida de nossa meta, nosso futuro idealizado?"

Melhoria Revolucionária *versus* Gerência por Objetivos

"Uma meta sem método é uma crueldade!" — W. Edwards Deming

É na Fase 4 que a melhoria revolucionária se despede do MBO[2]. MBO é mais ou menos uma lista de desejos, não muito diferente daquilo que, quando crianças, fazíamos na época do Natal ou de nosso aniversário. "Aqui estão meus desejos", diz o chefe. "Vocês agora são responsáveis por torná-los realidade."

Isto não requer cérebro. Não é liderança. Isto representa evitar pensar e abdicar à liderança.

A Figura 6-4 mostra uma ferramenta e um modo de pensar. A ferramenta chama-se *diagrama em árvore*. (Veja Brassard, 1989, p. 71 ff.) É uma maneira de transformar as metas em ações.

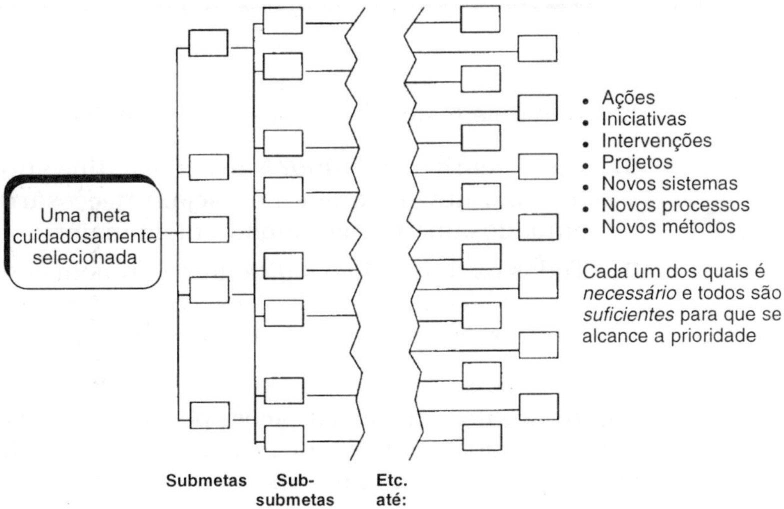

Figura 6-4. Um diagrama em árvore descrevendo a conversão de uma meta em atividades.

Quando primeiro indagarmos "O que será necessário para realizar isso de forma bem-sucedida?", sem dúvida acabaremos com uma lista de metas subordinadas. Para cada submeta, repetimos a pergunta "O que será necessário?", talvez até continuando por seqüências adicionais de metas subordinadas e perguntas "O que será necessário?...". Por fim, a resposta a "O que será necessário?" será constituída de listas de *ações*.

---

2 N. T.: MBO — *Management By Objectives*: Gerência por Objetivos.

O Lado Sistêmico da Mudança

De modo geral, seja lá o que nos propomos mudar é parte de um sistema maior. É importante, portanto, examinar as implicações sistêmicas de qualquer mudança proposta. Aqui estão algumas questões a serem exploradas:

- Qual o propósito atualmente servido ou benefício desejável adquirido pelo processo ou método que nos propomos mudar?
- Como aquilo que nos propomos mudar se encaixa? Que sistemas maiores ele apóia ou alimenta? Que sistemas menores ou métodos se encaixam nele?
- Como a saída e benefícios desejáveis desse processo continuarão sem a existência continuada desse processo?
- O que devemos monitorar para nos assegurarmos de estar mantendo os benefícios do antigo processo sem sofrermos suas deficiências?

Existem dois testes para o diagrama em árvore:

1. Cada item é *necessário*? Não persiga uma submeta ou empreenda uma atividade que não sejam necessárias à realização da cuidadosamente selecionada meta maior.
2. Todos os itens são *o suficiente*? Submetas ou atividades devem ser acrescentadas para fazer com que a rede de metas e atividades seja o suficiente para a realização da meta maior?

Alguns dos itens na lista de ações poderão requerer uma equipe para que sejam realizados, outros, um grupo natural de trabalho, alguns, uma equipe transfuncional, alguns, uma equipe contínua, outros, uma equipe *ad hoc* constituída especialmente para esse projeto. Outros itens na lista de ações sequer necessitarão de equipes, e poderão ser empreendidos por uma só pessoa agindo sozinha, às vezes com uma única canetada. A natureza da tarefa na lista de ações indicará a estrutura adequada ao esforço: equipe ou não-equipe? Quem deveria estar envolvido? O velho bordão da arquitetura, forma segue função, aplica-se aqui também.

Selecione as Prioridades

Tendo definido o futuro idealizado e traduzido essas metas ambiciosas em ação, teremos que decidir por onde começar: o que será feito primeiro e o que será deixado para depois? o que faz com que um conjunto de ações seja mais importante do que outro? Aqui estão alguns critérios. Anteriormente nós utilizamos esses critérios para peneirar e separar os dados e indicadores de possíveis metas ou temas para a melhoria revolucionária. Aqui utilizamos os mesmos critérios para organizarmos nossos passos de ação numa seqüência adequada.

1. Desenvolve-se com base em nossos pontos fortes.
2. Protege-nos de nossas vulnerabilidades.
3. Oferece-nos uma oportunidade irresistível.
4. Há uma necessidade urgente de responder.
5. Antecedentes e conseqüência: Uma ação é necessária antes que outras possam ser empreendidas.

Uma das ferramentas usadas para auxiliar a organizar prioridades é o diagrama-matriz mostrado na Figura 6-5. Para saber mais sobre esta ferramenta, veja Brassard (1989, p. 97 ff.).

	Critérios para seleção					
Submetas e ações	**Desenvolve-se com base em nossos pontos fortes**	**Protege vulnerabilidades**	**Oportunidade irresistível**	**Necessidade urgente**	**Cronologicamente antecedente**	**Comentários**
Relacione os itens do diagrama em árvore: Utilize tanto a última geração de metas quanto os itens da lista de ações						

Figura 6-5. Diagrama-matriz.

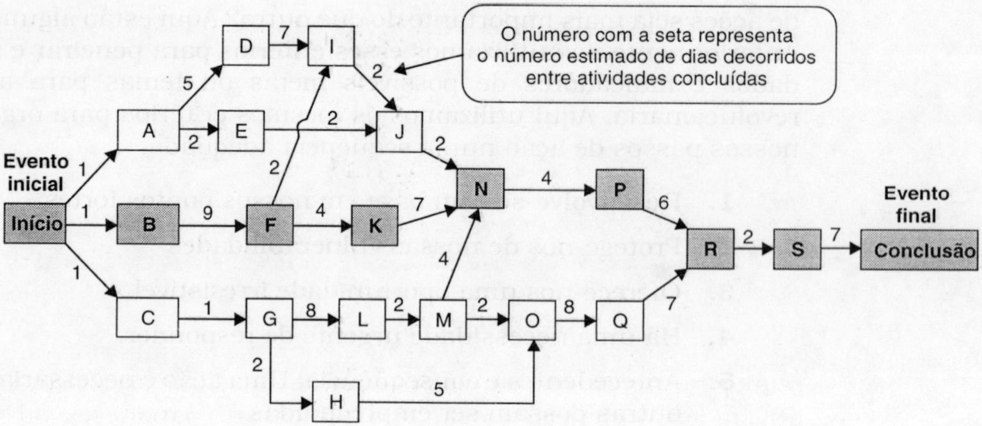

Figura 6-6. Nesta rede PERT, o caminho crítico está nas caixas sombreadas (40 dias).

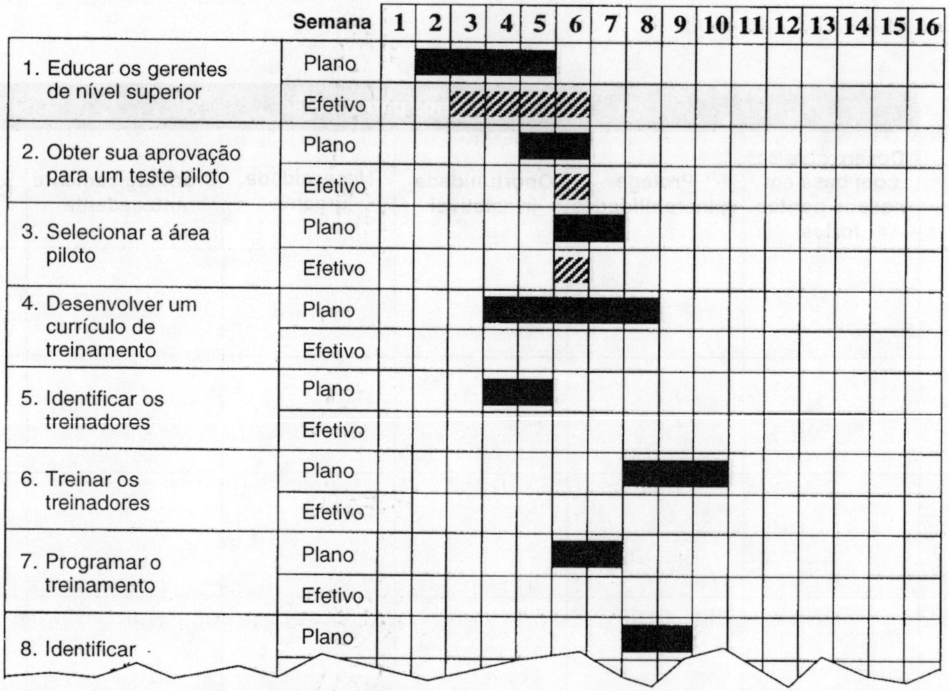

Figura 6-7. Um gráfico Gantt relativo à introdução de um novo sistema de medição na empresa.

Duas outras ferramentas úteis para demonstrar interdependência cronológica são os gráficos PERT e GANTT, mostrados nas Figuras 6-6 e 6-7.

A Rede PERT (Ou Caminho Crítico)

Esta ferramenta de planejamento tornou-se famosa quando foi utilizada para planejar a construção do primeiro submarino nuclear (que foi completado por custo menor do que o orçado e antecipadamente). PERT é o acrônimo para Planning Evaluation Review Technique (Técnica de Avaliação e Revisão de Planejamento). Caminho crítico — sua denominação atualmente em voga — refere-se à única linha mais longa de atividade do começo ao fim. Os professores japoneses da Qualidade consideram essa uma das sete ferramentas da gerência, e a denominam de Diagrama em Seta. Esta rede foi descrita no Capítulo 4 (veja a Figura 4-6).

Para saber mais a respeito da rede PERT, veja Brassard (1989, pp. 97 ff.). Brassard prefere chamá-la de diagrama de rede de atividades.

O Gráfico Gantt

Este gráfico foi desenvolvido por Henry Gantt, consultor de engenharia e protegido de Frederick Taylor[3] na virada do século. O gráfico por ele desenvolvido é uma maravilhosa ferramenta de planejamento visual que descreve os relacionamentos temporais de eventos que se desdobram ao longo do tempo. O gráfico Gantt poderá ser utilizado para descrever um plano macro (a construção de uma nova cidade) ou um plano micro (a construção de uma única cadeira que será colocada em uma sala de um prédio daquela cidade). O gráfico Gantt pode retratar cronogramas projetados e cronogramas efetivos.

Algumas diretrizes sobre o uso dos gráficos PERT e Gantt:

- De modo geral, o PERT acomoda melhor padrões complexos do que o gráfico Gantt.
- Qualquer um dos gráficos pode, e provavelmente deveria, ser elaborado demonstrando diferentes escalas de ação: um para categorias mais genéricas de atividade, o outro para ações mais minuciosamente detalhadas.

---

[3] N.T.: Frederick Winslow Taylor (1856-1915). Engenheiro e economista norte-americano. Promotor da organização científica do trabalho e descobridor dos aços de corte rápido (1900). Estudou numerosas técnicas, como a cronometragem e a transmissão por correias.

- Ao desenvolver o gráfico é geralmente mais fácil começar no final e trabalhar de trás para a frente em direção ao início.
- É comum descobrir o quão pouco realista é seu cronograma inicial ao desenvolver gráficos PERT ou Gantt. Se descobrir que não permitiu tempo suficiente para realizar as coisas, geralmente é melhor adiar sua data-alvo do que reduzir arbitrariamente o tempo previsto para cada estágio do esforço de desenvolvimento. Melhor ainda, não fixe uma data-alvo, pelo menos não até que este planejamento esteja completo.
- Também é comum descobrir a falta de passos ao elaborar esses gráficos, passos que não foram anteriormente previstos. Esta é uma das razões pelas quais a próxima diretriz é importante.
- Ao elaborar esses planos em sua forma de minuta inicial, utilize "Post-its™" ou outra marca de papéis de anotações adesivos. Alguns clientes disseram-me que este é o conselho mais útil que já dei sobre como planejar. (Um elogio tímido às vezes é pior do que elogio nenhum.)

Fase 5. Mobilize os Recursos e Comece.

Após a Fase 4, sabemos o que precisa ser feito, mas não estamos totalmente prontos para fazê-lo. Temos que cercar nossa melhoria revolucionária com um pouco de infra-estrutura que ofereça orientação, alinhamento e apoio. Falando de modo geral, cada esforço de melhoria necessitará de dois tipos de apoio, como ilustrado na Figura 6-8.

Ligação e apoio gerenciais: Contato com e acesso ao nível apropriado de liderança na organização. Uma receita segura para o fracasso é permitir que qualquer indivíduo ou grupo se afaste à deriva como órfãos na tempestade.

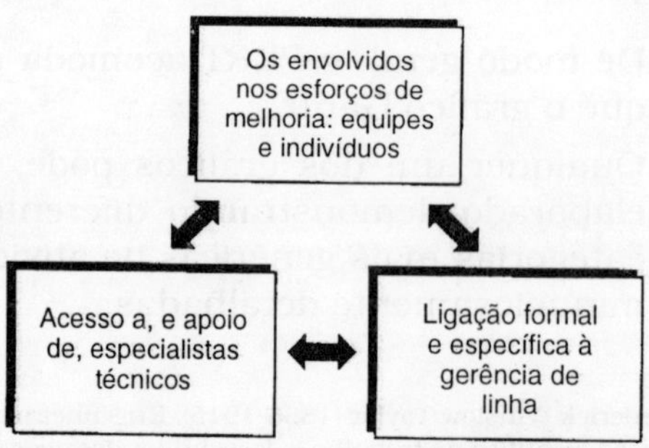

Figura 6-8. Dois tipos de apoio para os engajados em esforços de melhoria.

Apoio técnico: Acesso a vários tipos de especialização, treinamento, orientação e aconselhamento, incluindo tecnologia intrínseca (especialistas no assunto, produto ou serviço) e especialistas em metodologia da melhoria.

Uma sugestão que tem sido bem-sucedida em oferecer uma estrutura de apoio é descrita na Figura 6-9.

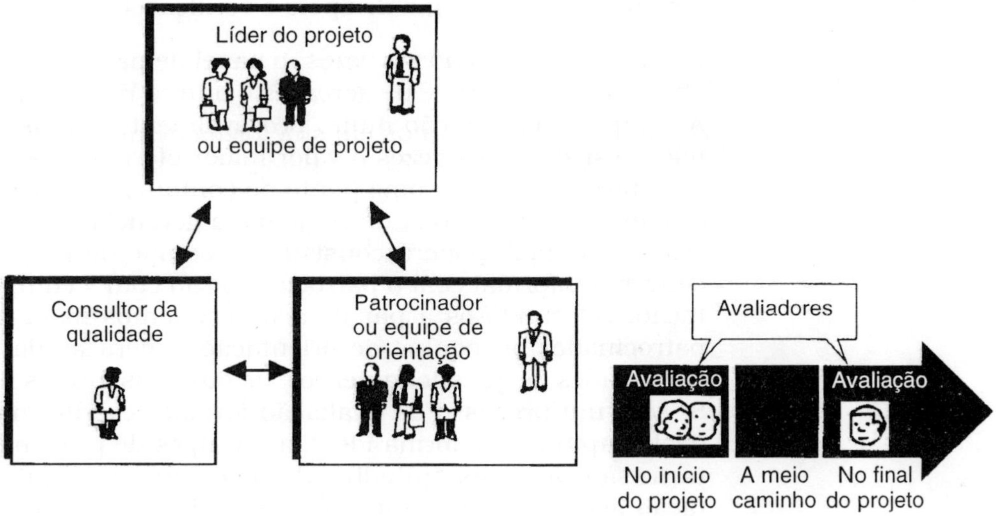

Figura 6-9. Uma estrutura de apoio para esforços de melhoria.

- *Líder do projeto:* Um indivíduo realizando uma tarefa que é parte integrante da estratégia revolucionária.
- *Equipe de projeto:* Um grupo encarregado de uma tarefa de melhoria.
- *Consultor da Qualidade:*
  — Oferece *coaching*[4] tanto aos envolvidos no projeto quanto aos engajados em oferecer apoio gerencial. Um professor da metodologia de melhorias através do *just-in-time*[5]

---

4 N.T.: Orientação, acompanhamento e treinamento.

5 N.T.: Prática de produção com níveis mínimos de estoque.

— A orientação técnica interna ou setorial (denominada tecnologia intrínseca) é fornecida por aqueles dentro ou fora da organização que possuam tal especialização e são designados assessores ao projeto ou, às vezes, são membros efetivos da equipe de projeto.

- *Patrocinador:* Alguém da gerência de linha que se preocupa com esse projeto tem a responsabilidade pela área envolvida no esforço revolucionário e é designado para estar disponível aos participantes do projeto para fins de apoio e verificações de realidade.

- *Equipe de Orientação:* Às vezes, o papel de patrocinador é preenchido por uma equipe de gerentes e outros líderes apropriados. A equipe de orientação muito provavelmente necessitará de um líder designado. Às vezes o valor maior oferecido pela equipe de orientação será agir como ponto de contato identificado entre os diretamente envolvidos no projeto e a gerência de linha. Muitas vezes a reunião poderá consistir na equipe de projeto ter uma conversa informal com o patrocinador ou com a equipe de orientação, colocando-os a par de acontecimentos mais recentes. O patrocinador ou equipe de orientação poderá ainda utilizar as habilidades de questionamento e de ouvir discutidas no Capítulo 8, sem um processo de avaliação formal descrito mais adiante neste capítulo. De forma ideal, as equipes de projeto e de orientação são parceiras, trabalhando em conjunto: a equipe de orientação age como um verificador de realidade; auxilia a remover obstáculos, a aliciar o apoio da organização e ajuda a equipe de projeto a se preparar para apresentações ou avaliações formais, verbais ou escritas.

- *Analistas avaliadores:* Em vários momentos durante a história do projeto, os nele envolvidos se reunirão com um ou mais gerentes sênior para uma avaliação. Já soube de ocasiões em que um cliente fez parte da avaliação. As avaliações têm vários propósitos, e o avaliador deve ser selecionado com base em quem seria mais adequado para uma determinada avaliação com uma determinada finalidade. Para saber mais sobre avaliações, veja a Fase 6 e o Capítulo 8.

Portanto, parte da organização da rede para esforços de melhoria revolucionária é planejar e implementar os sistemas de apoio que cercam os projetos revolucionários. A Figura 6-10 é uma amostra de formato para demonstrar essa informação.

Datas de avaliação	Isto descreve as datas previstas nas quais algum gerente ou equipe de gerentes apropriado conduzirá uma avaliação desse esforço.
Data prevista para conclusão	Isto descreve a data-alvo. É especialmente útil quando outros esforços devem esperar a conclusão bem-sucedida desse esforço.
Recursos para apoio técnico	Isto descreve como você receberá orientação e apoio técnicos; quem e como contactá-los: Exemplos: • Seu consultor da qualidade é Mary Rose Walsh, 6-4220. • Para orientação técnica relativa às propriedades da cola, contate W. Warner no laboratório de pesquisas.
Recursos para apoio gerencial	Isto descreve a natureza do contato continuado com a gerência, a quem contactar e como contactá-lo. Exemplo: • Equipe de orientação para este projeto liderada por J. Chandler, 3-5483. • Patrocinador deste projeto: W. Terwilliger, 6-5150.
Pessoa de contato/ telefone	Descreve quem estará coordenando/liderando esse esforço. A quem e como contactar.
Descrição dos participantes (indivíduos/equipe /a quem contatar	Isto descreve a estrutura da participação, quem participa, quem está envolvido, quem deverá ser consultado e quaisquer limites de autoridade. Exemplos: • Uma equipe transfuncional representando seções P, Q, R e S. • Consultar Wilson em pesquisas. • Uma pessoa de finanças dará apoio a partir de um grupo consultivo. • Turno do dia da máquina Nº 3; consultar outros turnos. • A equipe de operações aceitará recomendações.
Descrição do esforço (escopo, profundidade, extensão)	Isto descreve os parâmetros do projeto. Exemplos: • Estabelecer dados básicos relativos a tempo de ciclo e recomendar os próximos passos. • Estudar o vazamento que ocorre após o ponto H até o ponto K. • Identificar causas de danos à superfície e eliminar sua ocorrência através de todas as áreas funcionais relevantes. • Desenvolver e recomendar políticas alternativas de compras para ajudar a reduzir o número de fornecedores de suprimentos de manutenção de rotina.
Título do Projeto	Isto é uma breve descrição da natureza do projeto. Exemplos: • Tempo de parada da máquina Nº 3. • Estudo de itens fora de estoque. • Redução da distância de trabalho em trânsito. • Alinhamento da política de compras. • Gargalo de peças sobressalentes. • Datas de entrega não cumpridas.
Nº de identificação	Este é um código de referência para fins de registros.

Figura 6-10. A infra-estrutura que cerca as atividades de melhoria.

Comissionando Aqueles que Iniciarão o Esforço de Melhoria

Juntamente com as informações incluídas no formato mostrado na Figura 6-10, os líderes do esforço revolucionário devem comunicar o seguinte a líderes de projetos e membros da equipe:

1. O propósito da equipe.
2. O problema ou a necessidade que motivou a constituição da equipe.
3. Como esse esforço se integra a uma rede de outros esforços (a estratégia do diagrama em árvore).
4. Quais as expectativas da gerência sênior:
   - Como mediremos a conclusão da tarefa.
   - Como mediremos o sucesso.
5. Qual a *saída* esperada desse esforço, quem recebe qual saída, e o que esperam.
6. Quais os recursos internos e externos disponíveis.
7. Quais os parâmetros e limitações conhecidos:
   - Aquilo sobre o qual vocês têm controle (áreas de independência).
   - Aquilo sobre o qual vocês não têm controle (áreas de dependência).

Juntamente com essas informações, diga-lhes que comecem!

Fase 6. Líderes Passam de Planejadores a Avaliadores, de Tomadores de Decisão a Pesquisadores.

Até aqui, os líderes têm sido os líderes, orquestradores, facilitadores e promotores do processo de planejamento. O plano é deles, mas a participação ampla e freqüente será necessária para se determinar a prioridade correta (o "Fazer a Coisa Certa", de Ackoff) e para que se desenvolva um plano para as atividades necessárias e suficientes (o "Fazer as Coisas da Maneira Certa", de Ackoff). Depois que os projetos tiverem sido comissionados e estiverem em andamento, os líderes mudarão de chapéu. Tornar-se-ão *avaliadores*.

No Capítulo 2, examinamos como a aprendizagem ocorre. Aqui está um resumo dos pontos aplicáveis ao processo de avaliação:

- A aprendizagem e a melhoria resultam da interação dinâmica entre teoria e experiência. Todo plano revolucionário é teoria. À medida que for sendo aplicado, os gerentes adquirirão conhecimento. A avaliação é como gerentes verificam o quão bem a teoria está funcionando e o que precisa ser aprendido para que possam fazer melhor.

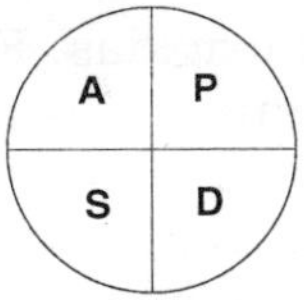

Diagrama 6-1. O ciclo PDSA.

- O ciclo PDSA (Planejar-Fazer-Estudar-Agir) é um ciclo contínuo de aprendizagem e melhoria.

A condução de avaliações é um método pelo qual os líderes incorporam o estudo a seus esforços de melhoria revolucionária.

O Diagrama 6-2 é uma descrição da transição anual de um líder de planejador para avaliador. É organizado em conformidade com o ciclo PDSA.

		Atividades	Capacidades Exigidas
P	O gerente como planejador	1. Revê vários dados • Dados de clientes • Dados de mercado • Dados de processo • Dados de empregados • Planos de longo prazo, esforços e resultados do ano anterior	• Pensamento estatístico • Análise e pensamento sistêmicos
		2. Analisa os dados, desenvolve prioridades através de métodos interativos	• Habilidades de reuniões • Habilidades de ouvir • Habilidades de inquirição
		3. Para cada prioridade – e com amplas entradas e participação – identifica todos os diversos projetos, intervenções e atividades necessários e suficientes para a realização daquela meta identificada	• Pensamento sistêmico • Estratégias de melhoria • Habilidades em comunicação • Habilidades de reuniões • Habilidades de inquirição • Habilidades de planejamento
		4. Comissiona os diversos projetos, intervenções e atividades, programando avaliações para cada um	• Habilidades em comunicação • Habilidades de ouvir
D	O gerente como avaliador	5. Aproveita as oportunidades de inquirição informal a respeito das atividades	• Observação neutra • Habilidades de ouvir • Habilidades de inquirição • Estratégias e metodologia de melhoria
S		6. Conduz avaliações formais a intervalos programados	• Habilidades de reuniões • Habilidades de ouvir • Habilidades de inquirição • Infra-Estrutura de avaliação Melhoria de estratégias e metodologias
A	O gerente como planejador	7. Integra aprendizagens a esforços futuros	• Pensamento sistêmico • Pensamento e análise estatísticos

Diagrama 6-2.

A matriz no Diagrama 6-2 refere-se a capacidades exigidas. Estas são discutidas nos Capítulos 2 e 8. A Figura 6-11 é uma amostra de formato para o planejamento das avaliações. Muitas dessas informações seriam extraídas do formulário mostrado na Figura 6-10. A Figura 6-10 organiza algumas informações básicas sobre todos os projetos. A Figura 6-11 organiza informações para a avaliação referentes a cada projeto individualmente. A Figura 6-10 é um formato para uso pela gerência sênior e pelo escritório da qualidade. A Figura 6-11 é destinada ao uso por líderes de projeto, patrocinadores e avaliadores designados.

Nº de Identificação	Nome do projeto	Pessoa de contato	Datas previstas/ local de avaliação	Avaliadores/ números de telefone e fax	Finalidades da avaliação

Essas entradas são tiradas do gráfico de infra-estrutura anteriormente descrita. A coluna "datas previstas/local de avaliação" contém informações adicionais sobre o local onde será realizada a avaliação.	Isto relaciona o gerente, ou a equipe de gerentes, que conduzirá a avaliação, como contactá-lo, como enviar documentos a ele.	Isto descreve qualquer foco especial nessa avaliação. Por exemplo: "verificar com a equipe de projeto se a máquina Nº 3 terá que ser substituída".

Figura 6-11. Folha de informações para avaliação para cada esforço individual de melhoria.

Organizando-se para a Avaliação

Para cada esforço de melhoria, determine o seguinte:

Análise pelos Avaliadores

A inquirição é um método formal através do qual gerentes podem manter contato com os envolvidos em esforços de melhoria ou em qualquer outra atividade. A avaliação é uma inquirição (ou inquérito) formal, realizada em local e horário predeterminados. A avaliação (ao contrário da inquirição) não pode ocorrer acidentalmente. No cerne do processo de avaliação está o ciclo PDSA. O PDSA orienta diversos mecanismos direcionadores, cada um operando num ciclo diferente. Durante as avaliações, os gerentes poderão procurar indicadores relevantes a essas questões.

1. Missão, visão, valores, filosofia; metas e planos de longo prazo; e planos e metas de médio prazo operam em ciclos vagarosos. Planos anuais e projetos de curto prazo operam em ciclos mais velozes. Os direcionadores dos ciclos mais longos permanecem mais ou menos fixos, entretanto, em sua maioria, inalterados ao longo do tempo. Mas é adequado revisitá-los de tempos em tempos, especialmente durante o ciclo de planejamento anual da melhoria.
   - Os ciclos de prazo mais longo ainda são relevantes? Ainda significativos?
   - Estamos fazendo progressos constantes para realizá-los?
2. Cada um dos ciclos de prazo mais curto envolve seu próprio planejamento, seu próprio fazer, estudar e agir. O processo de avaliação é relevante para o passo de verificação para cada um dos seguintes itens:
   - Que progressos estamos fazendo em direção às nossas metas anuais de melhoria?
   - O quão bem nossa estratégia está funcionando? Quais os ajustes necessários?
   - O quão eficazes são nossos conhecimento e habilidades na metodologia da melhoria?
   - O quão bem-sucedido é este esforço particular de melhoria? Que progresso tem sido realizado?
   - O que aprendemos que possa ser transferido a outros esforços atuais e futuros?
3. Dados os vários contextos oferecidos pelos ciclos PDSA de prazos mais longos e mais curtos, as finalidades das avaliações podem ser descritas como segue:
   - Testar a atual validade da missão, visão, valores e filosofia da organização.
   - Medir o progresso e avaliar a validade atual de metas e planos de longo e médio prazos.

- Medir progresso em direção à realização do plano anual de melhoria.
- Testar a validade da estratégia por trás do plano anual: Cada uma das atividades é necessária? Todas são o suficiente?
- Procurar lacunas em nossas habilidades em utilizar os vários elementos da metodologia da melhoria.
- Procurar extrair lições a serem integradas a nossos sistemas, a serem usadas (ou evitadas) por outros engajados em esforços de melhoria.
- Reconhecer e apoiar os esforços dos que estão engajados em esforços de melhoria.
- Determinar onde recursos adicionais possam se fazer necessários ou úteis para reforçar esforços de melhoria.
- Alinhar e realinhar atividades, se necessário, a sua intenção original e com o propósito e a estratégia maiores.
- Manter contato com o pessoal do dia-a-dia que faz o trabalho importante e verdadeiro.

4. Algumas implicações dessas finalidades de avaliação:

- Todas as finalidades não podem ser perseguidas em uma única avaliação determinada.
- Gerentes diferentes, ou outros especialistas do *staff*, são mais adequados à avaliação de alguns propósitos; outros são mais adequados à avaliação de outros propósitos.
- Poderá haver necessidade de avaliações especiais de, talvez, uma amostra de projetos direcionados para a busca de ciclos de mais longo prazo, mais lentos.
- Como todo o resto, avaliações têm seu próprio ciclo PDSA.

A Avaliação em Si

No Capítulo 8, abordaremos várias questões e estratégias de questionamento que lideres poderão utilizar. As perguntas podem se mostrar úteis num cenário informal, talvez até uma conversa eventual. Aqui examinamos a avaliação formal: sua logística e seu processo.

A avaliação formal é um evento programado, com apresentadores, avaliadores e, às vezes, uma platéia. É realizada em data e hora estabelecidas com antecedência, num local previamente indicado. Geralmente possui formato e pauta previamente determinados. A avaliação formal é realizada por gerentes; os avaliados são os indivíduos ou grupos envolvidos em várias atividades de melhoria.

Anteriormente, descrevi uma infra-estrutura para um esforço de melhoria que incluía um patrocinador ou uma equipe de orientação (Figura 6-9). Minha recomendação é que o patrocinador ou a equipe de orientação *não* aja no papel de avaliador. Poderão auxiliar o líder ou a equipe de projeto a se prepararem para a avaliação, talvez com um ensaio geral. Entretanto, durante a avaliação, recomendo que o patrocinador ou a equipe de orientação estejam entre os que poderão ser questionados pelos avaliadores. Reconheço que isso envolve mais gerentes e que algumas organizações simplesmente não dispõem de pessoal gerencial suficiente para acomodarem esta sugestão.

A Figura 6-12 mostra um *layout* para o local da avaliação. É adaptado do utilizado pelo Dr. Ishikawa e outros líderes japoneses da qualidade.

Figura 6-12. Uma sugestão de *layout* de sala para uma avaliação formal.

Participaram da avaliação:

- *Os avaliadores.* Ouvem a apresentação e fazem perguntas apropriadas a qualquer um dos envolvidos: líder de equipe, membros de equipe, membros da equipe de orientação ou consultor da qualidade.

- *Apresentador.* Geralmente o líder da equipe de projeto. Como o líder da equipe geralmente é o apresentador, é provável que a maioria das perguntas seja dirigida a ele. É razoável, entretanto, que o apresentador redirecione perguntas a alguma outra parte adequada. Às vezes, o líder da equipe de orientação ou o patrocinador podem apresentar o apresentador.
- *Outros.* Isso é opcional. Entretanto, poderá ser útil ter outras partes interessadas presentes. Por exemplo, futuros apresentadores, trabalhadores da área em exame, outros gerentes e pessoas do *staff*, clientes, fornecedores, etc.

Alguns elementos recomendados para o processo de avaliação:

- *Orientação para os apresentadores.* A avaliação poderá constituir uma experiência razoavelmente intimidadora, mesmo na presença do mais benevolente dos avaliadores. Quem quer que esteja fazendo a apresentação deve receber *coaching* e informações abrangendo:

  — Como preparar o material para a avaliação.

  — O que esperar da avaliação em si.

  Sugerimos que essa orientação seja conduzida pelo consultor da qualidade e, se possível, por um dos avaliadores.
- *Orientação para os avaliadores.* Avaliadores novatos também deverão receber *coaching* em áreas como:

  — Quais as perguntas mais prováveis de serem consideradas adequadas (e inadequadas)?

  — Quais os passos específicos da avaliação? Como se desdobra? Quem faz o quê?

  Esta orientação é geralmente conduzida pelo consultor da qualidade ou por um gerente sênior que tenha conhecimento do assunto.
- *Preparação e distribuição de material de apresentação.* A apresentação normalmente deve ser num formato de história da melhoria, com a utilização de um retroprojetor ou projetor *power-point.* Uma cópia impressa da apresentação deverá estar disponível aos avaliadores com uma semana de antecedência. Cópias extras devem estar disponíveis para os demais no dia da apresentação. O formato de história da melhoria inclui apresentações gráficas mostrando aquilo que a equipe aprendeu e realizou. Para maiores

informações sobre o formato de história da melhoria, veja *Times da Qualidade* (Scholtes), onde é chamado de formato *story board*.

A Figura 6-13 é um fluxograma de distribuição do processo de avaliação sugerido.

Alguns comentários sobre esse processo:

- O avaliador menciona aquilo de que gostou.
  - — Isto pode parecer tramado mas, tramado ou não, parece dar um tom menos severo aos procedimentos.
  - — Os comentários devem, obviamente, ser sinceros e diretamente relevantes ao trabalho do projeto e à apresentação do trabalho: "Achei seus dados relativos ao antes e ao depois, na forma de um histograma combinado, de especial utilidade".
- O avaliador faz perguntas buscando clareza. Por exemplo:
  - — "Quando você diz 'resposta imediata', exatamente o que quer dizer com isso?"
  - — "Na página 4, o gráfico no alto da página: Sei que o passar do tempo é registrado no eixo horizontal. Poderia explicar o que está descrito no eixo vertical?"
  - — "Como sabe que sua definição de 'tempestivamente' é a mesma que a do cliente?"
  - — "Por favor, explique a ligação entre sua solução no Passo 4 e suas causas identificadas no Passo 3".
- O avaliador faz sugestões para o futuro.
  - — Isto deve ser feito com suavidade, oferecendo conselhos em vez de ordens da matriz. "Permita-me sugerir que revisite o Passo 2 e realize mais estratificação e localização. Utilize um gráfico de Pareto, por exemplo, para mostrar onde os danos são mais prováveis de ocorrer".

A Figura 6-14 mostra aquilo que poderá ocorrer imediatamente após a avaliação. Isto embute um passo de estudo diretamente no processo de avaliação.

Alguns comentários sobre a reunião pós-avaliação:

- Essas reuniões são propositadamente anticlimáticas. Tendem a ser mais relaxadas e menos sisudas. Freqüentemente essa segunda hora é mais "real" do que a primeira.

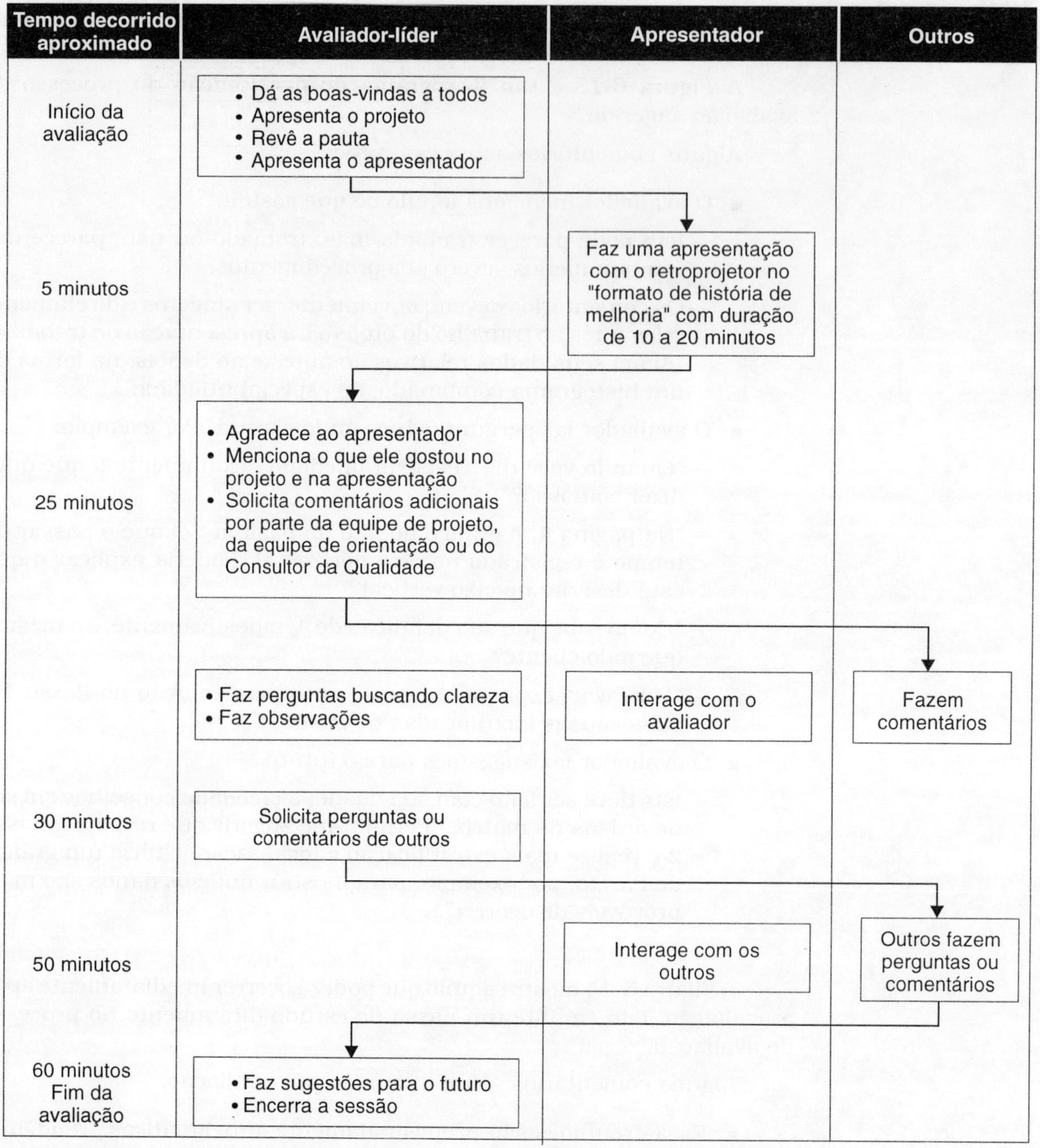

Figura 6-13. O processo de avaliação: Durante a avaliação.

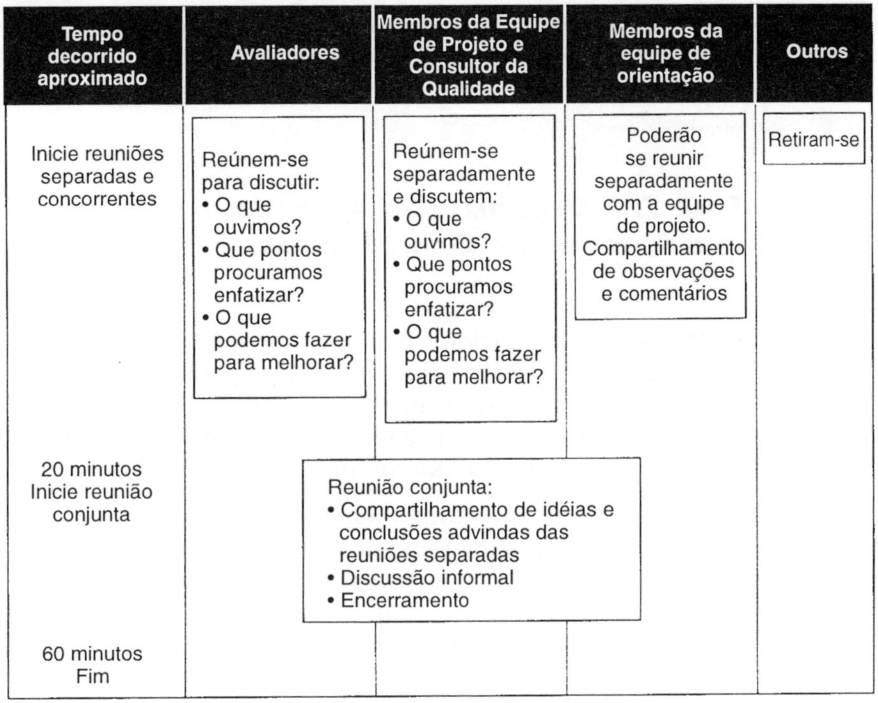

Figura 6-14. Imediatamente após a avaliação.

- O *feedback* para ambas as partes não tem preço. Ambas as partes deveriam tentar ser descritivas ao dar *feedback* e não-defensivas ao recebê-lo.
- Uma reunião conjunta deve ser facilitada. Talvez o consultor da qualidade esteja mais bem posicionado para desempenhar essa função.
- Depois que os gerentes, líderes de equipe de projeto e membros tiverem experiência suficiente com avaliações, uma reunião pós-avaliação poderá deixar de ser necessária.

Gerentes como Pesquisadores

O que os líderes da organização estão fazendo nessa fase é coletando informações. Isto é, em outras palavras, uma atividade de *pesquisa*. O plano é uma teoria, e a avaliação é um esforço destinado a verificar se a teoria está se mostrando válida ou se há ajustes a serem feitos na teoria — ou seja, ajustes no plano. Os gerentes estão engajados, portanto, em vários ciclos PDSA contínuos e, portanto, vários esforços de pesquisa.

Fase 7. A Organização Aprende a Melhorar e Integra o que Aprendeu a Ciclos Futuros.

Melhorar não é suficiente. Temos que saber como projetar e desenvolver *novos* produtos e serviços, sistemas e processos, não apenas melhorar os antigos. Temos que aprender a desenvolver o novo e a melhorar o antigo com velocidade suficiente para manter uma vantagem no mercado e acompanharmos o ritmo de um mundo em mutação.

Aqui discutimos uma das abordagens à aprendizagem mais rápida. Não se trata de mágica e sim de sistema. Temos que desenvolver *sistemas* de aprendizagem a partir de nossa experiência e para a integração daquilo que aprendemos no trabalho contínuo da organização. O sistema é descrito na Figura 6-15. O ciclo PDSA deve constituir uma estratégia central para tudo que fazemos. É um ciclo para aprendizagem e integração de novos conhecimentos em bases contínuas.

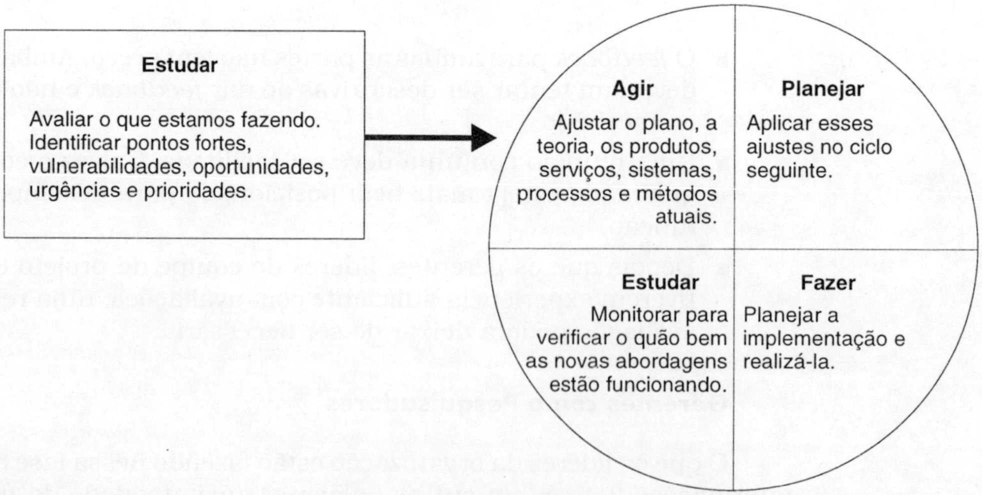

Figura 6-15. Aprendendo com a experiência e integrando aquilo que aprendemos.

Uma Avaliação de Avaliações

Após várias avaliações, gerentes devem se reunir para cotejar e comparar aquilo que nelas aprenderam.

Diagramas de afinidades ou de relacionamentos podem ser meios úteis para se organizarem os vários comentários e informações sobre os casos relatados para futura utilização. (Ver Brassard, 1989.) A finalidade dessas sessões é:

- Integrar a aprendizagem à organização.
- Preparar-se para o plano do ano vindouro.
- Incrementar a melhoria.

MUDANÇA E RESISTÊNCIA À MUDANÇA

A mudança é quase sempre difícil. Por mais cuidadosamente que planeje a melhoria revolucionária, é provável que se depare com resistência em alguma área. Portanto, encerramos este capítulo com alguns comentários sobre a mudança.

Quando as pessoas mudam, por que mudam? Quando as pessoas resistem à mudança, por que o fazem? As duas abordagens mais utilizadas para a mudança — a coação e a racionalidade — também são as duas abordagens menos eficazes.

Estratégia de Mudança 1: Coação

Isso pode parecer eficaz. Uma arma encostada na cabeça ou a ameaça de punição podem produzir a conformidade. Mas não produzem motivação, apenas movimentação. Embora aquele que coage possa estar motivado, a pessoa coagida apenas se move: "Se capturarmos suas entranhas, o resto deles seguirá." Mas os que empregam o medo para vencer terão que encontrar um meio de coexistir com aqueles que perdem. Os que perdem utilizarão sua criatividade para encontrar um meio de vencer. A coação estabelece um relacionamento adversário que é quase que impossível eliminar. A coação deixa em seu rastro descrença, rancor, desconfiança e desmotivação. A mudança pela coação é, na melhor das hipóteses, uma vitória temporária e fugaz. A gerência pelo medo e coação não é um estilo de liderança. É o abandono da liderança, a abdicação da liderança. A indução do medo representa não a liderança, e sim (nas palavras de

David Couper, chefe de polícia aposentado de Madison, Wisconsin), "um excesso de testosterona".

A Irracionalidade da Mudança

As pessoas conhecem os danos à saúde causados pelo fumo há gerações. (Meus avós chamavam cigarros de "pregos de caixão".) Ao longo dos últimos 30 anos temos tido dados persuasivos confirmando aquilo que já sabíamos ser verdade. Mesmo assim, o hábito de fumar persiste, apesar das razões, dos dados e da lógica contrários a ele. A abordagem do governo é a de combinar a racionalidade (os relatórios do Cirurgião Geral[6]), com a coação (restrições à publicidade e à venda a menores). Esta abordagem combina as duas abordagens menos eficazes da mudança. Essas abordagens são as comumente utilizadas por pais para lidar com seus filhos: lições de moral e regras. (Se você quiser aumentar a probabilidade de uma criança fazer alguma coisa, proíba-a de fazê-la!) Seja qual for nossa idade, tais abordagens são mais prováveis de atiçar a criança rebelde que há dentro de nós.

É interessante notar que a resposta da indústria do fumo geralmente é despertar nossa criança rebelde. Ao invés de responder aos perigos à saúde provocados pelo fumo e comprovados pela ciência, apelam para nossos desejos de nos livrarmos de limitações semelhantes às impostas por nossos pais: "Não permita que o Governo restrinja sua liberdade".

Estratégia de Mudança 2: Racionalidade

Toda mudança, até mesmo aquela imposta de forma coercitiva, está envolta pela retórica da racionalidade: "Se capturarmos seus intelectos, o resto deles seguirá". Assim reza a estratégia da racionalidade. A razão e a lógica podem sim ser necessárias, mais para uns do que para outros. Mas com certeza não são suficientes para provocar a mudança.

Existe uma diferença óbvia entre compreendermos, intelectualmente, que uma coisa seja certa ou errada e fazermos algo a respeito. Explicar por que a mudança é importante não fará com que a mudança ocorra. Somos freqüentemente desapontados, entretanto, quando nossos esforços para treinar e educar pessoas não resultam na mudança das mesmas.

---

6 N.T.: Equivalente a Ministro da Saúde, no Brasil.

Estratégia de Mudança 3: A Socialização da Mudança

A mudança nem sempre é um processo natural. Por que as pessoas mudam? Permitam-me oferecer algumas afirmações como parte de uma teoria da mudança. *As pessoas mudam porque:*

- Tornam-se conscientes de alguns fatores, condições ou circunstâncias que as fazem menos satisfeitas.
- Experimentam esses fatores, condições ou circunstâncias como ocorrendo fora de sua capacidade atual de controle.
- Tornam-se conscientes de que outros, a quem respeitam, estão experimentando esse descontentamento e incapacidade de controlar os eventos.
- Também se tornam conscientes de que alguém ou algum grupo que respeitam propôs uma maneira de lidar com essa experiência compartilhada de descontentamento e incapacidade de controle.
- Tornam-se conscientes de uma onda de apoio, especialmente entre pessoas a quem respeitam, por essa nova abordagem.
- Juntam-se a seus pares respeitados em apoio dessa nova abordagem.

O acima descrito não é um processo racional. A racionalidade será utilizada à medida que o processo de mudança se desdobrar e a irracionalidade puder descarrilar o processo, ou ao menos retardá-lo. Mas a mudança não é resultante de um silogismo. Raramente é lógica.

Esta teoria da mudança sugere que para a maioria das pessoas a mudança é uma transformação coletivamente social e um tanto emocional. Até mesmo um indivíduo solitário ou socialmente isolado pode ser afetado pela natureza social da mudança. A mudança é descrita como sendo um vagalhão, uma plataforma. Um eleitorado começa a se desenvolver por trás da experiência de descontentamento e das abordagens pré-acordadas. Escritores e críticos começam a se referir a esse eleitorado como se fossem subespécies da raça humana: *baby boomers*, geração X, WASPs, *angry white males* (homens brancos revoltados)[7]. A distinção

[7] N.T.: Movimentos e/ou grupos sociais dos EUA: Baby boomers, os já conhecidos nascidos no pós-guerra, atualmente na faixa de 50 anos de idade; generation X, a geração atualmente com entre 20 e 30 anos de idade, sem rumo definido, que sofre de angústias e insatisfação existencial; os WASPs (White Anglo-Saxon Protestants, ou Protestantes Brancos de origem anglo-saxônica), constituindo a suposta maioria da população dos EUA — conservadores/reacionários, patriotas e eleitores do Partido Republicano; angry white males: ultraconservadores, racistas e machistas, são contra tudo e todos que possam ser diferentes, como negros, hispânicos, mulheres liberadas, etc.

entre a realidade e a percepção torna-se enevoada. Profecias auto-realizadoras começam a trabalhar. A mudança é uma bagunça! A mudança torna-se muito menos limpa e ordenada do que as abordagens da coação ou da racionalidade permitiriam.

A mudança em uma organização é também um processo de transformação social. A abordagem ideal à mudança é auxiliar as pessoas a compreenderem a necessidade de mudança e permitir que participem do planejamento da resposta àquela necessidade. Se quiser encorajar o ressentimento e a resistência à mudança, mantenha as pessoas desinformadas e alienadas. (Certa vez ouvi um palestrante num seminário alardear as virtudes do que chamava de "planejamento furtivo": Não deixe que as pessoas saibam o que está acontecendo até que seja tarde demais para fazerem algo a respeito. Isto diz mais a respeito de sua descrença com relação às pessoas do que de seu conhecimento de planejamento de mudança.)

Passo na mudança	Abordagem
• Compreender a necessidade	• Racional
• Discutir a necessidade em grupos	• Socialização
• Planejar a resposta	• Racional
• Participação no planejamento da resposta	• Socialização
• Implementar e monitorar a mudança	• Racional
• Comunicação e *feedback* relativos à eficácia da mudança	• Socialização

Figura 6-16. A socialização da mudança.

Como líderes da mudança, os gerentes ou outros líderes da mudança devem se ver como líderes de um processo destinado a ganhar os corações da massa crítica. Devem procurar criar um eleitorado por trás de uma nova idéia, desenvolvendo compatibilidade entre as necessidades, as esperanças e dúvidas das pessoas e a nova idéia proposta.

Para conhecer mais sobre a importância da *participação* no processo da mudança, veja o Capítulo 10.

Resistência à Mudança: Os Estágios da Morte

Ao nos depararmos com alguma doença terminal ou passarmos por uma experiência que nos aproxime da morte, passamos por alguns estágios previsíveis. Elisabeth Kübler-Ross (1969) foi quem primeiro identificou esses estágios da morte. Seu trabalho tem sido confirmado pelas pesquisas de outros. Os estágios da morte:

- Negação: "Você confundiu meus raios-X com os de outro".
- Raiva: "Não é justo! Mereço melhor do que isso!"
- Barganha: "Se der um jeito na minha vida, posso superar isso?"
- Depressão: "Não tenho controle! Não sei o que será de mim. Lamento a perda daquilo que já foi".
- Aceitação: "Estou pronto para fazer a passagem".

Quando nos deparamos com alguma necessidade inevitável de uma mudança em nossa organização, passamos pelos estágios equivalentes. Já ouvi gerentes oferecerem essas formas de negação ao encararem a necessidade de mudar sua abordagem, adotando a nova filosofia aqui descrita:

- Não vai funcionar:

  — nesta cultura;

  — neste setor;

  — neste estado;

  — nesta empresa;

  — nesta fábrica;

  — nesta máquina;

  — com este pessoal;

  — este ano.
- Será que algum de vocês já teve que atender a uma folha de pagamento?
- Já estamos fazendo isso, o fazemos há anos.
- Não temos tempo. Eu não tenho tempo.
- Essa é uma boa idéia, instruirei meu pessoal a fazer isso.

Concluí que essas são todas variações de uma simples declaração: "Por favor, Deus, não me faça ter que pensar a respeito disso!" Quando a necessidade de mudança é óbvia, desesperada e urgente, as pessoas são mais propensas a atravessar os estágios mais rapidamente. Parte de liderar a mudança, entretanto, geralmente envolve ajudar pacientemente as pessoas a atravessarem os estágios da morte. Isto, é claro, torna-se um desafio maior quando as pessoas em negação são aquelas que deveriam estar liderando a mudança.

Com relação a qualquer mudança proposta, haverá uma distribuição de pessoas com respeito a seu apoio ou resistência à mudança, mostrado na Figura 6-17 como uma curva de distribuição em forma de sino. Se a mudança for vista como prejudicial ou mais benéfica para a maioria das pessoas, a curva será deslocada correspondentemente para a esquerda ou para a direita.

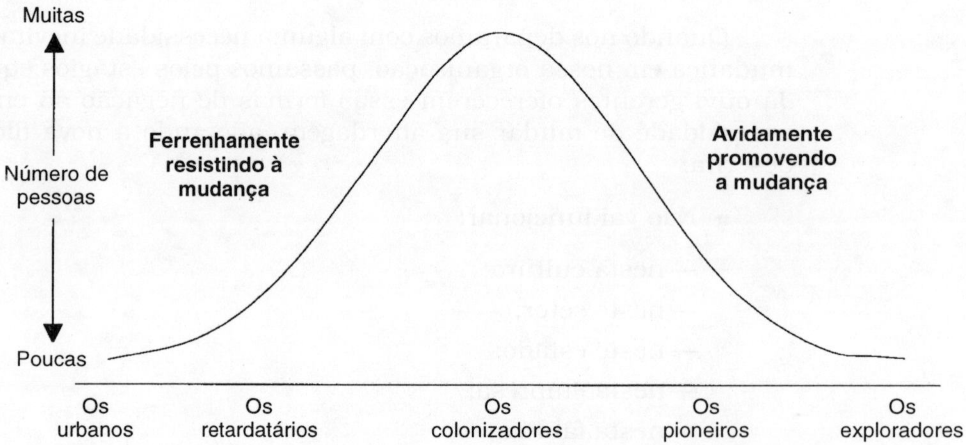

Figura 6-17. O *continuum* da resistência à mudança.

Na vanguarda da mudança há os exploradores. Esses são os Lewis e Clark[8] da mudança, os Chuck Yeager e Yuri Gargarin, os primeiros consumidores de ostras e sushi, os que "corajosamente vão aonde

[8] N.T.: Meriweather Lewis e William Clark; exploradores e desbravadores norte-americanos do início do Século XIX. Sua expedição mais famosa ocorreu em 1804-06, seguindo o rio Missouri desde sua junção com o Mississippi até sua nascente e, após atravessarem a divisória continental, exploraram o rio Colúmbia de sua fonte até o Oceano Pacífico.

nenhum outro já foi". No contexto de um movimento, como o da qualidade, estes são os comandos que estão tão à frente da massa crítica das pessoas que a maioria destas desconfia deles. Quando as pessoas dizem que os seguidores de Deming parecem um culto, suspeito que tenham sido submetidas ao zelo de um Comando da Qualidade.

Os pioneiros vêm logo atrás dos exploradores, mas são prudentes o suficiente para esperar para ver o que acontece com os exploradores antes de irem adiante. Os colonizados são mais conservadores e assumem menos riscos em relação à mudança. Abraçarão algo novo somente quando sua viabilidade tiver sido provada. Os retardatários são lentos em abraçar a mudança. Necessitam de segurança e previsibilidade e mesmo então poderão optar pelo conforto da forma antiga e conhecida. Os urbanos visitarão a fronteira da mudança apenas quando se tratar de um parque temático. Poderão ter que ser arrastados, esperneando e gritando, mudança adentro, ou pelo menos exortados a suspenderem o julgamento e permitir que outros façam uma tentativa.

Individualmente, podemos nos ver andando para trás e para a frente dentro do *continuum*, de uma mudança para outra. Muitas pessoas, entretanto, parecem estar habitualmente dispostas a favor de, ou contrárias a, toda e qualquer mudança.

O planejamento da mudança envolve diferentes estratégias, dependendo de se os líderes e pessoas influentes da organização sejam pioneiros ou retardatários.

Uma Olhada de Relance na Influência

As pessoas exercem maior ou menor influência sobre as outras. Vão desde os movimentadores e sacudidores até os movimentados e sacudidos. Como mostrado na Figura 6-18, os movimentadores e sacudidores podem ter influência em virtude de suas posições na organização *formal*. São essas as pessoas que detêm posições e títulos hierárquicos de autoridade. A influência *informal* depende de outra coisa, algo que freqüentemente é difícil de precisar. Esses indivíduos não necessariamente têm uma posição que lhes dê influência, mas são as pessoas para as quais as outras se voltam em busca de indicações de apoio ou resistência relativos à idéia proposta. Tal influência poderá ser resultante de carisma pessoal, longa experiência, respeito e confiança amplamente disseminados, inteligência, clareza de visão, persistência, acesso a informações ou acesso a grupos ou indivíduos influentes. Poderíamos tentar relacionar os atributos daqueles que nos têm influenciado. As características dos realizadores e movimentadores informais também poderiam explicar por que alguns membros da hierarquia têm maior grau de influência do que seus pares. Também podem ser líderes num nível informal.

	Movimentados e sacudidos	Moderadamente influentes	Movimentadores e sacudidores
Organização formal	Aqueles nos degraus inferiores da hierarquia	Aqueles nos degraus intermediários da hierarquia	Aqueles nos degraus superiores da hierarquia
Organização informal	Aqueles nos degraus inferiores da hierarquia	Sem posição importante, mas com influência moderada	Aqueles sem posição de alto nível mas com grande influência

Figura 6-18. O grau de influência na organização.

A Demografia da Mudança

O que descrevemos aqui é uma abordagem bastante política à mudança. Poderá parecer maquiavélico. Na verdade, poderá *ser* maquiavélico, embora tal não seja necessário. Adaptei isso de algumas idéias que aprendi com Len Hirsch, um especialista em desenvolvimento organizacional da Casa Branca durante o governo Carter. (Esta não é uma abordagem democrática à mudança. É uma abordagem política à mudança.)

A *demografia da mudança* aceita, sem julgamento, que a mudança não é um processo racional. Quando realizada com sinceridade e benevolência, é uma tentativa de criar uma *pauta para o ouvir*. Será útil pensar detalhadamente na distribuição de influência e da concórdia e nos auxiliará planejar quem abordar e como abordá-los enquanto buscamos desenvolver um eleitorado que apóie uma mudança proposta.

As Figuras 6-19 e 6-20 combinam a distribuição da resistência, como mostrado da Figura 6-17, e os níveis de influência, como mostrado na Figura 6-18. A Figura 6-19 utiliza números para identificar nove células ou posicionamentos diferentes com relação à mudança. A Figura 6-20 utiliza os mesmos números mas aplica descrições em vez de números de células.

As Figuras 6-19 e 6-20 oferecem uma estrutura conceitual para a análise do posicionamento de pessoas com relação a uma mudança proposta. O eixo vertical descreve o grau de apoio que um indivíduo ou grupo tem para a mudança. O eixo horizontal descreve o grau de influência possuído pelo indivíduo ou grupo.

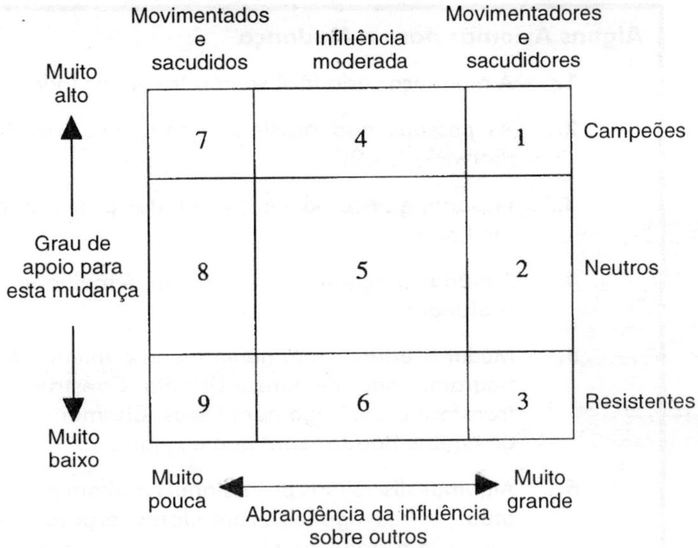

Figura 6-19.

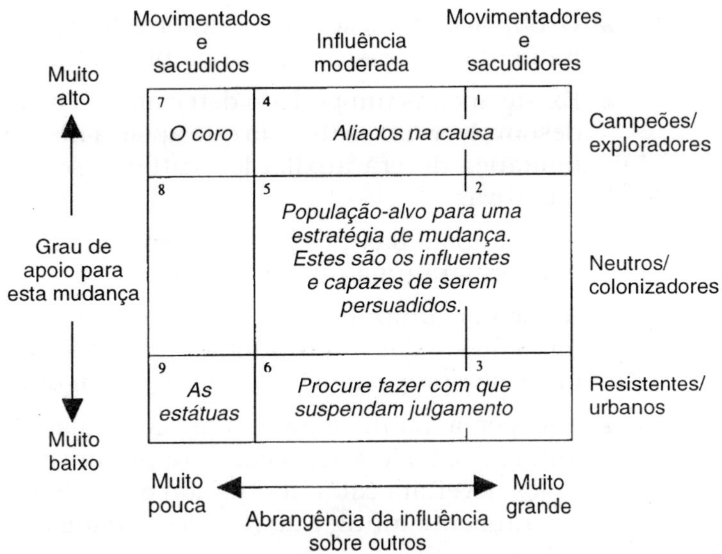

Figura 6-20.

Alguns Axiomas para a Mudança

1. A mudança seria fácil se não fosse por todas as pessoas.
2. As pessoas não resistem à mudança, resistem a serem mudadas (Borwick, 1969).
3. Noventa e cinco por cento de todas as mudanças nada têm a ver com melhoria.
4. A mudança requer conhecimento. A melhoria requer sabedoria (saber profundo).
5. Mudar o exterior raramente muda o interior. Mudar a estrutura (organograma) não melhora o sistema. Construir uma nova garagem não transforma um Yugo num Lexus. Chamar os antigos chefes de líderes de equipe não faz com que o sejam.
6. Algumas disciplinas profissionais buscam preservar e proteger o *status* atual (ex.: advogados e contadores corporativos). Outras buscam fazer com que o *status* atual pareça novo e importante (marketing). Essas profissões podem obstruir o caminho para a verdadeira melhoria.

Diretrizes para a Aplicação da Demografia da Mudança

- O objetivo deve ser o de desenvolver um eleitorado de apoio influente por trás da mudança proposta.
- Existe apenas um período determinado de tempo disponível para desenvolver um eleitorado que apóie a mudança. A demografia da mudança deverá auxiliá-lo a utilizar seu tempo de forma mais lucrativa.
- Sem o apoio das pessoas influentes (formais e informais), você não formará uma massa crítica.
- A melhor utilização de seu tempo é junto àqueles que são influentes e que ainda adotam uma posição neutra em relação à mudança proposta (células 2 e 5 na Figura 6-19).
- Não perca muito tempo com as células 1 e 4, os apoiadores influentes. Poderá ser reconfortante conversar com eles, mas você e eles deveriam estar abordando os 2 e 5. Perder tempo com os 7 é geralmente inútil. Não há necessidade de pregar para o coro.
- Perder tempo com os 9 não é prioridade maior. Podem ser boas pessoas e certamente merecem respeito. Tempo gasto com elas

não produzirá grande coisa em termos de desenvolvimento de um eleitorado. Portanto, não pregue para as estátuas.

- É importante abordar os resistentes com influência (3 e 6). Procure ajudá-los a passarem para um posicionamento mais neutro ou fazer com que suspendam o julgamento e tolerem uma experiência.
- Como passar tempo com os 2, 5, 3 e 6? *Ouça-os.*
- Não tente *persuadi-los*; em vez disso, tente *compreendê-los* e suas perspectivas e preocupações.
- Compreendê-los permitirá que veja como (ou se) a mudança proposta pode atender suas necessidades.
- Compreendê-los poderá ajudá-lo a moldar as abordagens e prioridades.

A demografia da mudança não deverá ser utilizada como uma ferramenta de manipulação. Deverá ser uma estratégia para a compreensão e a empatia.

RESUMO

O Capítulo 5 poderia ter sido descrito como "preparando-se para a mudança". Apresentou conceitos de maior escala e mais longo prazo como propósito, missão, visão, valores e cultura. O Capítulo 6 descreveu uma abordagem mais prática à mudança sistêmica denominada planejamento revolucionário. É a parte de trabalho duro da mudança, que requer clareza, compromisso e persistência. Também exploramos outros conceitos relativos à mudança: como facilitar a mudança bem-sucedida e como lidar com a resistência à mudança.

O Capítulo 7 discute a necessidade de medição, uma dimensão essencial da nova filosofia.

ATIVIDADES DO CAPÍTULO 6

1. Descreva como se identificam e selecionam prioridades em sua organização.

2. De que maneiras seu método é diferente daquilo descrito como melhoria revolucionária?

3. O que aprendeu com o processo através do qual desenvolveu o plano do ano passado? Como incorporará aquilo que aprendeu ao processo para a elaboração do plano do ano vindouro?

4. Que grau de sucesso obteve em sua busca pelas prioridades deste ano? Como incluirá isto no desenvolvimento das prioridades do próximo ano?

5. Descreva alguma mudança recente em sua organização.

A. Foi bem-sucedida?

B. Como sabe?

C. Foi uma melhoria?

D. Como sabe?

REFERÊNCIAS

Ackoff, R. 1981. *Creating the corporate future.* Nova Iorque: John Wiley & Sons.

Bennis, W., Benne, K. e Chin, R. 1985. *The planning of change.* Nova Iorque: Holt, Rinehart and Winston.

Borwick, I. 1969. Team improvement laboratory. *Personal Journal*, janeiro.

Brassard, M. 1989. *Memory jogger plus.* Methuen, MA: GOAL/QPC.

Heffernan, G., Moran, J. e Nadler, G. 1994. *Breakthrough thinking in total quality management.* Englewood Cliffs, NJ: Prentice-Hall.

Kepner, C. H. e Tregoe, B. B. 1981. *The new rational manager.* Princeton, NJ: Princeton Research Press.

Nadler, G. e Hibino, S. 1990. *Breakthrough thinking.* Rocklin, CA: Prima Publishing.

Scholtes, P. 1988. *The team handbook.* Madison, WI: Joiner Associates Incorporated.

Wood, G. R. e Munshi, K. F. 1991. Hoshin Kanri: A systematic approach to breakthrough improvement. *Total Quality Management*, 2, 3.

7

Fazendo o Acompanhamento: Medidas de Melhoria, Progresso e Sucesso

INTRODUÇÃO

Medimos aquilo que nos é importante. Dedicamos tempo quase todos os dias para nos mantermos a par das coisas que queremos acompanhar:

- Alguns mantêm seus talões de cheques atualizados.
- Alguns marcam a altura sempre crescente de seus filhos na parede da cozinha.
- Alguns acompanham seu próprio peso, batimento cardíaco, temperatura, pressão arterial, nível de triglicerídeos, percentuais de gordura corporal, níveis de glicose e cetonas. A lista poderá ser interminável.
- Alguns monitoram classificações em testes e notas no boletim.
- Alguns simplesmente se olham no espelho (por mais ou menos tempo), verificando ajustes necessários e chegando a autojulgamentos que podem ou não ter alguma coisa a ver com o que estão vendo.
- Alguns focalizam-se em medidas com base mecânica (km/l ou rpm, por exemplo).
- Outros devoram estatísticas esportivas: médias de gols marcados, tempo de bola em jogo, percentuais de passes certos e errados. Na verdade, para a maioria das pessoas, estatísticas e estatísticos são termos relativos a esportes.
- Alguns acompanham dados financeiros (médias do índice Dow Jones, taxas cambiais, desempenho diário de ações, bônus ou *commodities*).
- Alguns verificam dados meteorológicos.

Medimos as coisas por duas razões básicas:

1. Para ver como as coisas estão indo. (Exatamente quanto calor fez hoje?)
2. Para predizer o futuro. (Quais são as chances de esfriar amanhã?)

Estes dois usos de dados às vezes requerem diferentes tipos de coleta e análise de dados. Dados que nos ajudam a compreender a situação atual não necessariamente nos ajudam a compreender as tendências e os padrões que nos auxiliarão a predizer o futuro.

Outro refinamento da idéia de diferentes tipos de dados é examinar os dados que descrevem os *resultados* que obtemos; por exemplo, quantos biscoitos queimados por lote. Ou podem-se examinar dados relativos a *processo*, indicadores que nos dizem o quão bem as coisas estão indo muito antes que saibamos quais os resultados que serão obtidos; por exemplo, a temperatura do forno em que os biscoitos estão assando. Para predizer o futuro, precisamos compreender o processo (todos os fatores necessários para bons biscoitos) e monitorar aqueles indicadores-chave do processo (medidas de ingredientes, temperatura do forno, tempo de cocção, etc.).

Se você for daqueles que têm dor de barriga quando antevêem o prospecto de desenvolverem indicadores e medições de negócios, talvez encontre consolo em saber que já está medindo coisas o tempo todo. Talvez a diferença é que aquilo que você mede no restante de sua vida é parte de sua rotina automática (relógios, termômetros, termostatos) e que você está monitorando coisas que são importantes para você.

ALGUNS ITENS BÁSICOS RELATIVOS A DADOS

Aqui estão alguns itens básicos relativos a dados.

Dados estão por toda parte. Há uma abundância de dados em todo lugar.

- Todo sistema, processo ou ação produz dados.
- Dados estão sempre lá, disponíveis, capturáveis.
- A maior parte dos dados, entretanto, não vale a pena ser capturada. Raramente é útil. Até mesmo alguns dados rotineiramente utilizados em nossos negócios são inúteis (ex.: tonelagem de produto produzido ontem).

É importante, portanto, determinar que dados é importante coletar.

- Se você ou seu pessoal acabarem coletando dados inúteis e não-utilizados ficarão aborrecidos e desistirão.
- Pergunte: "Se tivéssemos esses dados o que faríamos com eles?" e "Se não tivéssemos esses dados, como seríamos (ou estamos sendo) prejudicados?"

Comece por propósito, clientes, segurança e onde você sente dor.

- Que indicadores lhe dirão se está no caminho certo, servindo o propósito de sua organização?
- Que indicadores lhe dirão se está atendendo rotineiramente às necessidades de seus clientes e deleitando-os?
- Que indicadores o ajudarão a monitorar as condições que causam acidentes e ferimentos?
- Que indicadores o ajudarão a monitorar as causas e ocorrências de problemas e quebras crônicos e conhecidos?

Todos os dados variam.

O quão bem ou mal está indo hoje, medido pelos seus indicadores, é diferente de como se saiu ontem. Amanhã será novamente diferente. No Capítulo 2 abordamos rapidamente a questão da variação e suas causas.

Quando você coleta e analisa dados referentes a seus indicadores-chave, deverá ter o cuidado de fazê-lo de forma que permita ver o alcance e a variação média e determinar estatisticamente a capacidade e previsibilidade de seus sistemas. (Para uma maravilhosa referência sobre este assunto, veja Wheeler, 1993.)

Tipos de Dados

Poderíamos pensar em termos dos quatro tipos de dados mostrados na Figura 7-1. (Ao se aprofundar mais nisso, aprenderá que há muitos mais. Estes quatro são um bom ponto de partida.)

	Dados de opiniões	Dados observáveis
Dados de processo		
Dados de resultados		

Figura 7-1. Quatro tipos de dados.

Dados de Opiniões

Aqueles que coletam dados de opiniões não olham para *ver* o que é real. Perguntam às pessoas o que *pensam* que é real. Os que advogam pesquisas de opinião argumentarão que os fatos são sentimentos e que os sentimentos são fatos. É a *opinião* de alguém que o leva a comprar um produto ou a votar num candidato. Portanto, as opiniões são importantes.

Dados Observáveis

Estes dados derivam de se ver o que está lá e registrá-lo. Os que advogam o uso deste tipo de dado argumentarão que porque algo recebe um número não quer dizer que seja um dado. Saber o que as pessoas acreditam ser os maiores riscos à segurança não é tão útil ou relevante quanto verificar quais os riscos à segurança que são os mais freqüentes causadores de acidentes, os mais danosos, etc. As opiniões das pessoas apenas revelarão o distanciamento entre aquilo que é e aquilo que se pensa ser... em outras palavras, ignorância.

Há uma defasagem entre dados observáveis e dados de opiniões (como mostra a Figura 7-2).

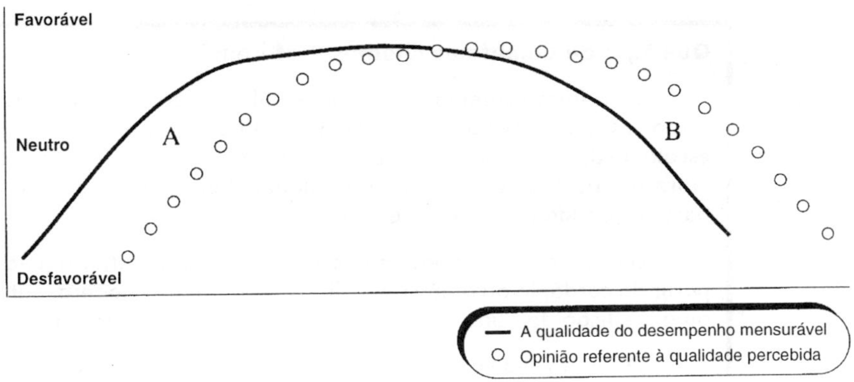

Figura 7-2. A defasagem entre observação e opinião, ao longo do tempo.

Alguns exemplos desse retardo são:

- O desempenho efetivo do produto de uma empresa *versus* as percepções do cliente da reputação e do desempenho da empresa.
- A percepção do público de algum problema na sociedade (ex.: criminalidade) e a efetiva ocorrência daquele problema.

Comentário: Uma forma comum de dissimulação (ou seja, desonestidade) é procurar manipular a percepção sem uma melhoria equivalente na qualidade (tentativa de perpetuar a defasagem B: rotular algo de "novo" e "melhorado" quando não é nenhuma das duas coisas).

Dados de Resultados

A linha de resultados: Depois de tudo ter acontecido, resultados são o que lhe restam. Produtos fabricados, serviços prestados, erros, defeitos, quebras, custos — são todos resultados de outras ações e interações. Não se podem evitar esses resultados. Já ocorreram. Apenas poderá esperar fazer melhor da próxima vez.

Dados de Processo

Esta denominação é um pouco enganosa, já que todos os dados são conseqüência de algum evento antecedente. Aqui, entretanto, nos referimos a dados que são indicadores suficientemente antecipados para que possamos ajustar o processo antes que ocorram os resultados indesejáveis.

Que Tipo de Comida os Clientes Preferem?

Uma forma comum de *feedback* utilizada por restaurantes é um cartão de respostas que convida os clientes a classificarem a qualidade da comida numa escala de 3, 4 ou 5 pontos. O problema, é claro, é que ninguém sabe a diferença entre um número e outro, porque alguém consignou uma classificação alta ou baixa à comida ou o que fazer com a informação.

Um dono de restaurante apenas pode acompanhar aquilo que é pedido a partir do cardápio ou o que é escolhido no bufê. Isso poderá, entretanto, ser mais uma medição do quão bem um prato é descrito ou de sua aparência.

O Joban Hawaiian Center no Japão utilizou uma medição esperta da satisfação do cliente: Mediram a comida que retornava nos pratos dos clientes, pratos com aparência boa o suficiente para serem selecionados no bufê, mas que não eram tão saborosos quanto pareciam.

Este é um exemplo de dados observáveis de resultados. É tarde demais para mudar a variedade de pratos. Mas os dados poderão ser utilizados para melhorar cardápios futuros.

O Joban Hawaiian Center foi a primeira organização de serviços a ganhar o almejado Prêmio Deming. Foram auxiliados nesse esforço pelo talentoso professor Yukihiro Ando.

Algumas Diretrizes sobre Dados

- Dados observáveis são preferíveis a dados de opinião. Saberemos que teremos tido sucesso com esta afirmação no dia em que políticos, pessoal de marketing e repórteres compreenderem isso e concordarem conosco.
- Dados de processo são preferíveis a dados de resultados. Quanto mais próximo do início do fluxo pudermos observar as características-chave do processo, melhor poderemos controlar o processo e sua saída.
- Dados de resultados podem ser utilizados de duas maneiras:
  — Podem nos dizer o quão bem-sucedidos somos em nossos esforços de compreender, monitorar e controlar o processo.
  — Podem nos oferecer indicações de que processo, melhorias e indicadores adicionais teremos que implementar.
- Se opiniões forem tudo que puder obter, então suponha que deixou de captar alguns indicadores observáveis possíveis e procure-os novamente.
- Dados de opiniões são adequados quando tudo do que necessitamos são opiniões. Os problemas ocorrem quando utilizamos opiniões como substitutas da realidade. "A criminalidade é um problema crescente, de acordo com uma pesquisa conduzida por...".
- Alguns problemas com as pesquisas de opinião e *feedback* são os seguintes:
  — É difícil formular perguntas que não sejam ambíguas e tendenciosas.
    — Todo pesquisado interpretará a pergunta da mesma forma?
    — A pergunta induz ou afasta determinadas respostas?
  — Oferecem um instantâneo, não muitos enfoques em vários momentos ao longo do tempo.
  — As reações são influenciadas por eventos não-relacionados.
  — Não podemos pressupor que aqueles que não respondem sejam adequadamente representados pelos que o fazem. (Usuários de pesquisas enviadas pelo correio geralmente se vangloriam dos resultados mesmo quando a razão de respostas é tão baixa quanto 20%.)
  — Os formulários raramente contêm perguntas abertas. Em vez disso, encerram categorias estruturadas de respostas que não

necessariamente correspondem à experiência da pessoa que responde.

— As perguntas geralmente contrariam uma filosofia gerencial orientada para o bode expiatório. ("Seu garçom foi tempestivo em anotar seu pedido?")

— Observação: A pesquisa de mercado padrão utiliza pesquisas de opinião. Entretanto, pesquisas bem conduzidas, combinadas com tecnologia de pesquisas aplicada, podem compensar a maioria das falhas características da maioria das pesquisas.

ALGUMAS COISAS A SEREM CONSIDERADAS ANTES DE INICIAR A MEDIÇÃO

Inicie pelo Propósito

Como persistimos em enfatizar, o propósito é um ingrediente necessário para a medição bem-sucedida.

- Se você for medir X, primeiramente determine qual o propósito de X. Depois determine o propósito da medição. Exemplo: cartões de ponto.

> **Dados Difíceis *versus* Dados Fáceis**
>
> Quando a cidade de Madison, Wisconsin, realizou pesquisas de contribuintes na década de 70, descobriu que o maior problema no verão eram mosquitos e no inverno, a neve. Isto poderia ter sido descoberto a um custo muito menor simplesmente olhando pela janela.

— O que medem os cartões de ponto? As idas e vindas dos empregados.

— Por que as idas e vindas dos empregados serão medidas?

— Para analisarmos o sistema (ex.: para estudar padrões de atrasos)?

— Para alimentarmos outro sistema (ex.: cobrança)?
— Para controlarmos o comportamento das pessoas (ex.: brincar de "Peguei!" com empregados não-pontuais)?

- Imagine que tenha os dados. O que fará com eles? Há maneira mais fácil de se obterem os dados?

Quem Mede e Quem é Medido?

Há os medidores (planejam coletar dados, coletam dados, analisam e interpretam os dados) e há aqueles cujo trabalho é medido. Muitas vezes, a medição é realizada direta e explicitamente (ex.: cartões de ponto) e, às vezes, mais indireta e implicitamente (quebras, desperdício, reclamações de clientes).

- Quem são os medidores e interpretadores e por que foram selecionados para fazer isso?
- Como a medição afetará o relacionamento entre aquele que mede e aquele que está sendo medido?
  — Qual era esse relacionamento para início de conversa (confiança? respeito?) e qual o relacionamento desejado?
  — Poderá haver um certo paternalismo implícito em medição, especialmente em se tratando do exame direto, e explícito do

Figura 7-3. Paternalismo implícito na medição.

trabalho de um indivíduo (pontualidade, absenteísmo, etc.). Isto é mostrado na Figura 7-3. (Veja também o Capítulo 2, relativamente à motivação.)

- Até certo ponto o paternalismo em potencial pode ser atenuado pelo estilo utilizado pelo que realiza a medição e pelo grau de participação no processo de medição permitido àquele que está sendo medido.

Expulse o Medo
(Ponto 8 de Deming)

Embora Deming fosse bastante humanitário em seus valores, o Ponto 8 não foi primariamente derivado de seus sentimentos em relação às pessoas. Deming estava consciente do que o medo faz com os dados. Já o vi utilizar este gráfico.

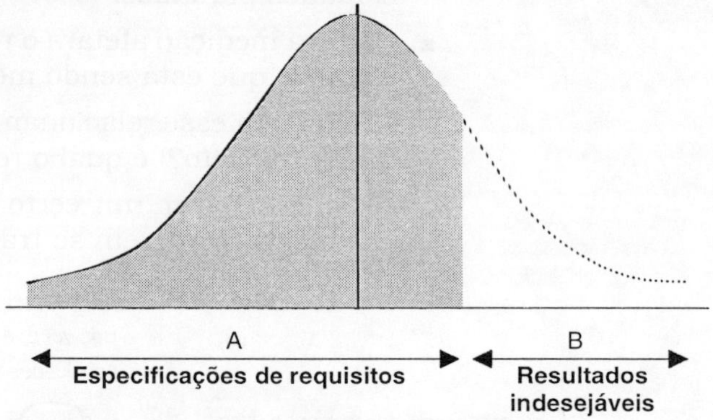

Os dados do chão de fábrica indicam que o desempenho, embora variável, está dentro das especificações exigidas (área A). Entretanto, os dados estão sendo abortados e a distribuição, interrompida por alguma coisa. O que aconteceu à área B, de resultados indesejáveis? Foram consumidos pelo medo. Foram ocultados e enterrados, jamais relatados.

Medição num Ambiente de Medo e Desconfiança

Onde houver antecedentes de relacionamentos paternalistas e adversários, a medição será difícil. Talvez seja necessário curar o relacionamento antes de lidar com medições que poderão fazer com que aquele que estiver sendo medido torne-se desconfiado.

Recorde aquilo que eu disse sobre confiança, no Capítulo 2. Para que você confie em mim será preciso que tenha confiança de que sou competente e benevolente em relação a você. Se qualquer dessas percepções estiver faltando, a confiança estará prejudicada.

Alguém que esteja desconfiado em relação ao medidor, terá as seguintes perguntas:

- Os dados são legítimos: corretamente coletados e analisados, confiáveis, consistentes, precisos?
- Os dados serão utilizados contra mim?
- Há uma tendenciosidade embutida no sistema de medição? Haverá profecias autocumpridoras (os dados confirmarão aquilo que o medidor já sabia serem os resultados)?

Medição e Melhoria

A Figura 7-4 mostra um sistema de melhoria. Esses são componentes interdependentes de problemas e soluções. Cada um molda e influencia os demais. Cada um oferece oportunidades para a medição.

Se dados forem utilizados para a melhoria (em vez de para controlar empregados), deveremos utilizar alguma visão sistêmica da melhoria, como a retratada na Figura 7-4.

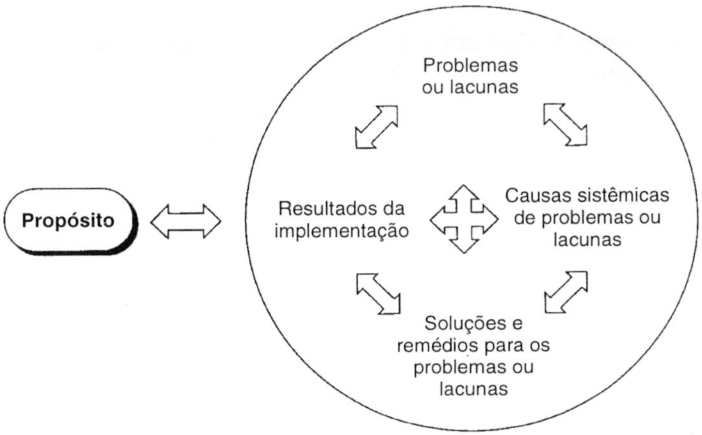

Figura 7-4. Um sistema de melhoria.

Algumas medições das quais necessitaremos são:

- Da natureza e dos padrões dos problemas.
- Das condições no sistema que causam o problema.
- Das soluções ou dos remédios desenvolvidos e dos resultados dessas intervenções.
- Dos relacionamentos entre os resultados obtidos, os problemas e suas causas, soluções implementadas e o propósito da organização, do sistema, processo ou seja lá o que estiver sendo considerado.
- As conexões entre quaisquer dos componentes deste sistema interativo de melhoria. Os dados deverão lhe dizer se seu plano está funcionando e se suas teorias estão se mantendo como verdadeiras. Um exemplo de uma teoria: Acreditamos que as vendas caíram (problema), que podemos melhorá-las oferecendo incentivos à força de vendas (soluções). O sistema descrito na Figura 7-4 poderá auxiliar a identificar o que medir (os padrões de tendências das vendas antes e depois dos incentivos). Também poderá sugerir aquilo que está faltando em seu processo de raciocínio. (Quais as causas do problema?) Estruturas de perguntas semelhantes serão exploradas no Capítulo 8.

DICAS PARA INICIAR

Passo 1. Defina o propósito do sistema de coleta de dados como um todo.

- Criar um sistema de medição dará um bocado de trabalho. Por que está se sujeitando e sujeitando seu pessoal a isso?
- Como o sistema inteiro será utilizado?
- Quem se beneficiará do sistema inteiro e como se beneficiará?
- Escolha uma rede de medições:
  - — Escolha poucas para começar.
  - — Identifique algumas medidas de resultados e algumas de processo.
- Talvez o modelo SIPOC seja útil para se projetar a rede de medições (ver Capítulo 3).

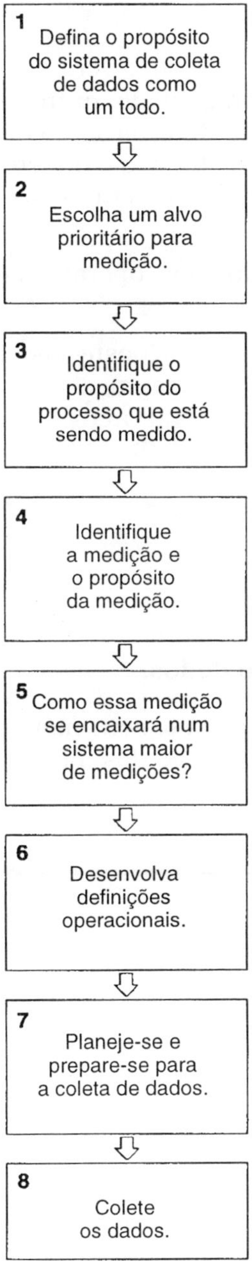

- Identifique recursos externos úteis (ex.: associações setoriais, consultores).

Passo 2. Escolha um alvo prioritário para medição.

- Por onde começará?
- Por que começará por ali? (Por exemplo: "O processo de contratação de funcionários, porque não atraímos, recrutamos e contratamos adequadamente um número suficiente de empregados para cargos iniciais no chão da produção".)

Passo 3. Identifique o propósito do processo que está sendo medido.

Por exemplo, manter uma força de trabalho competente em nossas áreas de produção, através da atração, do recrutamento, avaliação, contratação, treinamento e retenção de bons empregados.

Passo 4. Identifique a medição e o propósito da medição.

Por exemplo, a primeira medição poderá ser a do *turnover* de empregados por freqüência e tipo de tarefa. O propósito é o de verificar quantos empregados nas áreas de produção deixam seus empregos, e com que freqüência, as razões que os levam a sair, para onde vão e outros padrões relevantes desse *turnover*. Os dados serão utilizados pelo departamento de RH para identificar melhorias necessárias e para fornecer um padrão com o qual comparar nosso sucesso ou progresso. Gerentes executivos querem saber se nossa remuneração e condições de trabalho estão OK.

Imagine que tenha completado a coleta de dados e que estes estejam sobre a mesa à sua frente. O que deseja que lhe digam? O que quer aprender? Que perguntas deseja que sejam respondidas? Pensar nisso com antecedência o ajudará a projetar um sistema de medição melhor.

Passo 5. Como essa medição se encaixará num sistema maior de medições?

Por exemplo, esta medição é parte de uma tentativa maior de examinar e melhorar a satisfação dos empregados. Além disso, identificamos o *turnover* de pessoal como um dos fatores-chave que impedem consistência de alta qualidade.

Passo 6. Desenvolva definições operacionais.

Qual a definição operacional de *turnover*? A definição deverá ser tal que várias pessoas diferentes envolvidas na contagem do número e freqüência do *turnover* estejam procurando e contando a mesma coisa. Ao medir algo experimentado pelo cliente, utilize a definição e o método de medição do cliente. (Veja o quadro sobre embarques de empresas de aviação comercial.)

Você deverá compreender, através de suas definições operacionais, quando o processo tiver:

- Mudado.
- Melhorado.
- Deteriorado.
- Completado sua tarefa.
- Alcançado as expectativas.
- Criado desapontamento.

Passo 7.-Planeje-se e prepare-se para a coleta de dados.

- Identifique os padrões prováveis de dados e projete seus métodos para capturá-los. Isto é chamado de estratificação dos dados.

O que É uma Partida Pontual?

Para a maioria das empresas de aviação, pontual significa dentro de 10 minutos do horário de partida publicado, e partida significa a separação da passarela de embarque da aeronave. Já vi aeronaves comerciais se conformarem a essa definição, afastando-se do portão de embarque dentro dos 10 minutos permitidos. Então a aeronave parou a alguns metros do portão enquanto a bagagem era carregada no porão.

Kevin Jenkins, presidente e CEO da Canadian Airlines, anunciou, numa conferência anual da qualidade, em Alberta (Canadá), em setembro de 1995, que seu pessoal estava agora medindo pontualidade utilizando "a definição de partida pontual dos clientes" e "o relógio do cliente" para marcar a hora. Imaginem só!

A Galeria da Fama dos Coletores de Dados: Os Intrépidos Irmãos Craighead

Se existe uma galeria da fama dos coletores de dados, os gêmeos Craighead, John e Frank Jr., certamente são membros fundadores. Os Craighead participaram de um estudo sobre a hibernação. Parte da definição operacional de hibernação, distinguindo-a do sono comum, é a temperatura corporal: Animais em hibernação têm uma temperatura corporal 2 a 3 graus abaixo daquela registrada durante o simples sono. Muitas espécies passam o inverno apenas dormindo, sem hibernar.

Um projeto de pesquisa envolvia uma tentativa de determinar se os ursos *grizzly*[1] hibernavam ou não. Os irmãos Craighead toparam o desafio. A tarefa envolvia viajar para o Alasca, encontrar ursos *grizzly* em suas cavernas, e medir suas temperaturas com um termômetro retal. Uma tarefa assustadora.

Chegando às cavernas dos ursos, os irmãos Craighead descobriram um urso *grizzly* dormindo — ou hibernando. Eles, é claro, não sabiam qual das duas coisas. Infelizmente, num daqueles desafios proféticos que apenas os coletores de dados podem verdadeiramente apreciar, o urso estava sentado numa posição ereta. Os Craighead estiveram à altura do desafio, cumpriram seu dever e verificaram a temperatura do urso da maneira prescrita.

Sua descoberta? O urso não estava hibernando. Estava dormindo!

Há várias questões não respondidas que os conhecedores de dados de qualidade ponderariam:

- *Como* os Craighead introduziram o termômetro?
- A descoberta feita pelos Craighead foi a de que os ursos *grizzly* não hibernam ou foi a de que sua hibernação pode ser interrompida pela intrusão de um termômetro em seus ... subconscientes?
- O que fizeram os irmãos ao descobrirem que estavam na presença de um urso *grizzly* que apenas dormia (e cujo sono, presumivelmente, fora perturbado)?
- Afinal, por que diabos eles se ofereceram para fazer aquilo, para início de conversa?

- Planeje como preservar a integridade dos dados.
- Decida o método de coleta de dados: elabore e teste as listas de verificação, grades de controle, etc.
- Que tecnologia será necessária para dar suporte a isso?

[1] N.T.: O urso *grizzly (Ursus horribilis)* é uma espécie de grande porte, típica da América do Norte, caracterizada por sua ferocidade e hábitos alimentares quase que exclusivamente carnívoros. Possui pelagem agrisalhada e está atualmente em perigo de extinção. (Não há denominação equivalente em português, tendo sido mantida a original, em inglês.)

- Treine os coletores de dados.

Passo 8. Colete os dados.

- Experimente seu método em pequena escala. Elimine as falhas.
- Depois, faça em escala maior.
- Utilize PDSA contínuo.
- Quando esse sistema de medição estiver implementado, padronize-o para assegurar que continue e então passe para outro, começando pelo Passo 1.

Um bom recurso que aborda como coletar dados de boa qualidade é *Times da Qualidade* (Scholtes).

EXEMPLOS DE INDICADORES

Esta seção parecerá menos estimulante, especialmente após as aventuras dos irmãos Craighead. Ela contém listas de indicadores consideradas úteis por algumas organizações. Procure aqueles que possam ser relevantes para o seu tipo de negócio. A intenção dos indicadores é avivar sua imaginação. Não se pode simplesmente implantá-los em seu sistema. Você deverá decidir o que é importante e desenvolver seus próprios indicadores.

A. Indicadores que parecem ser úteis a vários tipos diferentes de organizações

1. Clientes

- Quantidade de reclamações: padrões e tipos.
- Número ou percentual de clientes que retornam (não é indicador favorável em algumas profissões, como presídios).
- Nosso desempenho relativo a atendimento dos itens básicos (modelo Kano).
- Nosso desempenho relativo a outras características-chave da qualidade.
- Número de clientes encaminhados a você por indicação de outros clientes.
- Acúmulo de pedidos ou solicitações.
- Quantidade de pedidos feitos através do *site* na Internet.

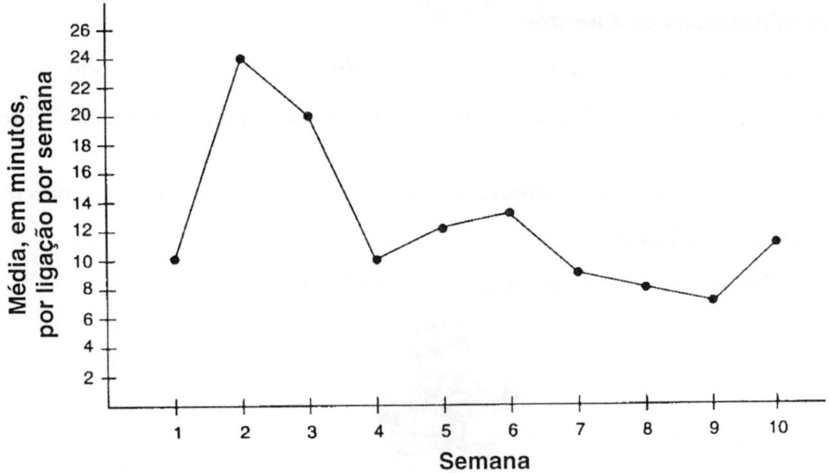

Figura 7-5. Gráfico de tempo de resposta para indagações de clientes.

2. Empregados

- Percentual de *turnover*.
- Motivos de saída, por tipo.
- Número de queixas.
- Falta ao trabalho, por tipo.
- Número de candidatos a vagas.
- Proporção de candidatos aparentemente competentes.
- Tempo de ciclo desde o momento em que se sabe que um cargo ficará vago até o momento em que é preenchido.
- Motivos pelos quais candidatos qualificados recusam ofertas.
- Horas/quartos gastos em educação e treinamento.
- Número de sugestões.
- Proporção de sugestões acatadas.
- Horas extras.
- Número de acidentes, ferimentos, incidentes, acontecimentos que não ocorreram "por um fio".

O que Fazer com Reclamações de Clientes

Há dois tipos básicos de resposta quando um cliente reclama. Ambas são importantes.

- *Controle de danos:* Diz ao cliente que realmente sentem muito pela ocorrência do problema e que ele será retificado.
- *Gerência de processo ou sistema:* Melhora o processo para que este problema não mais ocorra.

A diferença é ilustrada no Diagrama 7-1.

Diagrama 7-1. O que fazer com uma reclamação de cliente.

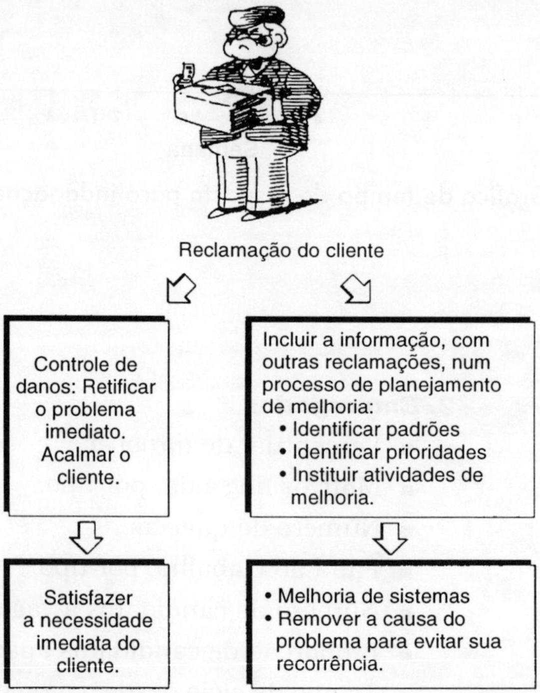

Duas respostas necessárias quando o cliente reclama

A resposta de melhoria de processo ou de sistema requer que os sistemas estejam implementados para capturar e registrar a reclamação, encaminhar a informação rotineiramente àqueles que planejam melhorias de processo e sistema e integrar esta reclamação a outras para análise, planejamento e determinação de prioridade. Como clientes, todos já passamos pela experiência de fazer uma reclamação a alguém que poderá até ser sincero em suas desculpas, embora sabendo que nossa reclamação jamais sairá dali para dentro da organização. Nada está implementado para auxiliar a converter nossa reclamação e melhoria de processo. Quando uma reclamação de um cliente resulta em algum trabalhador ser repreendido, provoca duas vezes o dano. Desencoraja clientes de reclamarem novamente e é um sinal de que nenhum processo será melhorado como resultado da reclamação.

3. Operações

- Tempos de ciclo.
  - — Pedido até entrega, por tipo.
  - — Quebra a reinício, por tipo.
  - — Parada a reinício.
  - — Solicitação/pergunta a reação/resposta, por tipo.
  - — Conscientização do problema a solução, por tipo.
- Freqüência e padrões de mudanças de projeto ou política.
- Medições de saída.
  - — Quantidade de produtos fabricados por semana, expedidos por semana.
  - — Quantidade de serviços prestados.
  - — Acúmulo de pedidos ou solicitações.
- Desempenho de indicadores-chave de processo.
- Proporção de indicadores de processo e medições de saída sob controle estatístico.
- Número de processos padronizados.
- Percentual de serviços e entregas pontuais (definição do cliente).

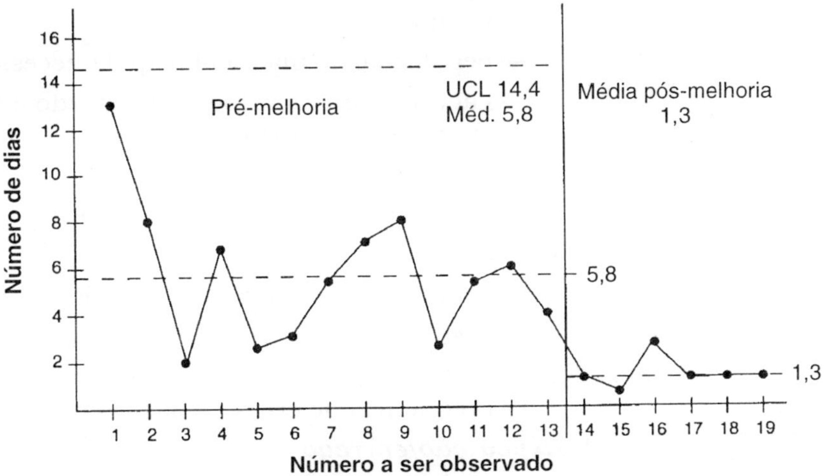

Figura 7-6. Tempo de ciclo para entrega de livros entre filiais de biblioteca.

- Quantidade de desperdício
  - — Proporção da produção sucateada, por tipo.
  - — Proporção da produção retrabalhada, por tipo.
  - — Proporção de resultado na primeira rodada (produção bem-sucedida "na primeira passada").
  - — Proporção do tempo de ciclo gasto em espera (gargalos), por tipo.
  - — Freqüência e padrões de atividade remediadoras.
  - — Freqüência e padrões de falhas de campo.
  - — Tempo decorrido entre entrega/instalação e a primeira falha de campo ou solicitação de assistência pelo usuário.
- Volume de trabalho em andamento (não concluído e em algum ponto entre pedido e entrega).
- Estoque
  - — Informações sobre os produtos e suporte, por tipo e por semana, mês ou trimestre.
  - — Suprimentos, por tipo e por semana, mês ou trimestre.
  - — Materiais, por tipo e por semana, mês ou trimestre.
  - — Equipamentos, por tipo e por semana, mês ou trimestre.
  - — Pedidos atrasados, por tipo de item
  - — Abrangência e média de variância de itens de grande volume.
  - — Percentual acima ou abaixo de necessidade estimada.
  - — Lacunas entre o estoque registrado e a contagem efetiva, por tipo e outros padrões.
- Quebra de equipamento, por tipo.
- Freqüência e padrões de manutenção.
- Pedido
  - — Tempo necessário à anotação de um pedido, por tipo.
  - — Freqüência de variância de pedidos e padrões de recebimento de pedidos.
  - — Freqüência de erros, omissões, imprecisões, por tipo.

4. *Expedição/entrega*

- Retardo entre a hora ou data prometida e a hora ou data de entrega efetiva.

- Tempo de ciclo, por tipo de produto ou serviço, entregador/transportador, destino.
- Freqüência e padrões de erros, imprecisões, omissões na entrega.

5. ***Elaboração de orçamentos/previsões***
   - Percentual acima ou abaixo dos custos projetados, por tipo.
   - Percentual acima ou abaixo das estimativas de tempo projetadas, por tipo.
   - Percentual acima ou abaixo do valor avaliado, por tipo.
   - Percentual acima ou abaixo da receita/lucro esperado, por tipo.

6. ***Folha de pagamento***
   - Tempo de processamento, por tipo de reajuste.
   - Pontualidade da submissão da informação.
   - Erros de folha de pagamento, por tipo, por causa.

7. ***Finanças***
   - Volume de vendas.
   - Lucros, por tipo.
   - Custos.
   - Receitas, por tipo.
   - Lucro bruto, por tipo.
   - Lucro líquido, por tipo.

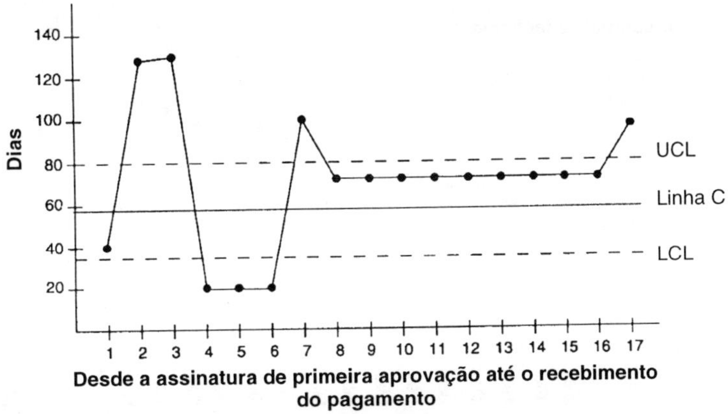

Figura 7-7. Gráfico de controle de tempo de processamento de reembolso de treinamento.

- Variâncias de orçamento.
- Tempo de ciclo para processo de elaboração de orçamento.
- Fluxo de caixa, efetivo *versus* projetado.
- Custo do capital.
- Retorno líquido sobre investimentos, ativos.

8. *Desenvolvimento de novos produtos*

- Tempo e orçamento para pesquisa e desenvolvimento.
- "Taxa de acertos" para novas idéias (proporção das propostas que resultam em produtos e serviços em funcionamento).
- Tempos de ciclo, idéias/propostas para produtos/serviços em funcionamento.

B. Indicadores adicionais para aplicações específicas

1. *Fabricação*

- Freqüência e padrões de reclamações ou devoluções cobertas por garantia.
- Freqüência e padrões de quilos de material eliminado ou emitido, por tipo.
- Freqüência e tipos de modificações da engenharia.
- Freqüência e tipos de modificações da produção.

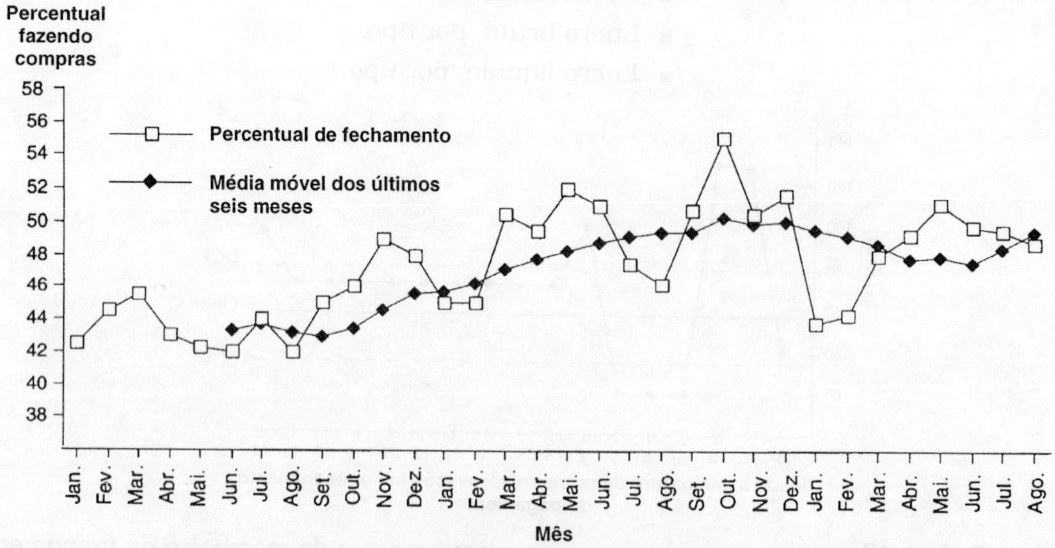

Figura 7-8. Percentual de visitantes fazendo uma compra.

- Produção programada *versus* produção efetiva.
- Medições de fornecedores.
  - Erros, imprecisões e omissões em embarques recebidos de fornecedores, por tipo.
  - Padrões de tempo de ciclo do nosso pedido à entrega pelo fornecedor.
  - Conformidade a nossos itens básicos (modelo Kano) e a nossas outras características-chave da qualidade.
  - Padrões de variação e causas especiais.
  - Custo efetivo *versus* custo prometido.

2. *Varejo*

- Fechamentos (percentual dos clientes que entram pela porta e que compram alguma coisa.
- Vendas por metro quadrado.
- Tempo decorrido desde a entrada do cliente na loja até que encontre aquilo que ele deseja.
- Padrões de tempo de espera no caixa.
- Padrões de tempo de espera pelo cliente ao telefone.
- Padrões de espera por atendimento pessoal (informações, provas, etc.).
- Itens fora de estoque, por tipo.
- Solicitações de itens jamais em estoque, por tipo.
- Atendimento dos básicos e outras características-chave da qualidade dos clientes.
- Tempos de ciclo desde os pedidos de nossos clientes até nossa entrega a eles.
- Tempos de ciclo desde nosso pedido até a entrega por nosso fornecedor.

3. *Serviços profissionais pessoa-a-pessoa*

- Freqüência e padrões de chegada pontual de clientes/pacientes.
- Padrões, causas e tipos de tempo de espera do cliente.
- Padrões e tipos de tempo de espera pelo provedor do serviço.
- Tempo por visita por tipo de serviço.
- Tempo por serviço completado.
- Freqüência e padrões do tipo de serviço.

- Tempo de diagnóstico ou identificação de problema/necessidade para o tipo de serviço.

4. *Cobrança/faturamento*

- Tempo de ciclo desde o envio de fatura até recebimento de pagamento.
- Cobrança insistente: tipos, padrões, freqüência.
- Tempo de ciclo para liberação de crédito.
- Freqüência e padrões de memorandos de crédito e débito.
- Freqüência e padrões de contas a receber vencidas há mais de 60 dias.

5. *Bancos* *(ver Deming, 1982, pp. 227-238)*

- Tempo de ciclo, desde a solicitação de empréstimo até aprovação.
- Taxa de rejeição, por tipo: empréstimo pessoal.
- Taxa de rejeição, por tipo: empréstimo comercial.
- Freqüência e padrões de erros e rejeições de cheques processados mecanicamente.
- Índice de inadimplência de empréstimos: freqüência e padrões.
- Freqüência de erros em lançamentos em contas correntes, por tipo.
- Erros relatados por clientes e não detectados internamente (freqüência e padrões).
- Tempo de parada de máquinas.
- Contas vencidas, por tipo.

6. *Assistência à saúde/hospitais*

- Percentual de pacientes com recuperação de diversos graus de incapacidade física, por tipo de doença/ferimento/procedimento.
- Percentual de pacientes que devem ser readmitidos após liberação.
- Dor sofrida, por tipo de doença/ferimento/procedimento.
- *Laboratório*
  - —Tempo de ciclo desde o recebimento do material/amostra até o trabalho de laboratório.

—Tempo de ciclo desde o trabalho de laboratório até a ficha do paciente.

—Percentual de retrabalho de laboratório, por tipo.

- *Internações* (normais ou emergenciais)

—Tempo de ciclo: quanto tempo para internar.

—Tempo de espera do paciente.

—Erros/omissões quando da internação.

- *Farmácia/administração de medicamentos*

—Tempo desde requisição até entrega de receitas hospitalares.

—Dosagem incorreta (freqüência e padrões)
— Medicamento errado.
— Quantidade errada.
— Procedimento errado.
— Erros no registro da administração de medicamento na ficha do paciente.

—Número e padrões de reações toxicológicas a medicamentos

- *Registros médicos*

—Percentual de completeza.

—Tipos de omissões.

—Tipos de imprecisões.

—Padrões por tipo de paciente, andar, turno.

- Número de procedimentos cirúrgicos, por tipo.
- Percentual de procedimentos cirúrgicos com complicações.
- Correlação entre diagnóstico pré-operatório e diagnóstico pós-operatório.
- Número de transfusões.
- Percentual de reações a transfusões, por tipo.

Esta deverá ser uma amostragem suficiente de indicadores que poderão oferecer algum auxílio na seleção daquilo que é importante e na criação de um sistema de medição em torno desses indicadores. Lembre-se: você deverá selecionar e elaborar seus próprios medidores. Não os copie, simplesmente, de outra organização.

DADOS NÃO PRECISAM SER ENTEDIANTES

Quero concluir este capítulo com um comercial em favor de dados. Todos nós já fomos expostos a dados que eram, em sua maioria, estagnados e entediantes. Eu detestava matemática na escola, detestava estatística na faculdade, e considero a maioria das colunas de números uma cura certa para a insônia.

Descobri, mais tarde na vida, que o problema não era tanto minha inadequação às coisas numéricas. O problema era que a matemática e a estatística que me ensinaram eram entediantes, e o método pelo qual me foram ensinadas era mais entediante ainda. Dados e estatísticas são demasiadamente importantes para serem deixados a cargo de matemáticos e estatísticos. Prefiro ser ensinado por alguém que ama dados mas detesta os usos convencionais para dados.

Quatro Exemplos do Uso de Dados com Criatividade

Em seu livro, *The Visual Display of Quantitative Information*, Edward Tufte (1983) dá vários exemplos de como apresentar dados. Um dos diagramas que mais me tocaram é mostrado na Figura 7-9. Foi desenhado em 1861 por um engenheiro francês, Charles Joseph Minard.

A Figura 7-9 se baseia num mapa abrangendo do rio Nieman, a oeste, até Moscou, a leste. As forças de Napoleão são representadas por uma linha cada vez mais estreita, sombreada para demonstrar seu avanço para o Leste, e preta para mostrar sua retirada de volta à França.

A largura da linha mostra o tamanho da força. Napoleão começou com um exército de 422.000 homens e acabou com apenas 10.000 sobreviventes. Também demonstradas na parte inferior estão as temperaturas (de 0° a – 30° Celsius) e os meses. (A retirada começou em outubro e terminou em dezembro.) Quando este diagrama foi mostrado à corte francesa, todos choraram.

Dois Diagramas de Concentração

Ao coletarmos dados, há um tipo de lista de verificação denominado *diagrama de concentração*. Num diagrama de concentração, desenha-se uma figura do item que se está inspecionando (por exemplo, uma caixa de papelão quando se estão procurando danos; uma luva de látex quando se procuram furos; uma peça de vestuário quando se procuram defeitos, etc.). Enquanto inspeciona, o coletor de dados simplesmente procura

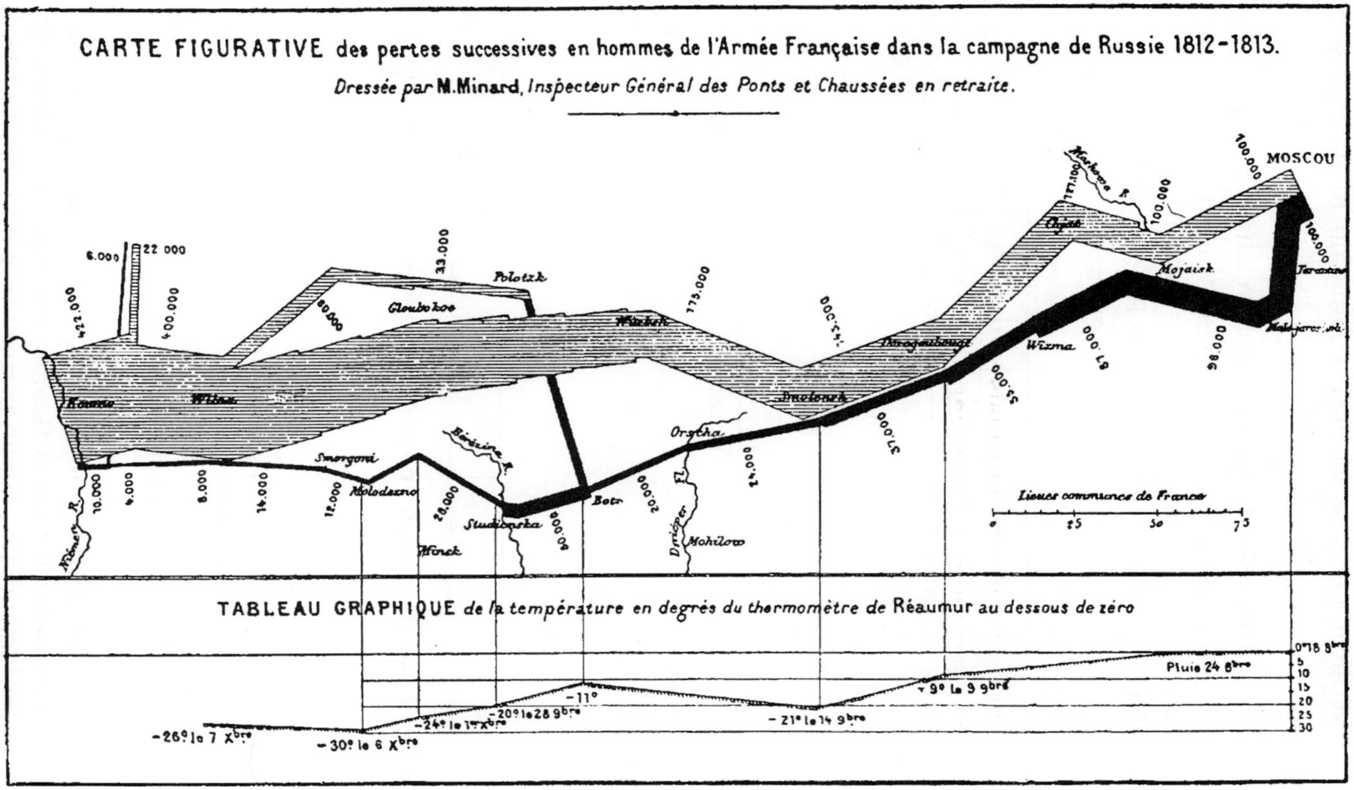

X^{bre} = Dezembro 9bre = Novembro 8bre = Outubro

Figura 7-9. Baixas do exército de Napoleão durante a Campanha da Rússia em 1812-1813.

verificar onde se localiza a falha no item original e marca a figura mostrando o local da falha, às vezes incluindo um código indicando o tipo de falha verificado. A concentração cumulativa de marcas no desenho oferecerá informações úteis relativas a freqüência e padrões.

O primeiro exemplo é de Ian Hau, técnico de um time de futebol de uma escola secundária. É mostrado na Figura 7-10. (Permissão para reprodução gentilmente cedida pelo Sr. Hau.)

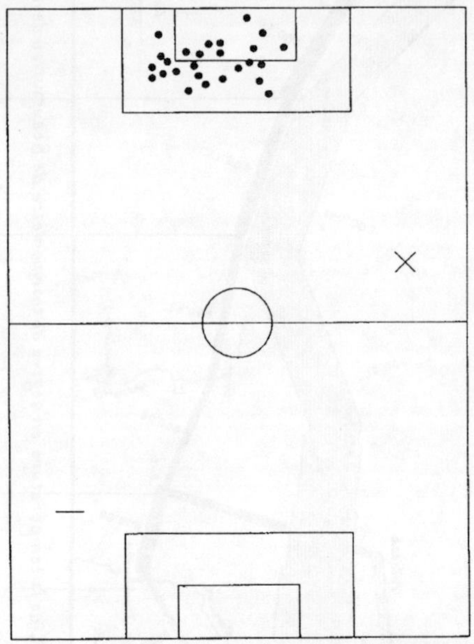

Figura 7-10. De que posição no campo o adversário marca seus gols?

Este diagrama permite uma discussão com base em dados relativa às vulnerabilidades da defesa do time e que ajustes devem ser considerados na defesa. De acordo com este diagrama, a equipe parece ser mais vulnerável a chutes desferidos da direita de seu goleiro e de relativamente mais longe do gol.

O terceiro exemplo, também um diagrama de concentração, vem do renomado estatístico George Box e de seu colega Sϕren Bisgaard, que gentilmente nos deram permissão para reproduzi-lo. Esse diagrama foi utilizado para estudar os padrões de danos causados por fogo antiaéreo a bombardeiros retornando à Inglaterra após suas missões sobre a Alemanha durante a Segunda Guerra Mundial. É mostrado na Figura 7-11.

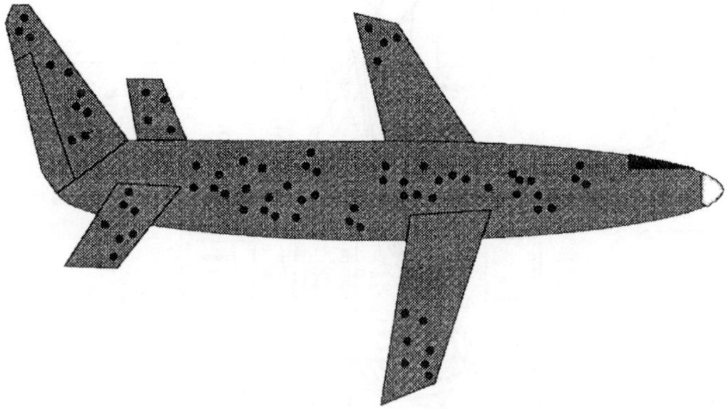

Figura 7-11. Danos por fogo antiaéreo a bombardeiros na Segunda Guerra Mundial.

O desafio enfrentado pelos que estudavam esses danos: Em que áreas da aeronave a blindagem adicional deveria ser colocada? Para fins de minimizar o peso da aeronave, a blindagem adicional deveria ser mantida ao mínimo. Com base nos dados mostrados na Figura 7-11, onde você colocaria a blindagem? A conclusão dos que conduziram o estudo: Reforçar as áreas *não*-danificadas. As aeronaves que estudavam, afinal, haviam *retornado* à base.

Por fim, um diagrama de fluxo de trabalho descrevendo os caminhos de movimentação numa operação de fabricação de telas numa empresa de alta tecnologia na costa leste [dos EUA] é mostrado na Figura 7-12 (permissão para reprodução gentilmente cedida por Fred Cox e John Criqui). É um diagrama do espaço e do fluxo de trabalho *antes* do reprojeto e *após* o reprojeto. (*Baby Huey*[2] é seu apelido para um item de equipamento.) Como resultado dessas e de outras mudanças, o tempo necessário para realizar esse processo foi drasticamente reduzido. Nenhum trabalhador foi dispensado. A empresa queria que ficassem para realizar ainda mais melhorias.

---

[2] N.T.: Baby Huey é um enorme bebê ganso, bobo e trapalhão, personagem de desenhos animados e histórias em quadrinhos.

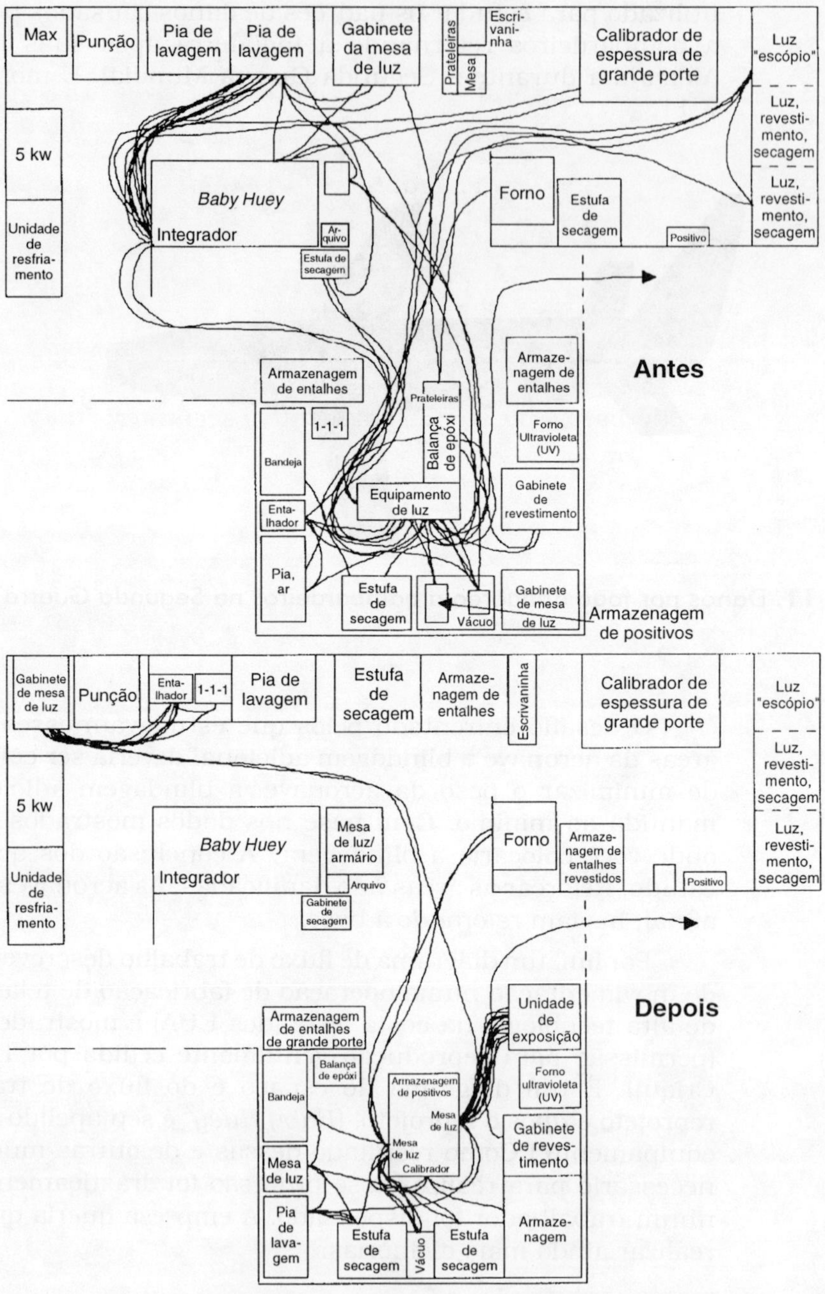

Figura 7-12. Um diagrama de fluxo de trabalho do tipo antes e depois.

RESUMO

Líderes e gerentes precisam compreender sistemas e aprender a pensar de forma sistêmica (Capítulos 2 e 3). Para que compreendamos sistemas é necessário compreendermos, também, a variação e suas causas (Capítulo 2). Dados são a linguagem do sistema: a voz do sistema, dizendo-nos como está indo, do que é capaz e o que dele podemos esperar. São os dados que mostram a variação e as causas da variação. Sem sistemas, dados e um conhecimento de variação não podemos liderar, gerenciar ou compreender o caos à nossa volta.

Neste capítulo, exploramos algumas das abordagens para a utilização de dados. Se a totalidade daquilo aqui apresentado parece ser assoberbante, mantenha em mente o seguinte:

- Você já está medindo aquelas coisas que considera importantes serem medidas.
- O que você viu neste capítulo é apenas uma pequena parte daquilo que poderá aprender a fazer.
- Comece agora, comece pequeno, e desenvolva gradualmente sua capacidade de medir.
- Procure ajuda junto àqueles que são conhecedores de, e hábeis em, medição, o que medir, como medir e como analisar e interpretar dados.

ATIVIDADES DO CAPÍTULO 7

Discuta as seguintes perguntas:

1. Quais os indicadores-chave (sinais vitais) do trabalho de sua organização?
   - Por ora, não considere indicadores financeiros.
   - Alguns indicadores deverão estar diretamente relacionados ao propósito de sua organização e às necessidades de seus clientes.

2. Com que freqüência você monitora cada indicador (diariamente, semanalmente, mensalmente?)

3. Como você sabe que essa freqüência é suficiente para fornecer uma representação adequada do desempenho da organização relativo a esse indicador? (Faça esta pergunta para cada indicador.)

4. Como você registra os dados relativos a cada indicador?

5. Se já não o fez, inicie por registrar os dados referentes a cada indicador *por ordem de tempo*, utilizando o gráfico de controle adequado. (Peça a alguém que o ensine como.)

REFERÊNCIAS

Box, G. e Bisgaard, S. 1995. *The efficient generation of knowledge.* Uma apresentação para a Hunter Conference on Quality, patrocinada por MAQIN, Madison, WI.

Craighead, F. 1979. *Track of the grizzly.* São Francisco, CA: Sierra Club Books.

Deming, W. E. 1982. *Out of the crisis.* Cambridge, MA: MIT-CAES.

Hau, I. 1991. *Quality improvement for a high school soccer team.* Apresentado na Hunter Conference on Quality, patrocinada por MAQIN, Madison, WI. Hau é atualmente diretor de Pesquisa e Desenvolvimento para Melhoria de Processos da SmithKline e Beecham Pharmaceuticals. Publicado mediante permissão do autor.

Hoerl, R. W. 1995. Enhancing the bottom-line impact of statistical methods. *Quality Management Journal,* verão. Nesta mesma edição encontra-se uma discussão do artigo de Hoerl, por Harry Roberts e George Easton e a respectiva réplica por Mr. Hoerl.

Kaplan, R. S. e Horton, D. P. 1992. The balanced scorecard-measures that drive performance. *Harvard Business Review,* janeiro-fevereiro. (Reprodução 92150.)

Orsini, J. 1995. So you want to survey customers. *Ohio Quality Productivity Newsletter,* novembro.

Provost, L. e Leddick, S. 1993. How to take multiple measures to get a complete picture of organizational performance. *National Productivity Review,* outono.

Tufte, E. R. 1983. *The visual display of quantitative information.* Cheshire, CT: Graphics Press.

Wheeler, D. J. 1995. *Advanced topics in statistical process control: The power of Shewhart' charts.* Knoxville, TN: SPC Press Inc.

Wheeler, D. J. 1993. *Understanding variation: The key to managing chaos.* Knoxville, TN: SPC Press Inc.

Wheeler, D. J. e Chambers, D. S. 1992. *Understanding statistical process control,* 2ª. ed. Knoxville, TN: SPC Press, Inc.

8

Liderando Através de Perguntas Pertinentes

INTRODUÇÃO

Essa nova abordagem às organizações requer uma nova abordagem à liderança. No Capítulo 2, exploramos algumas das novas competências necessárias aos líderes do século XXI. Aqui vamos explorar, especificamente, uma delas: a de fazer boas perguntas.

A razão para enfatizar as perguntas está diretamente relacionada à mudança nos paradigmas gerenciais apresentada através deste livro e ilustrada na Figura 8-1.

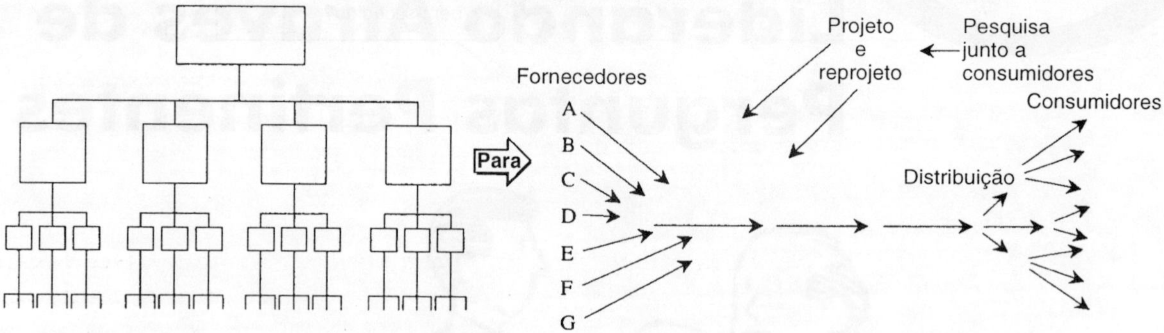

Figura 8-1. A mudança nos paradigmas de liderança, gerenciais e organizacionais.

Na antiga organização, fazíamos perguntas do tipo "Quem": "Quem é o responsável? Quem esculhambou tudo isso aqui?" Na nova organização fazemos perguntas do tipo "Por quê" e "Como": "Por que este problema ocorreu? Como podemos melhorar o sistema e eliminar a causa deste problema?" Os antigos gerentes davam ordens ou conselhos e exerciam controle. Os novos fazem perguntas e promovem a comunicação, o conhecimento e a compreensão.

Fazer boas perguntas envolve mais do que simplesmente fazer boas perguntas. As perguntas precisam ser circundadas de relacionamentos colaborativos. E devem ser baseadas em pensamento sistêmico e estratégias sólidas para um bom trabalho. A mesma pergunta: "O que você está fazendo?", feita por alguém em quem confio provocará reações bastante diferentes das reações à mesma pergunta feita por alguém a quem temo (ver Figura 2-15).

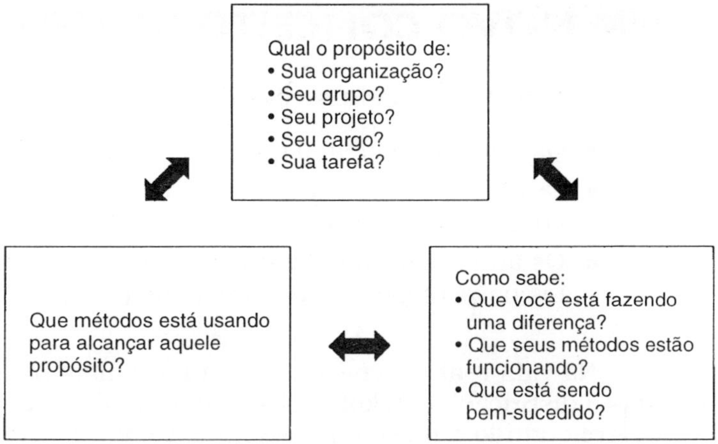

Figura 8-2. Uma estrutura de perguntas baseada em algumas realidades organizacionais fundamentais.

A Figura 8-2 mostra um exemplo de perguntas baseadas numa sólida estratégia organizacional. Minha experiência tem sido que as pessoas são mais inclinadas a conversar sobre *atividades* (métodos) do que sobre *propósitos* ou *medições de sucesso*. Somos tão facilmente envolvidos em *o que* estamos fazendo que freqüentemente nos esquecemos do *por que* o estamos fazendo e se estamos sendo bem-sucedidos.

Neste capítulo, examinaremos outras tais estruturas ou sistemas de perguntas. Esses são *sistemas* de perguntas porque nos levam a ver um todo interdependente. Propósito, métodos e medições do sucesso são fatores que interagem entre si em nossas vidas diárias, quer estejamos criando nossos filhos ou dirigindo um negócio. Propósito, métodos e medições de sucesso formam um todo interdependente e um sistema de conhecimento.

Iniciamos este capítulo explorando alguns conceitos de liderança que são relevantes ao desafio de se fazerem boas perguntas. Depois, exploraremos perguntas e as estruturas em que se encaixam. Posteriormente, exploramos o ouvir e as habilidades em ouvir. Por fim, daremos um passo atrás e reveremos o processo maior da inquirição, considerando-o como um todo.

UM NOVO CONCEITO DE LIDERANÇA

Em uma conversa com Russell Ackoff, eu o ouvi fazer a seguinte distinção:

- Os líderes decidem o que precisa ser feito.
- Os gerentes decidem como fazer as coisas que os líderes decidiram que precisam ser feitas.
- Os administradores aplicam os métodos projetados pelos gerentes na perseguição aos propósitos escolhidos pelos líderes.

Na vida real, as coisas parecem ser mais bagunçadas do que isso. Mas a distinção de Ackoff é bastante útil. Mas a bagunça provavelmente ocorre quando a mesma pessoa precisa agir às vezes como líder, outras como gerente e administrador.

É verdade que Moisés não gerenciou o êxodo, o liderou. Aarão e Jethro atuaram mais como gerentes do movimento. Os administradores sem dúvida estavam lá, mas os administradores normalmente tendem a não ser citados, pelo menos não na Bíblia... nem no *The Wall Street Journal.*

Ackoff (1994, p. 50) também fez distinção entre eficiência e eficácia. Eficácia envolve fazer as coisas certas. Esse é o campo de ação dos líderes. Eficiência envolve fazer as coisas da maneira certa, tarefa dos gerentes e administradores. Em algum ponto alguém deveria perguntar aos líderes da organização: "Como você sabe que está fazendo a coisa certa? Que indicadores lhe dizem isso?" Mas, na maioria das organizações, poucos são corajosos o suficiente para fazer essas perguntas.

No antigo paradigma a resposta muito provavelmente teria sido: "Porque eu estou dizendo!" O novo paradigma talvez requeira referência a coisas tais como propósito, missão, visão, valores e dados sobre indicadores-chave (ver Capítulos 5 e 6). Aqui, por um instante, examinaremos alguns papéis dos novos líderes que resultam na necessidade de os líderes fazerem boas perguntas.

O Líder como Coach[1] *ao Invés de Dirigente*

Nem todos os *coaches* são iguais. Há *coaches* autocráticos e *coaches* que consultam e fomentam a participação. Aqui, nos referimos a esta última variedade, aos que buscam relacionamentos colaborativos com colegas

[1] N.T.: O papel do coach envolve as atividades de acompanhamento, treinamento, troca de conhecimento e experiências e aconselhamento.

de trabalho, ao invés de um relacionamento de comando e controle. Os do tipo dirigente terão maior dificuldade para aprender a fazer boas perguntas. Tentarão contrabandear conselhos ou reprimendas para dentro do intercâmbio, persistindo em utilizar a forma gramatical: "Você já pensou em fazer...?" ou "Que diabos o fez pensar que aquela era a melhor forma de se fazer...?"

O Líder *Experimentador* versus o *Controlador*

No Capítulo 2, exploramos a diferença entre opinião e fato (Figura 2-6) e entre teoria e prática (Figura 2-8). Os líderes que compreendem as diferenças entre intuição, adivinhação, crenças e hipóteses por um lado e que, por outro, tendem a levar seus funcionários à inquirição e ao diálogo. Quando líderes abordam as situações como experimentadores, é mais provável que digam: "O que parece estar acontecendo aqui?" ou "Como podemos descobrir com certeza?" Caso contrário, o controlador que neles reside afirmará: "É isso que está acontecendo aqui..."

O Líder *Educador* versus o *Aconselhador*

De acordo com Yukihiro Ando, um dos protegidos do Dr. Noriaki Kano, alguns professores japoneses da qualidade acreditam que quando apelaram para dar conselhos, fracassaram como professores. Eles sugerem que o bom professor só precisa saber fazer as perguntas certas. O aluno aprende procurando as respostas. Os líderes podem desenvolver e educar seus funcionários de forma semelhante. Diretrizes e conselhos criam dependência. As perguntas podem levar à independência e a uma maior auto-suficiência.

O Líder *Inquiridor ou Avaliador* versus o *Inspetor*

O inspetor busca falhas no trabalho de alguém. O inquiridor ou avaliador faz perguntas que ajudam as pessoas a descobrirem os erros por si mesmas, assim como os métodos e processos de aprendizagem e melhoria. O inspetor diz: "Isto é um erro!" O inquiridor pergunta: "Onde no processo esse problema se originou? O que você pode fazer para rastrear e eliminar a causa?"

Perguntando, Ouvindo, Liderando

Em um discurso em Cincinnati em 1994, o congressista Newt Gingrich descreveu o que ele pensava ser um bom processo para a liderança eficaz: *Pergunte* e *ouça* para que possa *aprender* e *liderar*. O Sr. Gingrich resumiu uma dinâmica importante que é central ao novo conceito de liderança.

FAZENDO BOAS PERGUNTAS

Agora vamos observar algumas estratégias para a melhoria e perguntas que fluem a partir delas. Também observaremos alguns sistemas de perguntas semelhantes ao mostrado na Figura 8-2. Mas primeiro propomos algumas perguntas que são quase universalmente úteis.

Sete Perguntas Básicas, para Todos os Fins

Aqui estou revelando os segredos profissionais da atividade de consultoria. Se você conseguir dominar estas sete perguntas e as apresentadas na Figura 8-2, você poderá cobrar honorários estratosféricos. Se puder fazer as perguntas com um ar sincero e inocente, poderá cobrar mais ainda. Como gerente, entretanto, você poderá dominar essas perguntas e fazê-las de graça.

1. Por quê?

Quando ocorre um problema, pergunte por que ele ocorreu. Pergunte "Por quê?" quantas vezes for necessário até chegar à causa do problema. (Os professores da qualidade japoneses fariam você repetir "Por quê?" cinco vezes.)

A pessoa a quem pergunta "Por quê?" pode responder com um "Quem". "Por quê? Porque George bagunçou tudo!" Como líder, você precisa desconsiderar a resposta de atribuição de culpa e buscar o "porquê" sistêmico: "O que há em nosso sistema que possibilitou a ocorrência de erros?"

Faça a Pergunta "Por quê?" Cinco Vezes.

Esta técnica, a nós ensinada pelos japoneses, nos permite procurar as causas sistêmicas mais profundas de um problema e as soluções correspondentemente mais abrangentes.

Nível de um problema	Nível de melhoria correspondente
Há uma poça de óleo no chão.	Limpe o óleo.
Por quê?	
Poque está vazando óleo de uma máquina.	
Por quê?	
Porque a junta está se deteriorando.	Substitua a junta.
Por quê?	
Porque compramos juntas de qualidade inferior.	Compre juntas de melhor qualidade.
Por quê?	
Porque fizemos um bom negócio com elas.	
Por quê?	
Porque o responsável por compras é avaliado com base em economia sobre o preço normal.	Mude a política.

Sou grato a Joop Bokern por este exemplo.

Não há mágica no número cinco, mas se você perguntar "Por quê?" repetidamente, poderá superar o problema superficial e sua causa imediata e observar mais profundamente suas causas sistêmicas. A política que resulta em juntas que vazam e em poças de óleo está indubitavelmente contribuindo para outros problemas. Solucionando a causa sistêmica mais profunda do vazamento de óleo, você pode eliminar as causas de múltiplos problemas. O Dr. Kano chama isso de "ir a um centímetro de largura e um quilômetro de profundidade."

2. Qual o Propósito?

Quando alguém propuser um novo projeto ou parafuseta, pergunte o seu propósito.

"Estamos formando uma nova equipe para estudar uma cultura de trabalho de alto desempenho!"

"Beleza! Qual o propósito?"

Relacionadas a isso temos as perguntas: "O que vai ser preciso...?" e "Como saberemos quando obterá êxito?"

3. O Que É Necessário para que Isso Seja Feito?

Esta pergunta também deve ser feita repetidamente quando alguém descreve algo que gostaria de realizar. Depois de perguntar sobre o propósito, ajude a pessoa ou grupo a converter desejos em atividades. A versão freqüentemente utilizada do Dr. Deming era: "Por qual método?"

4. Os Clientes Vão Dar Alguma Importância?

O cliente externo notará ou dará importância? Como esse esforço proposto afetará o cliente externo? Como você sabe?

5. Qual a Premissa?

Se você vai impor uma nova política aos empregados, por exemplo, qual a sua teoria sobre a política e os funcionários? Se alguém dissesse, por exemplo: "Vamos colocar todos os nossos gerentes num contrato de três anos com padrões de desempenho mensuráveis", você poderia perguntar: "Quais são, então, suas crenças a respeito dos gerentes? E quais são suas pressuposições sobre contratos e padrões de desempenho mensuráveis?" Com base em que você irá se ater a essas crenças e pressuposições?"

6. Que Dados Você Tem?

Se você sabe que eles não possuem dados, não esfregue o nariz deles nisso. Ao contrário, pergunte: "Que dados você poderá obter?" A versão favorita do Dr. Deming era: "Como você sabe?" Essa pergunta tem a intenção de deslocar a resposta das pressuposições (teoria e intuição) para pesquisa (ver Capítulo 2).

7. De Onde Vêm Seus Dados?

Muitos dados ruins estão disponíveis. Como esses dados foram coletados, analisados e interpretados? (A simples existência de números não significa existirem dados.) Como você se assegura de que os dados são válidos?

Quatro Estratégias de Melhoria por Trás das Perguntas

Seguem quatro abordagens para solucionar problemas. A razão de apresentá-las aqui é fornecer uma perspectiva que o ajudará a evitar os erros comuns da gerência: fazer a pergunta errada ou fazer a pergunta certa muito cedo.

Estratégia 1. Planejar-Fazer-Estudar-Agir

Exploramos o ciclo PDSA ao longo de todo este livro, começando no Capítulo 2. O PDSA se aplica tanto a ciclos de grande escala e longo prazo, quanto a ciclos menores (exemplo: alimentando o mundo) e a ciclos de pequena escala, de longo prazo e mais rápidos (ex. alimentar o cachorro).

Quando você está buscando melhorar um sistema que já está em funcionamento, recomendamos que comece estudando. Nas perguntas sugeridas a seguir, começamos com o estudo.

Aqui introduzimos uma estratégia de melhoria que é uma elaboração sobre o ciclo PDSA. É adaptada de um modelo de melhoria desenvolvido por Tom Nolan e Ron Moen, publicado em 1992 por um talentoso grupo de consultores, Associates in Process Improvement (API). Seu livro (Langley, 1996) é um marco em termos de contribuição para a filosofia e metodologia da melhoria. A API deu permissão para que seu modelo fosse apresentado aqui.

Nos Diagramas 8-1 — 8-4 apresentamos perguntas para serem feitas durante as etapas P, D, S e A (inicialmente durante o *estudo*). Essas são perguntas adicionadas às três constantes do modelo da API.

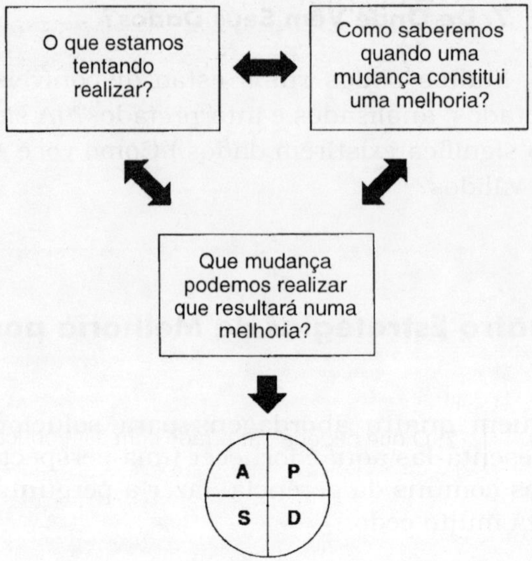

Figura 8-3. O modelo de melhoria da API.

Perguntas a serem feitas	
A. Durante o "estudo"	1. Por que selecionou este processo para examinar? 2. Quão bem este processo está funcionando? 3. O que nos dizem os clientes? • O que precisam e não estão recebendo? • O que estão recebendo e não precisam? 4. Que dados pode me mostrar sobre este processo? • Desperdício? • Erros? • Retrabalho? • Quebras? • Tempos de ciclo? • Média e alcance de variação. Está sob controle ou não?

Diagrama 8-1.

	Perguntas a serem feitas
B. Durante o "planejamento"	1. Que problemas está procurando resolver? Que lacunas? Que melhorias? 2. Como medirá o progresso? 3. Como medirá o sucesso? 4. Que soluções ou novas funções espera iniciar? 5. Como se relacionam aos problemas, às necessidades ou às lacunas? 6. Por que essas intervenções parecem ser melhores do que outras intervenções possíveis? 7. O que poderia dar errado com a introdução e utilização dessa nova abordagem? Como esses problemas em potencial poderão ser evitados, minimizados ou respondidos, caso ocorram?
C. Durante a "realização"	1. Qual o seu plano para: • Testar ou pilotar* essa inovação? • Introduzi-la em grande escala? • Monitorar seu progresso e sucesso? 2. O quão fácil é a implementação de seu plano?
D. Durante o "estudo"	1. O que está monitorando? 2. Por que está monitorando aqueles indicadores? 3. Como está utilizando os dados? 4. Como está monitorando o uso de seu plano? 5. Que revisões já teve que fazer em seu plano?
E. Durante a "ação"	1. Que ajustes já fez em sua intervenção original? 2. O que fez para padronizar o novo método? • Veja as perguntas relativas a padronização.

* N. T.: O termo "pilotar", aqui, refere-se à implementação ou realização de uma experiência-piloto.

Diagrama 8-2.

Estratégia 2. Padronização

No Capítulo 4 exploramos a padronização, incluindo perguntas a serem feitas por líderes quando algo der errado. Aqui examinamos quatro estágios básicos da padronização e perguntas apropriadas a serem feitas em cada estágio.

Perguntas a serem feitas relativas a um esforço de padronização	
A. Antes do esforço de padronização	1. Por que optou por padronizar este processo ao invés de um outro qualquer? 2. Como o consumidor é afetado pela falta de padronização deste processo? 3. Que características deste processo são importantes de serem controladas?
B. Durante a identificação do melhor método conhecido (BKM – *Best-Known Method*)	1. Como determinará o melhor método conhecido (BKM)? 2. Quem estará envolvido? 3. Que partes do processo poderão requerer a coleta e análise de dados para que se determine o BKM? 4. Como coletará esses dados? 5. Como analisará os dados? 6. Qual o seu plano para implementar o BKM? 7. Como testará ou pilotará o novo BKM? 8. Que características-chave de processo necessitarão ser monitoradas nesse novo BKM? 9. Como esses indicadores serão monitorados?
C. Durante a implementação do melhor método conhecido (BKM)	1. Quem terá que ser treinado? Quem conduzirá o treinamento? Quem treinará os treinadores? Como o treinamento será programado e a logística, gerenciada? 2. Como o BKM será documentado e apresentado? 3. Como os usuários do novo método receberão o sinal para começarem a utilizá-lo?
D. Após sua implementação	1. Que resultados alcançou? 2. O que dizem os clientes? • Clientes internos. • Clientes externos. 3. Que dados possui demonstrando o desempenho das características-chave do processo? 4. Que problemas permanecem no processo? 5. Quais são seus próximos passos?

Diagrama 8-3.

Estratégia 3. Faça-o!

"Faça-o!" é incluído como estratégia de melhoria por dois motivos. Primeiro, as pessoas são mais prováveis de ir adiante e utilizá-la de qualquer maneira. Afinal, é provavelmente a abordagem mais comum à mudança. Segundo, não é necessariamente a pior maneira de proceder. Já que as pessoas são prováveis de irem em frente e "fazê-lo!", gerentes precisam estar preparados para fazerem boas perguntas. Os principais passos do "Faça-o!" são bastante simples, assim como o são as perguntas correspondentes.

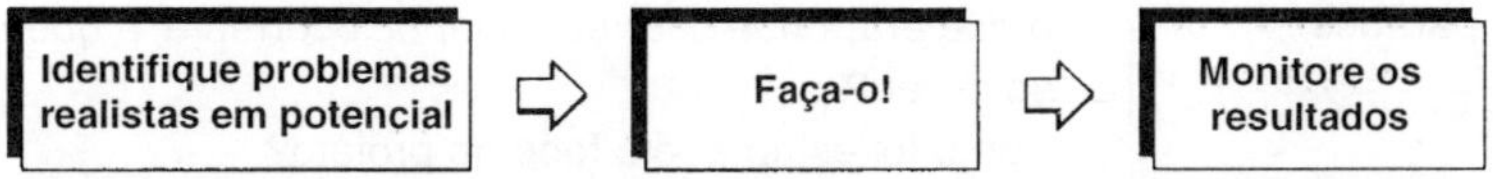

Perguntas a serem feitas a alguém envolvido em "faça-o!"	
A. Antes do "faça-o"	1. O que poderia realmente dar errado? 2. Como isso poderia ser evitado? 3. O que devemos monitorar para verificar se o problema está ocorrendo? 4. Como podemos nos preparar para reagir caso dê errado?
B. Durante o "faça-o!"	1. O que está fazendo? 2. Por que o está fazendo? 3. Como sabe que é a coisa certa a ser feita? 4. Que precauções está tomando?
C. Após o "faça-o"	1. Estamos realizando aquilo que desejávamos? 2. Estamos evitando aquilo que não desejávamos? 3. Precisamos fazer algum ajuste?

Diagrama 8-4.

Estratégia 4. O Método dos 7 Passos

O Método dos 7 Passos chegou à minha atenção no final da década de 80, quando comecei a receber notícias do pessoal da Hewlett-Packard (especialmente de Tim Fuller) e da Florida Power and Light (Empresa de Força e Luz da Flórida) sobre esta poderosíssima abordagem à solução de problemas. Eu a vi publicada pela primeira vez em *Statistical Methods for Quality Improvement*, de Hitoshi Kume (1985), que descreve aquilo que denominou a História do Controle da Qualidade (the QC Story). Posteriormente, Brian Joiner e eu completamos uma reformulação dos sete passos (Joiner Associates, 1990).

Perguntas a serem feitas durante os 7 passos	
A. Durante o Passo 1: defina o projeto	1. Qual o problema ou "lacuna"? 2. Por que é importante que isso seja abordado? 3. Como o problema afeta clientes? 4. Como o progresso será medido?
B. Durante o Passo 2: examine os padrões	1. Que recursos gráficos tem para ilustrar o problema (ex.: um fluxograma do processo)? 2. Como o problema foi localizado de forma a mostrar *o que* era, *onde* ocorreu, *quando* ocorreu e *a quem* envolveu? 3. Como foi estreitado o foco do projeto?
C. Durante o Passo 3: identifique as causas	1. Que causas *potenciais* foram identificadas? 2. Como essas causas foram *verificadas*? (Veja também "planejar" e "fazer" do PDSA)
D. Durante o Passo 4: planeje e implemente o remédio	1. Que soluções foram consideradas? 2. Como as soluções foram avaliadas? 3. Como as soluções abordaram as causas do problema? 4. O quão cuidadosamente as soluções foram planejadas? 5. Como as soluções foram pilotadas? (Veja também "estudar", do PDSA)
E. Durante o Passo 5: estude os resultados	1. Que dados relativos a antes e depois foram comparados? • No piloto. • No plano de implementação plena. 2. O quão plenamente o plano de implementação foi seguido?
F. Durante o Passo 6: padronize o novo caminho	1. Como as melhorias foram institucionalizadas através do sistema? 2. Há algum demonstrativo gráfico e documentação do novo método? (Veja também "padronização" e "agir" do PDSA)
G. Durante o Passo 7: decida o que fazer a seguir	1. O que será trabalhado a seguir? 2. O que foi aprendido como resultado de se trabalhar neste projeto de melhoria? 3. Como essas lições serão integradas a futuros esforços de melhoria?

Diagrama 8-5.

Os Passos	1 Defina o projeto	2 Examine os padrões	3 Identifique as causas	4 Planeje e implemente o remédio	5 Monitore os resultados	6 Padronize o novo caminho	7 Decida o que fazer a seguir
Como descrito por Kume, o *QC Story*	Problema	Observação	Análise	Ação	Verificação	Padronização	Conclusão
Como descrito por Joiner, o *Joiner 7-Step Method*	Projeto	Situação atual	Análise de causa	Soluções	Resultados	Padronização	Planos futuros
Alguns comentários e diretrizes	Assegure-se de que: • O propósito deste projeto esteja claro • Você está pronto para realizar este projeto • Seja um empreendimento importante • Tenha escopo viável • As medições do sucesso estejam claras • Você compreende o problema ou lacuna do ponto de vista do cliente	Estreite o foco do esforço através da aprendizagem de: • Onde, quando, como e com quem acontece ou não acontece • Quais padrões de variação ocorrem • Quais os fatores com maior impacto de freqüência, referentes a: insatisfação, custo, atraso por defeito, quebra, erros, etc.	• Identifique as causas mais profundas, advindas do interior do sistema • Identifique causas prováveis e as confirme com dados • Faça a pergunta "Por quê?" cinco vezes • Não procure "quem", nada de pensar em bode expiatório	• Identifique intervenções alternativas para remediar as causas • Certifique-se de que a cura não seja pior do que a doença • Escolha o melhor remédio ou os melhores remédios • Planeje como implementar e o que monitorar • Aja	• Monitore a utilização do plano • Monitore a utilização do remédio escolhido • Monitore os resultados • Monitore os efeitos colaterais e outras indicações de problemas	• Faça os ajustes necessários • Documente o novo processo • Treine os empregados atuais • Inclua no treinamento de novos empregados • Torne os novos métodos à prova de erros • Utilize lembretes visuais do novo método	Decida o que fazer a respeito de: • Quaisquer problemas ou causas de problemas remanescentes • Assegurar-se do uso continuado do novo método • Compartilhar as novas aprendizagens com outros • Concluir o projeto com um estouro e não um ganido

Diagrama 8-6. O Método de 7 Passos.

Muitas empresas possuem seu método padronizado oficial para a solução de problemas, freqüentemente descritos em sete passos. A maioria peca pelo pouco uso de dados e freqüentemente omite o Passo 2 inteiramente ou em parte. O Diagrama 8-6 mostra os sete passos. Os cabeçalhos no alto das colunas são o que denomino cada passo. Abaixo vem o fraseado de Kume, abaixo dele, o de Joiner. As nuances de diferença são sutis e provavelmente dizem mais a respeito de nós três do que sobre o método em si.

Observação: Já vimos o Método dos 7 Passos na Figura 4-24, onde é utilizado para classificar melhorias propostas.

Quando Utilizar Qual Estratégia

Cada estratégia sugere suas próprias perguntas e sua própria seqüência de perguntas. Antes da escolha de uma estratégia, fazemos uma série de perguntas (uma árvore de decisão, Diagrama 8-6). Essas perguntas ajudarão o líder de projeto a selecionar qual das quatro estratégias é a mais adequada para o esforço específico. Essas são perguntas que podem ser feitas por gerentes quando alguém propuser um projeto ou esforço de melhoria.

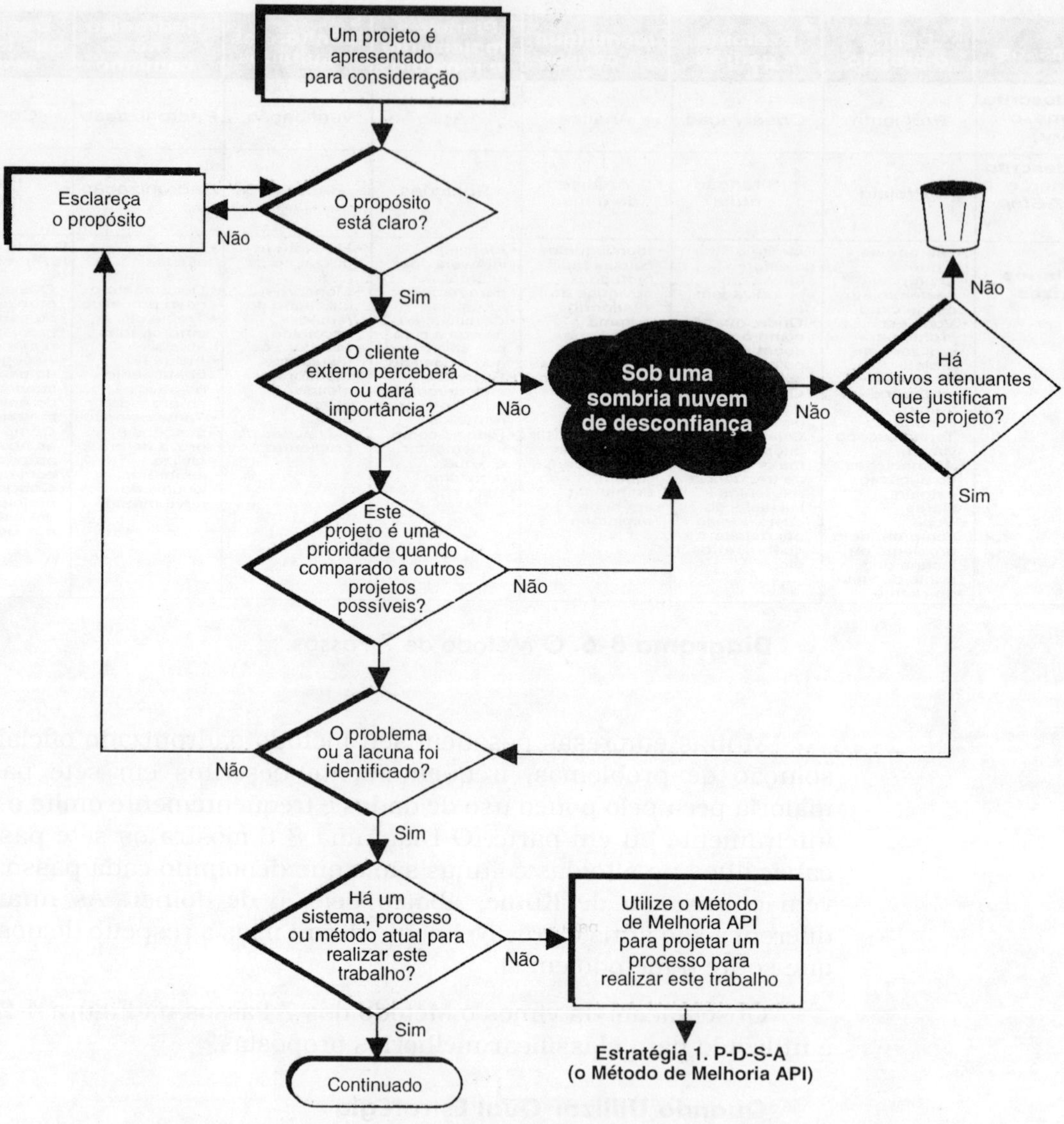
Um projeto é apresentado para consideração
Esclareça o propósito
O propósito está claro?
Não
Sim
O cliente externo perceberá ou dará importância?
Não
Sob uma sombria nuvem de desconfiança
Não
Há motivos atenuantes que justificam este projeto?
Não
Sim
Este projeto é uma prioridade quando comparado a outros projetos possíveis?
Não
Sim
O problema ou a lacuna foi identificado?
Não
Sim
Há um sistema, processo ou método atual para realizar este trabalho?
Não
Utilize o Método de Melhoria API para projetar um processo para realizar este trabalho
Estratégia 1. P-D-S-A (o Método de Melhoria API)
Sim
Continuado

Diagrama 8-7.

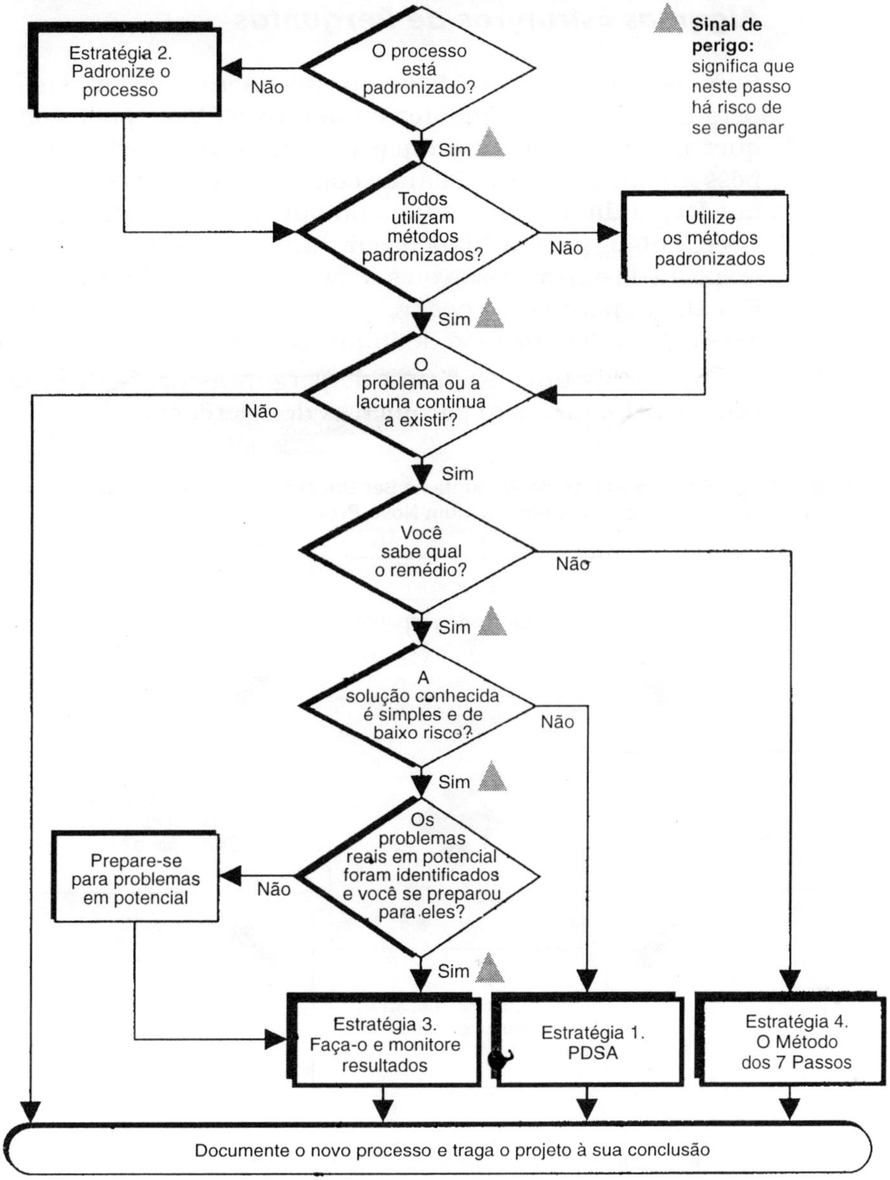

Diagrama 8-7 (*Continuação*).

Algumas Estruturas de Perguntas

Com o termo estrutura de perguntas quero dizer um sistema ou rede de perguntas interdependentes e interativas. Você pode começar por qualquer parte da estrutura e passar para outra parte. Freqüentemente, a pessoa com quem está falando começará a conversa com uma afirmação que levará diretamente a uma ou outra dessas estruturas de perguntas. Você, então, poderá "dançar em torno" da estrutura, permitindo que a resposta da outra pessoa ou sua própria curiosidade mostrem o caminho. Em algum ponto você poderá passar para outra estrutura ou encerrar a sessão (veja "O Processo de Inquirição", mais adiante neste capítulo).

Já vimos uma estrutura de perguntas na Figura 8-2. O que segue será semelhante, com parâmetros de referência.

Estrutura 2: Um Sistema Básico de Perguntas a Ser Utilizado ao se Reunir com um Novo Grupo ou Alguém Trabalhando num Novo Projeto

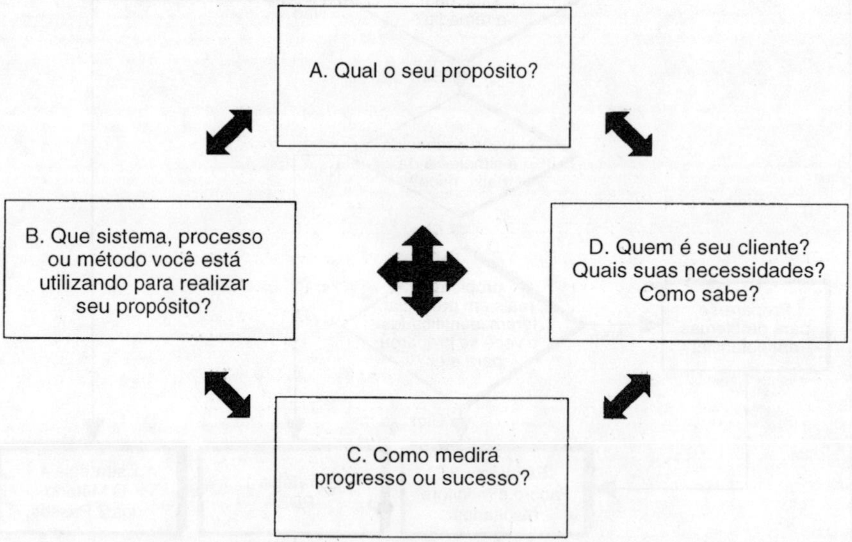

- "Cliente" aqui possivelmente poderá se referir a um cliente *interno.* Mas qualquer esforço deve poder ser visto com referência ao cliente *externo.*
- Partes da estrutura podem ser combinadas em conjuntos de dois ou três ou todas as quatro. Assim, esse sistema cria 15 estruturas possíveis de perguntas. Por exemplo, combinando A e C: "Expli-

que a conexão entre seu propósito e como medirá progresso ou sucesso". Ou poderá combinar A, C e D: "De que maneira as medições utilizadas para rastrear a realização de seus propósitos são consistentes com as necessidades de seus clientes?"

Estrutura 3: Quando Alguém ou Algum Grupo Propõe uma Mudança num Serviço

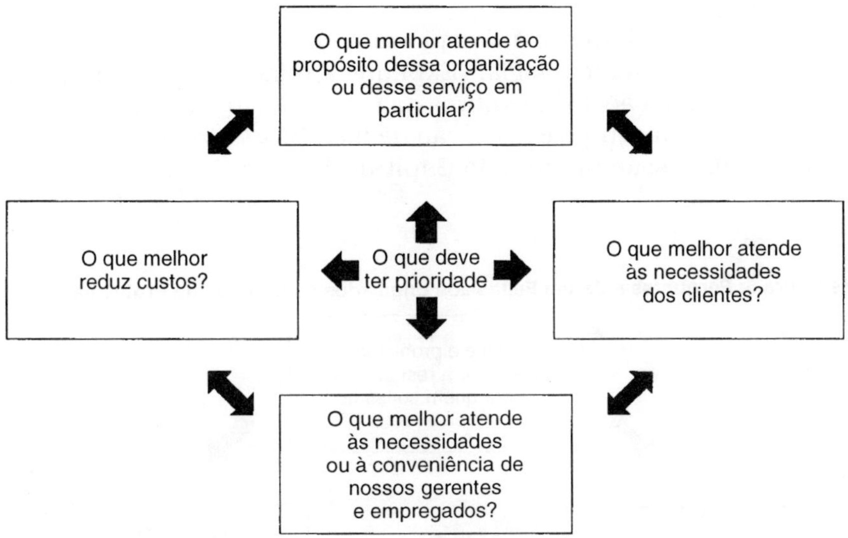

Estrutura 4: Quando Alguém Estiver Propondo uma Equipe ou um Projeto

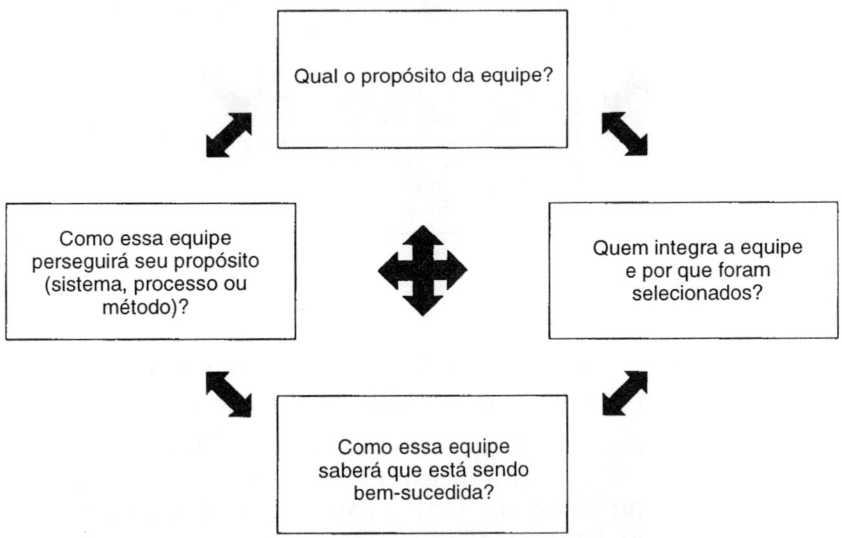

- As perguntas refletem as razões geralmente oferecidas por uma proposta de mudança num serviço.
- Cada uma deverá ser capaz de ser sustentada por dados.
- A pergunta no centro — "O que deve ter prioridade?" — é fundamental. Ela atinge os valores básicos da organização.

Poderá ser útil explorar a composição da equipe e de seu propósito ou sua metodologia: "Explique a relação entre o propósito de sua equipe e a seleção dos membros da mesma". Ou "Qual a relação entre os métodos de sua equipe e a seleção de membros?" Veja também as perguntas para discussão no final do Capítulo 5.

Estrutura 5: Perguntas a Serem Feitas aos Engajados na Solução de Problemas

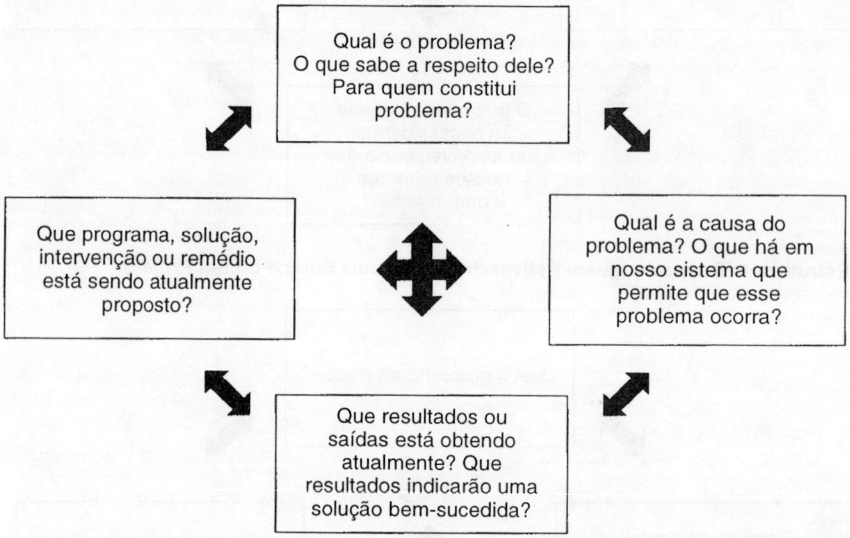

- As pessoas tendem a mergulhar de cabeça em soluções sem primeiro pensar cuidadosamente no problema ou suas causas.
- As pessoas às vezes tendem a não identificar que resultados seus esforços produziram ou se seus resultados são relacionados ao problema original, à causa do problema ou ao remédio aplicado. As ligações devem estar claras.

O BEM-OUVIR: AQUILO QUE VOCÊ FAZ DEPOIS DE TER FEITO UMA BOA PERGUNTA

Ouvir não é uma coisa que você faz enquanto aguarda sua vez de falar. Não é uma experiência passiva. O ouvir é uma exploração envolvendo tanto quem fala quanto o ouvinte. Fazer boas perguntas seguidas por um mal ouvir é pior do que não fazer pergunta alguma.

Há muitos livros e cursos sobre habilidades do ouvir. Essa tecnologia existe há 40 anos. O Dr. Thomas Gordon, o fundador e líder do movimento pelo treinamento em eficácia, tem sido um dos principais autores nesse campo. Esta seção é um resumo daquilo que aprendemos com os mestres do bem-ouvir.

A Atitude Correta para o Bem-ouvir

A boa inquirição e o bem-ouvir podem ser realizados de uma maneira que as torna sinistras. As palavras podem ser neutras e não-julgadoras, mas o tom de voz, a linguagem corporal, e outros trejeitos enviam uma mensagem diferente. Não faça perguntas quando:

- Estiver zangado e desejar punir em vez de ajudar.
- Não estiver disposto a suspender seu julgamento ou sua necessidade de dar conselhos.
- Estiver com pressa e não tiver tempo para ouvir e explorar as respostas do outro.

Boas perguntas não contêm qualquer vestígio de julgamento:

- Julgador: "Os dados em seu gráfico não confirmam suas conclusões. O que o fez pensar que poderia obter sua resposta a partir desses dados?"
- Isento de julgamento: "Ajude-me a entender a ligação entre os dados no gráfico na página 4 e as conclusões a que chega na página 5".

Alguém que for bem ouvido sente o seguinte:

- A pessoa que fala deve sentir uma compreensão aprofundada daquilo que esteve tentando comunicar.
- A pessoa não deve sentir-se envergonhada ou testada. (Dei a eles a reposta que queriam?") Ela deve sentir-se apoiada e desafiada a continuar a estudar, a cavar mais fundo, a apreciar aquilo que já é sabido e procurar aprender mais.

Um Resumo de Boas Habilidades em Ouvir

1. *Permaneça atento e em silêncio.*

- Mantenha o contato ocular.
- Use semiverbais ("ã-hã") para que a pessoa que estiver falando saiba que você está lá e que está prestando atenção.

Os Quatro Estilos Disfuncionais de Comunicação de Virginia Satir

Virginia Satir (1988) foi pioneira em sistemas familiares e comunicações familiares. Em seu livro, *Peoplemaking*, ela identifica quatro estilos de comunicação, aprendidos em nossa idade mais tenra, que não têm utilidade ao lidarmos com outros: culpar, apaziguar, sermos super-racionais e sermos irrelevantes.

Aprendemos esses estilos junto a nossas famílias e os carregamos na escola e em nosso trabalho. Por fim, os ensinamos a nossos filhos.

Alguns comentários sobre os quatro modos disfuncionais:

- Nenhum deles é anormal, e seu uso não é necessariamente indicador de problemas pessoais mais profundos. Apenas se interpõem no caminho da interação útil.
- A maioria de nós tem um ou dois desses modos aos quais nos revertemos, especialmente em momentos de estresse.
- Esses comportamentos servem para manter outros a distância, o que pode ser necessário, em determinadas circunstâncias. Entretanto, há meios mais diretos e menos confusos de manter a distância.
- Na raiz de cada um desses modos autoprotetores de comunicação há uma baixa auto-estima.

1. O culpador

Descrição	• Busca um culpado. Procura se absolver de toda culpa.
Comentários típicos	• Quem esculhambou tudo! • Você nunca faz nada certo! • Não me culpe por seus problemas.
Sob a superfície	• Ninguém liga para mim. • Tenho medo de ser descoberto.
Experiência física	• Corpo tenso. • Pronto para dar o bote.

2. O apaziguador

Descrição	• Tenta, em primeiro lugar, acomodar as exigências de todos. Fracassando, o apaziguador pede desculpas.
Comentários típicos	• Minha tarefa é manter todos felizes. Se *eles estiverem* felizes, *eu estou* feliz. • Estou sempre decepcionando as pessoas. • Parece que não consigo fazer nada direito.
Sob a superfície	• Se eu fizer com que todos fiquem felizes, talvez me amem.
Experiência física	• Estômago tenso.

3. O super-racional

Descrição	• Muita cabeça, muito pouco coração. Aplica racionalidade e análise a tudo, mesmo quando isto não é necessário ou apropriado.
Comentários típicos	• A emoção atrapalha. Não me importa o que as pessoas sentem. • Vamos encarar isso objetivamente. • As pessoas conseguem ser tão irracionais! • Me dê um computador e estarei feliz.
Sob a superfície	• As pessoas me respeitarão pelo meu intelecto. • Sinto-me fora de controle na presença de emoções.
Experiência física	• Rígido e "ressecado".

4. A pessoa irrelevante

Descrição	• Desloca ou desvia a atenção para algo não relacionado à questão imediata. • Não percebe o que está acontecendo, percebe mas não compreende ou compreende e se distrai.
Comentários típicos	• O computador "deu pau"? Você anotou a placa do cara? • Falando em atrasos em viagem, o ônibus espacial decolou no horário?
Sob a superfície	• Quero que me dêem atenção, mas não me sinto à vontade com as pessoas me conhecendo.
Experiência física	• Desequilibrado, inseguro.

2. *Pratique a observação neutra.*
A observação neutra não é tanto uma técnica quanto um estado mental. Cada declaração do observador neutro incorpora o seguinte conjunto de valores:

- Não julgarei nem controlarei.
- Não sugerirei nem corrigirei.
- Não elogiarei nem criticarei.
- Simplesmente relatarei aquilo que observar.

Exemplos do local de trabalho:

Não-neutro — Não-observador

- "Por que diabos você está fazendo aquilo?"
- "Este relatório está com dois dias de atraso!"
- "Você ainda não terminou aquele teste?"

Observação Neutra

- "Vejo que está posicionando o dial em 36,4."
- "Vi que seu relatório está na minha mesa."
- "Li em seu memorando que iria haver um teste esta semana."

3. *Utilize declarações reflexivas.*
Utilize uma frase ou fragmento da história da pessoa que está falando, e a repita.
Falante: "... e aí a máquina quebrou, e todo mundo enlouqueceu!"
Ouvinte: "Enlouqueceu".

4. *Resuma e verifique.*
   - Encontre uma pausa na narrativa da pessoa que estiver falando para repetir aquilo que foi dito por ele de forma resumida.
   - Siga o resumo com uma pergunta de verificação. ("Este é um resumo preciso daquilo que você falou?")

5. *Organize as questões da pessoa que estiver falando.*
Juntamente com o resumo ou como intervenção separada, auxilie a pessoa falante a distinguir entre:

— Problemas *versus* sintomas.

— Problemas *versus* soluções.

— O pouco importante *versus* o muito trivial.

— Aquilo que pode ser remediado ou mudado *versus* aquilo que está além de sua capacidade para influenciar.

6. *Encontre padrões.*
   Descubra o que esta questão, descrita pela pessoa que está falando, tem em comum com outras experiências na vida dela.
   — "Algo desse tipo já lhe aconteceu antes?"
   — "Você já teve outras questões com a mesma pessoa?"
7. *Aponte as lacunas óbvias.*
   Após algum tempo, você poderá notar a ausência conspícua de algum elemento da narrativa que normalmente seria esperado.
   "Acho interessante você ainda não ter mencionado seu chefe."
8. *Aponte as interrupções.*
   Às vezes a pessoa que está falando poderá interromper a continuidade de sua narrativa. Você poderá comentar sobre isso.
   "Reparei que quando começou a falar sobre aquela reunião você mudou de assunto rapidamente".

Ouvindo Injúrias

Certa vez tive um chefe que era extremamente abusivo e mal-humorado, um homem inteligente com quem era difícil trabalhar. Como resultado, nos esforçávamos para evitá-lo.

Num fim de tarde estava em minha sala tentando terminar um projeto. O chefe e eu éramos os únicos ainda no escritório, um momento vulnerável.

Repentinamente, o chefe irrompeu sala adentro, jogou algo em cima de minha mesa, e rosnou: "O que é isso?"

Uma rápida olhada no item jogado sobre minha mesa me convenceu de que nada tinha a ver comigo ou com meu trabalho. Resolvi utilizar uma resposta do bem-ouvir que utilizara antes e ensinara a outros.

Disse: "Você parece zangado com isso".

Ao que ele respondeu: "Não use essas m.... de *workshop* comigo!"

O exemplo didático de habilidade em ouvir não provocou uma resposta didática.

O chefe, entretanto, acabou por se acalmar.

9. *Dê atenção a sentimentos.*

- Às vezes, perguntar como a pessoa se sente em relação à história que está contando é útil. Freqüentemente, entretanto, as pessoas não responderão com um sentimento (alguma variação de alegria, tristeza, raiva ou medo), e sim com um pensamento. ("Sinto que jamais deveria ter me metido nessa porcaria!")
- Poderá ser útil fornecer as palavras que descrevam os sentimentos do narrador.
  "Aposto que ficou desapontado quando isso aconteceu", ou "Você parece zangado quando fala daquilo".

10. *Teste a responsabilidade e dê prosseguimento.*

- "O que planeja fazer agora?"
- "Como decidirá o que fazer em seguida?"
- "Você tem um plano? O que sugere como próximos passos?"

Alguns comentários finais sobre habilidades em ouvir:

- Mantenha o foco naquilo que a outra pessoa está dizendo.
- Deixe que o outro sinta que a conversa é sua e será levada na direção que bem entender.
- Não dê conselhos. Provavelmente não ajudarão. Ao dar conselhos é mais provável que atenda às necessidades de seu próprio ego do que às da pessoa que estiver falando. Não permita que a pessoa o induza a dar conselhos. Desvie qualquer pedido de conselho de volta para a pessoa falante: "Que conselho você esperava que lhe desse?"
- Não julgue. Se não puder evitar ou suspender julgamento, ao menos evite a retórica do julgamento: deveria, não deveria, bom, mau, certo, errado, etc.
- Não substitua a história do outro pela sua própria. Embora uma rápida referência a uma experiência semelhante sua possa ajudar a pessoa a sentir-se menos só, não desloque o foco da conversa para você.
- Não tente induzir o outro a sentimentos ou desviá-lo deles. Não diminua a experiência do outro dizendo: "Não fique triste", "Não é tão ruim assim", "As coisas vão melhorar" ou "Vamos lá, me dê um sorriso". Essas intervenções são mais úteis para você, o ouvinte, do que para o outro.

- Não tenha compaixão. Dê apoio à pessoa que estiver falando, mas não apóie uma tendência a "ai de mim". A comiseração tende a reforçar o sentimento de vítima e a inação. Às vezes as pessoas podem precisar de um pouco de colo. Apenas não deixe que o outro se permita isso em demasia.

O PROCESSO DE INQUIRIÇÃO

O processo de inquirição é descrito na Figura 8-4. Alguns comentários sobre o processo de inquirição:

- Permita-se ser deselegante ao começar a liderar através de boas perguntas. Deixe que o outro saiba que está aprendendo uma nova habilidade.
- Quando a sessão tiver terminado, obtenha *feedback* da outra pessoa sobre como melhorar suas habilidades em inquirição.
- A outra pessoa provavelmente foi condicionada a esperar conselhos e julgamento. Certifique-se de que o *feedback* seja relativo às suas habilidades como inquiridor, não sobre se a outra pessoa prefere que retome o papel de juiz e fornecedor de conselhos.

O que Perguntar Durante a Inquirição

A Figura 8-5 ilustra a maioria dos caminhos que poderão ser seguidos pela inquirição. A resposta a uma pergunta poderá levar a qualquer uma das outras áreas.

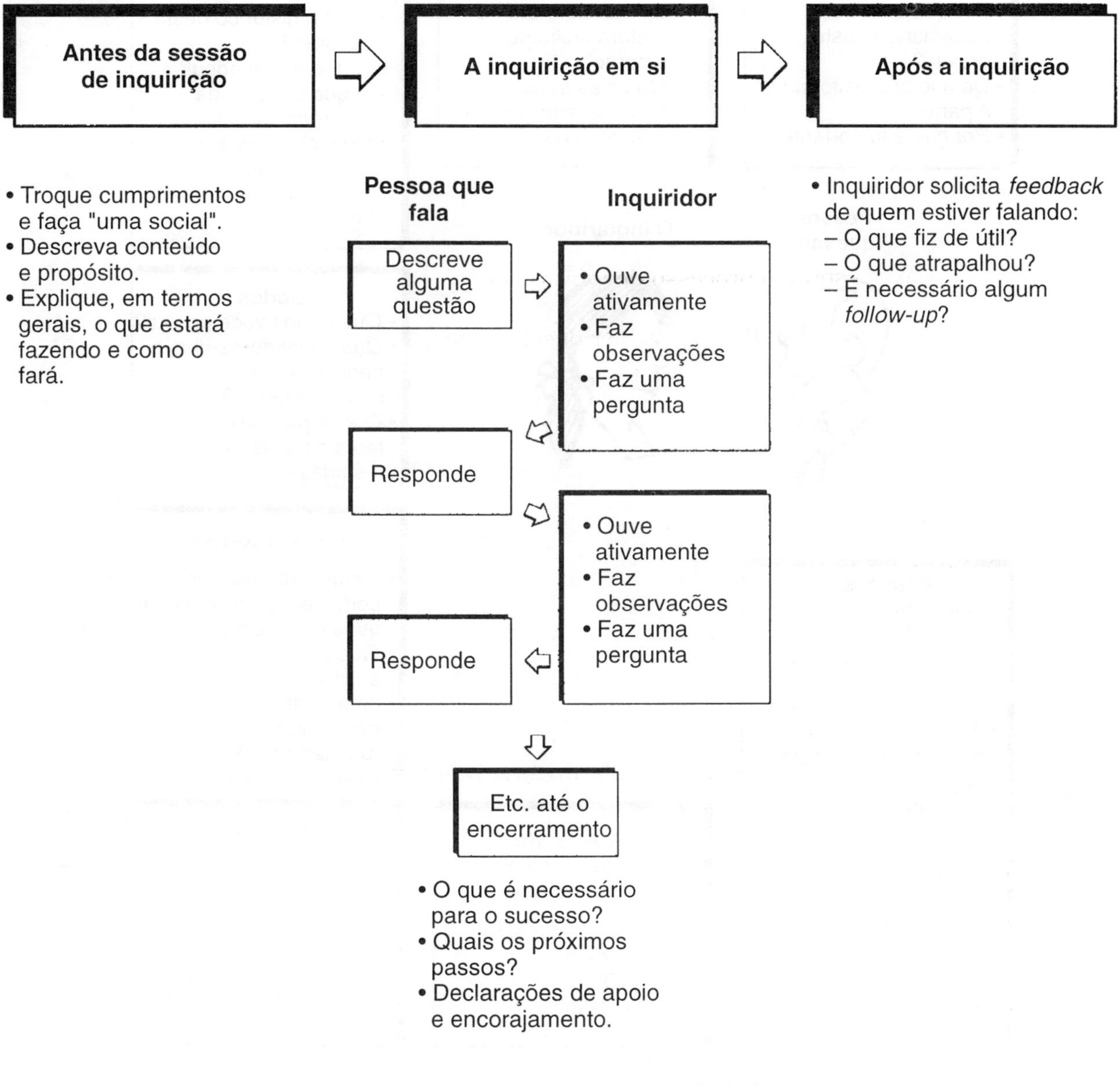

Figura 8-4. O processo de inquirição.

Propósito

- Por que estamos trabalhando neste projeto?
- De que propósito maior é parte?
- Por que é importante?

Clientes

- Como isto afeta ou afetará o cliente externo?
- Quais as suas necessidades em relação a isso?

Tempo

- Qual o histórico desta questão?
- O que a precedeu?
- O que seguiu sua ocorrência inicial?
- Qual o impacto que esta questão provavelmente terá no futuro?

Pessoa que fala

O Inquiridor

Dados

- Que dados você possui?
- Que indicadores-chave necessitam de monitoramento?
- Que suposições ou teorias precisam ser testadas?

Foco-foco-foco

- Como esta questão pode ser subdividida em questões menores?
- Que dados podem auxiliá-lo a decidir as prioridades internas dessa questão (pensamento Pareto)?

Pessoas

- Quem mais se preocupa?
- Quem mais deveria estar envolvido?
- Quem pode ajudá-lo?
- A especialidade de quem seria útil nesta questão?
- Com relação a este esforço, onde estão:
  - Os gerentes
  - Os movimentadores e sacudidores
  - Os colegas de trabalho
  - O *staff*
  - As demais pessoas importantes

Aplicando as estratégias de melhoria

- Padronização
- Faça-o!
- PDSA
- 7 Passos

Aprendizagem

- O que aprendeu?
- Como essas lições podem ser ensinadas a outros?
- Como as aprendizagens podem ser integradas à organização?

Figura 8-5. O que perguntar durante a inquirição.

RESUMO

A nova abordagem à liderança requer novos conceitos, papéis, valores e relacionamentos, bem como novos métodos e habilidades. Liderar através de boas perguntas é um desafio direto às abordagens e reflexos de nosso antigo paradigma. Fazer boas perguntas representa uma nova e importante atitude e habilidade para os líderes do novo século. Fazer boas perguntas é uma habilidade que levará um bom tempo para ser dominada. Mas é algo que você pode começar a praticar já.

ATIVIDADE DO CAPÍTULO 8

1. Escolha dois parceiros, pessoas em quem confie.

2. Concorde em se reunir semanalmente durante uma hora.

3. Neste período de uma hora, pratique:

- Habilidades do bem-ouvir.
- Habilidades de inquirição.

4. Cada rodada com duração de 20 minutos consiste no seguinte:

- *Pessoa que fala* fornece uma breve (2 a 3 minutos) descrição de algum problema atual.
- *Ouvidor/Inquiridor* pratica habilidades de ouvir e progride para habilidades de inquirição.
- Essa discussão continua por 15 minutos.
- A terceira pessoa é o *observador/cronometrista*. Quando encerra a discussão após 15 minutos, inicia uma discussão de 5 minutos focalizando o ouvidor/inquiridor, fornecendo *feedback* ao ouvidor/inquiridor e comentando aquilo que ele tenha feito que ajudou ou possa ter atrapalhado. Tanto a pessoa que fala quanto o ouvidor/inquiridor participam dessa discussão de *feedback* iniciada pelo observador/cronometrista.
- Quando a discussão de *feedback* de 5 minutos terminar, troquem de papel e realizem outra rodada de 20 minutos.
- Poderá levar um ano de sessões semanais de prática antes que domine essas habilidades.

REFERÊNCIAS

Bateman, W. L. 1990. *Open to question: The art of reaching and learning by inquiry*. São Francisco: Jossey-Bass.

Gingrich, N. 1994. *Deming's profound knowledge and the renewal of American civilization*. Cincinnati, OH: VIII Conferência Anual Deming, 15 de agosto. Patrocinada pela OQPF, Piqua, Ohio.

Gordon, T. 1977. *Leader effectiveness training:* L.E.T. Nova Iorque: Bantam Books.

Joiner Associates. 1990. *The Joiner 7-step method*. Madison, WI: Joiner Associates.

Kerridge, D. e Kerridge, S. 1996. *The zero stage*. Publicado pelo próprio autor, Old Aberdeen, Scotland. E-mail: dfk@rsc.co.uk.

Kume, H. 1985. *Statistical methods for quality improvement*. Tokyo: The Association for Overseas Technical Scholarship. (Disponível através de: UNIPUB, One Water Street, White Plains, NY 10601, [800] 247-8519.)

Langley, G., Nolan, K., Nolan, T., Norman, C. e Provost, L. 1996. *The improvement guide*. São Francisco: Jossey-Bass.

Nolan, T. e Moen, R. 1987. Process improvement. *Quality Progress*, setembro.

Satir, V. 1988. *The new peoplemaking*. Palo Alto, CA: Science and Behavior Books, Inc.

Satir, V. 1976. *Making contact*. Millbrae, CA: Celestial Arts.

9

Desempenho sem Avaliação

INTRODUÇÃO

Estamos vivendo numa era gerencial menos que humanística. Empresas utilizam a retórica do humanismo, mas suas políticas e práticas são freqüentemente baseadas em desconfiança, paternalismo e num desprezo nada sutil por seus empregados.

> No pátio de entrada do centro de treinamento gerencial de um fabricante de automóveis (um dos 3 grandes), vi um grande mural que declarava: "Nossos empregados são o fator mais importante de nosso sucesso".
>
> Dois minutos antes de ver esse mural, meu anfitrião havia me informado que "o moral poderá estar baixo hoje, porque ontem a empresa anunciou a eliminação de 1.200 empregados desta área".

Quando visito empresas, testemunho muitos exemplos de tal disparidade entre a retórica e a prática:

- Um fabricante na Carolina do Sul enfatiza equipes e trabalho em equipe. Entretanto, obriga os membros de equipe a avaliar e classificar uns aos outros e a disciplinar seus membros. Recompensa as equipes com base em seu grau de sucesso em competir com as demais equipes da empresa. Este é um exemplo da retórica do trabalho em equipe que se confunde com políticas e práticas do antitrabalho em equipe.
- Um banco em Wisconsin tem uma série de incentivos destinados a motivarem seus gerentes de empréstimos a incrementarem os negócios.
- Legisladores estaduais em todo o país [EUA] estão propondo legislação para responsabilizar professores, diretores de escolas e superintendentes de educação pelo aproveitamento dos alunos. O aproveitamento dos alunos é medido pelas suas notas em testes padronizados. Se as notas forem baixas, os empregos dos professores e administradores estarão em perigo.

Miscelânea

A Continental Airlines chegou em último lugar em termos de desempenho de pontualidade em junho, embora tivesse oferecido aos empregados tudo, de dinheiro a pizzas, para chegar em primeiro lugar na classificação mensal do Departamento de Transportes.

— *The Wall Street Journal*
13 de agosto, 1995

Isto é um exemplo do fracasso em compreender sistemas e de uma abissal falta de saber profundo (ver Capítulo 2).

O que há por trás dessa abordagem condescendente à gerência, dessa era menos que humanística? Por trás dessas práticas gerenciais estão algumas suposições falsas e crenças cépticas.

As Suposições Por Trás da Avaliação de Desempenho

- A avaliação melhorará o desempenho do empregado.
- O empregado que está sendo avaliado tem controle dos resultados.
- A contribuição individual do empregado pode ser discernida entre as contribuições do sistema e dos demais gerentes e trabalhadores no sistema.
- Todos os processos que utilizam equipamento, materiais, treinamento, descrições de cargos, etc. aparentemente semelhantes são, de fato, idênticos.
- Os padrões de avaliação são relacionados a fatores comprovadamente importantes para o negócio e seus clientes.
- Os padrões são razoáveis e alcançáveis.
- Cada sistema em que um empregado trabalha é estável e capaz de produzir os resultados esperados.
- A avaliação abrange desempenho ao longo de todo o ciclo de avaliação, não apenas no período de memória recente.
- Todos os avaliadores são consistentes entre si.
- Cada avaliador é consistente de um empregado para outro.

Essas suposições são raramente verdadeiras, embora sejam comuns.

As Crenças Cépticas da Gerência Convencional: Skinner no Local de Trabalho

A prática atual de gerência tradicional reflete algumas crenças há muito tempo professadas a respeito de pessoas, que foram incorporadas a uma teoria da psicologia articulada por B. F. Skinner[1].

Empresas e seus gerentes talvez sequer tenham ouvido falar em Skinner e seus ensinamentos, mas suas abordagens a pessoas ainda

[1] N.T.: Burrhus Frederic Skinner, psicólogo norte-americano, autor de importantes trabalhos sobre aprendizagem e ensino programado.

refletem práticas advogadas por ele. Os ensinamentos de Skinner têm permeado escolas e locais de trabalho ao longo da maior parte da segunda metade do Século XX.

Essencialmente, Skinner encara o comportamento humano como um conjunto de reações condicionáveis. Assim como proprietários de animais de estimação adestram seus animais para se comportarem de determinadas formas através de uma combinação de recompensas e punições, o comportamento humano deve também ser moldado através de tais respostas condicionadas. As pessoas não são muito diferentes dos cães de Pavlov ou do proverbial jumento, cujo movimento é governado pela cenoura e a vara. Como observado no Capítulo 2, a abordagem da cenoura e da vara é utilizada para movimentar um jumento e, até onde sabemos, sua eficácia se limita àquela espécie. É menos que lisonjeador quando gerentes tentam utilizar em seus empregados uma abordagem destinada a jumentos. (Ver Levinson, 1973.)

Comentários do Dr. W. Edwards Deming

Em 1988, o Dr. Deming gentilmente concordara em escrever um prefácio para Times da Qualidade. *O tempo ficou curto, e tive que o lembrar.*

Entrementes, havia solicitado a ele que revisasse meu primeiro artigo sobre avaliação de desempenho (Scholtes, 1987). As tarefas se confundiram, e o Dr. Deming escreveu um prefácio ao artigo. Segue seu prefácio, da maneira que o escreveu.

A meta fundamental dos ensinamentos de Deming é desenvolver um sistema de gerência que assegure o orgulho da qualidade do trabalho para todos. Em termos técnicos, o ensino dessa meta requer algum conhecimento de psicologia e de variação, com a meta de reduzir a variação de processos e compreender algo mais sobre a interação de forças e de definições operacionais.

As mesmas meta e teoria levam a uma melhor compreensão dos males do assim chamado sistema de merecimento ou avaliação anual de pessoas. Na verdade, tais classificações não são classificações de pessoa, e sim, em sua maior parte, classificações do sistema em que trabalham e da interação do sistema com as pessoas que nele trabalham. O fato é que o sistema em que as pessoas trabalham e a interação com pessoas poderão representar de 90 a 95% do desempenho.

A compreensão das causas comuns de variação e a compreensão de causas especiais revelam a falácia dos estudos de exemplos de sucesso. Exemplos de empresas bem-sucedidas repetem o erro de atribuir seu sucesso a causas especiais, externas ao sistema, quando na realidade o sucesso na cauda da distribuição e o fracasso na outra cauda são ambos oriundos do mesmo sistema de causa comum. A compreensão da variação, das causas comuns, das causas especiais, da interação de forças e de definições operacionais deveria ser ingrediente de uma educação liberal.

Pessoas que seguem os ensinamentos da teoria subjacente verificam que suas vidas mudaram; da mesma forma, seus relacionamentos com membros da família, com companheiros e colegas em negócios.

Continua na página seguinte.

Continuação do quadro anterior.

Muitas pessoas estão preocupadas com como influenciar outras, especialmente com como realizar mudanças na gerência de suas empresas. É gratificante observar que o Sr. Scholtes, neste livro, aborda este importante problema de como realizar mudança.

Cerca de quatro anos mais tarde, num seminário em Washington, D.C., alguém na platéia perguntou ao Dr. Deming:

"Se eliminarmos as avaliações de desempenho, como está sugerindo, o que faremos então?"
Dr. Deming respondeu: "Seja o que for que o Peter Scholtes disser".

O Dr. Deming ao mesmo tempo me fez um elogio e me lançou um desafio.

Na raiz da prática de gerência convencional estão algumas premissas e crenças. Em sua maior parte, essas premissas não são questionadas. Parte-se do princípio de que são verdadeiras.

As Premissas Não Questionadas da Gerência Convencional

Não se pode confiar nas pessoas.

Existe ao menos uma proporção suficiente de pessoas não confiáveis para que políticas e procedimentos devam ser elaborados com base na pressuposta desconfiança. (Veja a história da Falk Corporation, mais adiante neste capítulo.)

As pessoas não querem trabalhar nem assumir responsabilidades nem carregar sua parte do fardo.

Se virar as costas, deixarão de manter a ilusão de estarem ocupadas.

As pessoas não querem aprender nem melhorar. Querem ser deixadas em paz.

Qualquer tentativa de intervir ou ajudar será rejeitada ou ignorada.

As pessoas estão negando seus melhores esforços e somente podem ser induzidas a fazer melhor através de incentivos (cenouras e varas) vindos de fora impostas a elas.

A função de um gerente é motivar seu pessoal. A forma de motivar é a utilização de cenouras e varas.

Essas premissas não questionadas da gerência convencional (Teoria X) seriam menos danosas se fossem questionadas. O ato de identificar essas crenças e suposições — como premissas ou teorias — e questionar sua validade poderia acender um saudável diálogo. É a natureza *não dita* e *presumida* desses dogmas implícitos que cria um ambiente tóxico e perverso, um espírito de desrespeito que permeia a organização. A mensagem para as pessoas é que são inferiores e não-confiáveis, mesmo quando a retórica oficial fale de respeito às pessoas que "são nossos ativos mais importantes".

Alfie Kohn sobre B. F. Skinner

Em seu livro *Punished by Rewards*, Alfie Kohn (1993) advoga o caso contra cenouras e varas. Kohn faz várias referências a Skinner, incluindo um apêndice em que descreve uma conversa que teve com o famoso estudioso do comportamento. O comentário de Kohn sobre Skinner: "B. F. Skinner poderia ser descrito como um homem que conduziu a maioria de suas experiências com roedores e pombos e escreveu a maioria de seus livros sobre pessoas" (p. 6).

Douglas McGregor sobre Cenouras e Varas

O pai e o avô de Douglas McGregor eram pastores protestantes. Ambos trabalhavam num abrigo para os sem-teto, fundado pelo avô de Douglas, em Detroit, durante a depressão dos anos 30. O jovem Douglas trabalhava no abrigo junto com seu pai e seu avô.

À medida que amadurecia, Douglas ficou cada vez mais perturbado com as características negativas que seu pai atribuía aos desempregados e sem-teto (são inúteis e preguiçosos, etc. semelhantemente ao que alguns dizem hoje). O McGregor mais jovem argumentava com seu pai que os pobres não eram diferentes dos demais, estavam simplesmente sem sorte e eram vítimas de uma economia melancólica.

Por fim, sua discussão com seu pai evoluiu para a famosa articulação da *Teoria X* e *Teoria Y* de McGregor (1960, Capítulos 3 e 4).

Suposições sobre trabalhadores da Teoria X:
A visão tradicionalista de direção e controle

1. O ser humano médio possui uma aversão inata ao trabalho e o evitará sempre que puder.

2. Devido a essa característica de aversão ao trabalho, a maioria das pessoas terá que ser coagida, controlada, dirigida ou ameaçada com punição para que faça um esforço adequado para a realização dos objetivos organizacionais.

Continua na página seguinte.

Continuação do quadro anterior.

3. O ser humano médio prefere ser dirigido, deseja evitar responsabilidades, possui relativamente pouca ambição e deseja segurança acima de tudo.

Aqueles que acreditam nas suposições da Teoria X, ensina McGregor, verão cenouras e varas como a única maneira eficaz de fazer com que as coisas sejam feitas. Os que utilizam cenouras e varas estão subscrevendo implicitamente as suposições da Teoria X. Caso contrário, cenouras e varas não fariam sentido.

Suposições da Teoria Y:
A integração de metas individuais e organizacionais.

1. O despender de esforços físico e mental no trabalho é tão natural quanto lazer ou descanso.

2. O controle externo e a ameaça de punição não são os únicos meios de direcionar esforço para os objetivos organizacionais. As pessoas exercerão autodirecionamento e autocontrole a serviço dos objetivos com os quais estão comprometidas.

3. Compromisso com objetivos é função das recompensas associadas à sua realização. A mais significativa de tais recompensas, a satisfação do ego e de necessidades de auto-realização, pode ser produto direto de esforço direcionado a objetivos organizacionais.

4. O ser humano médio aprende, sob condições adequadas, a não apenas aceitar, mas a buscar responsabilidades. Evitar responsabilidade e não ter ambição geralmente são conseqüência de experiência, não de características humanas inatas.

5. A capacidade de exercer um grau relativamente elevado de imaginação, engenhosidade e criatividade na solução de problemas organizacionais é amplamente, e não estreitamente, distribuída pela população.

6. Sob as condições da vida industrial moderna, as potencialidades intelectuais do ser humano médio são apenas parcialmente utilizadas.

Um Sistema de Problemas Profundos

Problemas raramente existem independentemente uns dos outros. Problemas reforçam outros problemas num ciclo autoperpetuador. A Figura 9-1 mostra um sistema de problemas bastante comum.

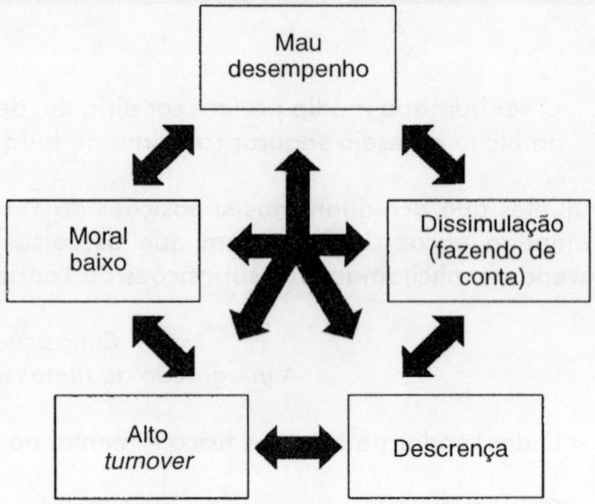

Figura 9-1. Um sistema de problemas.

A maioria dos problemas não existe isolada dos demais. Por exemplo:

> Uma empresa estava experimentando o que seu dirigente considerava ser um índice de *turnover* de empregados inaceitavelmente alto (*mau desempenho, alto turnover*). Ele então convenceu o vice-presidente de Recursos Humanos a aceitar a redução do *turnover* como meta de desempenho daquele ano. O vice-presidente de RH sabia que o *turnover* era uma questão complexa, influenciada por fatores além de seu controle (a economia, níveis de remuneração, etc.). Ele tentou demover seu chefe, sem resultado. Estava aborrecido por seu chefe ser tão simplista e inflexível em sua determinação (*moral baixo, descrença*). Embora o vice-presidente de RH tivesse pouco controle sobre o *turnover*, *podia* controlar a definição operacional desse termo. Assim, mudou sua definição de "um evento relativamente mais freqüente" para "um evento relativamente menos freqüente" (*dissimulação*). O vice-presidente de RH, portanto, alcançou sua meta de desempenho, embora não houvesse qualquer melhoria sistêmica. Ele criou a ilusão de progresso.

O Que Causa um Sistema de Problemas Profundos?

É minha convicção que esse sistema de problemas é primariamente resultado de um sistema de políticas e programas de gerência, como mostrado na Figura 9-2. Minha teoria: Se você pratica essas políticas e esses programas de gerência, produzirá esses problemas. Se deseja se livrar desses problemas, deve livrar-se dessas políticas e desses programas.

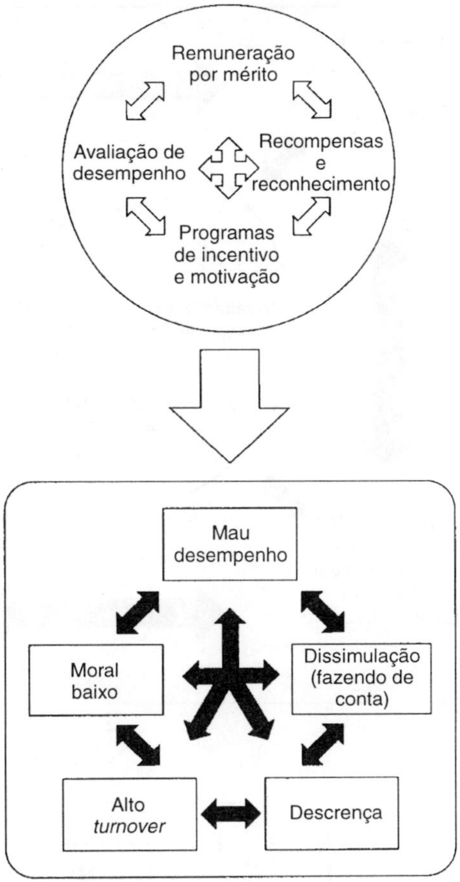

Figura 9-2. Um sistema de políticas gerenciais levando a um sistema de problemas.

Por Que Temos Tais Políticas e Programas de Gerência?

Esse é o cerne da questão! O motivo pelo qual elaboramos tais políticas e programas, criando tal sistema de problemas, está ligado às nossas crenças e premissas sobre as pessoas e sobre o trabalho. Fechamos o círculo e voltamos aos pontos discutidos anteriormente neste capítulo e aos *insights* de Douglas McGregor: Se não confiar em seu pessoal, você irá elaborar programas, políticas e intervenções com base naquela premissa. Os programas, as políticas e as intervenções tornam-se profecias autocumpridoras: Trate as pessoas como não sendo merecedoras de confiança e elas agirão de forma que você poderá interpretar como não sendo merecedora de confiança. A Figura 9-3 mostra esse sistema auto-sustentável de problemas profundos.

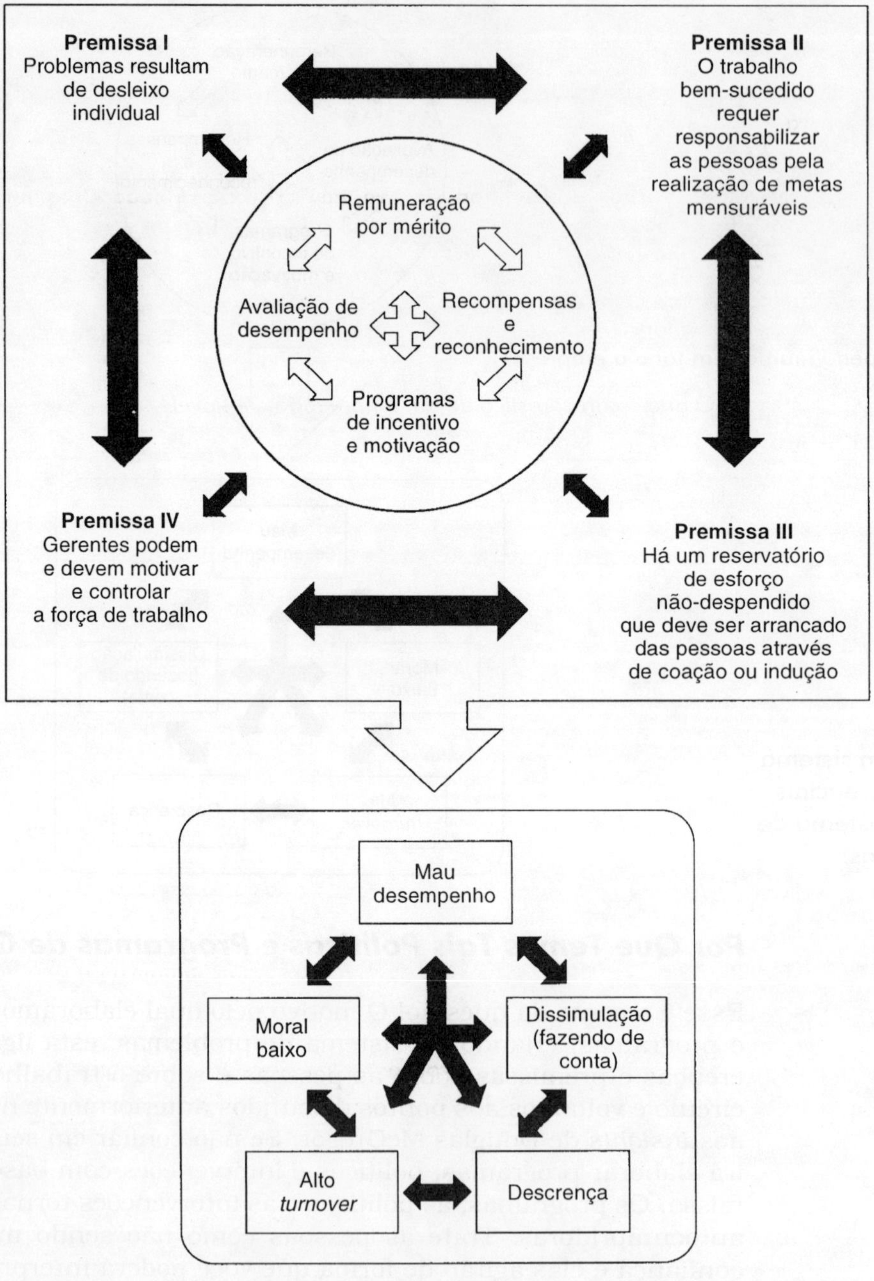

Figura 9-3. O sistema auto-sustentável de problemas profundos.

A Falk Corporation: Confiamos em Nossos Empregados?
(Adaptado de uma apresentação feita pela alta gerência da Falk)

Em meados da década de 80, a Falk Corporation, subsidiária da Sundstrand Corporation baseada em Milwaukee, lutava para compreender a filosofia de W. Edwards Deming.

Começou por explorar o oitavo dos famosos 14 pontos do Dr. Deming: Expulse o medo. Este ponto era especialmente pertinente para a Falk Corporation porque havia experimentado uma longa história de relacionamentos adversários com seus empregados. Em determinado momento de suas discussões, os gerentes decidiram examinar o inverso do medo. "Se não houvesse medo, o que haveria?" Sua conclusão: "Confiança!"

Então começaram a explorar a questão da confiança: Nós confiamos em nossos empregados? Nossos empregados são dignos de confiança? Como podemos desenvolver e manter um ambiente que promova confiança e respeito mútuos em toda a empresa?

O que é característico de um empregado confiável?

Os líderes da Falk decidiram tentar determinar que proporção de seus empregados era digna de confiança. A confiança, afinal de contas, começava com eles, como gerentes. Desenvolveram duas listas de características, uma descrevendo um empregado confiável e outra, um empregado não-confiável.

O EMPREGADO CONFIÁVEL

- É um adulto responsável
- Quer contribuir e realizar um bom trabalho
- Importa-se com a empresa — deseja que seja bem-sucedida
- Comparece ao trabalho todos os dias
- É digno de confiança

O EMPREGADO NÃO-CONFIÁVEL

- Dado um centímetro, toma um quilômetro
- Faz apenas o necessário
- Sente como se fosse apenas outro trabalho
- Na realidade, não dá a mínima
- Hoje, aqui — amanhã?
- Não é digno de confiança

Tendo desenvolvido suas definições de trabalho de confiável e não-confiável — listas bastante semelhantes das da Teoria X e Teoria Y de McGregor —, tentaram então elaborar uma estimativa de quantos empregados se assemelhavam à lista do *confiável* e quantos à lista do *não-confiável*. Sua conclusão: *Pelo menos 95% de nosso pessoal são confiáveis. Talvez 5% de nossa força de trabalho não sejam confiáveis.*

Os líderes da Falk se perguntaram se suas políticas, práticas e seus procedimentos eram escritos para os 5% ou para os 95%. Sua convicção, agora, era de que as políticas escritas para os 5% não eram compatíveis com um compromisso com o Ponto 8.

Políticas elaboradas com a confiança em mente

Os líderes da Falk iniciaram, então, um processo de revisão de políticas, educação e treinamento que durou um ano. Aqui está um exemplo de uma antiga política baseada em desconfiança e uma nova política baseada em confiança.

Continua na página seguinte.

Continuação do quadro anterior.

LICENÇA-NOJO (a política antiga)

Todos os empregados receberão licença remunerada por um máximo de três (3) dias por tempo de trabalho perdido no caso de ocorrer um falecimento de familiares próximos.

Esses dias deverão se enquadrar num período-calendário de sete dias, o primeiro dos quais será o primeiro dia de nojo remunerado. Entretanto, um dos dias deve ser o dia do funeral. Se o funeral ocorrer num dia não-útil (sábado, domingo, feriado, durante uma parada da fábrica ou durante um período de afastamento por incapacidade física), a perda de remuneração não será envolvida e, portanto, a remuneração não será devida por esses dias.

A remuneração será por oito (8) horas de trabalho com base na taxa diária do empregado acrescida do prêmio médio dos três (3) meses anteriores ao mês em que foi concedida a licença.

A remuneração de empregados com jornada de meio expediente se baseará na média das horas trabalhadas no mês anterior à taxa horária do empregado acrescida do prêmio médio.

Serão considerados familiares próximos do empregado... cônjuge, filhos, enteados, mãe, pai, irmãos, irmãs, padrasto e madrasta, avós e netos do empregado, genros e noras. Mãe, pai, irmãos, irmãs e avós do cônjuge.

O pagamento será realizado pela empresa mediante solicitação do empregado junto ao departamento de pessoal.

O departamento de pessoal poderá exigir comprovação do falecimento e do grau de parentesco do empregado.

LICENÇA-NOJO (a nova política)

Se você necessitar de licença devido ao falecimento de um amigo ou membro de sua família, combine com seu supervisor.

Quais foram os resultados? Como a concessão de licença-nojo sob a nova política contrastou com sua concessão sob a antiga política? O número total de dias utilizados para licença-nojo sob a nova política representou 47% dos dias utilizados sob a antiga política, menos da metade da concessão de licença-nojo anterior.

As premissas mantêm as práticas em funcionamento. As práticas geram os problemas. As premissas não são verdadeiras e são contrárias ao pensamento sistêmico.

Premissa I. Problemas resultam do desleixo individual.

Uma proporção desprezível dos problemas de uma organização — não mais do que 4%, de acordo com Deming — pode ser atribuída à má conduta de empregados. Acreditar que problemas sejam atribuíveis a erros de trabalhadores é elevar uma causa insignificante de problemas à categoria de causa predominante.

Premissa II. O trabalho bem-sucedido requer responsabilizar as pessoas pela realização de metas mensuráveis.

O trabalho bem-sucedido requer um conjunto consistente e confiável de sistemas, processos e métodos através dos quais você e seu pessoal projetam, desenvolvem e fornecem aquilo que os clientes necessitam quando e como eles o necessitam. Sistemas são criados, sustentados e melhorados por trabalho cuidadoso e bem pensado no *sistema*, não através do uso de cenouras e varas. Metas mensuráveis não melhoram sistemas; a responsabilidade não melhora sistemas. *Melhorar sistemas* melhora sistemas.

É necessário que as pessoas sejam responsabilizadas? É claro que sim. E o são, quase o tempo todo! A questão, portanto, é em grande parte irrelevante. Uma pergunta melhor seria: Por que as coisas dão errado mesmo quando aqueles que as estão fazendo estão sendo responsáveis e dando o melhor de si?

Premissa III. Existe um reservatório de esforço não-despendido que deve ser arrancado das pessoas através de coação ou indução.

Essa é a premissa por trás de programas de incentivo remunerado. Essa foi a teoria utilizada pela Continental Airlines para melhorar a pontualidade (ver p. 376). Embora poucos gerentes admitam essa crença em relação a seu pessoal, as políticas e práticas que utilizam nos fornecem evidências dramáticas desse cinismo. Poucos gerentes diriam que eles próprios precisam de incentivos para realizar um bom trabalho. São os outros que precisam ser subornados para empreenderem um esforço extra: "*Eu* estou OK, *você* precisa de incentivos!"

Premissa IV. Gerentes podem e devem motivar e controlar a força de trabalho.

Veja os comentários sobre motivação no Capítulo 2. Gerentes devem remover os fatores que *desmotivam* a força de trabalho. Devem trabalhar em conjunto com os empregados para controlar e melhorar os sistemas, processos e métodos de trabalho. Isto é menos provável de acontecer num ambiente em que gerentes procuram controlar pessoas e as culpam quando algo sai errado.

Quando as pessoas perguntam: "Se nos livrarmos da avaliação de desempenho, o que faremos?", minha primeira resposta é: "Pensem de forma diferente!" Por trás desta resposta um tanto irreverente está a importância de nos livrarmos das premissas disfuncionais. Se os gerentes não se purgarem dessas pressuposições sobre a natureza das pessoas e do trabalho, não desenvolverão verdadeiras práticas alternativas, apenas pequenas variações sobre o mesmo tema.

O QUE QUEREMOS DIZER COM AVALIAÇÃO DE DESEMPENHO?

De que, afinal, estamos falando quando discutimos avaliação de desempenho, incluindo todas as pequenas variações? A Figura 9-4 descreve o ciclo de desempenho comum à maioria dos programas de avaliação de desempenho ou gestão do desempenho.

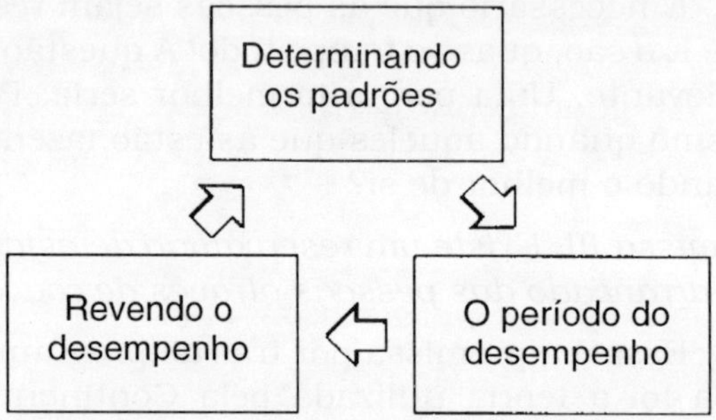

Figura 9-4. O ciclo do desempenho.

Determinando os Padrões

Algumas variações:

- Utilizando definições cuidadosamente descritas, mensuráveis, de realizações esperadas. (O que será feito, até quando, com que características e padrões, etc.)
- Padrões negociados entre o avaliador e o avaliado, impostos por um ou por outro ou uma combinação de padrões negociados e impostos.
- Sem padrões formais separados, mas diretrizes gerais como descrições de cargos ou objetivos de grupos.
- Sem qualquer padrão contra os quais rever desempenho real, apenas opiniões prevalecentes.

O Período de Desempenho

Algumas variações:

- Mais comum: um ciclo de 12 meses.
- Segundo mais comum: ciclos semestrais ou trimestrais.
- Raramente mais do que uma por trimestre.

Revendo o Desempenho

Algumas variações:

- Quem revê?
  - —Geralmente o chefe da pessoa.
  - —Às vezes, seus pares.
  - —Às vezes os chefes, subordinados, pares, fornecedores e clientes internos (freqüentemente denominado avaliação de 360°).

- Quem é revisado?
  - —Geralmente um trabalhador individual é revisado pelo seu chefe.
  - —Às vezes um indivíduo é revisado pelos seus pares.
  - —Às vezes um chefe é revisado por seus subordinados.
  - —Às vezes um grupo é revisado pelo seu chefe comum.
  - —Às vezes se aplica uma combinação dos anteriores.

- Envolve avaliação?
  - —Às vezes a revisão é uma discussão informal sem qualquer julgamento aparente envolvido.
  - —Tipos de julgamento ou avaliação:
    - —classificação numérica
      - 3, 4, 5, etc., uma escala de pontos
      - frases, em vez de uma classificação numérica
      - distribuição forçada: uma distribuição imposta em forma de sino (ver Figura 9-5)
    - —sistema de aprovação/reprovação

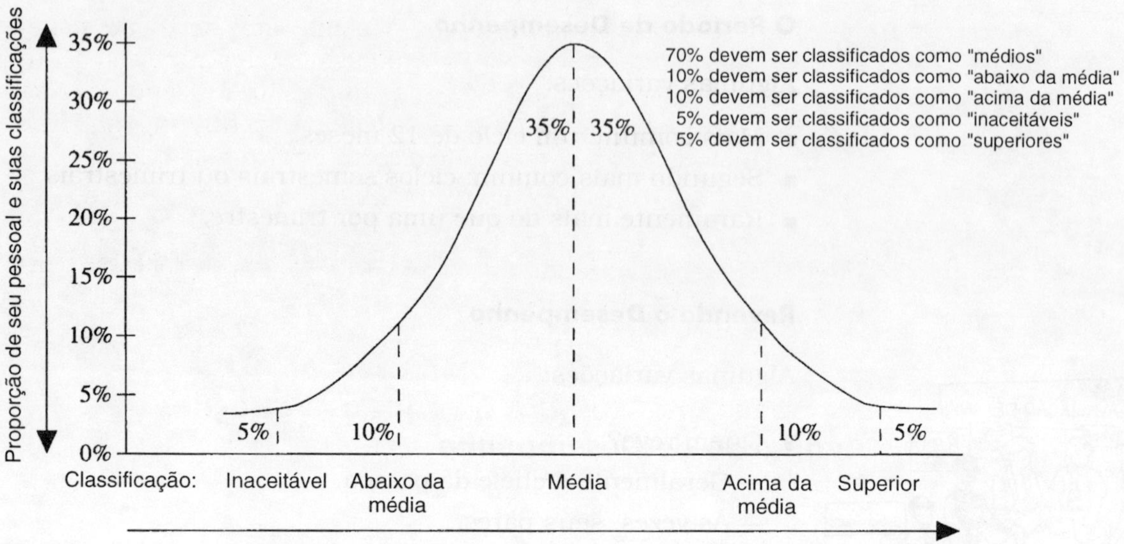

Figura 9-5. Um exemplo de distribuição forçada.

Implicações da Revisão

Algumas variações:

- Nenhuma implicação: uma espécie de discussão "pela discussão".
- Implicações de remuneração
  - —Remuneração por mérito (aumento de salário).
  - —Abono por mérito.
  - —Comissões.
  - —Remuneração por quotas ou baseada em unidades produzidas.
- Outras implicações
  - —Determina quem poderá ser promovido.
  - —Determina quem está vulnerável a afastamentos.
  - —Tratamento preferencial (vagas no estacionamento, presentes, viagens, etc.).

Quando falo de revisão de desempenho ou avaliação de desempenho, refiro-me ao ciclo básico descrito na Figura 9-4 e a quaisquer das variações descritas anteriormente. A soma total de meus comentários sobre "o que há de errado com a avaliação de desempenho se aplica ao ciclo em si e a *todas* as variações. O que estarei dizendo é: *Não existe uma boa maneira de se realizar uma avaliação de desempenho (ou revisão de desempenho). É inerentemente a coisa errada a se fazer.*

OS ARGUMENTOS CONTRA A AVALIAÇÃO DE DESEMPENHO

As Três Falhas Comuns a Todas as Variações de Avaliação de Desempenho

1. Não funciona.

Não existe qualquer pesquisa válida que demonstre que uma organização esteja em melhor situação por ter utilizado a avaliação de desempenho. Não há quaisquer benefícios de longo prazo a serem dela obtidos que possam ser confirmados através de pesquisas legítimas. A maioria das pesquisas sobre avaliação de desempenho consiste em pesquisas de opinião que perguntam: "Que tipo de avaliação de desempenho você prefere?" Essas pesquisas de opinião geralmente são realizadas por aqueles já predispostos a favor da avaliação de desempenho — empresas de consultoria que a ensinam, por exemplo. Essas pesquisas são geralmente preenchidas por gerentes de RH que, como grupo, são favoráveis à avaliação. Quando pessoas tendenciosas pedem a opinião de outras pessoas tendenciosas, os resultados não podem ser descritos como pesquisa. Se alguém deseja afirmar que avaliações de desempenho são úteis, essa afirmação deve ser baseada em dados observáveis *reais*, não dados de opiniões tendenciosas (ver Capítulo 6).

Avaliações de desempenho são úteis? De acordo com um estudo relatado por Timothy Schellhardt no *The Wall Street Journal* (19 de novembro de 1996), mais de 90% dos sistemas de avaliação são malsucedidos. Eu desconfio que seja pior.

> A avaliação de desempenho é aquela ocasião em que uma vez por ano você descobre quem reivindica soberania sobre você.
>
> — *Peter Block*

2. A avaliação de desempenho focaliza, em sua maior parte, indivíduos, às vezes grupos. Qualquer um dos dois é o alvo errado.

A premissa falsa, aqui, é que a melhoria ocorre em um empregado ou grupo de empregados de cada vez. Como já enfatizamos a maioria dos problemas, e portanto a maioria das oportunidades para melhoria, está em seus sistemas e processos, não em seus indivíduos ou grupos. A avaliação de grupos não é melhor que a avaliação individual. Conduzir avaliações de grupos ou indivíduos quatro vezes por ano não constitui uma melhoria sobre a avaliação de desempenho anual. É quatro vezes pior.

3. Avaliação de desempenho é *julgamento*, não *feedback*.

O julgamento é uma dinâmica *hierárquica*. O *feedback* é uma dinâmica *sistêmica*. A palavra *feedback* é sistêmica. No caso da audioeletrônica, *feedback* ocorre quando o som do alto-falante interfere com o microfone, ocasionando aquele horrível som eletrônico. É um *loop* ou circuito de interação eletrônica baseada em sistemas. Organizacionalmente, *feedback* se refere a uma parte do sistema — um estágio no fluxo de atividades e contribuições — fornecendo informações a uma parte ou estágio antecedente do sistema (ver Capítulo 4). Aqui estão alguns importantes pontos de ênfase relativos a *feedback*:

- O *feedback* é sistêmico, não hierárquico. O relacionamento hierárquico quase que inevitavelmente transformará a natureza do intercâmbio num ato que é, ou que será percebido, como um julgamento.
- O *feedback* deve ser apresentado na forma de dados, não de julgamento. Dados são freqüentemente de natureza estatística como, por exemplo, um gráfico da variação de tempo de entregas (ver Figura 9-12). Julgamento é a atribuição implícita ou explícita de a outra pessoa estar certa, errada, ser boa ou má: "Você está atrasado outra vez!"
- A finalidade do *feedback* é a melhoria do processo. Embora a intenção declarada da avaliação de desempenho possa ser a melhoria, sua forma é de classificação e julgamento. Isso é menos relacionado à melhoria e mais relacionado ao controle da pessoa sendo avaliada. Dados destinados à melhoria são dados que levam à descoberta de padrões de ocorrência e da causa sistêmica do desempenho sendo examinado. Um ato de julgamento pressupõe que a causa é a inadequação da pessoa sendo avaliada, não a origem sistêmica do mau desempenho.

Portanto, em relação a qualquer política de avaliação, pergunte o seguinte:

1. Há dados envolvidos na interação, ou apenas julgamento?

2. A revisão é de uma parte do sistema para uma parte antecedente do mesmo sistema? Ou é de um chefe para um subordinado?

3. É diretamente relacionada à melhoria do processo ou é relativa à responsabilização dos indivíduos ou grupos?

Essas três perguntas devem ajudar a ordenar a maioria das deficiências de grande parte dos programas de avaliação de desempenho. Os parágrafos seguintes destacam outras falhas da avaliação de desempenho.

Avaliação de Desempenho e Motivação

A avaliação de desempenho é um exemplo da dependência em motivação *externa*, em comparação com motivação *interna* (ver Capítulo 3). Como afirmamos anteriormente, o problema da motivação externa é que:

- Não funciona (exceto em termos de atividades simples no curto prazo).

- Afeta o relacionamento entre o motivador e o motivado (condescendente em vez de baseado em pares). Também poderá afetar o relacionamento entre todos os indivíduos que estiverem sendo motivados, tornando-os mais parecidos com irmãos do que parceiros adultos.

Repetindo, a própria pressuposição de que as pessoas *precisam* ser motivadas e que um gerente poderá fazê-lo é dúbia na melhor das hipóteses e afeta o relacionamento entre o motivador e o motivado.

Avaliação de Desempenho e Trabalho em Equipe

Como retratado na Figura 9-6, a dinâmica da avaliação de desempenho é diferente da dinâmica do trabalho em equipe, Figura 9-7.

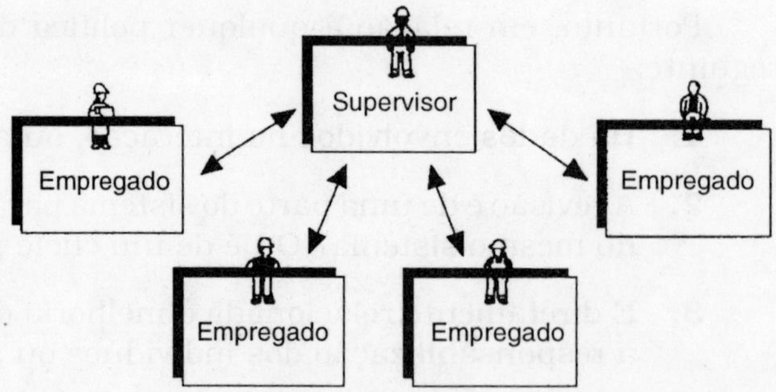

Figura 9-6. A dinâmica da avaliação de desempenho.

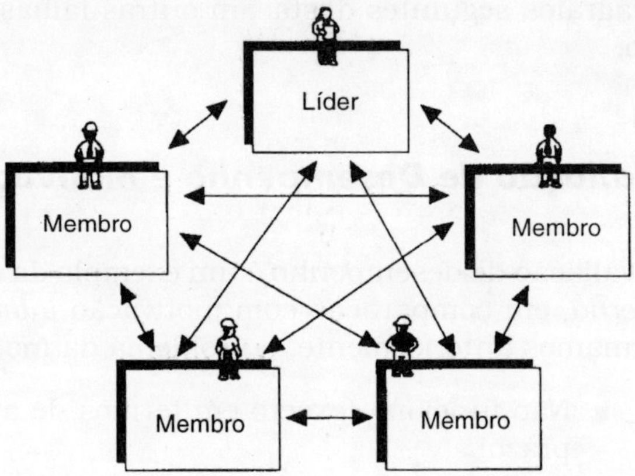

Figura 9-7. A dinâmica do trabalho em equipe.

Cada empregado tem um relacionamento separado com seu supervisor, um que envolve expectativas de desempenho e sua revisão. Cada membro de uma equipe tem um relacionamento com a equipe que envolve expectativas e interdependências. Às vezes o empregado poderá ser forçado a optar entre aquilo que é esperado dele pelo supervisor e o esperado pela equipe. O conflito poderá ser relativamente pequeno e solucionável (dois eventos conflitantes do cronograma) ou poderá assumir proporções mais substanciais (filosofias, prioridades ou métodos conflitantes). Qual terá precedência: as expectativas da equipe ou as do supervisor? Geralmente em tais casos as necessidades da equipe serão deslocadas e solapadas pela obrigação de cada membro de equipe para com seu supervisor.

Além do mais, é solicitado de um supervisor um ato de discernimento quase impossível, ao avaliar o desempenho de um membro de uma equipe. Será possível tomar a produtividade líquida de uma equipe e dela extrair a contribuição individual de um membro? Provavelmente não. Portanto, a avaliação de desempenho não apenas solapa o trabalho em equipe, também requer que o supervisor faça de conta que não há qualquer contribuição da equipe para o desempenho de um indivíduo.

Avaliação de Desempenho e Sistemas

Numa outra versão de discernimento impossível, o supervisor deve fazer de conta que não há sistema algum ou presumir poder extrair na produção líquida do sistema aquela atribuível ao empregado individual que estiver sendo avaliado. Isto é retratado na Figura 9-8.

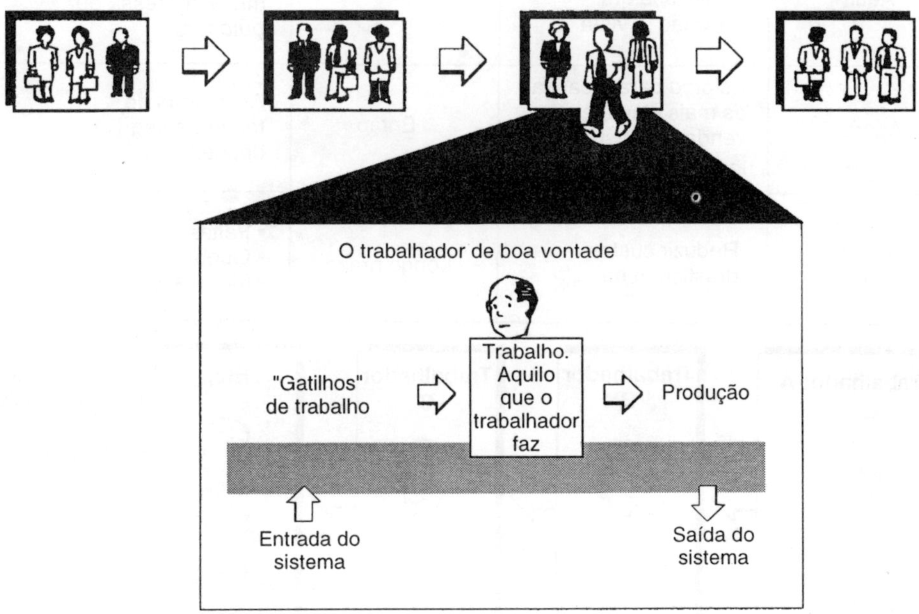

Figura 9-8. O sistema e a avaliação de desempenho.

Seja um indivíduo que está sendo avaliado ou uma equipe, como um supervisor poderá levar em conta todas as influências sistêmicas que precedem o desempenho de um passo no sistema? A resposta é: o supervisor não pode. Mesmo assim, terá que fingir que pode.

Além disso, a avaliação de desempenho solapará o sistema. Quando todos os indivíduos ou grupos estão procurando se apresentarem bem, tenderão a otimizar seu desempenho independentemente daquilo que for melhor para o sistema. Isto é retratado na Figura 9-9.

Otimizar desempenho	Por exemplo	E sofrer as conseqüências negativas	Por exemplo
Aqui	Maior campanha publicitária em televisão já vista	Lá	Não há verba para rádio, mídia impressa ou *outdoors*
Agora	Esforço para alcançar as mais elevadas vendas trimestrais já vistas	Então	As vendas do trimestre seguinte despencam
Curto prazo	Reduzir custos drasticamente	Longo prazo	• Faltas • Quebras • Má qualidade

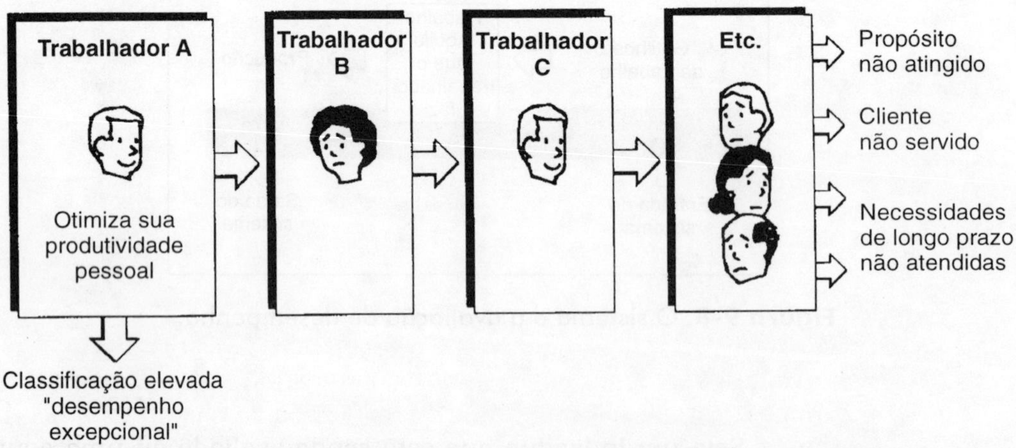

Figura 9-9. Otimização individual *versus* otimização de sistemas.

Avaliação de Desempenho e Variação

Como discutimos no Capítulo 2, tudo varia. Não podemos eliminar a variação (por exemplo, o período de tempo necessário para realizar uma tarefa, a freqüência de erros e enganos, os custos de se fazerem negócios). Mas podemos reduzir a variação e eliminar as causas especiais da variação.

O trabalho de cada indivíduo se caracteriza pela variabilidade. Por exemplo, o desempenho de um motorista de caminhão, Fred, é mostrado na Figura 9-10.

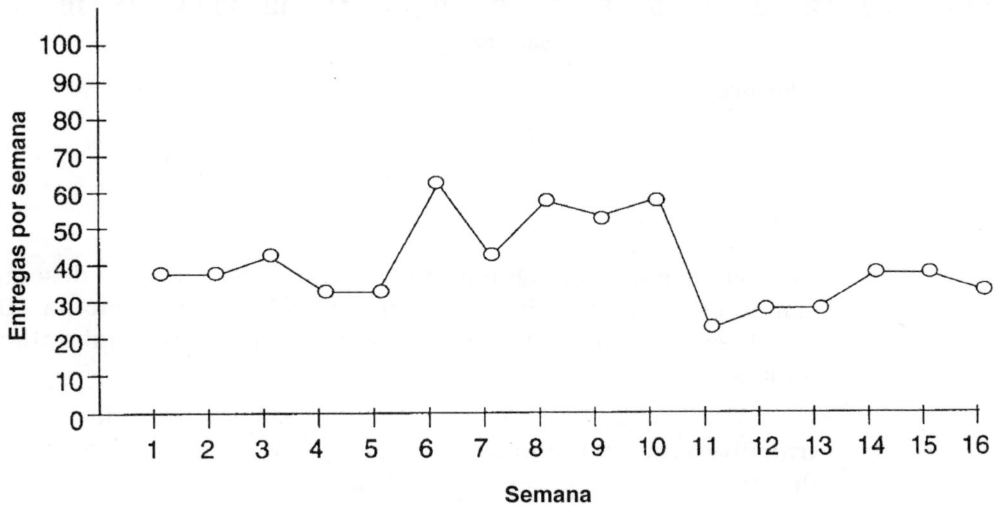

Figura 9-10. Registro das entregas semanais de Fred.

O desempenho de Fred é bom ou mau? Essa pergunta é comumente feita, mas é menos importante do que a pergunta "Como o desempenho de Fred pode ser melhorado?" Uma forma de responder a pergunta "bom ou mau" é comparar o desempenho de Fred com o de dois outros motoristas, Amy e Dave, como mostrado na Figura 9-11.

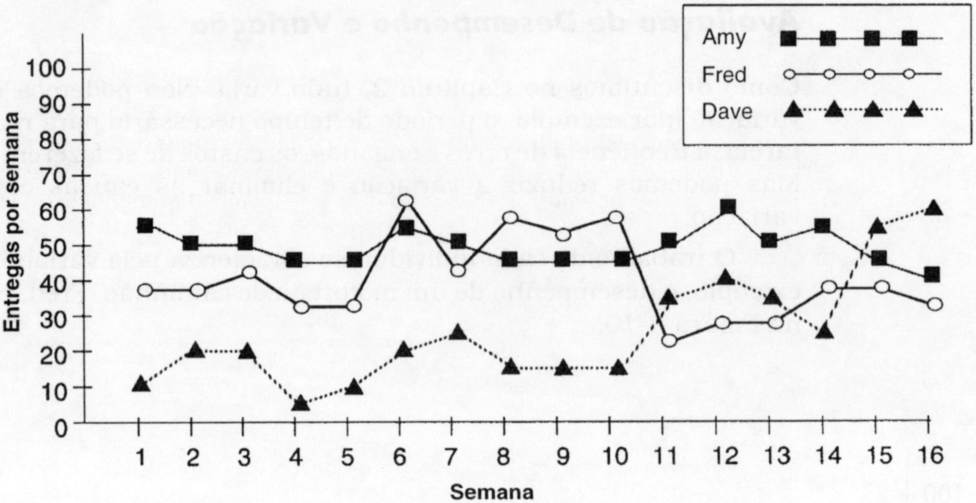

Figura 9-11. Comparando Amy, Fred e Dave.

Quem é melhor? Quem é pior? Se avaliássemos seu desempenho na semana 5, teríamos chegado a uma conclusão; na semana 10, a outra conclusão e a mais outra conclusão na semana 16. Qual avaliação seria a mais correta?

A resposta: Não sabemos. Sequer sabemos se eles têm o mesmo trabalho (embora tenham o mesmo título e talvez até a mesma descrição de cargo).

Dissemos anteriormente que a pergunta mais importante é: "Como o desempenho de Fred (ou o de Amy ou o de Dave) pode ser melhorado?" A prática convencional é a utilização de remuneração baseada em desempenho (a antológica cenoura). Isso envolveria remunerar os motoristas com base em quantas entregas cada um fizesse por semana.

As repercussões de tal sistema podem ser profundas e perversas. Alguns exemplos são:

- Cada motorista poderia competir com os outros para conseguir o caminhão melhor, mais confiável e de maior capacidade.
- Cada motorista poderia competir pelos itinerários de entrega mais fáceis.

Passe Adiante

Uma empresa fabril na Costa Leste [dos EUA] tinha uma política que recompensava equipes pelo trabalho livre de defeitos. O processo fabril se desdobrava através de vários estágios, cada um dos quais dirigido por uma equipe de trabalhadores. Dados relativos à premiação das equipes indicavam que elas trabalhando nos estágios iniciais do processo eram virtualmente livres de defeitos, e recebiam mais prêmios. As nos estágios finais não se saíam tão bem. Por quê? Era prática comum em cada estágio passar os defeitos adiante para o próximo estágio sempre que possível. "Deixe que eles levem a paulada", comentou um dos trabalhadores.

- Os motoristas poderiam exercitar a contabilidade criativa: tentar fazer com que uma entrega fosse contada como duas ou descarregando uma entrega num lugar próximo onde pudesse ser realizada após o expediente ou durante o fim de semana, e entrementes retornando ao armazém para pegar mais tarefas.

Se os motoristas fossem postos em competição mais explícita uns com os outros (um abono por merecimento para o melhor motorista do mês), poderia se esperar pouca cooperação, mais ressentimento e, talvez, até sabotagem sutil.

A avaliação de desempenho se baseia na premissa inconsciente de que *todo* desempenho é uma *causa especial* atribuível a indivíduos e que não há qualquer variação embutida no próprio sistema (variação de causa comum). Essa é uma premissa *inconsciente* por dois motivos:

- Poucos gerentes que conduzem avaliação de desempenho sequer estão conscientes da existência de coisas como variação, causas comuns e causas especiais.
- Poucos gerentes que conduzem avaliações de desempenho registram dados de desempenho em ordem de tempo, utilizando fluxogramas ou gráficos de controle. Sem esse tipo de dados um gerente não saberá que tipo de variação existe ou como lidar com ele. O que os gerentes fazem, em seu desconhecimento da variação, provavelmente *aumentará* a variação. Ao verem tendências onde não existem tendências, introduzirão intervenções desnecessárias no sistema. Isto apenas aumentará a variação.

Avaliação de Desempenho e Melhoria Contínua

Abordagens à melhoria podem focalizar a busca de melhorar o sistema e encontrar a causa sistêmica do problema ou a procura de melhorar o trabalhador individual e encontrar o culpado. A avaliação de desempenho encoraja uma abordagem superficial, orientada para o culpado, à solução de problemas. No Capitulo 7 discutimos que a forma de fazer a pergunta "Por quê?" pode freqüentemente levar à causa sistêmica do problema. A avaliação de desempenho encoraja uma abordagem de "Quem?" em vez de "Por quê?"

Avaliação de Desempenho e Tendenciosidade

Nossas empresas utilizam muitos dispositivos de medição, alguns bastante sofisticados. Temos instrumentos para medir peso, densidade, espessura, diâmetro, níveis de PH, viscosidade, velocidade e tempo. Temos instrumentos que podem medir diferenças de quantidade não detectáveis a olho nu; instrumentos de grande refinamento e precisão.

Exceto quando se trata de medir o desempenho humano.

Quando se trata de medir o desempenho humano utilizamos o método menos refinado, mais impreciso, capcioso e inconstante que poderíamos inventar: um humano subjetivamente avaliando outro humano. Não permitiríamos que o açougueiro da esquina pesasse nossa carne moída com um instrumento tão inexato quanto os instrumentos com que avaliamos o desempenho de nossos empregados.

Mesmo Rótulo, Produtos Diferentes

Uma empresa de produtos químicos recebeu queixas de seus clientes que seus produtos variavam muito em composição. O cliente encomendava o produto X, que era entregue num tambor rotulado produto X. Mas a composição do conteúdo do tambor variava de um embarque para outro.

A causa do problema?

Diferentes supervisores de turno tinham suas próprias receitas individuais para o produto X. No início de um turno, cada supervisor determinava seus próprios ajustes e instruções para a fabricação do produto. Ao final do turno, cada supervisor alterava os ajustes e removia as instruções. Resultado: variação de um turno para outro.

Continua na página seguinte.

Continuação do quadro anterior.

A causa desse comportamento?

Os supervisores estavam competindo por um abono concedido ao supervisor cujo turno produzisse o maior volume de produto de boa qualidade. Não era de seus interesses pessoais compartilharem sua fórmula favorita do produto X com os outros supervisores.

Foi preciso um grande esforço e uma mudança de política com relação aos abonos dos supervisores para que estes concordassem com uma só fórmula para o produto X e, portanto, a mesma composição do conteúdo sob o rótulo de produto X.

Há inconsistência no método, nos critérios e na filosofia de avaliação entre um avaliador e outro. Há inconsistência na maneira pela qual um determinado avaliador avalia um empregado e como ele avalia outro empregado. Somos perdidamente subjetivos e não somos tão objetivos assim em relação à nossa subjetividade.

Existem numerosos fatores que afetam tendência favorável ou desfavorável. Alguns são universais, outros, regionais. Eis uma lista parcial:

- Estilo de vestir.
- Penteado.
- Preferências políticas.
- Preferências religiosas.
- Antecedentes militares (ou a falta destes).
- Preferências sociais.
- Origens étnicas.
- O carro que você dirige.
- Preferências alimentares.
- Como você fala.
- Preferências musicais.
- Antecedentes educacionais.
- Aquilo que você faz em suas horas livres.
- Idade.
- Quem é sua família.
- Aparência física.
- O time pelo qual você torce.
- Os cômicos que o fazem rir.

Nenhum desses é relacionado ao trabalho. Quase todos têm alguma influência no quão bem aceito e considerado você é e em se a avaliação de desempenho trabalhará em seu favor ou contra você.

Avaliação de Desempenho, Relacionamento e Moral

Ao entrarmos para a força de trabalho de uma empresa, adentramos uma rede de relacionamentos. A estrutura social e as interações da organização nos ajudarão a nos sentirmos mais incluídos ou mais excluídos, mais valorizados como novos membros ou mais desprezados como intrujões. Esses relacionamentos são afetados por todos na organização, não apenas pela gerência. Mas os líderes têm o papel indispensável de dar o tom e modelar o comportamento. Se os líderes forem atribuidores de culpa, por exemplo, então é provável que a atribuição de culpa role por toda a organização como um deslizamento de terra.

As políticas e atividades gerenciais existentes podem ser ou divisoras ou unificadoras. Líderes podem oferecer desafios e apoio para a tarefa imediata e para as pessoas que a estão realizando ou então sinalizar indiferença para com a tarefa e as pessoas. Políticas e práticas de liderança podem implicar confiança nas pessoas ou desconfiança, lealdade às pessoas ou lealdade nenhuma a elas. As políticas e práticas de liderança são um indicador bastante preciso de como os líderes vêem seus empregados especificamente e as pessoas de modo geral. (Ver Capítulo 10.)

Avaliações e Beleza

Tem sido bem documentado que se você for fisicamente atraente terá vantagem sobre aqueles com aparência comum. Isto se aplica a ser contratado ou promovido e se aplica à obtenção de pontuação elevada em avaliações de desempenho.

Os que tendem em direção aos fisicamente atraentes — e quase todo mundo tende nessa direção — não têm consciência dessa tendência discriminatória e, quando for chamada sua atenção para o fato, negarão sua existência.

Parece haver uma exceção a essa vantagem de beleza física: Ser atraente é uma desvantagem para mulheres em posições de gerência. Isto cria um dilema desconcertante para as mulheres: Podem as mulheres de aparência comum subirem os degraus de promoções? E pode uma mulher atraente em posição de gerente receber uma avaliação justa uma vez que tenha se tornado gerente?

Se existisse um programa de avaliação de desempenho verdadeiramente livre de tendenciosidade e volubilidade — um que não recompensasse os sortudos e ignorasse os azarados — estaríamos em melhor situação? A metade de seu pessoal aprenderia que é abaixo da média. É uma inevitabilidade estatística. Isso os ajudará? Isso irá melhorar alguma coisa? Alguns dos considerados como abaixo da média poderão resignar-se à sua sina. Outros verão tal classificação como indicadora de que os gerentes são perdidamente incompetentes. Entre seus empregados, você criou alguns perdedores e alguns descrentes. E para quê? Talvez alguns daqueles classificados como abaixo da média decidam redobrar seus esforços e jurem fazer melhor no próximo ano, ou pelo menos aparentarem fazer melhor. Procurarão fazer isso mesmo que seja improvável que qualquer sistema tenha melhorado. Talvez tenham sorte, aparentarão estar fazendo melhor e sejam classificados com acima da média, caso em que sua vaga abaixo da média estará aberta, e outro a preencherá.

Todos queremos trabalhar em conjunto num lugar onde não haja desencorajamento, todos do mesmo lado, orgulhosos de nosso trabalho, alegres em nosso trabalho. A avaliação de desempenho assegura que jamais chegaremos perto de um tal local de trabalho ideal.

Departamento de Eu-não-estou-inventando-isso

Extraído de um memorando escrito por um gerente, a mim enviado por um de seus subordinados: *"Oitenta e cinco por cento de nosso pessoal são acima da média. Dos quinze por cento restantes, a maioria também é acima da média!"*

Departamento de Eu-não-estou-inventando-isso

Nenhuma beldade para Kelantan (do *Star*, Austrália, 11 de agosto, 1996)

Kuala Lumpur — O estado fervorosamente islâmico de Kelantan, na Indonésia, sempre vigilante por possíveis atividades imorais, acrescentou uma nova diretriz à sua longa lista de proibições. Passará a empregar exclusivamente mulheres feias em repartições do governo.

A decisão ajudará a evitar "atividades insalubres" que possam surgir em escritórios do governo em que haja demasiadas mulheres bonitas, teria dito o ministro-governador de Kelantan, Nik Abdul Aziz.

"Como a candidata mais bonita já foi abençoada por Deus com o dom da beleza, é justo que empreguemos a candidata mais feia, se não quem o fará?" acrescentou num discurso numa aldeia na noite de quarta-feira, noticiou o jornal, em língua malaia, *Utusan Malaysia*.

Talvez essa seja a maneira do Sr. Aziz evitar a vantagem da beleza durante avaliações de desempenho.

NOSSA FIXAÇÃO EM HERÓIS E CULPADOS

Nossa cultura popular parece refletir uma pressuposição coletiva de que se algo errado for ser reparado, o será devido a um esforço excepcional por parte de um indivíduo heróico. O sistema, se é que seja sequer considerado, é visto mais como sendo a fonte do problema do que a fonte da solução.

Hollywood depende dessa perspectiva. Todas as gerações já tiveram sua versão do tema. As coisas dão errado, o sistema ou é indefeso ou corrupto, o herói intervém, e tudo é reparado. Isto tem sido verdade desde Tom Mix e John Wayne e continua com Clint Eastwood, Bruce Willis, Brad Pitt e uma multidão de outros. Sejamos honestos, se o sistema funcionasse bem, as crises teriam sido evitadas, ou pelo menos controladas com rapidez. E o filme estaria terminado antes do fim do primeiro rolo e sem quaisquer efeitos especiais. Entediante.

Nesse meio tempo, nossa sociedade criou um culto de adoração de heróis. Adoramos dar prêmios a artistas excepcionais. Os EUA têm uma proliferação de cerimônias semelhantes à da entrega do Oscar. Temos empregados do mês e do ano com fotos no saguão e vagas privativas no estacionamento. Sempre que estou num Holiday Inn, procuro pela sua parede coberta de fotos de empregados do mês. Jamais vi um caso em que mais de uma pessoa tenha sido reconhecida num determinado mês. Aparentemente há uma política de escassez proposital. Também jamais vi um caso em que um empregado tenha sido empregado do mês mais do que uma vez por ano. Aparentemente, o prêmio carrega uma maldição semelhante à ligada a aparecer na capa da revista *Sports Illustrated.*[2] E jamais vi uma organização que tivesse uma foto do gerente do mês pendurada em seu *hall* de entrada (embora tenha freqüentemente observado vagas privativas destinadas a gerentes no estacionamento). Será esta outra política a que os gerentes consideram necessária para "eles" mas não para "nós"? (*Eu estou OK, você precisa de um programa de empregado do mês.*)

O que É uma Pessoa de Desempenho Excepcional?

Primeiramente, vamos nos livrar de alguns mitos. As seguintes afirmações são falácias:

---

[2] N.T.: Aparentemente existe uma superstição relativa a atletas cuja foto apareça na capa da Sports Illustrated, uma revista de grande circulação voltada para esportes. Quem aparece na capa entra imediatamente numa fase de mau desempenho.

- É fácil identificar desempenho excepcional e pessoas de desempenho excepcional, sejam boas ou ruins.
- Nosso julgamento relativo a isso é correto e confiável.
- O sucesso organizacional deve depender do desempenho excepcional de seus indivíduos.

Um pouco de pensamento estatístico é necessário, aqui.

Existe variação em todo trabalho. Um exemplo:

A Figura 9-12 mostra o desempenho de um processo transfuncional que inclui funcionários burocráticos que registram pedidos, trabalhadores de linha de montagem, e empregados de despacho e entrega, ao longo de um período de um mês.

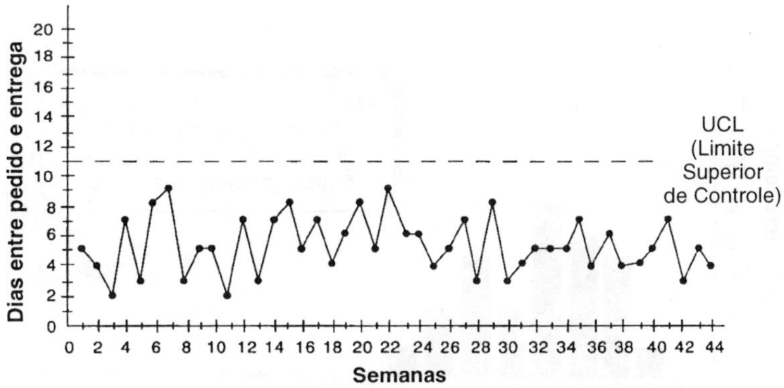

Figura 9-12. Dados do ciclo de pedido até a entrega (dias decorridos); referente a 44 pedidos; (8 semanas).

A análise desses dados mostrará o seguinte:

- Esse processo parece estar sob controle estatístico. Não há causas especiais aparentes.
- A duração do tempo de ciclo nesse sistema é previsível dentro de determinadas média e gama de variação. É previsível já que o tempo de ciclo é inerente ao sistema.
- O tempo de entrega de dois dias (ex.: na semana 11) é presumivelmente melhor do que o tempo de entrega de 9 dias (semana 7),

mas é o mesmo sistema — com sua capacidade embutida para tempo decorrido — que produziu os resultados da semana 7 e da semana 11.

- Para diminuir o tempo necessário para esse ciclo de pedido até entrega, o foco deve estar sobre o processo, não sobre os trabalhadores individuais que trabalham dentro das limitações do processo.

A Figura 9-13 toma os dados da Figura 9-12 e os mostra como histograma. Os gerentes podem estar insatisfeitos com esse desempenho, por terem prometido entrega em "geralmente menos de cinco dias". Esta promessa só foi mantida 17 vezes em 44 pedidos. Não obstante, falando estatisticamente, nada há de excepcionalmente bom ou ruim nesse desempenho.

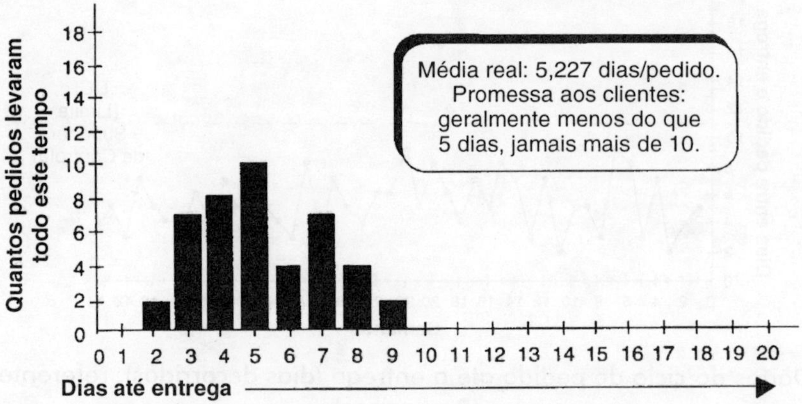

Figura 9-13. Tempo de pedido até entrega, em dias.

O que significa *excepcional*?

Mais uma vez, utilizaremos pensamento estatístico.

A Figura 9-14 é semelhante à Figura 9-12, exceto no que tange aos pedidos 14 e 23. No caso desses pedidos ocorreu algo extraordinário. A análise estatística indicará que o desempenho desses pedidos não era previsível, estando fora da variação normal do sistema.

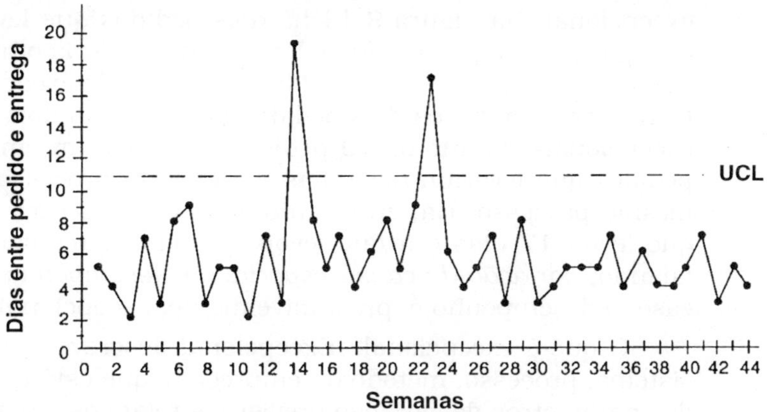

Figura 9-14. Ciclo de pedido até a entrega (dias decorridos); referente a 40 pedidos; dados relativos a um mês (com causas especiais).

A Figura 9-15 mostra os mesmos dados num histograma em vez de um cronograma. Também mostra a natureza peculiar dos dois pedidos das semanas 14 e 23. Esses dois pedidos são literalmente excepcionais.

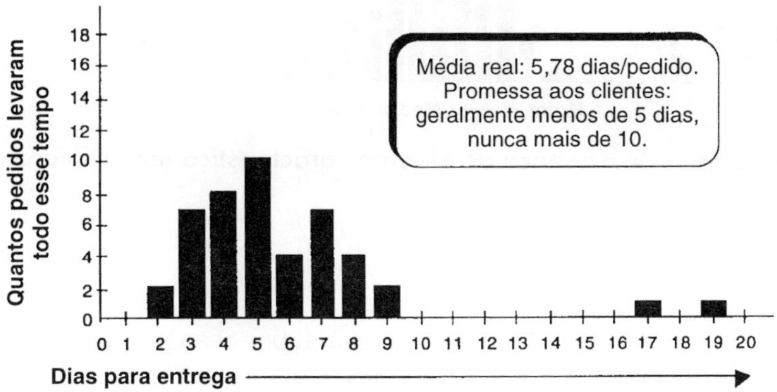

Figura 9-15. Pedido até entrega em dias: com causas especiais.

Excepcional pode ser definido psicologicamente ou estatisticamente. A maioria dos gerentes não utiliza a abordagem estatística à palavra excepcional. Na Figura 9-14 há dois pedidos que levaram apenas dois dias para serem processados. Um gerente poderia olhar para eles e dizer "Excepcional!" Este é um sentido psicológico de excepcional. Estatisticamente, entretanto, os dois pedidos que levaram dois dias não são mais excepcionais do que os 10 pedidos que levaram cinco dias ou os três pedidos que levaram nove dias para serem processados. São todos do mesmo processo. Há, entretanto, dois eventos excepcionais: a entrega que levou 17 dias e a que levou 19 dias. Estes são, estatisticamente falando, *variação de causa especial* ou *desempenho excepcional.* Neste caso, o desempenho é, presumivelmente, excepcionalmente ruim.

O que é excepcional? Excepcional descreve o desempenho de um sistema, processo, método ou empregado que está estatisticamente fora dos parâmetros de variação previsíveis relativos a determinada característica. Aplicado a pessoas, o desempenho excepcional seria assim (Figura 9-16):

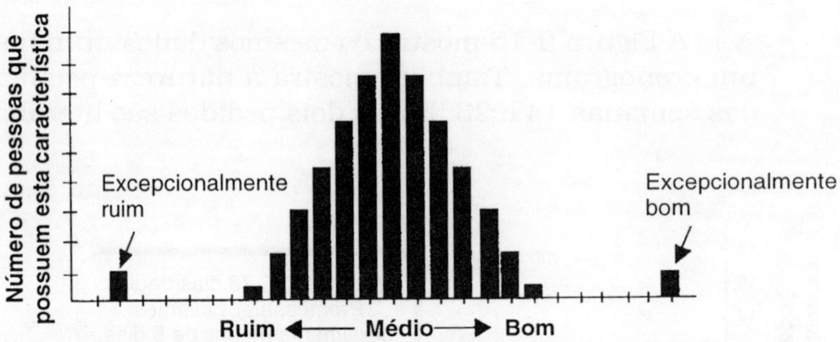

Figura 9-16. O grau de presença de alguma característica (ex.: rapidez ou precisão).

Olhando para excepcional por essa perspectiva, podemos compreender que excepcional é uma ocorrência rara e de difícil detecção. A maior parte do que chamamos de excepcional é simplesmente uma variação diretamente embutida em nossos sistemas e processos. Grande parte dos rotulados de excepcionais são apenas sortudos ou azarados.

Por que, então, ocorre a avaliação de desempenho?

Uma resposta breve a esta pergunta — por que os executivos avaliam seus empregados — é: Porque acreditam que funciona. Por trás dessa prática há muitas pressuposições e premissas, já discutidas neste capítulo. A quase inabalável crença de muitos gerentes é a de que podem identificar, precisa e objetivamente, aqueles empregados cujo desempenho seja consistentemente acima ou abaixo da média. Também acreditam que tal desempenho, de alguma forma significativa, contribui para a linha de resultados, para melhor (acima da média) ou para pior (abaixo da média). A assim chamada lógica que apóia a avaliação de desempenho é assim:

- Há os que apresentam bom desempenho e os que apresentam mau desempenho.
- Podemos distinguir entre os bons e os ruins.
- Os que apresentam bom desempenho dão uma contribuição positiva para a produtividade líquida e prosperidade da empresa.
- Os que apresentam mau desempenho são prejudiciais para o desempenho da empresa.
- A avaliação de desempenho serve para esclarecer as responsabilidades de trabalho de um indivíduo, alinhar o trabalhador com as metas da empresa, responsabilizar cada trabalhador por suas obrigações e motivar os trabalhadores a melhorarem continuamente.

Esta é a lógica por trás da avaliação de desempenho. A lógica alternativa apresentada neste capítulo é que o *sistema* é uma determinante muito maior de bom ou mau desempenho do que os comportamentos de trabalho de qualquer indivíduo.

Apesar da lógica favorável à avaliação de desempenho e apesar da crença de muitos executivos que a avaliação de desempenho funciona, considere as seguintes realidades:

- Como descrito anteriormente, 90% dos gerentes que utilizam avaliações de desempenho as descrevem como "malsucedidas". (Ver o relatório de Timothy Schellhardt no *The Wall Street Journal*, 19 de novembro de 1996.)
- Como já sugerimos, não existem dados legítimos que apóiem a eficácia da avaliação de desempenho.

Mais uma vez, por que fazemos avaliações de desempenho?

- Não porque funcionem. Não funcionam.
- Provavelmente devido às nossas pressuposições e crenças não-externadas quanto a pessoas, organizações e natureza do trabalho.

- Por baixo de tudo isso, acredito, a avaliação de desempenho se relaciona à necessidade do gerente de manter *controle* ou pelo menos a *ilusão de controle*. Minhas observações e teoria estão resumidas aqui:

> A avaliação de desempenho parece ser mais valorizada por aqueles mais distanciados do trabalho do dia-a-dia. As pessoas no Gemba não estão pedindo uma avaliação de seu desempenho, nem o estão seus supervisores imediatos. A avaliação de desempenho reflete as necessidades de algum remoto executivo ou pessoa da alta gerência. O pessoal da matriz quer que avaliações de desempenho sejam impostas em toda a organização porque demonstram que os gerentes e o *staff* de nível executivo estão exercendo algum nível de controle e direcionamento sobre o desempenho dos empregados. Como a matriz e as salas dos executivos são fisicamente distantes do trabalho real e dos trabalhadores reais, as únicas formas de motivação e controle que têm a oferecer a alguém são a motivação e o controle externamente impostos, ou seja, avaliação de desempenho.

Sistemas Excepcionais versus Pessoas Excepcionais

Uma pergunta apropriada a ser feita a líderes é: Onde na organização devo exercer o controle? Isto será mais amplamente explorado no Capítulo 10. Entretanto, alguns pontos são enfatizados aqui:

- Líderes não devem procurar controlar o desempenho de trabalho do empregado individual. Líderes não terão sucesso, e se tentarem obtê-lo são passíveis de piorarem as coisas.
- Líderes geralmente têm procurado controlar finanças. Estas, realmente, precisam estar sob controle, mas líderes provavelmente não são as pessoas mais indicadas a fazê-lo.
- O mesmo é verdadeiro em marketing e vendas. Quando líderes se envolvem, são tão prováveis de esculhambar as coisas quanto são de afetá-las positivamente.

O que os líderes devem fazer?

- *Prover pensamento sistêmico.* Isto inclui uma fixação nos clientes e o fluxo tranqüilo de atividades e eventos independentes que sirvam bem aos clientes.
- *Trabalhar em conjunto com todos os gerentes e empregados para controlar os sistemas, processos e métodos.* Controlem esses e melhore-os continuamente.

■ *Procurar criar e manter sistemas excepcionais.* O ideal é: sistemas excepcionais, alcançando resultados excelentes, com os esforços comuns de pessoas medianas.

Outra Melodia no...?

Durante anos procurei uma analogia para descrever uma mudança sem melhoria. Primeiro, dizia: "É uma mudança mas não uma melhoria, como outra melodia no acordeon". Mas descobri, para meu pesar, que havia muitos amantes da música de acordeon que compreensivelmente se ofenderam com minha analogia.

Então disse: "...como outra melodia na gaita de foles". Embora pareça que existam na América do Norte menos amantes da gaita de foles do que amantes do acordeon. Os amantes da gaita de foles são mais militantes na defesa de seu instrumento favorito.

Afinal, encontrei a analogia perfeita: "...como outra melodia no triângulo". O triângulo constitui a analogia perfeita pelas seguintes razões:

- O triângulo tem quase nenhum eleitorado. Por exemplo, não existe uma associação nacional de tocadores de triângulo.
- Sejam lá quantos forem os seguidores do triângulo, não são defensores militantes.
- É impossível discernir uma música no triângulo ("Stars and Stripes Forever")[3] de outra ("Parabéns pra Você").

DESEMPENHO SEM CENOURAS E VARAS E AVALIAÇÃO

Assim como reconheço que a avaliação de desempenho é inútil e prejudicial, sei também que não é fácil se livrar dela. Quais alternativas à avaliação de desempenho? Deixe-me dar duas respostas irreverentes e ousadas e, depois, uma resposta que requer trabalho árduo, mas que já se provou satisfatória.

Mude sua Forma de Pensar!

Isto foi sugerido no início deste capítulo. A questão é que: se você conserva as mesmas antigas pressuposições, crenças e premissas sobre as pessoas e sobre o trabalho, você está suscetível a nem mesmo enxergar as

[3] N.T.: "Stars and Stripes Forever" é uma das mais de 100 marchas compostas por John Philip Sousa, e refere-se à bandeira dos EUA.

verdadeiras alternativas. Você vai simplesmente criar variações em cima do mesmo tema, escalas de três pontos em vez de escalas de cinco pontos, uma nova melodia no triângulo. Este livro dedica-se a mudar sua forma de pensar.

Apenas Pare de Fazê-lo!

Se algo é, demonstravelmente, a coisa errada a fazer, se é prejudicial a você e aos outros, você não precisa necessariamente de uma alternativa para deixar de fazer. Para parar de bater sua cabeça contra a parede, você não precisa encontrar uma outra coisa contra a qual bater a cabeça.

A avaliação de desempenho é prejudicial às pessoas e à sua organização. Por um momento, suponha que amanhã você decida se livrar da avaliação de desempenho. Que caos isso vai criar? Você pode ser forçado a reconsiderar alguns pontos, como, por exemplo:

- Como pagaremos as pessoas?
- Como promoveremos as pessoas?
- Como daremos *feedback* às pessoas?
- Como identificaremos as necessidades de treinamento?
- Como demitiremos, substituiremos as pessoas e como utilizaremos abordagens do tipo *downsizing*?

Essas perguntas levam à terceira alternativa para avaliação de desempenho:

Reformulando a Avaliação de Desempenho na Ford: Uma Nova Melodia no Triângulo

Alguns anos atrás a Ford Motor Company reuniu um comitê de alto nível de gerentes para analisar sua política de avaliação de desempenho e recomendar mudanças. Após um ano de discussão, o grupo chegou a um consenso sobre algumas questões:

1. Mudar o nome de avaliação de desempenho para gerenciamento de desempenho.
2. Mudar a escala de classificação de nove pontos para uma escala de classificação de quatro pontos.
3. O processo de desempenho daria oportunidade de o supervisor discutir com o funcionário sobre formas de aprimorar o desempenho. O supervisor teria de desempenhar o papel de *coach*.

Continua na página seguinte.

Continuação do quadro anterior.

Nos últimos cinco anos, os líderes da Ford concluíram:

- O sistema de classificação revisado não estava fornecendo informação útil.
- A existência da classificação interferia no *coaching*.

O Dr. Ed Baker, que estava na Ford na época, fez os seguintes comentários sobre o incidente: "Essas pessoas tinham boa intenção e não eram tolas. A moral da história:

- Não fale mal da reformulação de uma nova política se não tiver saber profundo.
- O consenso que se alcança sem saber profundo alivia a sua dor imediata, mas pode ter conseqüências de longo prazo e dispendiosas para a organização..., e esses são os custos invisíveis."

Transformação na Festa

Era dia de jogo do Green Bay Packers. A Glenroy Company, de Menomonee Falls, em Wisconsin, reuniu o pessoal no estacionamento para uma festa antes do jogo.

Na semana anterior, a gerência sênior tinha feito um retiro. Durante o retiro os gerentes decidiram analisar várias políticas de RH. Em meio à folia da festa, entretanto, pareceu apropriado jogar, literalmente, na fogueira os exemplares dos manuais de políticas de pessoal que estavam por ser substituídas... todos eles! As políticas terminaram em um grande fogaréu!

Algumas semanas depois, chegou a hora de fazer avaliações de desempenho e a revisão anual dos salários para o próximo ano fiscal. Os materiais foram jogados na fogueira, e eles descobriram que ficaram sem registro das políticas de remuneração anteriores, os métodos para determinar os salários e as políticas de avaliação de desempenho.

Eles começaram do zero. Pediram aos funcionários para se reunirem em grupos, por classificação de cargo, e decidir o quanto receberiam. Em todas as circunstâncias, os funcionários foram mais conservadores e rígidos do que os gerentes teriam sido. As sugestões de cargos e salários dos funcionários foram ajustadas para cima. Com relação à avaliação de desempenho, eles simplesmente a descartaram.

Os anos seguintes não foram de sucesso absoluto. Houve caos e confusão à medida que a empresa instaurava o novo sistema de políticas e procedimentos. Foi um teste real da compreensão comum e consenso alcançados no retiro gerencial.

Uma aprendizagem: A transformação na fogueira da festa não é, provavelmente, a melhor das abordagens.

Desmembramento: Uma Alternativa Comprovadamente Bem-Sucedida à Avaliação de Desempenho

Desmembramento significa separar todos os serviços ou benefícios percebidos que se presume serem oferecidos pela avaliação de desempenho. Através dos anos perguntei a clientes e a outras pessoas: "Por que sua empresa faz avaliação de desempenho?" "Ela serve para quê?" A seguir mostramos uma lista de respostas freqüentes:

- Identifica e recompensa pessoas de desempenho excepcional.
- Cria uma base para pagamento.
- Fornece *feedback* individual aos funcionários.
- Fornece direção e foco ao local de trabalho.
- Identifica metas profissionais.
- identifica necessidades de educação e treinamento.
- Identifica candidatos a promoção.
- Identifica candidatos a demissão.
- Fomenta a comunicação entre funcionários e seus supervisores.
- Cria uma documentação que servirá como uma defesa contra ações judiciais por demissões ou por qualquer outro tratamento supostamente injusto.
- Cumpre exigências regulatórias.
- Motiva os funcionários.

Se sua organização decidir pelo processo de desmembramento, você poderá seguir as discussões mostradas a seguir:

Passo 1. Liste as várias funções, benefícios e serviços que você espera como resultado de seu programa de avaliação.

↓

Passo 2. Questione cada benefício ou serviço: é importante o suficiente para se encontrar uma forma de realizá-lo?

↓

Passo 3. Se a resposta for positiva, pegue os benefícios ou serviços importantes e trate-os como uma função isolada, desconhecida de todas as outras.

↓

Passo 4. Para cada benefício ou serviço pergunte: Qual a melhor forma de fornecer este benefício ou serviço sem usar a avaliação de desempenho?

- Que propósito e valores precisam ser mantidos?
- Que antigas premissas ou perspectivas devem ser descartadas?
- Que ações devem ser tomadas?

  – Em que seqüência?
  – Por quem?
  – Com quais métodos?
  – Por quê?

- Que sistemas ou processos são necessários para dar suporte e manter essas atividades?

Alguns Valores Importantes a Serem Mantidos

Ao desmembrar esses serviços e projetar sistemas alternativos isolados, tenha em mente os seguintes princípios:

- Focalize-se em melhorar sistemas, não em recompensar ou em punir indivíduos.
- Focalize-se na satisfação do cliente, não na satisfação da gerência.
- Não otimize uma parte do sistema em detrimento:

  — do cliente;

  — do propósito do sistema, ou

  — do bem de todo o sistema.

- Não torne a cura pior do que a doença.
- Não toque simplesmente uma melodia diferente no triângulo, pense além dos paradigmas atuais.

DESMEMBRANDO OS SERVIÇOS DE AVALIAÇÃO DE DESEMPENHO

1. Identificando e Recompensando Pessoas de Desempenho Excepcional

Use *excepcional* segundo a estatística, não de acordo com os parâmetros da psicologia. Em estatística, excepcional se refere a algo que ocorre fora das capacidades atuais do sistema.

DIRETRIZES PARA RESPONDER AO DESEMPENHO EXCEPCIONAL

Assegurar-se de que são realmente "excepcionais"	⇨	Como em qualquer causa especial, investigar o que está por trás da ocorrência (use dados)!	⇨	Dependendo da explanação subjacente ao desempenho excepcional, formule uma resposta adequada

- Há dados para consubstanciar o "desempenho excepcional"?
- Os dados foram coletados por um período de tempo suficiente para indicar desempenho consistente em um nível significativamente mais baixo ou mais alto?
- Há consenso entre os colegas dessas "pessoas de desempenho excepcional" (com base na observação, não em intuição ou boatos)?

Excepcional Positivo

- Melhores métodos que possam ser ensinados a outros?
- Coloca mais horas?
- Habilidades mais amplas?
- Mais experiência?
- Mais talento inato?

Excepcional Negativo

- Precisa aprender um método melhor?
- Precisa adquirir velocidade?
- Precisa de treinamento ou de orientação por algum tempo?
- Está passando por um período difícil?
- Faltam os requisitos básicos para a função?

Excepcional Positivo

- Ensinar métodos aos outros
- Mudança de seu valor no mercado, por isso pagamento mais alto
- Maior amplitude na definição da função

Excepcional Negativo

- *Coaching*, monitoração, treinamento
- Fornecer mais estrutura e mais restrições
- Aconselhameto e apoio
- Encontrar uma posição mais apropriada
- Destituição (o mesmo que demissão)

Diagrama 9-3.

DEVE-SE DEMITIR UMA PESSOA?

Antes de decidir demitir alguém	⇨	Durante o processo de demissão	⇨	Após a decisão de demitir alguém

- Assegure-se de haver, de fato, uma causa especial
- Assegure-se de que seus esforços remediativos foram bem escolhidos, planejados e implementados
- Assegure-se de que não haja outras posições disponíveis para a pessoa na organização?
- Antecipe os problemas e respostas dos outros

- Tratamento sensível e justo à pessoa que está sendo demitida
- Comunicação adequada aos outros sobre o acontecimento

- Analisar seus sistemas de recrutamento e seleção, admissão, treinamento ou promoção para ver se essa ocorrência pode ser evitada
- Renovar a confiança dos sobreviventes
- Obter *feedback* das pessoas envolvidas, a fim de aprimorar o processo de demissão

Observação: Demitir alguém ainda o deixa com um problema sistêmico. Você terá que aprimorar seus sistemas de recrutamento e seleção, admissão, treinamento e promoção.

Diagrama 9-4.

2. *Criando uma Base para Pagamento*

Lidando com Alguns Mitos

- Um sistema de avaliação capcioso vai resultar em um sistema de pagamento capcioso.
- Não há evidência para se sustentar a crença de que as pessoas são mais produtivas quando se vinculam recompensas a desempenho. Há evidência justamente do contrário (ver Kohn, 1993).
- Não há dados para se sustentar um relacionamento previsível entre o desempenho organizacional e qualquer um dos sistemas de pagamento de executivos atuais. Quase todo o pagamento da alta gerência não é baseado em pesquisa empírica, mas em "o que parece ser certo".

Qual o Propósito do Pagamento?

- Apenas o de fornecer remuneração pelo trabalho.
- Permitir que as pessoas se sustentem decentemente e com razoável segurança.
- Manter os funcionários qualificados.

A seguir listamos fatores não-capciosos nos quais se pode basear um sistema de pagamento:

Salários de Mercado

- Pessoas devem receber aproximadamente o que receberiam se estivessem realizando o mesmo trabalho em outro lugar.
- Desenvolver métodos para se pesquisarem os níveis salariais de cada posição. "Qual o salário de diretores-adjuntos que exercem as mesmas funções em outras empresas?"
- No mercado, você vai descobrir uma curva de distribuição mais ou menos em forma de sino. Dentro daquela faixa, você decide o que vai pagar: o salário médio, 20% abaixo do limite máximo?
- Ajuste o pagamento quando houver uma disparidade substancial entre o pagamento real e o valor de mercado.

Tempo na Função

- Há quanto tempo o funcionário trabalha na empresa.
- Há quanto tempo o funcionário trabalha no setor.
- Há quanto tempo o funcionário trabalha.
- Qual a idade do funcionário.

> **Pagamento por Tempo na Função**
>
> A objeção comum a pagamento por tempo na função é: "É como recompensar madeira morta!" Minha resposta a isso é: "Por que você contrata madeira morta? Ou, por que você contrata madeira viva e a deixa morrer?"

Não se está defendendo tempo na função como base de pagamento. Esses fatores são simplesmente apresentados como não-arbitrários. Tempo na função implica o reconhecimento de que a organização se beneficia de forma imensurável da experiência de um funcionário. Em algumas empresas japonesas, o tempo na função é um fator diferenciador no pagamento dos funcionários.

Compartilhamento de Lucros

Os funcionários recebem um montante variável por ano (ou algum outro incremento de tempo), refletindo o lucro bruto da empresa.

- *O mesmo montante:* Algumas pessoas acreditam que o bônus de compartilhamento de lucros seja o mesmo para todos os funcionários, argumentando que a política não deve indicar que algumas pessoas contribuem mais para a prosperidade da empresa do que outras. Fatia de mercado, sugerem, é diferenciação suficiente para pagamento. O compartilhamento de lucros não precisa ser uma extensão dessa diferenciação.
- *A mesma percentagem:* Provavelmente a forma mais comum de compartilhamento de lucro.
- *Fator tempo na função:* Algumas empresas levam em consideração o fator tempo na função para compartilhamento de lucros. As pessoas que defendem essa abordagem sugerem que ela encoraja o pensamento de longo prazo.

E Sobre Compartilhamento de Ganhos?

Compartilhamento de ganhos é a distribuição de parte dos lucros da empresa, para as pessoas que criaram o lucro. A fortuna dos funcionários, portanto, aumenta e diminui com a empresa. Compartilhamento de ganho é Gerenciamento por Objetivos (MBO — Management By Objectives) com suborno adicionado.

Compartilhamento de ganhos, portanto, é baseado no pressuposto de que motivação e incentivo são necessários para os funcionários realizarem o trabalho. O compartilhamento de ganhos baseia-se nas seguintes pressuposições:

- As metas são alcançáveis e realistas.
- As metas não podem ser alcançadas por um sistema de pagamento normal.
- As pessoas precisam e podem ser motivadas.

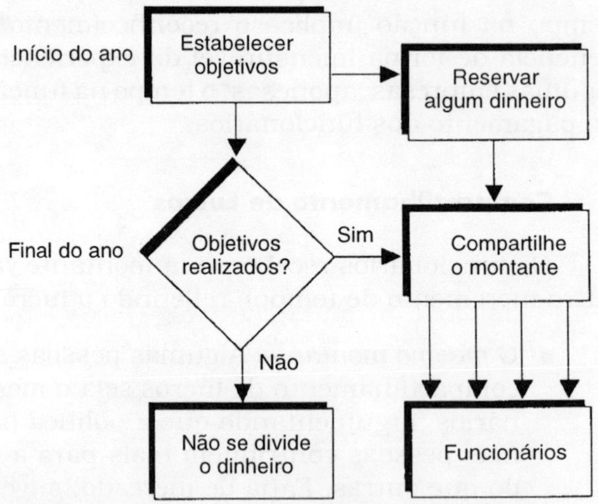

Figura 9-17. Compartilhamento de ganhos.

- As pessoas podem ser motivadas por dinheiro.
- Os sistemas estão dentro da capacidade dos funcionários de controlar ou aprimorar.

Em suma, compartilhamento de ganhos parece não ser muito diferente do vírus da Avaliação de Desempenho/MBO. Não o faça.

E Sobre Pagamento por Habilidade ou Pagamento por Conhecimento?

O objetivo dessas abordagens é elogiável: encorajar as pessoas a adquirir mais flexibilidade. Entretanto, há alguns elementos que preocupam nesses programas de pagamento:

- Quando alguém recebe um aumento incremental por aprender uma habilidade e aquela habilidade se torna obsoleta (ex.: programação por cartão perfurado, e outros), o que você faz? Baixa o salário? Dá ao funcionário um tempo para aprender o novo método?
- Como você se certifica de que o funcionário aprendeu a nova habilidade? Que nível de domínio é exigido? Coleta dados por um certo período de tempo para mostrar que um novo nível de desempenho está no controle estatístico?
- Algumas pessoas trabalham em áreas onde há muita necessidade de habilidades flexíveis. Outras atuam em áreas onde há pouca ou nenhuma necessidade de flexibilidade. Nessa abordagem, o fator sorte pode estar envolvido.
- O aumento de flexibilidade não será gradualmente reconhecido como um aumento no índice de mercado?
- Como você assegura a aquisição de conhecimento e de algumas das mais ardilosas habilidades (ex.: dote sob pressão) sem lançar mão de algo tão perigoso quanto avaliação de desempenho?

E Pagamento por Desempenho?

Há diversos programas de remuneração vinculada a desempenho, sendo o mais famoso deles o da Lincoln Electric, onde os trabalhadores são pagos por tarefa e precisam retrabalhar nas peças defeituosas em seu próprio tempo. Algumas das preocupações com relação a esses planos são:

- Tendem a criar competição interna e a desencorajar a cooperação.
- Tendem a criar uma cultura de empresa que explora os funcionários.

- Encorajam os trabalhadores a repassar um trabalho medíocre, tornando sua empresa vulnerável à competição de empresas com padrões de qualidade mais elevados.
- À medida que os funcionários ficam mais velhos e mais vagarosos, o seu pagamento diminui. Algumas pessoas acham isso bom. Na minha opinião, é uma resposta ingrata a funcionários que deram seus melhores anos à empresa. (Os gerentes dessas empresas esperam redução automática de seus salários depois de atingirem uma certa idade?)

Algumas Diretrizes sobre Pagamento

- A remuneração do funcionário deve ser um processo completamente à parte do sistema de *feedback* dos funcionários.
- Desempenho é uma coisa, pagamento é outra. Mantenha-as separadas. Não tente solucionar problemas de desempenho com soluções de pagamento.
- Ajustes anuais podem incluir um fator para tempo na função.
- Não deve haver pagamento por mérito, porque é virtualmente impossível diferenciar com base em mérito.
- Todos os funcionários devem se beneficiar do sucesso da empresa através do compartilhamento do lucro.
- Os atuais sistemas de remuneração de executivos nos negócios americanos não podem ser justificados com base em medidas razoáveis e demonstráveis de desempenho organizacional. A diferença entre o executivo mais bem remunerado e o trabalhador que ganha menos na empresa americana é muito maior do que no Japão ou do que era nos Estados Unidos há vinte anos. Os principais executivos ganham 187 vezes mais do que o trabalhador médio. Nos anos 70, o índice era 41 para 1. No Japão, o índice está próximo de 10 para 1. (Fonte: Graef Crystal, University of California, Hass School of Business, reportagem do *USA Today* de 17 de novembro de 1995. Ver também *Business Ethics*, setembro-outubro de 1991.)
- Algumas empresas agora fixam o diferenciador permitido (ver *Business Ethics*, setembro-outubro 1991). A Herman Miller Company fixa seu índice entre as pessoas mais bem pagas e as que recebem menos em 20 para 1.
- Um sistema de remuneração consiste em itens tangíveis e intangíveis. Os tangíveis são: salário, bônus, salário indireto, etc. Os

intangíveis são: os sentimentos dos funcionários com relação a apoio de comunidade, desafio, confiança, respeito, segurança, orgulho no trabalho e alegria no trabalho. Os intangíveis não podem ser ensinados, mas podem ter maior influência no que diz respeito a manter os funcionários que chamam a atenção de outras empresas. (Ver Capítulo 10, Locais de Trabalho que Promovem Cura e Aprendizagem.)

- As principais fontes de motivação são intrínsecas. O pagamento não pode motivar, mas o pagamento que é percebido como injusto pode desmotivar.

3. *Fornecendo* Feedback *para os Funcionários*

Há quatro tipos básicos de *feedback*:

A. Feedback *de Desempenho Focalizado no Sistema*

Discutimos esse ponto em detalhes no Capítulo 4. Este tipo de *feedback* é gerado tanto pelos clientes externos quanto na transição de um estágio no fluxo de trabalho para outro. O objetivo deste *feedback* é aprimorar o sistema e melhor servir ao cliente externo.

Embora este tipo de *feedback* vá envolver pessoas que manuseiam os dados, não envolve *feedback* pessoal a cada indivíduo. "Você está atrasado!" não é *feedback* de desempenho centrado no sistema. Um gráfico de linhas, mostrando a relação entrega/tempo, seria um *feedback* orientado a sistemas. Um se focaliza no comportamento individual. O outro fornece perfil baseado em dados sobre as capacidades do sistema atual, como mostrado na Figura 9-18.

A Figura 9-18 mostra dados úteis para se identificarem as dimensões e características do problema de atraso. Isto pode levar a outras ferramentas analíticas (ex.: um gráfico de controle) que irão indicar se há variação de causa especial ou variação de causa comum (ver Capítulo 2). Outras formas de estudo comparam tipos de projeto ou outros fatores que possam mostrar os padrões singulares da variação de dados.

O *feedback* sistêmico pode, de fato, ser gerado por um único indivíduo e ser compartilhado com outros. Isso é inevitável quando alguns estágios no processo são conduzidos por uma única pessoa. Mas a natureza do que é observado, documentado e compartilhado está focalizada no *processo*, não na pessoa. Além disso, presume-se que a deficiência está no processo, não no trabalhador.

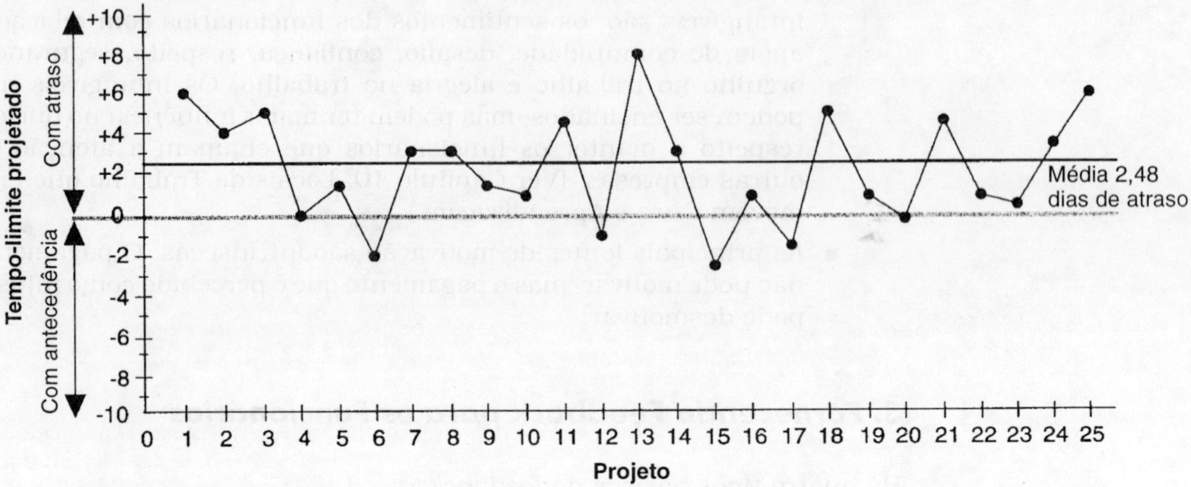

Figura 9-18. Um gráfico de linhas que mostra a capacidade de tempo do sistema atual.

B. Feedback Pessoal Focalizado no Indivíduo

Este é o tipo de *feedback* que se torna mais problemático. Inevitavelmente, haverá um dia em que alguém com quem você trabalha vai fazer algo que não o agrada. A pessoa pode ser seu chefe, seu subordinado ou seu colega de trabalho. O comportamento que não o agradou pode estar mais ou menos relacionado ao trabalho, ou pode simplesmente não estar relacionado ao trabalho. Você dá *feedback* à pessoa? Se a resposta for positiva, quando e como? A seguir mostramos algumas diretrizes:

- Não dê *feedback* quando estiver com raiva.
- Não dê *feedback* quando a outra pessoa não estiver pronta para recebê-lo.
- Quando a questão for uma questão de características pessoais e não estiver relacionada ao trabalho, a pessoa que vai receber *feedback* deve ter controle. Ela tem de ter a opção de escolher:
  - — Se quer ou não o *feedback*.
  - — Se a resposta for positiva, deve especificar sobre que tipo de questão. Ela decide que assuntos não devem ser incluídos nos itens a serem considerados para *feedback*.
  - — De quem ela deseja receber *feedback*.

Marshall Industries

Robert Rodin é presidente e principal executivo da Marshall Industries, um distribuidor do setor de produtos eletrônicos. Os seus aproximadamente 100 fornecedores incluem a Texas Instruments, IBM, Hitachi, Sony, Toshiba e AMP. Seus 30.000 clientes incluem a IBM, Apple, Hewlett-Packard, Motorola, Xerox, GE e muitas outras empresas de produtos eletrônicos de renome. As vendas da Marshall ultrapassam 1 bilhão de dólares, e ela está entre as três ou quatro maiores distribuidoras de produtos eletrônicos.

Antes de 1990, a Marshall teve avaliação de desempenho, classificação, exposição pública da classificação das pessoas, gerência por objetivos, promoções de vendas, quotas, incentivos, concursos — todos os truques típicos de uma empresa de vendas, diz Rodin.

Depois o Sr. Rodin começou a ler sobre o Dr. Edwards Deming e participou de um seminário de quatro dias promovido por Deming. Também conheceu uma das associadas mais próximas de Deming, a Dra. Nida Backaitis. O Sr. Rodin, com a ajuda do Dr. Deming, começou a repensar suas políticas e práticas. Citando Rodin:

> A mudança fundamental e assustadora que empreendemos ao longo de alguns anos foi tirar todos os departamentos individuais do seu MBO, dos seus programas de incentivos e de seu ambiente de comissões. Colocamos todas as pessoas, as 1.360 da Marshall Industries, com salário e compartilhamento de lucro. Todos no sistema estão completamente alinhados com os clientes e fornecedores, que são os elementos em que devemos nos focalizar para manter a empresa viva.
>
> O maravilhoso de tudo isso foi que, no dia que tiramos todo o gerenciamento do (mil pessoas que estavam se preparando para a mudança por um ano) antigo sistema, imediatamente recebemos cooperação.

A Marshall Industries também eliminou as promoções e concursos. Os gerentes seniores foram aos fornecedores da Marshall e os persuadiram a acabar com os incentivos para a equipe de vendas da Marshall.

O resultado: o que essa mudança significou para a empresa? Nesse tempo, as vendas aumentaram de $530 milhões para $ 1 bilhão. Os ganhos duplicaram. O *turnover* baixou mais de 50%. As ações subiram de 17½ para 59½ e, depois, caíram. O resultado é que nem tudo foi melhorado. Novamente Rodin:

> O mais importante de tudo é que os intangíveis estão em alta: satisfação do cliente, o moral, trabalho em equipe, eficiência, produtividade, consistência e relacionamentos.

O caso da Marshall Industries é relatado em *Beyond the Sounds of Silence* (Rodin e Backaitis, 1995).

— Quando e sob que circunstâncias pode ocorrer *feedback*.

- Um formato de *feedback* útil é a declaração "eu":

"Quando você ____,
(descreva o comportamento que você observou na pessoa, sem rótulos ou julgamento)

Eu senti ____
(uma ou duas palavras que descrevam um sentimento)

porque ____."
(explique o melhor que puder por que se sentiu de tal forma.)

Esta fórmula permite que quem está dando *feedback* seja descritivo sem ser prescritivo. Uma pessoa não está dizendo que a outra precisa mudar. Ela está simplesmente descrevendo o efeito de não mudar. A pessoa que está dando *feedback* não está atribuindo motivos à outra, mas simplesmente descrevendo o que ela vê ou ouve.

Para outras informações sobre *feedback*, ver *Times da Qualidade* (Scholtes, 1992).

Algumas pessoas podem considerar as diretrizes citadas acima muito restritivas.

- O objetivo do *feedback* pessoal é ajudar a pessoa que o está recebendo.
- A ajuda fornecida pelo *feedback* depende do quão pronta está a pessoa que vai recebê-lo.
- Qualquer coisa mais do que isso está servindo às necessidades de quem está dando o *feedback*, não a quem o recebe.

Uma diretriz final sobre *feedback* pessoal:

- Perceba *feedback* pessoal não como um simples acontecimento, mas como parte de um sistema de relacionamentos maior dentro dos grupos de trabalho. A prontidão para *feedback* pode ser resultado de um ambiente de confiança e sinceridade cuidadosamente fomentado, um conjunto de relacionamentos não ameaçadores. Combine esse ambiente de apoio com algumas rotinas que criam oportunidade para *feedback* e algumas regras básicas para dar e receber *feedback*, e você pode criar um grupo de trabalho que forneça apoio e seja, ao mesmo tempo, desafiante, como mostrado na Figura 9-19.

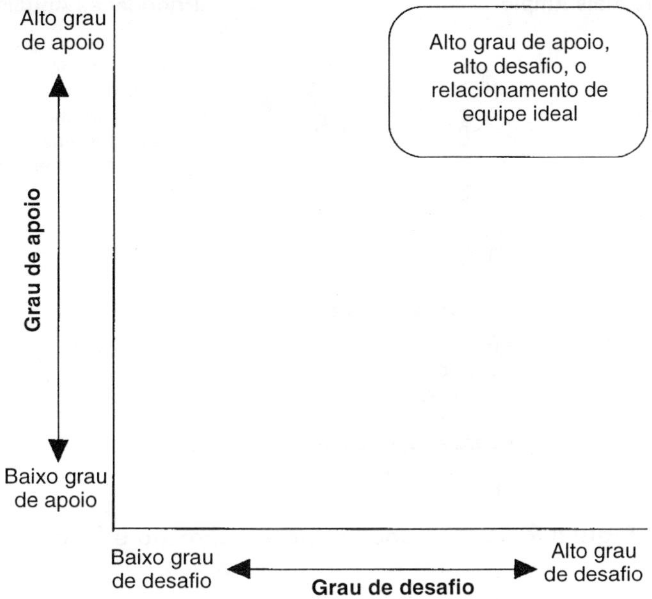

Figura 9-19. Desafio e apoio (adaptado do *Managerial Grid,* de Blake e Mouton).

4. Dando Direção e Foco ao Local de Trabalho

A avaliação de desempenho, infelizmente, é um meio inadequado para dar direção e foco a indivíduos ou grupos de funcionários.

Imagine sua organização usando os sistemas de direção citados no Capítulo 2 e descritos em detalhes nos Capítulos 5 e 6. Imagine também que a maior parte de suas operações, processos e tarefas está padronizada. Imagine que, em vez de descrições de tarefa vagas, as tarefas das pessoas sejam amplamente padronizadas e descritas na forma de fluxogramas. Imagine que o seu local de trabalho siga as diretrizes para padronização descritas no Capítulo 4.

Com tudo isso no lugar, você estabeleceu claramente a direção e o foco. A avaliação de desempenho pode acrescentar nada mais do que valor. Sem o que foi descrito nos Capítulos 4, 5 e 6 é provável que sua organização não tenha direção e foco claros e a avaliação de desempenho possa não acrescentar valor. O tempo despendido em avaliação de desempenho seria mais bem utilizado se fosse usado para dar à sua equipe um verdadeiro senso de direção e foco. (Ver Figura 9-20.)

O Quadro Mais Amplo

- Missão
- Visão
- Valores
- Filosofia
- Dados sobre indicadores-chave
- Metas e planos de longo prazo
- Metas e planos de médio prazo

Prioridades Anuais

- Plano de melhoria anual amplo e rede de melhorias revolucionárias
- Planos de melhoria anuais por departamento e local e redes de atividades de melhoria

Trabalho Diário

- Processos normalizados
- Esforços diários para encontrar os melhores métodos
- *Loops* de *feedback* no trabalho diário
- Uso de P-D-S-A na tarefa

Figura 9-20. O trabalhador tem direção e foco.

5. Identificando as Metas Profissionais

Lidando com Alguns Mitos

- Raramente é necessário para o supervisor se envolver em ajudar os funcionários a escolher suas necessidades profissionais.
- Aconselhamento e desenvolvimento profissionais são serviços especializados. A maioria dos supervisores não tem nem tempo nem capacidade de fornecer esses serviços, além de um nível rudimentar.

Diretrizes

Os gerentes e os supervisores podem fornecer apoio moral em nível pessoal para as ambições profissionais do funcionário. Mas os funcionários precisam de sistemas de (A) aconselhamento profissional, (B) escalada profissional e (C) assistência à educação.

A. Aconselhamento Profissional

- O planejamento da carreira profissional é uma necessidade pessoal. A maioria das pessoas passa por determinados estágios quando a ambição e o avanço são proeminentes em seu pensamento. Em outros momentos de sua vida, elas não estão prontas para pensar sobre carreira. Por isso, assistência no planejamento profissional deve ser um serviço disponível e uma opção do funcionário.
- A divisão Powertrain da General Motors, por exemplo, disponibiliza um módulo de desenvolvimento profissional para uso dos funcionários. Isto substitui uma conversa mais ou menos obrigatória sobre metas entre supervisor e subordinado como parte de uma análise de desempenho anual.

GM Powertrain

No início dos anos 80 o Dr. Deming iniciou uma série de visitas de consultoria regulares à Powertrain Division da General Motors. Ao mesmo tempo, a GM começou a ministrar seminários de quatro dias transmitidos pelo Dr. Deming em Detroit. Na metade dos anos 80 a GM Powertrain começou a desmembrar o seu programa de avaliação de desempenho. Este novo programa de desenvolvimento se basearia em duas premissas não-convencionais sobre as pessoas:

1. As pessoas querem dar o máximo de si.
2. As pessoas querem ter controle sobre o seu próprio desenvolvimento.

O novo programa de desenvolvimento consistia em módulos: agregados de materiais e serviços disponíveis aos funcionários. Alguns dos módulos eram:

1. *O módulo de* feedback *(se refere a* feedback *pessoal)*
   - É controlado pelo funcionário.
   - O funcionário controla o tempo, a freqüência e o projeto do *feedback*.
   - É voluntário.
   - O funcionário decide quem vai dar *feedback* a ele.
   - O *feedback* é dado diretamente ao funcionário, não transmitido por um gerente.
2. *O módulo de desenvolvimento*
   - Ajuda o funcionário a se tornar ciente dos sistemas formais e informais da empresa disponíveis para desenvolvimento pessoal.

Continua na página seguinte.

Continuação do quadro anterior.

3. *O módulo "o que interessa"*

- Ajuda os funcionários a explorar o que gostam de fazer e a encontrar formas de desenvolver suas funções atuais para se adequarem às preferências.

O programa de desenvolvimento foi desenvolvido por um painel de 12 pessoas, clientes do setor de Recursos Humanos da Powertrain. Alguns dos pontos-chave são:

A GM reconheceu a necessidade de abordagens diversificadas:

- Necessidades individuais de *feedback* e desenvolvimento são variáveis.
- O funcionário pode optar por participar ou não do programa de desenvolvimento.

Características importantes do processo de desenvolvimento:

- Não envolve MBO.
- Não é um método para desdobramento e implementação do plano de negócios.
- Não é um veículo de identificação de desempenho.
- É um processo que envolve autoconhecimento.
- O funcionário identifica onde ele está e para onde deseja ir.

Valores-chave:

- Deixar as pessoas terem acesso uma às outras.
- O supervisor não é uma fonte exclusiva de *feedback*.
- O funcionário tem controle.

Estas informações foram adaptadas de entrevistas gravadas em vídeo por Mary Jenkins e Chris Oster do setor de Recursos Humanos da GM Powertrain. Mary agora é consultora autônoma.

- Considere fornecer acesso a um orientador profissional para os funcionários interessados em explorar opções profissionais.

B. Escaladas Profissionais

- Crie escaladas profissionais em sua empresa, mostrando os passos de possível progressão das posições de ingresso às posições não-profissionais e às posições profissionais mais elevadas. Mostre o movimento de uma recepcionista ou de um assessor em um escritório de advocacia, por exemplo.

- Escaladas profissionais devem ser baseadas em incrementos significativos de realização, construção de outras habilidades, flexibilidade ou qualificação para realizar o trabalho.
- Os passos na escalada profissional devem ser mensuráveis. Documentos de credenciamento emitidos por organizações certificadoras ou licenciadoras podem ser uma exigência, mas não demonstram necessariamente capacidade aplicada. Uma melhor medida seria representar a progressão de algum indicador-chave de processo ou característica-chave de qualidade. Os dados podem demonstrar capacidade em andamento, e não apenas a conclusão de atividades de treinamento.
- Juntamente com a escalada profissional descreva a educação, o treinamento ou a experiência profissional necessária para mover de uma posição para outra.
- Tenha cuidado de não prometer o que não pode oferecer. Não suponha que as pessoas serão promovidas para uma determinada posição se preencherem os requisitos. Não eleve as expectativas, principalmente se sua organização estiver se tornando horizontal.
- Respeite a liberdade de escolha dos indivíduos. Não é melhor nem pior optar pela escalada ou ficar onde está.
- A Figura 9-21 é um exemplo de uma escalada profissional para a posição de Auditor de Propriedades Imobiliárias da Prefeitura de Madison, Wisconsin. Começa com posições de ingresso nas áreas de apoio, técnica e de nível superior e descreve os passos das posições gerenciais. Estas informações são fornecidas a todos os novos funcionários como parte da orientação. Um funcionário, por alguns anos, progrediu de "Datilógrafo I", uma posição administrativa de ingresso, para "Vice-Auditor", a segunda posição mais alta no órgão.
- Você só pode estabelecer o sistema atual e as exigências atuais para progredir através de um sistema. Assegure-se de que as pessoas compreendam que os sistemas e as exigências certamente mudarão. A flexibilidade será importante. Manter as pessoas informadas é importante.
- Embora essas escaladas sejam consideradas muito úteis e importantes, as organizações estão — e é desejável que estejam — se tornando mais horizontais. Há uma grande necessidade de redefinir liderança em uma organização horizontal. Uma organização horizontal vai afetar a cultura, a definição de progressão profissional e, por isso, o uso de escaladas profissionais. (Ver Capítulo 10.)

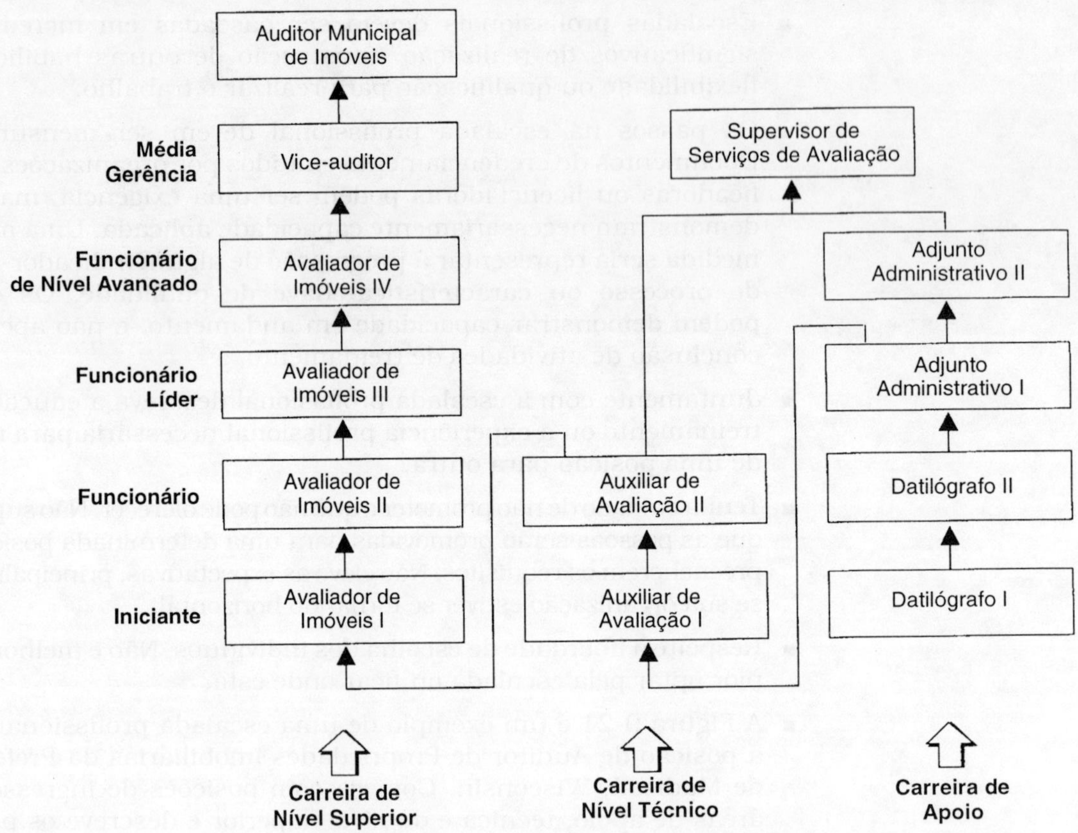

Figura 9-21. Escalada profissional para a posição de Auditor de Propriedades Imobiliárias da Prefeitura de Madison, Wisconsin.

C. Assistência Educacional

Muitas empresas têm programas de reembolso educacional. Alguns comentários sobre tais programas:

- Uma empresa precisa decidir o grau de desvio educacional que a ela vai subsidiar. Um escritório de advocacia vai pagar para alguém estudar cosmetologia? Há uma escola de pensamento que acredita que todas as direções educacionais são válidas. A natureza da criatividade é tal que as perspectivas conquistadas com o estudo de uma área geralmente são utilizadas para se descobrirem *insights* em uma outra área. Deming parecia encorajar uma latitude ampla de direções educacionais.

- Em algumas empresas, o reembolso educacional depende de o funcionário alcançar uma certa nota no curso. Isto apenas reforça um outro sistema de avaliação de desempenho disfuncional da organização. As questões importantes têm a ver com aprendizagem e desenvolvimento, não com credenciais e boletins de avaliação.
- É importante fomentar aprendizagem de toda a vida. A motivação para a aprendizagem contínua precisa vir de dentro de nós. A organização não pode motivar um funcionário a aprender, mas pode nutrir e, dar apoio e evitar anular a motivação de aprender inata do funcionário. Pode tornar fácil para o funcionário agir sobre sua motivação.

6. *Identificando Educação e Necessidades de Treinamento*

Educação *versus* Treinamento

Embora haja clara diferença entre essas duas palavras — Deming sustenta pontos de vista distintos para elas —, essas observações não focalizam a distinção. Há algumas coisas que são claramente educação (ex.: pensamento estatístico: compreender variância e suas causas) e outras que são claramente treinamento (ex.: como calcular os limites de controle em uma chapa de RX). Há também uma área cinzenta: coisas que são um pouco das duas e que podem seguir um ou outro caminho dependendo de como o apresentador ou instrutor aborda o assunto.

O contexto em que pensar sobre esse serviço desmembrado é: como identificamos as necessidades das pessoas de aprender coisas novas, é necessário educação ou treinamento?

Lidando com Alguns Mitos

- Atribuir um problema à falta de treinamento de um funcionário em particular é geralmente uma rejeição conveniente da solução de problema centrada em dados. Os diretores de treinamento concordam que os problemas classificados como necessidades de treinamento são geralmente alguma outra necessidade que não pode ser abordada através de treinamento. Já discutimos o risco de atribuir ao trabalhador problemas inerentes ao sistema. Aqui verificamos dois erros: pegar um problema de sistema e atribuí-lo ao trabalhador, e declarar o problema uma necessidade de treinamento, quando, na verdade, pode não ter nada a ver com treinamento.

- Educação e treinamento podem se tornar um vício. Quando algo dá errado, fazemos um treinamento de reparo. Mas leva tempo para organizar e implementar o treinamento e tempo para ver se o treinamento funcionou e, nesse ínterim, a atenção da gerência se move para outras coisas que são declaradas necessidades de treinamento.
- Se o objetivo da educação e treinamento é o desenvolvimento profissional para o funcionário, há formas mais eficazes e mais informais de buscar uma meta. Observe as diretrizes para "Identificar Metas Profissionais" (pp. 384-389).
- A maioria das necessidades de treinamento e as mais importantes são sistêmicas e de um funcionário em particular. O treinamento sistêmico é aquele focalizado em toda a organização de algum método novo e melhor que tenha sido descoberto através de estudo minucioso. Esses melhores métodos cobrem várias áreas: produção, administrativa, de projeto de produto ou serviço, entrega, gerência ou operação de pessoal.
- Sistemas baseados em treinamento são focados em uma necessidade individual do empregado. O treinamento sistêmico é uma necessidade coletiva onde a totalidade dos grupos de pessoas precisa aprender um novo método.

Diretrizes

Use os sistemas a seguir como recursos para identificar necessidades de treinamento e educação.

- Estudos dos sistemas e processos existentes, mostrando inadequações que possam ser corrigidas com treinamento em um novo método.
- Prioridades organizacionais que exijam novas capacidades e habilidades necessárias para liderar e administrar novos sistemas e processos.
- Nova missão, visão, filosofia ou valores que exigem um esforço de educação e treinamento para ajudar as pessoas a compreenderem por que a mudança está ocorrendo, como e quando vai acontecer e que novas abordagens e capacidades serão exigidas delas.

O treinamento focalizado individualmente deve ocorrer:

- Quando há causa especial, sustentada por dados que indicam:
  — O desempenho dessa pessoa é singularmente inadequado.
  — A fonte da inadequação é questão de treinamento (ver "pessoas de desempenho excepcional").
- Quando está focalizado nos planos de desenvolvimento profissional (Ver "Identificando Metas Profissionais").
- Quando é parte de um esforço para criar mais flexibilidade na força de trabalho e dar a cada funcionário uma maior diversidade de habilidades. Isto, normalmente, envolve um grupo de trabalho e não apenas um indivíduo.

Medindo o Sucesso do Treinamento

- Fichas de avaliação no final de cada sessão de treinamento são inúteis e geralmente se tornam fichas de avaliação de desempenho (por exemplo: "Avalie este seminário em uma escala de cinco pontos").
- Relatório de *feedback* no final de cada sessão pode ser uma forma útil de obter informação para o propósito de aprimorar a logística (tempo, lugar, controle de temperatura, comida, serviço, etc.) e os métodos de ensino ("As instruções para a atividade estavam claras?").

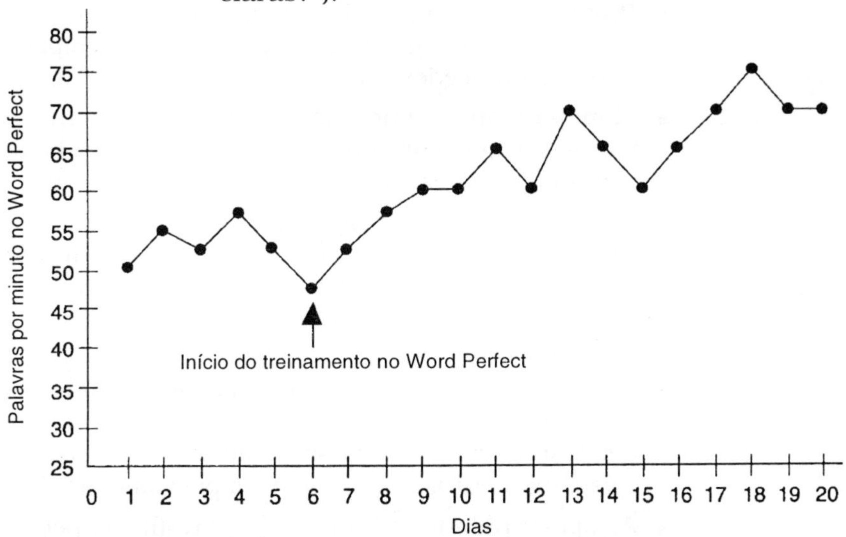

Figura 9-22. Medindo o sucesso do treinamento.

- O sucesso do treinamento é mais bem mensurado no tempo e lugar onde o aluno aplica as capacidades adquiridas através de treinamento e educação.
- Para a maioria das habilidades manuais, a medida de sucesso mais eficaz é o gráfico de controle. (Ver Figura 9.22.)

7. Identificando Candidatos a Promoção

Lidando com Alguns Mitos

- O desempenho passado não é um prognóstico de desempenho futuro.
- Mesmo se a avaliação de desempenho fosse um sistema de medição confiável e válido (coisa que não é), somente poderia informá-lo sobre o sucesso na tarefa atual. Pode ser útil para os poucos elementos da tarefa que podem ser parte da nova tarefa. Mesmo assim, a pessoa pode agir de forma completamente diferente ao desempenhar as mesmas atividades em um sistema e ambiente novos.

Algumas Diretrizes para Sistemas de Promoção.

Sistemas de Sucessão

- Promoções fazem parte de um sistema de ciclo mais baixo. A necessidade de promoções pode ser antecipada com até cinco anos de antecedência.
- Planejamento de sucessão é o reconhecimento de que vão surgir vagas e de que a organização precisa de uma base forte — pessoas prontas para serem deslocadas para essas vagas.
- Os processos recorrentes que são parte de uma tarefa devem ser claramente documentados. Os processos de *feedback* baseados em sistemas também devem ser documentados. Quando o cargo fica vago, o processo de transição pode ser realizado de forma mais natural.
- Planos de sucessão incluem criar oportunidades para os funcionários vivenciarem liderança: os desafios do planejamento, coordenação, tomada de decisão, solução de problema, monitoramento, relacionamentos com as outras pessoas, etc.
- As oportunidades de liderança para fins específicos preparam os funcionários para serem futuros líderes. Essas oportunidades

não devem ser testes, mas experiências desafiantes cercadas de apoio. Devem-se ajudar os futuros líderes a obterem êxito.

- A organização fornece essas oportunidades e define as habilidades necessárias. Os indivíduos escolhem aprender as habilidades necessárias para se qualificar para a oportunidade. (Ver "Identificando Metas Profissionais".)
- Quando há uma vaga, há uma oportunidade para um passo de estudo: analisar e talvez redefinir a posição, usando entradas de clientes e das pessoas que se reportam à pessoa que ocupará aquele cargo.
- Algumas funções exigem altos níveis de criatividade, arte e genialidade (ex.: certos tipos de pesquisa, programação, projeto ou habilidades de desempenho). Pode-se precisar desenvolver políticas especiais para esses casos, uma vez que são de difícil documentação.

Centros de Avaliação

Um centro de avaliação é uma série de atividades projetadas especificamente para simular as principais funções e dinâmicas de uma posição. Quando se antecipa uma vaga para um determinado cargo, os vários candidatos participam das atividades dos centros de avaliação onde alcançam um senso de suas próprias habilidades e capacidades para as demandas do cargo. Isto cria oportunidade de aprender e uma oportunidade para auto-seleção. Geralmente, há uma banca de observadores que monitoram os participantes e fazem anotações que podem ser usadas para *feedback* tanto dos candidatos quanto para os que precisam fazer uma escolha entre preencher ou não uma posição vaga.

Alguns Comentários Gerais

- Geralmente somos casuais e superficiais em nossa seleção e processos de promoção. É como se nos conformássemos com nossa habilidade de descartar os erros resultantes de nosso processo de promoção imperfeito. Nós e as pessoas a quem promovemos melhoraríamos muito se fôssemos meticulosos e esforçados em nossos processos de promoção. O tempo e o dinheiro que investimos em um processo de promoção cuidadoso — sistemas de sucessão, centros de avaliação, etc. — a longo prazo serão recompensados.

- Nossas organizações tornar-se-ão horizontais. Teremos menos oportunidades de avanço na hierarquia. Nosso desafio será satisfazer o desejo das pessoas de se tornarem líderes, oferecendo menos posições hierárquicas para as quais as pessoas podem avançar.
- Por fim, quando se tem de escolher um candidato para promover entre um grupo de pessoas, o processo envolve um ato de julgamento. Embora o elemento julgamento pessoal não possa ser descartado, o que estamos tentando fazer é remover a subjetividade e a sorte do processo de tomada de decisão.
- Geralmente a avaliação de desempenho é utilizada para reduzir o número de candidatos para uma função quando o conjunto de candidatos potenciais é grande. Nas Forças Armadas, por exemplo, pode haver uma lista global de pessoal a ser promovido. Nesses casos, pode ser necessário reformular o sistema e descentralizar o processo de seleção. As sugestões fornecidas aqui sobre planejamento de sucessão e centros de avaliação podem ser aplicadas, mas em um processo de seleção mais localizado.

8. Identificando Candidatos a Demissão

No Capítulo 5 há perguntas a respeito de *downsizing* que podem ser levadas em consideração.

Lidando com Alguns Mitos

- Um sistema de avaliação de desempenho capcioso vai resultar em um sistema de demissão capcioso.
- Quando examinamos por que as empresas decidem por demissões em massa, uma ou mais das razões descritas a seguir aparecem para explicar a necessidade de demissões:

  — Uma retração na economia.

  — Uma mudança no mercado.

  — Incapacidade de permanecer competitivo em qualidade, custo ou entrega em relação aos produtos e serviços oferecidos por outras empresas.

  — Decisões ruins tomadas por gerentes (ex.: a necessidade de a IBM demitir pessoas quando a estrutura principal se provou não-competitiva).

— Perdas financeiras inesperadas e substanciais (ex.: recolher produtos defeituosos do mercado, ações judiciais).

— Deixar de receber subsídios devido a uma mudança na política (ex.: fechar bases militares).

— Modismos nos negócios: experimentar a moda do *downsizing*. (Isto parece ser prevalecente, embora nenhum principal executivo reconheça que demitiu os funcionários por modismo.)

As pessoas que são demitidas não têm controle do fenômeno. O que é particularmente patológico na utilização da avaliação de desempenho como base para decidir quem deve ser demitido é que isto muda o fardo da demissão da gerência (que tem controle sobre muitos fatores listados anteriormente), culpando o funcionário pela sua demissão. Isto representa uma perversão da liderança. É a gerência em sua pior face de insensibilidade.

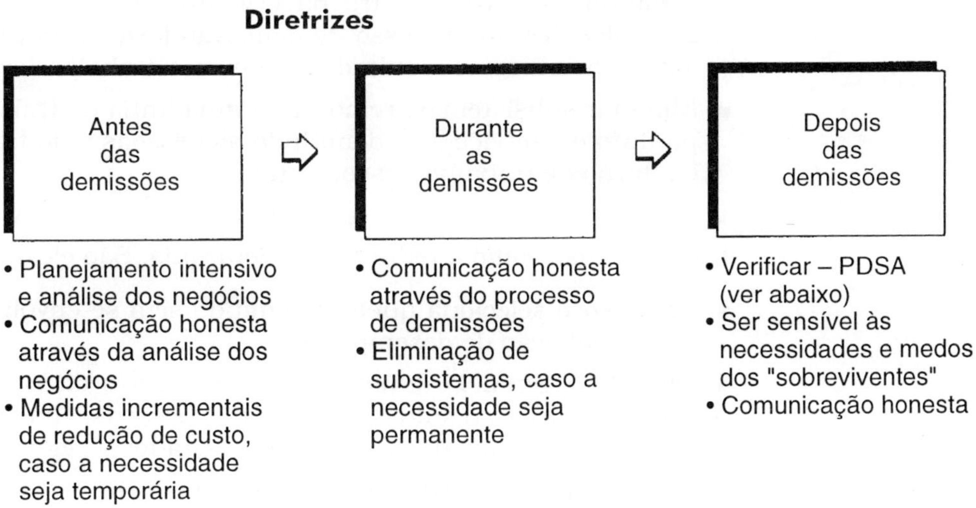

Figura 9-23. Diretrizes para demissões.

Antes das demissões

Antes de qualquer demissão, considere a seqüência de medidas de redução de custo através da empresa (assegurando que os clientes não sejam prejudicados pelas medidas). Por exemplo:

- Licença para funcionários temporários e estagiários.
- Redução de dividendos dos acionistas.
- Redução de salários para a alta gerência.
- Redução nas horas de trabalho do quadro funcional.
- Redução nas horas de trabalho dos funcionários consistente com a manutenção das funções da empresa e serviço de entrega.

Durante a demissão

Uma abordagem do tipo *downsizing* que respeita a integridade do sistema é o que pode ser chamado de *eliminar um subsistema.* Sua organização é um sistema que consiste em subsistemas para desenvolver e entregar diversos produtos ou serviços. Durante o *downsizing*, há duas escolhas básicas:

- Diminuir os níveis dentro da organização, esperando que os sobreviventes do processo de demissão formem novos grupos e forneçam o mesmo resultado com menos trabalhadores.
- Eliminar subsistemas: removendo uma linha de trabalho — um produto ou serviço — e demitindo as pessoas cujo trabalho gire em torno de trabalho descontínuo.

Há problemas como a redução da hierarquia. São eles:

- Como você seleciona quem é demitido sem se envolver em algo como avaliação de desempenho?
- Quando a gerência diminui os níveis dentro da empresa, mas espera o mesmo resultado com menos pessoas, sua ação baseia-se em um ou mais dos pressupostos citados a seguir:
  — As pessoas não estavam trabalhando duro.
  — Temos um plano específico para melhorias inovadoras em eficiência e produtividade.
  — Não importa se nossa qualidade vai cair um pouco.
- Os resultados do *downsizing* prejudicam o funcionamento dos sistemas. Há deslocamento de curto prazo da força de trabalho regular. O prejuízo de longo prazo pode resultar da diminuição crônica do quadro funcional ou da sobrecarga sobre a força de trabalho.

Eliminando o subsistema

- Ver Figura 9-24.
- Observe seus sistemas.
- Selecione produtos ou serviços que serão eliminados.
- Elimine o fluxo de trabalho e a força de trabalho relacionada a eles.

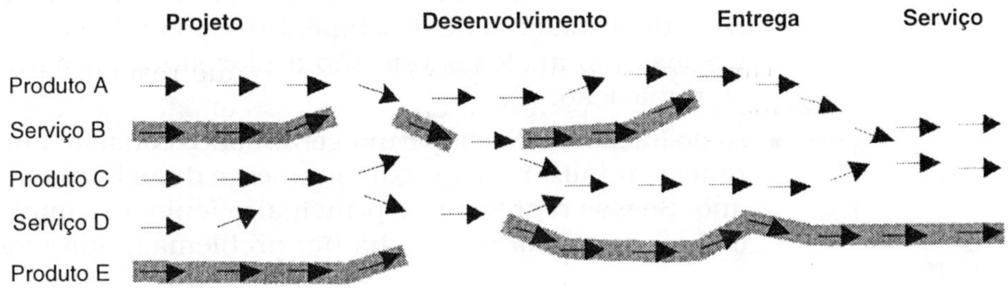

Figura 9-24. Sistema para eliminar os passos interativos de vários processos. As áreas sombreadas representam linhas a serem eliminadas e as pessoas a serem demitidas.

Ao eliminar subsistemas:

- Selecione os sistemas cuidadosamente, considerando sua história e o futuro projetado para o mercado.
- Comunique-se com os clientes dos serviços ou produtos a serem eliminados. Ajude-os a identificar alternativas.

O princípio subjacente a este ponto é empreender o processo de *downsizing* servindo os clientes e respeitando a integridade do sistema e, ao mesmo tempo, tratando as pessoas que são demitidas com sensibilidade e respeito.

A melhor abordagem às demissões é a prevenção. Livre-se do antigo paradigma gerencial orientado a resultados. Busque os princípios da qualidade enunciados por Deming e Ishikawa. Com o tempo, esta abordagem vai fazer com que a necessidade de demissões diminua.

Mas mesmo quando tudo isso é dito e feito, às vezes demissões em massa são inevitáveis e chegam sem aviso prévio. Em suma, não há uma forma boa de demitir as pessoas, apenas formas melhores ou piores. A utilização da avaliação de desempenho é a pior delas.

9. *Fomentando a Comunicação entre os Funcionários e seus Supervisores*

Lidando com Alguns Mitos

- Você não precisa da avaliação de desempenho para comunicar. De fato, avaliações de desempenho são bombásticas e deixam as pessoas tão ansiosas que são a pior situação para se basear a comunicação.
- A avaliação de desempenho geralmente consiste em duas conferências totalizando aproximadamente duas horas de reunião por ano. Se isso representa o principal veículo de comunicação entre o chefe e o subordinado, há um problema ainda *maior*.

Algumas Diretrizes para as Comunicações Supervisor-Funcionário

- Os dois principais obstáculos para a comunicação são a atitude e o estilo. Os gerentes precisam aprender a fazer observações sem julgamento ou a fazer perguntas neutras. Quando os gerentes culpam, atacam ou defendem, eles garantem que a comunicação não ocorra. Os gerentes precisam aprender a ouvir e a ensinar os outros a ouvirem (ver Capitulo 8). (Uma boa fonte de pesquisa é o livro *Leader Effectiveness Training: The No-Lose Way to Release the Productive Potential of People* [Gordon, Thomas. Nova Iorque: Bantam Books, 1977].)
- Reuniões de equipe regulares e bem lideradas são uma forma de comunicação indispensável. A maior parte das habilidades dos gerentes é primitiva. O livro de Gordon é uma boa fonte de consulta, assim como o é o livro *Times da Qualidade* (Scholtes, 1992).
- Gerência por Caminhadas [pela sua área na empresa] (MBWA — Management by Wandering Around) ou Gerência com Visitas [às suas áreas na empresa] (MBSA — Management by Setting Around) contrastam com a política de porta aberta, um tipo de gerência que virou clichê. Vendo a porta aberta, um funcionário pode ter vontade de entrar, mas precisa de uma boa razão para fazê-lo. Com MBWA ou MBSA, por outro lado, o funcionário não

precisa de um motivo, porque o chefe está no local de trabalho do funcionário. A princípio, o MBWA será desajeitado. Ninguém saberá ao certo como agir ou o que esperar. Entretanto, acabará por se tornar uma rotina, e a conversação vai ocorrer casualmente. A nuance acrescentada pelo MBSA é que o chefe despende tempo observando como se realiza a tarefa, se envolve em conversas mais longas.

Grupos de Foco e Reuniões Sociais

Outras duas formas importantes para se fomentar a comunicação são os grupos de foco e as reuniões sociais. Os grupos de foco são reuniões feitas com os funcionários cuidadosamente planejadas e facilitadas, com o objetivo de se alcançarem entrada e saída deles em relação a tópicos previamente selecionados.

As reuniões sociais incluem tanto encontros planejados quanto casuais para citar mais diversidade no relacionamento. Muitos gerentes organizam ciclos de café da manhã ou almoço com os funcionários. Meu presidente de empresa favorito mantinha uma cadeira de barbeiro próximo a seu escritório e oferecia cortes de cabelo gratuitos a seus funcionários (ver Capítulo 4).

Resumo

A comunicação é uma questão de mentalidade e método. O método deve ser múltiplo e variado. Mas os métodos não funcionam se o gerente que busca a comunicação inspira medo e age de forma paternalista (ver o quadro APOP no final do capítulo).

10. Criando uma Documentação que Servirá de Defesa Contra Ações Judiciais por Demissões Erradas ou Outro Tratamento Injusto

Lidando com Alguns Mitos

- Avaliação de desempenho é uma ilusão de objetividade. A ilusão é facilmente desfeita no tribunal.
- Alguns advogados que defendem empresas de ações judiciais por demissão errada já declararam que para cada causa ganha com registros de avaliação de desempenho perdem três ou quatro.

- Um advogado especializado em representar indivíduos que entram na justiça alegando tratamento injusto disse que ele prefere entrar com ação contra as empresas que usam registros de avaliação de desempenho em sua defesa. Ele alega que é quase certo encontrar inconsistência nesses registros.

Algumas Diretrizes para se Proteger de Ações Judiciais

- Trabalhe em cima do ambiente de desconfiança em que os funcionários concluem que são tratados injustamente ou nas comunicações não-diretas. Trabalhe onde as decisões são vistas como inacessíveis e arbitrárias. Utilizando dados e lógica, planeje ciclos mais lentos para atividades como promoção e demissões, ao invés de tomar decisões impetuosas e rápidas.
- As pessoas ficam melindradas quando sentem que não tiveram uma oportunidade justa ou que o melhor candidato foi simplesmente ignorado. As pessoas ofendem-se até mesmo com a aparência de favoritismo ou inconstância no processo de promoção.
- As reclamações de tratamento injusto geralmente surgem quando uma pessoa é promovida. Mas o problema ocorre e somente pode ser solucionado muito antes da promoção, no estágio de planejamento de sucessão.
- Talvez você possa utilizar a avaliação de desempenho — padrões escritos de trabalho esperado — como uma intervenção temporária com um funcionário cujo trabalho é excepcionalmente ruim (ver "Pessoas de Desempenho Excepcional"). Então, a avaliação de desempenho se torna um apoio a um membro enfraquecido, não um apoio quando não há necessidade para apoio superficial. A documentação de avaliação de desempenho pode, então, ser usada para demonstrar um esforço extraordinário para remover ambigüidade a respeito de expectativas de curto prazo de um funcionário em particular, cujo desempenho de trabalho é deficiente

11. Conformidade com Exigências Regulatórias

Lidando com Alguns Mitos

As pessoas sob exigências regulatórias freqüentemente sofrem de duas ilusões:

- Acreditam que o órgão regulamentador nunca vai mudar ("Você não pode lutar contra a Prefeitura!)
- Acreditam que não há flexibilidade nos modos de conformidade.

Nenhum desses pontos é verdadeiro.

Diretrizes para Lidar com Exigências Regulatórias

- Os órgãos regulamentadores que exigem avaliação de desempenho são fornecedores. Eles oferecem política. Neste caso, estão fornecendo uma política disfuncional. Reúna-se com outros a quem o fornecedor regula e ajude o fornecedor a fornecer uma política que funcione melhor.
- Trabalhe com o órgão regulamentador para permitir que sua organização seja uma exceção ou um experimento.
- Estude as normas para descobrir qual o mínimo exigido para permanecer em conformidade com a política. Faça o mínimo e não vá um milímetro além do estabelecido.
- Satisfazendo, então, a *carta* do órgão regulamentador, estude o *espírito* da regulamentação. Normalmente os órgãos que exigem avaliação de desempenho têm boas razões para tal política. Eles esperam que isso gere algo de bom ou que evite males. Encontram melhores formas de alcançar o objetivo sem avaliação de desempenho. Isto se dá simplesmente aplicando-se o conceito de *desmembramento* às necessidades do órgão regulamentador.

12. Motivando os Funcionários

A seguir mostramos um resumo de pontos abordados nesse livro. (Ver os Capítulos 2, 5 e 8 e a Introdução desse capítulo.)

Lidando com Alguns Mitos

- É uma presunção gerencial acreditar que alguém possa motivar os outros. Os gerentes podem desmotivar, mas não motivar (Herzberg).
- A abordagem do tipo cenoura e vara foi desenvolvida para uso com jumentos, e seu uso verdadeiro limita-se a essa espécie animal.

APOP

O Parkview Medical Center fica em Pueblo, Colorado. Em 1989, o ex-presidente do Parkview propôs que o hospital se dedicasse à adoção de uma nova abordagem à qualidade baseada nos ensinamentos de Deming. Subseqüentemente, formou-se uma equipe para desenvolver uma nova abordagem de avaliação de desempenho.

Como todos os hospitais, o Parkview tinha que ser licenciado por um órgão credenciador. O JCAHO, Joint Committee on Accrediting Hospital Organizations (Comitê para Credenciamento de Hospitais), tinha autoridade para conceder ou negar o licenciamento. Esse comitê, na condição de órgão regulamentador, exigia avaliações de desempenho de seus licenciados. A equipe do Parkview está ciente desta exigência por parte do JCAHO, vinda através de uma carta que falava da obrigatoriedade de haver uma reunião anual entre chefes e subordinados e um registro detalhado desse evento.

A equipe do Parkview também se lembrava de Dr. Deming aconselhando que, pelo menos uma vez por ano, todos os líderes se sentassem com cada um de seus subordinados para uma longa conversa.

A equipe então teve a idéia de levar ao ar algo que no início, jocosamente, chamaram de processo APOP. APOP era um acrônimo de *annual piece of paper* (pedaço de papel anual). O nome "pegou". O APOP era, na verdade, uma agenda para uma discussão anual. À medida que cada item ia sendo coberto por completo, ele ia sendo eliminado. Quando todos os itens estivessem concluídos, o supervisor e seu subordinado assinariam a folha, e o APOP seria colocado em um arquivo, aguardando o visto de um inspetor APOP.

O pedaço de papel pode ter refletido as exigências do JCAHO, mas o conteúdo e o processo refletiam as necessidades e os valores dos líderes do Parkview. Ele é nada mais do que uma conversa informal, informativa e livre de críticas. Os supervisores recebiam uma boa dose de treinamento na abordagem e condução deste tipo de diálogo. Os resultados?

- Os líderes e empregados, da mesma forma, preferiam, "de longe", o APOP aos procedimentos anteriores de avaliação baseada em números.
- O APOP se tornou o ponto focal de um processo de treinamento em liderança.
- O APOP e seus métodos representam a forma como a comunicação, agora, acontece na rotina do hospital.

A abordagem APOP enfatiza as habilidades de ouvir intensamente e solucionar problemas no dia-a-dia. Essa abordagem incorpora uma atitude de confiança e respeito mútuos. Nada de hierarquias. Simplesmente colegas resolvendo as coisas juntos.

A agenda APOP como formulário de verificação e eliminação de itens

1. Revise a descrição de cargo com o funcionário e faça ajustes e modificações:
   - Para assegurar que os principais processos ainda sejam os mesmos.
   - Para proporcionar uma oportunidade para que o funcionário pense em termos de processos e como esses processos apóiam a missão e a visão do Centro.
2. O que impede o funcionário de se sentir orgulhoso de seu trabalho?
   - Esta é a questão central do APOP.

Continua na página seguinte.

Continuação do quadro anterior.

- Os gerentes normalmente utilizam perguntas de respostas "abertas" e buscam aconselhamento sobre as possíveis respostas a quaisquer barreiras que possam ser citadas.

3. Melhoria de processos.

- Discuta projetos e trabalhos passados e presentes.
- Proporcione oportunidade para que os funcionários se gabem.
- Se for útil, use a oportunidade para acompanhar e identificar necessidades de treinamento.

4. Identifique necessidades e objetivos de aprendizagem.

- Tente estabelecer um plano de aprendizagem.

5. Qualquer outro item.

Estas informações foram adaptadas da gravação em vídeo de uma entrevista com Dorothy Gill, do Parkview Medical Center.

- As pessoas começam motivadas. É legítimo descobrir o que aconteceu com aquela motivação original e intrínseca.
- Acreditar que o pagamento motiva é acreditar que as pessoas reservam esforços para serem utilizados quando a elas for oferecido suborno.
- Imagine que a partir da próxima segunda, você receberá duas vezes mais do que hoje. Você vai trabalhar de forma mais eficaz? (Não, embora possa ficar mais alegre... por algum tempo.)

Algumas Diretrizes a Respeito da Motivação

- Se os funcionários estão desmotivados, investigue o que aconteceu ou o que está acontecendo que os está desmotivando.
  - — Os agentes desmotivadores são pessoais ou estão relacionados ao trabalho?
  - — São transitórios? Crônicos?
  - — Se são pessoais, o que a organização pode fazer para ajudar o funcionário durante esses tempos difíceis?
  - — Se há agentes desmotivadores no trabalho, quais são eles e o que a empresa pode fazer a seu respeito?

DESMANTELANDO A AVALIAÇÃO DE DESEMPENHO: ÁRVORES DE DECISÃO

As árvores de decisão descritas nesta seção estão baseadas no caminho que algumas empresas vêm seguindo quando buscam desmantelar a avaliação de desempenho. O que descrevemos aqui, portanto, é real, e não uma especulação. É uma composição. Algumas empresas diferentes contribuíram para essa composição, cada uma focalizando as questões mais relevantes para a organização. Todas essas organizações, entretanto, enfrentaram a maioria dessas questões.

Por isso, se os líderes de sua empresa planejam embarcar neste esforço, você provavelmente vai precisar adaptar este formato às suas próprias necessidades. Algumas sugestões:

1. Não descarte facilmente um item que, a princípio, pareça irrelevante. Lute um pouco com ele. Assegure-se de que você está descartando o item porque ele é irrelevante e não simplesmente porque é polêmico.

2. É uma boa idéia colocar uma pessoa de fora como facilitador dessas sessões, uma pessoa neutra com algumas habilidades em dinâmica de grupo. Uma pessoa que não pertença à equipe pode ajudá-lo a discutir os pontos indiscutíveis. (Para uma sessão de pontos indiscutíveis, ver Ryan & Oestreich, 1991.)

Peterbilt Wisconsin

Peterbilt é uma marca bem conhecida de caminhões para carga pesada. A Peterbilt Wisconsin não fabrica os caminhões, mas é responsável pelas vendas, os reparos, os serviços, o financiamento e *leasing* dos veículos. A empresa também se dedica à lanternagem e à venda de peças sobressalentes e veículos usados. Ela possui unidades operacionais em diversas localidades nos estados de Wisconsin e Illinois.

Em 1992, com a assistência de Britt Hall, um consultor e um membro do corpo docente do Waukesha County Technical College, Peterbilt Wisconsin deu início a um projeto de autotransformação, aplicando a filosofia de Deming. Desde 1992, a Peterbilt Wisconsin tem-se dedicado a práticas dessa natureza, todas não-convencionais pelos padrões do setor industrial em que atua, o de caminhões:

- Abandono do uso de avaliações de desempenho.

Continua na página seguinte.

Continuação do quadro anterior.

- Abandono do uso de comissões e criação de uma nova política de remuneração que não se baseia em pagamento por mérito, nem quotas, nem incentivos.
- Emissão de extratos financeiros em forma de gráfico de controle, exibindo a variância e permitindo determinar se ela tem uma causa comum ou causa especial.

Peterbilt Wisconsin tinha ainda o desafio de tentar fazer com que as antigas políticas evoluíssem para abranger uma organização geograficamente dispersa, uma vez que cada unidade isolada tinha sua própria história e suas tradições. Isto requeria um processo mais longo e mais difícil para se chegar a um consenso: um processo evolucionário em vez de revolucionário.

O processo da árvore de decisão descrito nestas páginas foi baseado, em parte, no processo utilizado pelos líderes da Peterbilt.

3. Leve a sério todos os itens. Concorde com antecedência que uma vez tomada uma decisão, não há volta. Trate cada pergunta como se fosse uma ponte a ser atravessada. Deve haver consenso sobre a resposta. Ninguém poderá ser deixado na outra margem do rio. Uma vez transposta a ponte — uma vez respondida a pergunta — ponha fogo na ponte.
4. Uma das tarefas do facilitador é se assegurar de que haja o consenso verdadeiro. Todo mundo tem que compreender a pergunta, concordar com a resposta e suas implicações.

I. Perguntas Iniciais

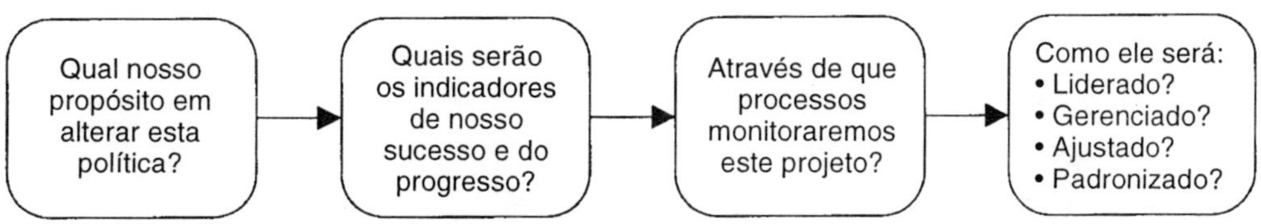

II. Reconsidere a Avaliação de Desempenho e a Remuneração

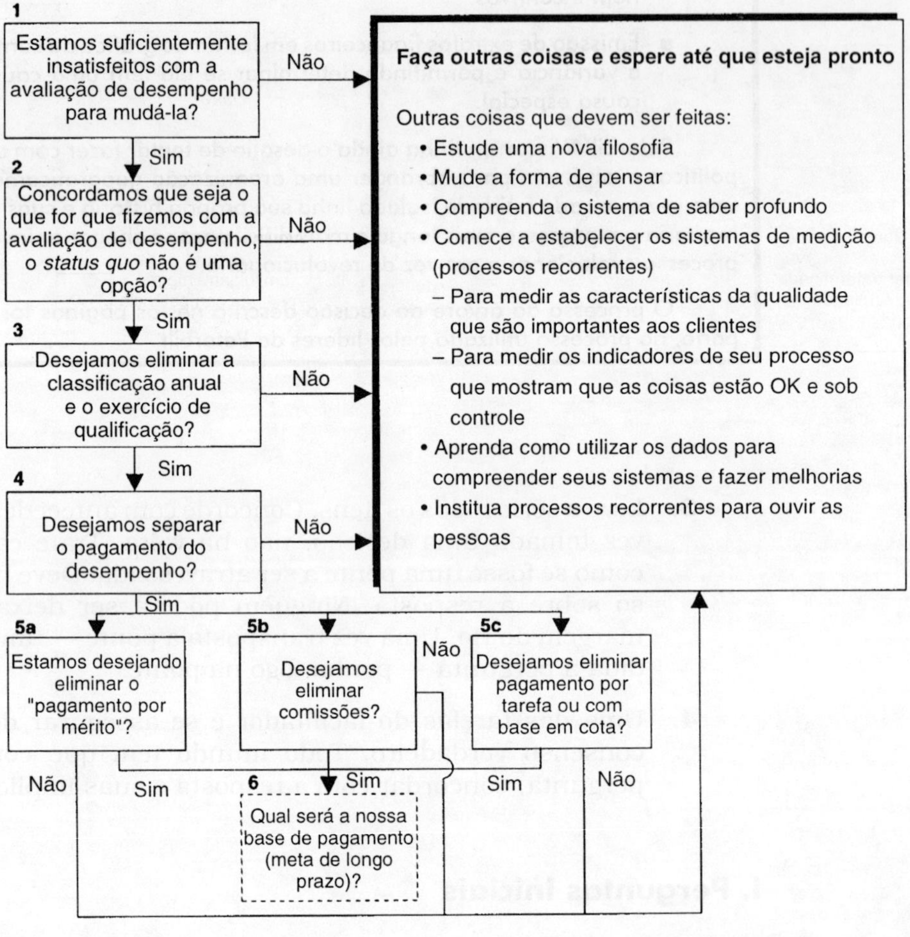

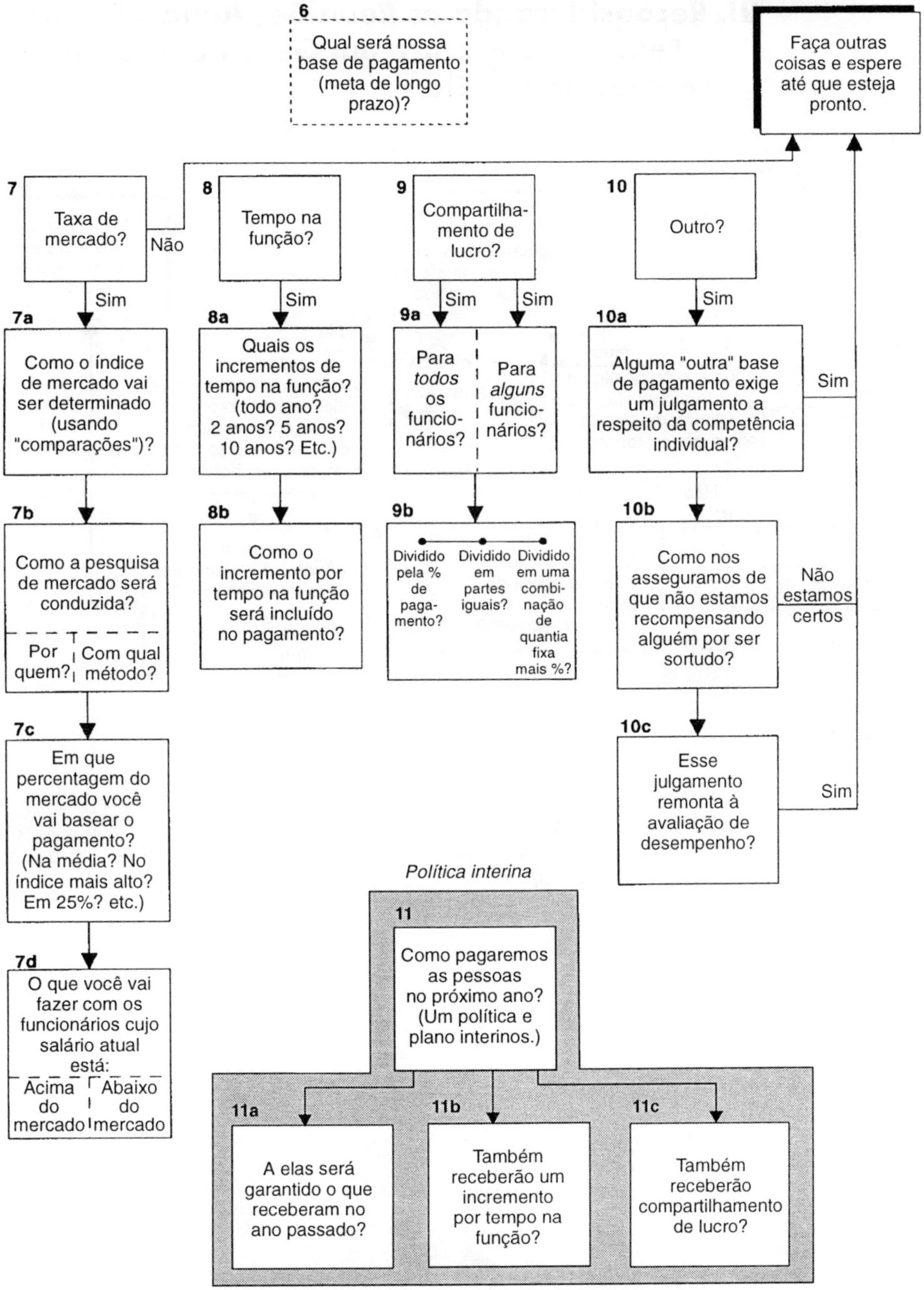
6
Qual será nossa base de pagamento (meta de longo prazo)?
Faça outras coisas e espere até que esteja pronto.
7
Taxa de mercado?
Não
Sim
7a
Como o índice de mercado vai ser determinado (usando "comparações")?
7b
Como a pesquisa de mercado será conduzida?
Por quem?
Com qual método?
7c
Em que percentagem do mercado você vai basear o pagamento? (Na média? No índice mais alto? Em 25%? etc.)
7d
O que você vai fazer com os funcionários cujo salário atual está:
Acima do mercado
Abaixo do mercado
8
Tempo na função?
Sim
8a
Quais os incrementos de tempo na função? (todo ano? 2 anos? 5 anos? 10 anos? Etc.)
8b
Como o incremento por tempo na função será incluído no pagamento?
9
Compartilhamento de lucro?
Sim
Sim
9a
Para *todos* os funcionários?
Para *alguns* funcionários?
9b
Dividido pela % de pagamento?
Dividido em partes iguais?
Dividido em uma combinação de quantia fixa mais %?
10
Outro?
Sim
10a
Alguma "outra" base de pagamento exige um julgamento a respeito da competência individual?
Sim
10b
Como nos asseguramos de que não estamos recompensando alguém por ser sortudo?
Não estamos certos
10c
Esse julgamento remonta à avaliação de desempenho?
Sim
Política interina
11
Como pagaremos as pessoas no próximo ano? (Um política e plano interinos.)
11a
A elas será garantido o que receberam no ano passado?
11b
Também receberão um incremento por tempo na função?
11c
Também receberão compartilhamento de lucro?

III. Reconsiderando as Reuniões Anuais Formais e Estruturadas entre um Gerente e os Indivíduos que se Reportam a Ele

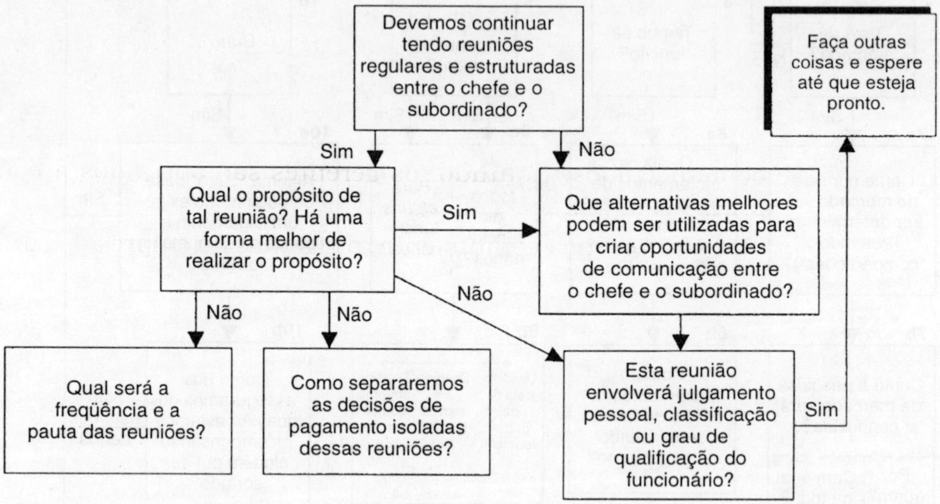

Resumo

Os gerentes no mundo ocidental conspiraram para aceitar a prática da avaliação de desempenho como uma atividade útil. Sedes empresariais, órgãos regulamentadores, titulares de postos governamentais eletivos, gerentes de RH e presidentes de empresas instituíram políticas que exigiam que terceiros praticassem a avaliação de desempenho, mesmo quando estes terceiros discordavam dessa prática. Um grande número de gerentes e empregados não gosta de avaliações de desempenho (ver artigo de Timothy Schellhardt no *The Wall Street Journal* de 19 de novembro de 1996). Mais de 90% dos sistemas de desempenho não são bem-sucedidos. Contudo, os gerentes são obrigados a continuar cumprindo esta política fracassada.

Uma crença comum entre dirigentes de empresas e profissionais de RH é que a avaliação de desempenho é uma boa coisa a ser feita; basta que se projete a forma certa de fazê-la. Há uma volumosa e ainda crescente indústria de consultoria querendo ensinar os gerentes a fazer a avaliação de desempenho da "forma certa". Mudamos o nome da avaliação de desempenho para gerenciamento de desempenho ou de análise do desempenho para *coaching* e aconselhamento. Mudamos a escala de classificação de cinco pontos para três ou de quatro pontos para quatro fases descritivas. Introduzimos uma avaliação de 360° e outros modismos. Tudo não passa de variações de um mesmo tema, uma nova melodia no velho triângulo.

Minha proposta neste capítulo é que não existe forma certa de se fazer avaliação de desempenho. A avaliação de desempenho é, inerentemente, uma coisa ruim. É derivada dos instintos mais não-humanos das pessoas e fere tanto aqueles que são avaliados como, a longo prazo, os avaliadores. Não se consegue comprovar seus benefícios para a organização nem para os clientes.

Aqueles que insistem em praticar a avaliação de desempenho devem aceitar a responsabilidade de provar que, primeiro, ela não causa mal algum e, segundo, que ela faz uma contribuição demonstrável, conclusiva e positiva.

Atividades do Capítulo 9

Discuta as questões a seguir com o seu grupo gerencial.

1. A história a seguir foi extraída na íntegra do *The Wall Street Journal.*

Miscelânea

A Continental Airlines foi a última das últimas em pontualidade em junho, apesar de ter oferecido tudo a seus empregados — de dinheiro vivo a pizza — para ser a primeira na lista mensal de classificação do Departamento de Transportes.

The Wall Street Journal
18 de agosto de 1995

Quais as pressuposições da Continental?

A seguir vem uma história da Gannett News Service, datada de 10 de novembro de 1996.

Competição em pontualidade: A TWA não vai mais esperar por ninguém

GANNETT NEWS SERVICE

A próxima vez que você precisar embarcar em um vôo de conexão da TWA, é melhor você não se atrasar.

A próxima vez que você precisar embarcar em um vôo de conexão da TWA, é melhor você não se atrasar.

A TWA é uma das várias empresas aéreas tentando ser das primeiras na classificação mensal de vôos pontuais emitida pelo Departamento de Transportes. Para tanto, a TWA não está mais detendo o avião à espera de passageiros chegando em outros vôos da TWA que não tenham chegado a tempo para a conexão. Ela quer que 85% de seus vôos cumpram o horário previsto.

"Exceto pelos últimos vôos na noite, não deteremos os aviões para as conexões", disse o porta-voz da TWA, John Mc Donald.

A TWA já está vendo melhorias. Em setembro, 75,6% de seus vôos chegaram na hora prevista, em comparação com uma média de 66% no último verão. A TWA declara que recompensará cada funcionário com um cheque de US$ 65 cada mês em que a empresa estiver entre as cinco primeiras na classificação do Departamento de Transportes. Os funcionários ganharão US$ 100 se ela for a Nº 1.

O plano de incentivo da TWA se espelha em um plano lançado pela American Airlines em 1995, que ajudou esta empresa a passar de última para uma posição sustentada entre as cinco primeiras.

O que as outras vêm fazendo:

• A United Airlines está abrindo o portão de embarque cinco minutos antes da hora. Os passageiros têm trinta minutos para embarcar em aviões de nave estreita e 40 minutos para aviões de nave larga. A United declara que a mudança, que teve início em 1º de outubro, já cortou os atrasos em 15%.

A United tem também planos de vincular a pontualidade à distribuição de bônus a 600 executivos de nível médio e alto; está aumentando o número de mecânicos para reduzir os atrasos e acrescentou dois jatos, um 757 e um 737, à sua frota sobressalente, que agora é integrada por nove aeronaves.

• A Delta Air Lines, agora, embarca os passageiros com assentos marcados na parte traseira antes daqueles com assentos nas fileiras da frente. E não faz mais uma chamada especial para deficientes e idosos. Em vez disto, os funcionários do portão de embarque identificam as pessoas que precisam de assistência e atendem a quem solicita prioridade. A delta também está fiscalizando rigorosamente os procedimentos de embarque.

"Éramos bonzinhos demais e não fiscalizávamos o cumprimento das regras de embarque. Era um caos, todo mundo tentando entrar ao mesmo tempo", disse o porta-voz da Delta, Bill Berry. A meta da empresa: Ser uma das cinco primeiras na classificação do Departamento de Transportes.

• A Alaska Airlines, que assistiu a apenas 50,9% de seus vôos chegarem na hora em agosto, acelerou seus procedimentos de embarque. está agora embarcando os passageiros em levas de cinco em vez de dez ou mais.

2. Quais suas observações sobre a abordagem da TWA?

3. E sobre a abordagem da United?

4. Quais suas observações sobre a abordagem da Delta?

5. E sobre a abordagem da Alaska?

6. Por que empresas como essas recorrem a incentivos para alcançar melhoria?

7. Por que os incentivos não representam uma abordagem satisfatória?

8. Deming disse:

- "Todos dão o melhor de si."
- "Estamos sendo arruinados pelos melhores esforços."

O que ele quer dizer com isso?

9. Qual a diferença entre as expressões citadas a seguir?

A. Avaliação de desempenho

B. Apreciação do desempenho

C. Análise do desempenho

D. Gerência do desempenho

E. *Feedback* sobre o desempenho

São diferentes melodias no mesmo velho triângulo? Explique por quê.

10. De que outras formas os funcionários recebem *feedback* senão através da avaliação de desempenho?

Checklist de Política

Use este *checklist* para analisar sua política de avaliação de desempenho ou qualquer outra política de pessoal. O objetivo é estimular a discussão, e não chegar a um número.

1. Esta política parece se focalizar mais em:

							Não Aplicável
Melhorar ou controlar o comportamento individual	1	2	3	4	5	6	Melhorar ou controlar o sistema e os processos	☐

2. Esta política está consistente com:

								Não Aplicável
Pensamento de curto prazo, recompensas rápidas	1	2	3	4	5	6	Pensamento de longo prazo, crescimento lento e firme e sobrevivência	☐

3. Esta política focaliza:

								Não Aplicável
Melhores resultados, a despeito dos métodos	1	2	3	4	5	6	Melhores métodos para alcançar resultados	☐

4. Esta política visa:

								Não Aplicável
Satisfazer apenas as necessidades internas da organização	1	2	3	4	5	6	Satisfazer o cliente externo	☐

5. Esta política se baseia em:

								Não Aplicável
Motivar os indivíduos	1	2	3	4	5	6	Remover as condições que desmotivam as pessoas	☐

Não Aplicável

6. Esta política está baseada no pressuposto:

Proteger a organização de funcionários não-confiáveis	1	2	3	4	5	6	Tratar todos os funcionários com confiança e respeito	☐

7. Esta política apresenta recompensas ou formas de reconhecimento que:

Reconhecem um ou mais funcionários no resultado como um todo	1	2	3	4	5	6	Dão uma parcela do crédito a todos os funcionários	☐

8. Esta política — explicita ou implicitamente — encoraja:

Uma perspectiva de desempenho pessoal e individual	1	2	3	4	5	6	Uma perspectiva de equipe e desempenho de sistema	☐

Pontos fracos da política:

Pontos fortes da política:

REFERÊNCIAS

Blake, R. e Mouton, J. 1964. *The managerial grid.* Houston: Gulf Publishing

Blinder, A. S., ed. 1990. *Paying for productivity.* Washington, DC: The Brookings Institute.

Brennan, E. J. 1989. *Performance management.* Englewood Cliffs, NJ: Prentice Hall.

Cardy, R. L. e Carson, K. R. 1996. Total quality and the abandonment of performance appraisal: Taking a good thing too far? *Journal of Quality Management*, I, 2.

Clemmer, J. 1995. *Pathways to performance.* Rocklin, CA: Prima Publishing.

Daniels, A. 1989. *Performance management.* Tucker, GA: Performance Management Publications.

Eisenberger, R. e Cameron, J. 1996. Detrimental effects of reward: Reality or myth. *American Psychologist*, 31, 11.

Gabor, A. 1990. *The man who discovered quality.* Nova Iorque: Times Books.

Gibbs, M. 1990. An economic approach to process in pay and performance appraisal. *Harvard Business School*, Working paper 91-051. (Contato: professor Michael Gibbs, Harvard Business School, Humphrey 2nd Floor, Soldier Field, Boston, MA 02163.)

Gilbert, G. R. e Nelson, A. 1989. The pacer share demonstration project: Implications for organizational management and performance evaluation. *Public Personnel Management*, 18, 2.

Graves, S. B. 1992. Compensation systems and other human resources policies to promote quality and productivity improvement. *International Productivity Journal*, SGA Report 91-4, 13.

Haller, H. e Whittaker, B. J. 1987. *Barriers to change: Does the performance appraisal system serve a logical purpose?* Cleveland: Statistical Studies Incorporated. (Contato: SSI Management, Attn: Carol Haller, 24803 Detroit Road, Cleveland, OH 44145, [216] 871-6597, Fax: [216] 871-1182.)

Heilman, M. e Guzzo, R. *The perceived cause of work success as a mediator of sex discrimination in organizations.* Greensboro, NC: The Center for Creative Leadership.

Herzberg, F. 1987 One more time: How do you motivate employees? *Harvard Business Review*, setembro-outubro, 109-120.

Hitchcock, D. 1990. Performance management for teams — a better way. *Journal for Quality and Participation*, setembro.

Hopkins, B. e Mawhinney, T. 1992. *Pay for performance*. Nova Iorque: Hawthorn Press.

Huber, V. 1989. Comparison of the effects of specific and general performance standards on performance appraisal decisions. *Decision Science*, 20:545-557.

Kane, J. e Freeman, K. 1987. MBO and performance appraisal: A mixture that's not a solution. *Personnel*, Part 1, 1986 (pp. 26-36), Part 2 (pp. 26-32).

Kohn, A. 1993. *Punished by rewards*. Boston: Houghton Mifflin.

Kohn, A. 1986. *No contest*. Boston: Houghton Mifflin.

Kohn, A., Nelson, B., Scholtes, P. e Hudetz, F. 1994-95. Do employee rewards and recognition programs work? *Small Business Forum*, inverno.

Levinson, H. 1973. *The great jackass fallacy*. Cambridge, MA: Harvard University Press.

McLean, G., Damme, S. e Swanson, R. 1990. *Performance appraisal: Perspectives on a quality management approach*. Alexandria,VA: American Society for Training and Development.

Merisalo, L. 1994. Glenroy hits a few bumps along the road to quality. *The Milwaukee Sentinel*, 4 de abril.

Orsini, J.N. 1987. Bonuses: What is the impact? *National Productivity Review*, primavera, 180-184.

Purcell, D., Hall, B. e Scholtes, P. 1996. Peterbilt: A study of debundling. Uma apresentação na IX Conferência Anual Deming da OQPF.

Rodin, R. e Backaitis, N. 1995. *Beyond the sounds of silence*. El Monte, CA: Marshall Industries. (Pedidos para: Marshall Industries, 9320 Telstar Avenue, El Monte, CA 91731 [818] 307-6004, e-mail: robrodin@001.marshall.com.)

Ryan, K. e Oestreich, D. 1991. *Driving fear out of the workplace*. São Francisco: Jossey-Bass.

Scherkenbach, W.W. 1993. *The Deming route to quality and productivity*. Milwaukee: Quality Press.

Scherkenbach, W. W. 1985. *Performance appraisal and quality: Ford's new philosophy*. Quality Progress, abril.

Scholtes, P. R. 1994-1995. Reward and incentive programs are ineffective — even harmful. *Small Business Forum*, inverno. (Disponível nos seminários e serviços de consultoria de Scholtes.)

Scholtes, P. R. 1994a. Alternatives to performance appraisal: Twelve guidelines for "debundled" policies. (Disponível nos seminários e serviços de consultoria de Scholtes.)

Scholtes, P. R. 1994b. Performance appraisal: Obsolete and harmful. *Electronic Buyer's News*, novembro. (Disponível nos seminários e serviços de consultoria de Scholtes.)

Scholtes, P. R. 1994c. Performance without appraisal. (Disponível nos seminários e serviços de consultoria de Scholtes.)

Scholtes, P. R. 1993. Total quality or performance appraisal: Choose one. *National Productivity Review*, verão, 349-363 (Disponível através de Joiner Associates, Inc. P.O. Box 5445, Madison, WI 53705 [800] 689-8326.)

Scholtes, P. R. 1987. An elaboration on Deming's teachings on performance appraisal. (Para pedidos, contactar: Joiner Associates Inc., PO Box 5445, Madison, WI 53705 [800] 669-8326.)

Walton, M. 1990. *Deming management at work*. Nova Iorque: Putnam.

Whitney, J. 1994. *The trust factor*. Nova York: McGraw-Hill.

10 A Liderança no Próximo Milênio

INTRODUÇÃO: O QUE É LIDERANÇA?

Nos últimos 35 anos, li centenas de livros e artigos sobre liderança e também escrevi vários artigos sobre o assunto. E, nesse tempo, conheci e trabalhei com mais de cem líderes, o que contribuiu ainda mais para a minha aprendizagem.

Alguns dos líderes que observei e conheci eram maravilhosos: respeitavam seu pessoal, conheciam o seu negócio, mostravam dedicação aos clientes e eram homens e mulheres que transmitiam senso de direção e foco claros. Foi um enorme prazer trabalhar com esses líderes.

Mas há também outros líderes — que podem ser descritos como funestos[1]. O que separa esses dois extremos do *continuum*? O que distingue o maravilhoso do funesto? Com base principalmente em minha própria experiência, acredito que as características citadas a seguir façam a diferença.

Criando e Comunicando Significado

Líderes maravilhosos não deixam as pessoas em dúvida sobre o que é importante fazer. Todos sabem por que a organização existe, o que ela faz, para onde está voltada e que coisas devem fazer *agora*.

Líderes funestos não têm objetivo, seu pessoal tampouco. E, depois, esses líderes culpam seu pessoal por sua falta de objetivo.

Funesto (no original, *Dismal*)

A palavra *dismal* vem de duas palavras latinas que, juntas, significam dia ruim. Líderes funestos são aqueles que criam dias ruins para seu pessoal.

Foco Externo

Líderes maravilhosos buscam o propósito *fora* de suas organizações. Estão comprometidos com os clientes. Para eles a organização existe para servir os clientes, e não os acionistas, o conselho ou a quem estabelece

[1] N.T.: O adjetivo utilizado pelo autor foi dismal, e sua escolha mereceu um quadro destacando a origem da palavra, dies mali, que em latim significava dia funesto. Nosso quadro é uma adaptação do quadro original.

as políticas. São os clientes que decidem se uma organização está ou não realizando o seu trabalho de forma satisfatória. Líderes maravilhosos desenvolvem uma força de trabalho comprometida com o exterior: agradar aos clientes. O líder funesto se volta para dentro: medidas internas de auto-engrandecimento, resultados finais e Gerências por Objetivo. Os funcionários desses líderes também acabam envolvidos por medidas que os encorajam a se comparar uns com os outros e a competirem entre si. Gerentes funestos fomentam a competição entre seus funcionários para agradar ao gerente.

Preocupando-se Verdadeiramente com as Pessoas

Gerentes maravilhosos são atraídos pelas pessoas, gostam da diversidade que elas representam; se preocupam verdadeiramente com os outros e querem conhecer suas histórias.

Gerentes funestos tendem a ver as pessoas como inconvenientes e não confiáveis ou como uma ameaça; um recurso necessário e uma mercadoria dispensável. O irredimível Ebenezer Scrooge[2] e o impenitente Dunlap são exemplos de líderes funestos.

Consciência do Contexto mais Amplo

Líderes maravilhosos compreendem e ajudam o seu pessoal a compreender os contextos mais amplos em seu trabalho. Isto é *pensamento sistêmico*. Eles desenvolveram um senso bastante sintonizado dos pontos conflitantes de um sistema ou de uma parte do sistema em relação a outros. Esses líderes buscam, instintivamente, o alinhamento e a sincronia. Embora compreendam a ambigüidade e saibam como liderar a sua organização através dela, os líderes maravilhosos não tentam transformá-la em uma virtude.

Para os líderes funestos, o caos é um lugar-comum. O trabalho é visto por eventos isolados. Existem muitos pontos conflitantes. Não existe senso de contexto. As partes da organização competem umas com as outras. Os indivíduos competem por escassas recompensas. Colegas de trabalho são adversários.

---

[2] N.T.: Ebenezer Scrooge. Personagem desagradável e miserável criado por Charles Dickens, escritor inglês, em seu famoso conto A Christmas Carol.

Comunicação Clara e Honesta

Líderes maravilhosos falam a verdade a seus funcionários, clientes, fornecedores, acionistas e a outras pessoas que se preocupam com a organização. Os "enroladores" e hipócritas não têm acesso às comunicações do líder. Líderes maravilhosos falam claramente.

Dunlap Serrote

Quando Albert Dunlap é contratado como principal executivo de uma empresa que apresenta problemas, as ações sobem e o moral baixa. Dunlap, cujo apelido é "Serrote", foi admitido pela Scott Paper Company. Ele deu prosseguimento ao processo de venda das subsidiárias da Scott, paralisou as operações que considerava desnecessárias, demitiu 11.000 funcionários e vendeu o que restou para a Kimberly Clark. A Scott Paper não existe mais. Dunlap, exagerando, se gabou dizendo: "Esse é o melhor ano da Scott Paper Company". Claro que ele, Dunlap, foi generosamente remunerado por sua abordagem de levar a empresa para o buraco, o que chamava de "dar a virada na empresa". Ele saiu da Scott e foi para a Sunbeam Electric, onde os acionistas ficaram maravilhados e os funcionários atualizaram seus currículos.

Falando Claramente... Sobre o Gemba?

Por um lado, você é forçado a falar claramente. Por outro, no capítulo desse livro que trata do Gemba você encontra comentários sobre causa comum e variações especiais. Por que razão esses conceitos devem ser mais aceitos do que *empowerment* ou alto desempenho? Aqui exponho meus motivos:

- Utilizo termos não-convencionais quando considero relevante chamar a atenção para o conceito. Para mim, há diferença entre floreios e diferenciação específica.
- Utilizo palavras não-convencionais quando há conteúdo e substância por trás delas. Por trás de causa comum e especial há uma explicação sólida e específica sobre algo real (ex.: variação). Por trás de *empowerment* e prestação de contas há muita ilusão.

As mensagens dos líderes funestos não são confiáveis. Eles exageram nas boas notícias, escondem as más e se envolvem em conversas evasivas e em ilusões do campo gerencial. Utilizam frases vazias como *empower*, reengenharia, alto desempenho, prestação de contas e autodirecionamento. Os líderes funestos parecem um *cartum* do Dilbert.

O Que É Liderança?

Não há fórmula para liderança. Liderança é mais do que as abordagens, capacidades e atributos mencionados em livros como esse.

Liderança é a presença e o espírito do indivíduo que lidera, e o relacionamento que se cria com as pessoas chefiadas. A boa liderança dá conta das necessidades e valores das pessoas que necessitam ser gerenciadas; leva em consideração as habilidades e capacidades dos indivíduos com quem o líder compartilha essa liderança. Ela se adapta ao propósito e necessidades futuras da organização. A liderança é uma arte, uma jornada interior, uma rede de relacionamentos, o domínio de métodos, e mais, muito mais. E por não podermos esperar que um indivíduo heróico possua todas essas características, a liderança, em última instância, precisa ser um sistema.

LÍDERES DE SISTEMAS

O líder da próxima década e, provavelmente, do próximo século e milênio, deve compreender sistemas e deixar que a consciência de sistemas o informe sobre todos os planos e decisões.

Liderar sistemas envolve liderar propósito, tecnologia, relacionamentos, equipes de trabalho e a comunidade, interações e um sistema de liderança.

Liderando Propósito

As organizações têm uma necessidade constante de senso de propósito e visão. Envolvidos nos disparates do dia-a-dia, precisamos ser lembrados da razão de estarmos fazendo o que estamos fazendo. Precisamos de um meio para determinar se o que estamos fazendo individualmente tem ou não alguma relevância para o bem maior. Este é um papel primordial da liderança: dar às pessoas uma razão para persistir e a direção em que devem seguir.

Liderando Tecnologia

Por *tecnologia* estamos nos referindo ao conhecimento técnico necessário para fazer os negócios funcionarem e para se manter atualizado sobre inovações que modificarão a forma pela qual o trabalho é feito. Não nos referimos somente à tecnologia do equipamento ou à informática, mas a todo o conhecimento e *know-how* que precisamos adquirir, coletivamente, para sobreviver e para prosperar.

É impossível os líderes, individualmente, adquirirem todo esse conhecimento, *know-how* e habilidade tecnológicos. Eles orientam a implantação e manutenção daqueles sistemas que mantêm toda a organização ciente das novas tecnologias, de tecnologias futuras e a mantêm apta a utilizá-las. Um líder precisa saber qual tecnologia, em particular, ele precisa dominar e que informações precisa compreender.

Liderando Relacionamentos, Trabalho em Equipe e Comunidade

Uma organização é uma entidade social. Relembre os anos que você passou na escola. Os momentos importantes não se limitavam aos processos de aprendizagem. Igualmente importantes eram as amizades, o aprender como se relacionar com os outros. De forma similar, há mais coisas envolvidas no local de trabalho do que o trabalho em si. A socialização no local de trabalho pode ser tratada como um tabu, algo em detrimento do trabalho. Não é de hoje que estamos cientes de que a interação humana aprimora a *vida no trabalho*, tornando a tarefa uma fonte importante de apoio e cura. A interação também aprimora o *trabalho*, a qualidade e a produtividade.

Com um propósito claro e métodos adequados, as equipes trabalharão juntas buscando algo que não alcançariam individualmente.

Os líderes precisam acreditar nos benefícios da interação humana, da socialização e do trabalho em equipe. A empresa ou organização seria bem melhor se fosse como uma comunidade: com propósito e visão compartilhados, esforços colaborativos; uma comunidade de aprendizagem. Os líderes podem promover essas características e se relacionar com as pessoas de forma a dar suporte a esses valores. Os líderes podem fazer um bem enorme ao criar uma atmosfera de orgulho e alegria no local de trabalho. Mas também podem prejudicar bastante, sendo indiferentes, descrentes e negativos em relação a seu pessoal.

Liderando Interações

Não há somente seres humanos e interações sociais na empresa. Há também interações organizacionais. Anteriormente, discutimos o fluxo de trabalho interativo e interdependente à medida que se move de uma atividade, passo, processo, fase ou subsistema para outro (Capítulo 3). Todas as pessoas em sua organização estão envolvidas em tarefas que são afetadas pelo trabalho de outrem, que, por sua vez, afetam o trabalho de outros indivíduos. Os líderes precisam insistir para que as barreiras sejam transpostas e para que se possam desenvolver e manter relacionamentos colaborativos e interdependentes. A forma como um líder se encontra com as pessoas designa atividades, faz o planejamento e envolve pessoas na solução de problemas pode tanto reforçar o isolamento entre elas quanto criar uma colaboração saudável.

Liderando um Sistema de Liderança

A palavra liderança normalmente transmite a idéia de indivíduos em posição de autoridade: a visão hierárquica da liderança. Mas a liderança também é um sistema e um processo. Pode-se liderar de muitas formas. *É função do líder fazer com que ocorra a liderança.* Provavelmente, é mais importante para o líder fazer isso do que liderar por si mesmo. De fato, é a única forma de o líder realizar, com êxito, todas as funções da liderança que discutimos neste capítulo. Os líderes estabelecem um ambiente organizacional e sistemas de apoio em que várias pessoas, em diferentes momentos, são livres para assumir funções de liderança e levá-las adiante.

Um Sistema Organizacional Horizontal

Não estou me referindo à horizontalidade por imposição, como quando um executivo declara "torne a organização horizontal", e remove os níveis hierárquicos. A organização horizontal deve ser alcançada com trabalho árduo. Depois que sua organização eliminar virtualmente o desperdício e criar fluxos de trabalho eficientes, regulares e sem obstáculos, você pode torná-la horizontal. Muitos gerentes de nível médio são despachantes ou "apagadores de incêndio": quem raspa a torrada queimada. Essas posições se tornam desnecessárias quando o trabalho é bem feito e realizado com ardor.

A organização horizontal cria um problema humano na empresa: o *dilema da organização horizontal*. De um lado, você tem funcionários que desejam ser promovidos, para alcançar uma posição de liderança e ganhar mais. De outro, você criou menos posições para as quais essas pessoas podem ser promovidas. Se um *sistema de organização horizontal* não for criado, essas pessoas irão para outras empresas menos eficientes onde possam ganhar mais sendo promovidas para posições das quais a sua empresa não mais necessita.

O sistema de organização horizontal precisa abordar questões de remuneração, permitindo aumento de salários sem promoção em termos de hierarquia. O sistema de organização horizontal precisa lidar com questões de liderança, dando às pessoas oportunidades de liderar sem serem promovidas na hierarquia da empresa.

Um senso mais fluido de liderança, tarefas específicas, equipes de liderança rotativas, permitindo que as pessoas escolham uma função e a desempenhem — talvez essas sejam as características de sistemas de organizações horizontais.

Em uma organização horizontal vejo um papel mais amplo para alguns tipos de remuneração baseados em experiência e tempo de serviço — uma noção que parece repugnante para muitos gerentes contemporâneos. "Se remunerarmos de acordo com a experiência e tempo de serviço, estaremos recompensando madeira morta", dizem. Não recompense ninguém, apenas remunere. Não confunda desempenho com pagamento.

No Japão, para muitas empresas, a experiência e o tempo de serviço são fatores determinantes em termos de remuneração. Eles parecem estar satisfeitos. Independente de sua forma de pagamento, uma organização horizontal exigirá que se repense a liderança com abordagens voltadas para sistemas.

OS RASTROS DA LIDERANÇA

O conceito de liderança como um sistema nos permite uma segunda perspectiva. Anteriormente, concluímos que liderança é papel dos líderes. Agora também podemos concluir que onde existem funções de liderança, há líderes. Podemos aprender sobre liderança estudando os líderes. Podemos também identificar os líderes buscando suas impressões na organização, procurando por eles onde a liderança ocorre. Portanto, analise como as situações citadas a seguir ocorrem em sua organização, e depois indique onde estão os líderes e quem são eles.

Onde se Cria Significado, Ocorre Liderança

Através de suas ações ou perguntas, as pessoas podem reduzir a ambigüidade e criar um foco claro. Onde, em sua organização, o significado, o propósito, a visão e o foco são desenvolvidos e articulados? A necessidade de significado é contínua e deve ocorrer em todos os níveis e se aplicar a propósitos de larga escala e de longo prazo assim como aos de menor escopo e com os quais se deve preocupar de imediato. Quem dá significado e remove a ambigüidade; quem são os articuladores de direção e foco?

Onde se Desenvolvem Sistemas, Há Liderança

Há a necessidade de se identificarem a seqüência, os pontos de interação e interdependência e os contextos de trabalho mais amplos. É necessário alinhar o esforço para que nenhuma parte do sistema se relacione com uma outra ou com o todo de forma conflitante. Esta necessidade se aplica tanto a grandes esforços organizacionais quanto a pequenas tarefas. Onde o fluxo interativo é desenvolvido, descrito, aprimorado, ocorre liderança.

Onde se Formam e Sustentam Relacionamentos, Há Liderança

Quem está construindo as pontes entre grupos anteriormente afastados ou, até mesmo, adversários? Quem está criando canais de comunicação e de união? Quem está realizando o trabalho árduo de criar confiança no dia-a-dia? Quem promove a cortesia e a educação dia após dia? Quem ajuda a organização a perceber o valor da diversidade e a patologia da exclusividade e do incômodo? Quem cria comunidade no trabalho? Essas pessoas também são seus líderes.

Onde Há Tecnologia, Há Liderança

A tecnologia pode englobar eletrônica, mecânica, aprendizagem, comunicação, a metodologia da melhoria e qualquer outro novo conhecimento ou *know-how*. Nos locais de sua organização mantidos atualizados em relação às novas tecnologias ocorre liderança.

Todas as funções de liderança e as pessoas que as desenvolvem se beneficiarão se esses esforços não acontecerem por acaso, mas resultarem de sistemas cuidadosamente projetados e que funcionam regularmente. As atividades espontâneas e inesperadas podem continuar a existir. Mas um sistema incorporará os métodos e melhorias nas rotinas diárias da organização.

UMA PALAVRA A FAVOR DOS LÍDERES

A colonização do Oeste americano foi um momento crítico em nossa cultura e tradição. Pessoas corajosas e seus líderes deixaram o que lhes era familiar e previsível e seguiram adiante, em direção ao inesperado, encarando a adversidade e o perigo.

Nós, com a vantagem da percepção tardia, podemos identificar melhores métodos, rotas, equipamento e habilidades necessárias. Mas, considerando o que sabiam, os pioneiros fizeram o melhor que puderam.

Afinal de Contas, Tivemos Êxito

O mesmo pode ser dito dos gerentes americanos. Nós nos beneficiamos da percepção tardia, alcançada a partir da experiência de nossos antecessores. Por tudo que vimos sobre gerência e que desejamos que fosse melhor — e não é pouca coisa —, temos que reconhecer que a gerência no Ocidente nos últimos 150 anos, inegavelmente, obteve êxito.

Neste livro apresentamos uma abordagem sobre liderança que consideramos totalmente diferente e melhor. Mas a forma antiga não era tão ruim assim. Isso pode explicar por que é tão difícil para algumas pessoas abrir mão daquela abordagem para adotar outra. Não há muita coisa errada com o modelo antigo, com exceção da melhor forma de gerenciar que nos foi apresentada 50 anos atrás.

Os Líderes de Hoje Devem Remar Contra a Maré

Há muitas coisas em nosso mundo de trabalho que tornam difícil para os líderes de hoje adotarem uma nova filosofia. Há muito pouco a fazer para torná-la mais fácil.

Essa transformação é um desafio, mas os executivos de hoje devem lidar com analistas de Wall Street, instituições financeiras, acionistas, reguladores governamentais, fornecedores e, até mesmo, clientes que ou não compreendem esta nova filosofia ou não se preocupam com ela.

Quando o valor da ação é direcionado por lucros de curto prazo, fica muito difícil para altos executivos promoverem pensamento de longo prazo. Portanto, os altos executivos e aqueles que trabalham com pessoas de fora, as quais adotam pensamento de curto prazo, devem trabalhar com ambas as crenças. Eles estão vivenciando o início da transformação de pensamento e devem funcionar nas duas filosofias, um desafio colossal.

Nessa Dança, os Líderes Conduzem, mas a Banda é de Netuno

Sabemos dançar à moda antiga. Todos nós crescemos em organizações tradicionais, com modelos de líderes e funções tradicionais. Agora a música é outra. Não conhecemos os novos passos e não há rastros no chão.

Aprendendo a Dançar na Ford

No dia 10 de fevereiro de 1982, Donald Petersen, principal executivo da Ford Motor Company, abordou os executivos seniores da Ford com as seguintes palavras:

> ... Ao pensar sobre esta reunião, me ocorreu que vocês é que vão decidir sobre se vamos ou não obter êxito, mudando drasticamente a forma como fazemos negócios. Vocês são as pessoas... *Fazer mudanças significativas pode ser difícil,* principalmente quando, por várias décadas, vem-se realizando o trabalho de uma forma específica, e quando o *sucesso que nos trouxe até a presente posição foi alcançado fazendo as coisas, digamos francamente, da forma errada. Vai ser difícil vocês aceitarem que mais de uma vez foram promovidos por razões erradas.* [Grifo do autor]
>
> Sugiro que vocês pensem muito sobre se realmente entendem do que estamos falando. Em janeiro, em nossa Análise Gerencial, percebi que a maioria das pessoas presentes pensou que eu estava falando sobre algo tão elementar que nós, obviamente, já fazemos na Ford Motor Company. Elas não conseguiram entender por que eu estava falando sobre o assunto. Tal fato me deixou com a sensação de que a maior parte das pessoas ainda não compreende o que realmente estamos tentando mudar. Então, imploro que vocês se perguntem se querem compreender o que estamos tentando mudar...

Citado na obra de Scherkenbach (1986).

Mesmo o líder mais sincero, atento e inteligente passará por momentos difíceis com essa nova filosofia e com os novos métodos. As pessoas que o seguem devem ser pacientes, devem demorar a julgar e devem perdoar sem delongas. O ritmo é novo, e as pessoas que conduzem, nesta dança, irão inevitavelmente pisar nos pés dos seus parceiros.

Então, a forma antiga não era tão ruim assim, e a nova é de difícil aprendizagem. A geração que se orgulha das suas capacidades e realizações, do talento e do trabalho árduo que a levaram até onde está, deve lutar, corpo a corpo, com a necessidade de mudar a forma como lidera. Essas pessoas alcançaram o topo e se depararam com uma mensagem dizendo: *A maior parte do que você sabe e faz é ultrapassada. Bem-vindos à liderança!*

Os líderes de hoje merecem todo o apoio que pudermos dar a eles. Mesmo assim, a tarefa é assoberbante.

LOCAIS DE TRABALHO DE CURA E APRENDIZAGEM

Em um determinado ponto da minha vida tive de escolher entre duas carreiras: (1) especializar-me como psicólogo terapeuta e manter o consultório, (2) ou a que escolhi — especializar-me em desenvolvimento organizacional. A base da minha decisão foi: quando as pessoas estavam vivenciando tempos difíceis em suas vidas, a maior parte delas continuava a ir para o trabalho. Observei que a experiência no trabalho era, para algumas, fonte de cura; para outras, uma fonte de problemas. Algumas pessoas achavam que realizar o trabalho do qual se orgulhavam e que beneficiava os outros juntamente com colegas que lhes davam apoio tinha mais efeito terapêutico do que qualquer coisa que eu pudesse lhes oferecer em uma hora de terapia semanal. Outras saíam da sessão terapêutica e retornavam a um local de trabalho onde havia pouco apoio e muito estresse, onde sentiam pouco orgulho do que faziam, e o benefício da terapia era pervertido pela loucura do trabalho.

Decidi que era melhor ajudar as pessoas a atravessar tempos difíceis, ajudando-as a criar locais de trabalho que fornecessem auxílio e cura.

Acrescente-se a essa abordagem a noção introduzida pelo Dr. Deming e desenvolvida por escritores como Peter Senge de que podemos ter um local de trabalho onde o funcionário não deixa a sua vida real e satisfatória do lado de fora, pegando-a de volta no final do expediente. Agora podemos imaginar um local de trabalho onde as pessoas podem viver sua vida enquanto seres humanos, e não como meros funcionários e bens que agregam valor. Deixe-nos, portanto, analisar rapidamente os ambientes de enlouquecer, de cura e aprendizagem, e como os líderes podem liderar a cura e a aprendizagem.

Locais de Trabalho Que Enlouquecem

A seguir mostramos oito realidades comuns e desumanas de intervenções gerenciais em nossas organizações que criam dissonância e desintegração entre os funcionários.

1. *Políticas que forçam a competição em torno de uma carência programada*
    - Avaliação de desempenho com classificação forçada.
    - Pagamento por mérito.
    - Funcionário do Mês (ano, década, século, milênio).

2. *Políticas de desconfiança e deslealdade*
    - A antiga política para se obter licença-nojo na Falk Gear terminava com: "O departamento pessoal pode exigir que você apresente o atestado de óbito e prova de parentesco" (ver Capítulo 9).
    - Deslealdade para com o funcionário demonstrada por meio de *downsizing* (ver Capítulo 5).

3. *Sistemas disfuncionais combinados com uma mentalidade de culpado*
    - Ver Figura 10-1 para um quadro desse ambiente enlouquecedor.

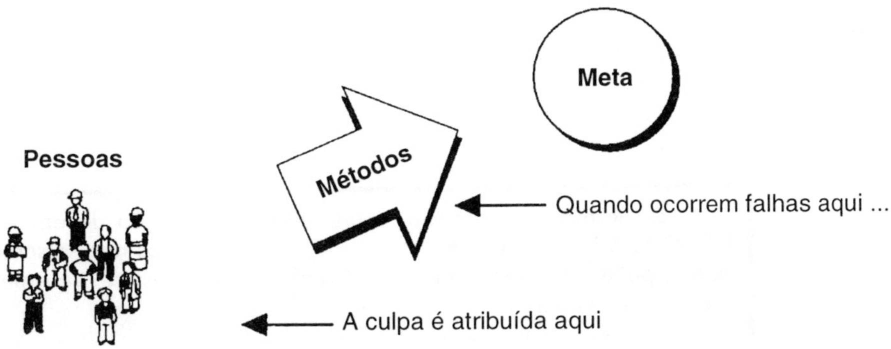

Figura 10-1. Culpando indivíduos por sistemas disfuncionais.

4. Relacionamentos paternalistas

Figura paterna

- Domina
- Julga
- Controla
- Culpa
- Motiva
- Fornece *empower*
- Ver Capítulos 2 e 9

Esperando que os outros sejam:

Figura do filho

- Subordinado
- Apologético
- Condescendente
- Submisso
- Necessitado de motivação
- Necessitado de *empowerment*

> Em termos de gerência, a primeira preocupação da empresa deve ser a felicidade das pessoas a ela vinculadas. Se as pessoas não se sentem felizes e se não se pode fazer nada para que elas alcancem tal estado de espírito, a empresa não merece existir.
>
> *Kaoru Ishikawa*
> (1981)

5. *Narcisismo, arrogância e avareza*

- "Somos a definição do que é bom fazer. O que é bom, inventamos. Se não fomos nós quem inventamos, não é bom."
- Nós (gerência) somos mais inteligentes do que:

  — Os funcionários.

  — Outros departamentos.

  — Os clientes (que pagam pelos serviços).

  — Os receptores diretos dos serviços.

  — A concorrência.

  — A comunidade ao nosso redor.
- Lucro (ou redução de custo) é a medida mais importante do sucesso.
- Em última instância, o único propósito que importa é satisfazer as necessidades do dono ou da gerência da organização.
- O negócio é, em parte, um comendo o outro e, em parte, honra entre ladrões.
- Ver "Skeuomorph" no Capítulo 4.

6. *Os funcionários são objetos de utilidade*

- Os funcionários representam despesa e devemos procurar reduzir nossa dependência em relação a eles. Eles são *commodities*, partes permutáveis que devemos descartar e substituir quando mostram sinais de uso.
- Nenhuma oportunidade de crescer e se aprimorar.

7. *Lealdade patológica: o trabalho em equipe não dá certo*

- Pensamento de grupo: submissão inquestionável ao processo e resultado do grupo.
- A palavra *trabalho em equipe* é confundida com conformidade ou anonimato.
- Desconfiança do esforço pessoal, do desempenho ou atenção individuais.
- Rigidez desnecessária em relação a uma norma (a normalização não dá certo).
- Ver "Burocracia" no Capítulo 4.

8. Nenhuma margem de variação na carga de trabalho

- Regular o nível do *staff* para acomodar a carga de trabalho em seu menor nível de variação. Uma carga de trabalho maior do que o nível estabelecido é considerada sobrecarga (ver Figura 10-2).

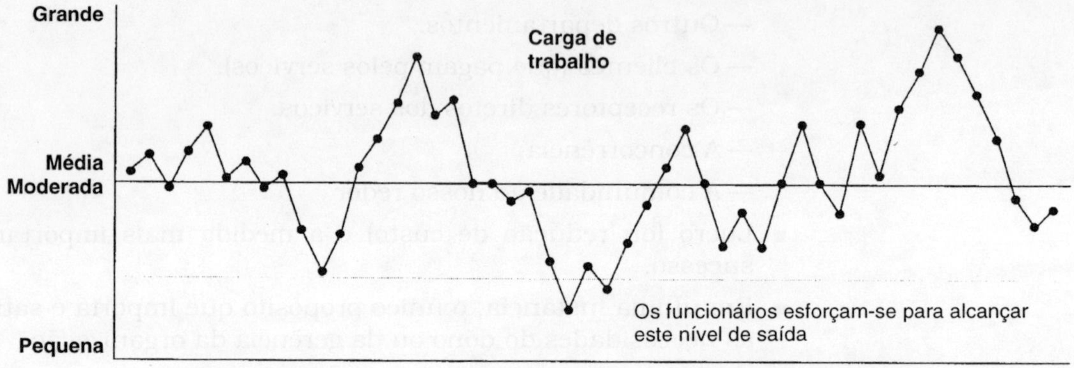

Figura 10-2. A carga de trabalho se tornou anoréxica e viciosa.

- Falta de espaço para respirar ou tempo para educação, treinamento, formação de equipe, esforços de melhoria ou para se afastar dos absurdos do dia-a-dia para alcançar uma nova perspectiva.
- Falta de tolerância pelas atividades não envolvidas diretamente na produção.
- Ver "Perguntas para quem faz *downsizing*" no Capítulo 5.

Cura e Aprendizagem no Local de Trabalho

Essas são as políticas, práticas e fatores ambientais que tornam o local de trabalho um local que cura.

1. Propósito claro, constante e enobrecedor

- Os indivíduos e grupos na organização trabalham, de forma cooperativa, para alcançar metas comuns e enobrecedoras.

- As medidas básicas de sucesso como satisfação do cliente, por exemplo, são altruísticas.
- Ver Capítulos 2 e 5.

2. *Oportunidades para aprender e crescer*
   - A aprendizagem é uma expectativa articulada e é parte do ciclo de trabalho diário.
   - A aprendizagem de toda a vida é modelada pelos líderes que ocupam cargos elevados e promovida através da força de trabalho.
   - Há tempo e dinheiro disponíveis para sustentar a aprendizagem contínua.
   - Ver Capítulo 3.

3. *Melhoria contínua de métodos e processos*
   - Quando as coisas dão errado, trabalhamos conjuntamente para encontrar pontos de inadequação sistêmicos ou soluções sistêmicas.
   - Através da organização aprendemos a dominar a metodologia da melhoria.
   - Ver Capítulos 2, 7 e 8.

4. *Respeito mútuo e confiança*
   - As pessoas na organização são levadas em consideração e tratadas como iguais: adultos em quem se pode confiar, cada um deles com experiências, habilidades e outros recursos singulares.
   - As pessoas são tratadas respeitosamente: são notadas, cumprimentadas, ouvidas e convidadas a participar.
   - Não há *slogans* de tom humanístico, vazios, mas verdadeira preocupação com as pessoas. As pessoas são valorizadas como seres humanos, não como bens ou funcionários.
   - Ver Capítulos 9 e 10.

5. *Comunicação freqüente e acesso à informação*
   - A organização deixa a comunicação fluir.
   - Fala-se a verdade para as pessoas e se mantêm pontos de acesso para que elas façam perguntas, verifiquem boatos e para que fiquem a par das informações a partir de fontes confiáveis.

- A comunicação é realizada por vários meios: eletrônicos, impressos e boca a boca.
- Os comunicados não são embrulhados como mensagens cuidadosamente elaboradas por "enroladores".
- Ver Capítulos 8 e 10.

6. Senso de comunidade

- A experiência das pessoas da organização é uma experiência de comunidade. A organização é um lugar onde as pessoas são reconhecidas, e onde elas se preocupam umas com as outras.
- Como em qualquer comunidade, as pessoas mantêm sua individualidade e senso de limites e necessidades pessoais: nada de alegria forçada, aperto de mão obrigatório e rituais ou testas franzidas para quem não quer jogar boliche com o grupo. Ao contrário, há uma escolha individual em um ambiente que dá força e apoio.
- A comunidade é menos uma questão de grandes e planejados eventos e mais uma questão de tratar as pessoas bem no dia-a-dia.
- A comunidade é um reflexo dos valores vivenciados e promovidos pelas pessoas no topo da organização.

7. Participação

A participação saudável tem dois aspectos: há o benefício da participação e a necessidade de se saber exatamente o que é participação.

Os gerentes podem parecer promover participação, o que é bom, mas deixar as pessoas loucas por serem obscuros ou inconsistentes sobre o que é participação exatamente.

- O VALOR DA PARTICIPAÇÃO ESPECÍFICA. Quando se permite que as pessoas participem da tomada de decisão, geralmente:

  — A decisão será melhor.

  — Haverá menos resistência à mudança proposta.

  — As pessoas que implementam a mudança estarão mais capacitadas a levá-la adiante.

  — Ver Capítulo 6 sobre a socialização da mudança.

Kurt Lewin e Participação

Kurt Lewin (1890-1947) estava se formando nos Estados Unidos quando seu país, a Alemanha, vivenciou o Nazismo de Hitler. Sua família e seus amigos foram vítimas do Holocausto. Alguns dos perpetradores ou, pelo menos, sustentadores passivos do Holocausto eram pessoas que ele conheceu na adolescência. Lewin viu sua família ser morta por seus conhecidos.

Ele foi pioneiro no campo do desenvolvimento organizacional. Entre seus ensinamentos que refletem, talvez, a luta para superar a tragédia que assolou sua família, encontramos:

- Podemos modificar nosso próprio comportamento quando participamos da análise e solução de problemas.
- É mais fácil pôr em prática as decisões que ajudamos a tomar.
- Os grupos fornecem força e poder para ir além do que os esforços individuais podem produzir.
- Os grupos podem se envolver em Pesquisa sobre a Ação, um processo através do qual podem agir e estudar o que fazem, aprendendo e aprimorando seus próprios esforços. (Ver Weisbord, 1987, p. 89.)

- O VALOR DA PARTICIPAÇÃO EM GERAL. Quando não se permite que as pessoas participem, elas se magoam. Em outras palavras, a mágoa dessas pessoas ocorre, invariavelmente, por serem excluídas do processo de participação. Estamos vivendo em um mundo de mágoa, um clima de negócios em que as pessoas têm sido magoadas por decisões tomadas sem o seu envolvimento. A importância do envolvimento se aplica ao trabalho, às comunidades e às nações.
- EXPECTATIVAS CLARAS E PARTICIPAÇÃO
  Há vários estágios que podem levar à participação:
  a. Identificar o problema, questão, necessidade ou oportunidade.
  b. Examinar a situação para determinar os vários fatores e causas no trabalho.
  c. Identificar a meta ou propósito do esforço: O que estamos tentando realizar?
  d. Identificar os indicadores de progresso, sucesso ou realização: Como saberemos se nosso esforço está contribuindo de forma positiva?

e. Projetar o processo ou método pelo qual o problema, questão, necessidade ou oportunidade será abordada.

f. Planejar o esforço.

g. Implementar o esforço.

h. Monitorar o esforço (estudo do ciclo planejar-fazer-estudar-agir).

i. Fazer ajustes baseados no que foi aprendido na fase de estudo.

j. Normalizar ou institucionalizar a nova forma.

A participação em qualquer um dos estágios de desenvolvimento — nos listados anteriormente e outros — não é uma questão absoluta: você participa ou não. A participação é um conceito relativo.

Tannenbaum e Schmidt (1968) na década de 60 identificaram o *continuum* de controle de gerência mostrado na Figura 10-3.

Roland Coates e Liz Freeman se apropriaram desse modelo de Tannenbaum e Schmidt e o transformaram em uma abordagem integrada e compreensível de trabalho em equipe e formação de consenso. Aprendi muito com eles e os considero excelentes professores. (Para

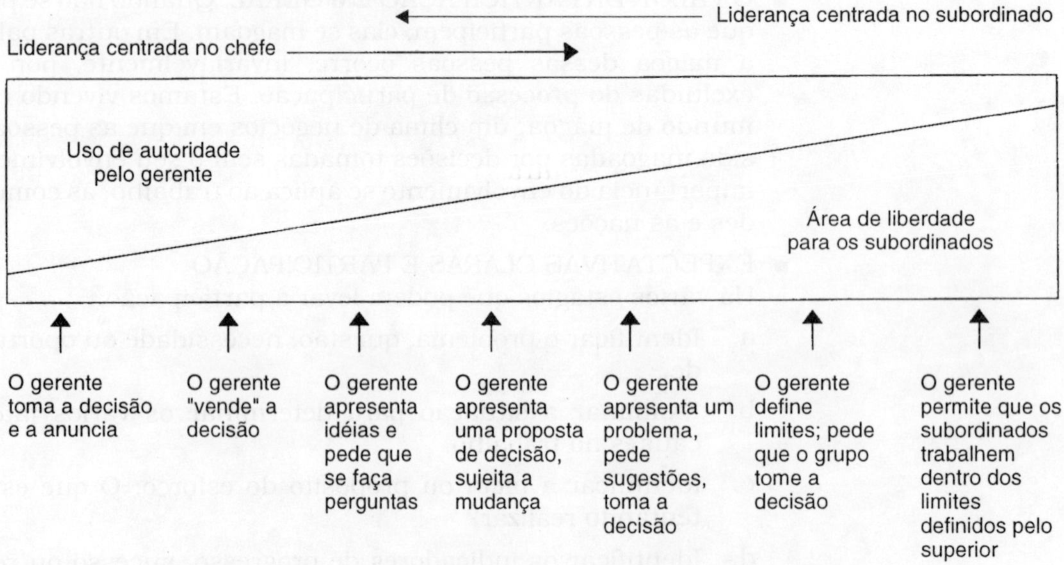

Figura 10-3. *Continuum* de comportamento de liderança.

contactá-los escreva para: Liz Freeman e Roland Coates, 410 Ashby Road, New Ipswich, NH 03071.)

Você perceberá que a figura de Tannenbaum e Schmidt apresenta uma linha diagonal que não toca os ângulos. O objetivo é indicar que os gerentes não têm autoridade absoluta, e os subordinados não têm liberdade absoluta.

Em relação à participação, surgem problemas quando as expectativas não-declaradas dos subordinados são mais amplas do que as expectativas não-declaradas da autoridade que determinou o processo de participação em andamento. A ambigüidade é o maior inimigo da participação. Clareza é um ingrediente importante para o êxito do esforço de participação. As pessoas ficam mais ressentidas com a promessa de participação não mantida do que quando são deixadas fora da tomada de decisão.

8. O Líder que cura

O líder que cura pode ser caracterizado pelas seguintes características:

- Ele fala a verdade,
- Pode-se contar com ele no que diz respeito à benevolência para com a força de trabalho.
- Pode-se contar com ele no que diz respeito à competência no trabalho. Ver Figuras 2-15 e 10-4.
- Ele ouve as histórias das pessoas.
- Ele se envolve em ações que o aproximam das pessoas (cortesia, bate-papo e outras formas de deixar a pessoa saber que ele se importa com ela).

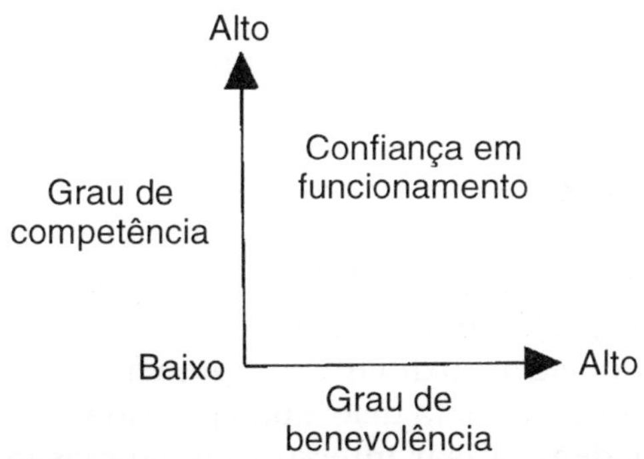

Figura 10-4. Confiança do líder que cura.

- Ele busca causas sistêmicas para os problemas, não culpados.
- Ele lidera a melhoria contínua: mantém as coisas caminhando para melhor.
- Ele mantém todos focalizados no propósito firme e engrandecedor e na importância de servir o cliente externo.
- Ele promove participação e é claro sobre que tipo de participação é necessária e esperada em uma dada questão.

COMO CONVERTER O SEU CHEFE

A maioria das pessoas que estão lendo este livro não está no topo da organização. Felizmente, pois se somente altos executivos lessem este livro, nós não venderíamos muitos exemplares.

O que podem fazer os queimados nos *ranks* mais baixos para influenciar os de *ranks* mais altos? Fizemos várias sugestões. De forma realística, devemos ser claros sobre algumas coisas.

- Converter o chefe é uma tarefa longa e árdua. Você pode não estar em uma posição de influência e as pessoas que ocupam essas posições, provavelmente, não estão trabalhando pelo mesmo objetivo que você.
- Você pode fazer coisas incríveis, mas enquanto não conquistar o coração e a mente das pessoas que estão no topo, as suas iniciativas não terão impacto significativo em sua organização. Não alcançando as pessoas certas, o melhor que você pode fazer é se beneficiar do que aprendeu e aplicar o conhecimento em sua próxima tarefa.

O que fazer se você não é um "cavador"?

Ouvindo

Lembre-se do que eu disse no Capítulo 8 sobre ouvir: não é uma atividade passiva, mas uma tentativa real de compreender o que o outro quer dizer. Antes de se aproximar de qualquer líder oficial, veja o local de trabalho pelo ponto de vista dele: suas prioridades, sua preocupação com deslizes que podem causar interrupção, sua visão sobre o futuro, o que o deixa satisfeito e o que o deixa louco de raiva. Colocar-se no lugar do líder fará com que você perceba as mudanças que deseja propor de forma diferente e também afetará a forma como aborda a apresentação de novas idéias.

Aprendendo a Murmurar "Hum-Hum"

Bill Burke foi vice-presidente de vendas da Sunbeam Electric nos anos 60 e é um consultor respeitado em Vero Beach, Flórida. Ele ensina aos vendedores uma habilidade que considera a arma mais eficaz de que eles podem dispor: murmurar "hum-hum" e ficar quieto. "Esse comportamento fará suas vendas aumentarem 65%", fala com certa ironia. "Se murmurar 'hum-hum' com ar de burrice no rosto, aumentará suas vendas em 90%!" Bill acredita que o processo de vendas é menos um ato de persuasão do que uma questão de ouvir, compreender e de construir relacionamentos.

Quando estiver em uma situação sobre a qual você tem pouco controle e desejar fazer mudança, ouça os *movers* e *shakers*. (Ver "A demografia da mudança" no Capítulo 6.)

Sucesso

Nada chama mais a atenção dos que fazem acontecer e estremecer do que o sucesso. Nada dá mais credibilidade ao mensageiro do que o sucesso. Do ponto de vista do alto executivo, o sucesso será definido em termos do que você fez em prol do negócio, o que forneceu melhor serviço ao cliente a um custo menor.

Entre os vários empregos que tive, trabalhei para duas organizações nas quais a função que desempenhava, do meu ponto de vista, era importante, mas na cabeça dos meus chefes não tinha muito valor. A situação era equivalente à de um artista que alcança o sucesso estético sem sucesso comercial, ou um político que expondo posições que considera importantes perde as eleições. Eu ficava cada vez mais orgulhoso do meu trabalho, mas, em contrapartida, estava perdendo credibilidade. (Felizmente, essa fase da minha vida passou e fui capaz de alcançar tanto satisfação pessoal quanto sucesso comercial.)

Por isso, utilizando a definição de sucesso sustentada pela alta gerência, você deve criar realizações que o satisfaçam, que sejam apreciadas pelos clientes e que atendam às necessidades prioritárias dos que fazem acontecer e estremecer. Se obtiver êxito em seus esforços, a gerência começará a ter boa vontade para considerar novas abordagens. Sem essas vitórias, sua credibilidade é nula, e seu poder de influência é nenhum.

Comunidade

No Capítulo 6 discutimos sobre a socialização da mudança, dizendo que planejá-la é desenvolver, em parte, um grupo de pessoas que a apoiará. Isto também se aplica à conversão do seu chefe. Há pessoas que, direta ou indiretamente, afetam o seu chefe, positiva ou negativamente, em relação à mudança.

Às vezes, os chefes até são favoráveis a experimentar novos métodos, mas são informados sobre eles a partir de colegas ou outras pessoas. Por isso, o esforço de converter o seu chefe para qualquer uma dessas novas abordagens exigirá converter as pessoas que podem influenciá-lo. Conhecer o seu chefe envolve conhecer as opiniões de quem ele respeita. Ele pode, por exemplo, confiar no *feeling* de sua secretária para determinar mudanças as quais os funcionários apoiarão; ou pode confiar no gerente do depósito como expressão dos sentimentos dos funcionários. São essas pessoas que influenciam outras que você precisa conhecer, compreender, ouvir, e é também com elas que você deve utilizar o artifício de murmurar "hum-hum".

Persistência

Ser persistente sem ser chato é parte importante do esforço de conversão do seu chefe. Conheço um funcionário que coletou grande parte do que ele chamava de "recadinhos" e "fatos ouvidos no elevador", os quais ele mantinha sempre à mão para utilizar em momentos oportunos. Ele estava pronto para momentos certos, quando poderia dizer algo ou entregar algum material à pessoa a quem queria converter. Ele fazia isso não de forma moralizante e enfadonha, mas, persistentemente, dando exemplos ou informações tanto de fora quanto de dentro da organização. Ele também tinha vários recursos disponíveis — livros, artigos, fitas de vídeo — que poderia oferecer a qualquer pessoa que desejasse saber um pouco mais sobre o assunto.

Aprendendo com as Artes Marciais e com a Arte da Guerra

A diferença entre as abordagens ocidental e oriental ao combate é uma boa metáfora para ajudá-lo na conversão do chefe. Aprendi sobre esta abordagem com Andy Bryner e Dawna Markova (1996, pp. 100-109). A linha de confronto no futebol americano representa, simbolicamente, a abordagem ocidental de combate: nariz-a-nariz, expressão de raiva, cabeças se chocando. Nada sutil. É o meu poder contra o seu, e que ganhe o melhor. (A tendência atual de acrobacias e trapaças não é, exatamente, o que se pode chamar de um jogo americano.) A estratégia do Oriente é usar a força do adversário para derrotá-lo, ao invés de opor-se, frontalmente, a ele. Quando o oponente vier para cima de você, chegue para o lado e acompanhe o seu movimento, deixando o impulso dele levar vocês dois. Depois, gradualmente, vire o seu oponente, direcionando sua força e *momentum* para o sentido no qual você deseja seguir. É mais uma questão de trabalhar *com* o oponente do que ir *contra* ele. Opor-se a seu chefe é um ato tolo, assim como é burrice uma pessoa menor se envolver em combate corpo-a-corpo com uma pessoa maior. Não tente controlar a pessoa. Procure influenciar o fluxo de energia.

O clássico *A Arte da Guerra*, de Sun-Tzu, (1989) nos ensina que a arte de dominar no conflito resulta menos da força do que do planejamento e da preparação. "A informação é a sua aliada número um", nos mostra Sun-Tzu. Ele aconselharia ao funcionário que o sucesso do esforço de conversão do chefe deve ser assegurado antes mesmo da empreitada. A conversão, ao chefe, tem de parecer sua própria idéia.

A filosofia oriental, por isso, encoraja a abordagem de longo prazo e indireta para transformar a mente do outro, uma abordagem que tem de ser planejada e, principalmente, persistente.

A estratégia do Canteiro de Cebolas

Aqui descrevemos algumas diretrizes que são extensão da estratégia do canteiro de cebolas apresentada pela primeira vez no livro *Times da Qualidade* (Scholtes, 1992). A frase canteiro de cebolas vem da medonha canção dos anos 50 intitulada "I'm a Lonely Little Petunia in an Onion Patch" (Sou uma petúnia pequena e solitária em um canteiro de cebolas). Essas diretrizes, por isso, sugerem o que você pode fazer quando se sente como uma petúnia pequena, sozinha, em posição inferior, habitando um cubículo e pensando sistemicamente, tentando tudo para apresentar uma nova filosofia de liderança às pessoas enraizadas no canteiro de cebolas, na filosofia gerencial obsoleta. (A analogia é, por si só, completa.)

Diretrizes para o Canteiro de Cebolas

1. *Aprenda tudo que puder*. No mínimo, será útil em sua próxima tarefa.
2. *Identifique a área em que tem influência*. Mesmo que seja uma área pequena, você pode fazer as coisas acontecerem lá.
3. *Identifique as prioridades*. Escolha alguns projetos de melhoria capazes de:

- Ajudar os clientes externos.
- Ajudar o Gemba (ver Capítulo 4).
- Impressionar seu chefe ("Pô Vacilão, foi um projeto e tanto aquele que você deu para o Vagaí!").
- Ter êxito comprovado (Não escolha um perdedor.).

4. *Recrute aliados.* Quanto mais pessoas influentes estiverem interessadas no que você faz e derem apoio a seu projeto, maiores serão suas chances de êxito (ver "Demografia da Mudança", Capítulo 6).
5. *Tenha dados.* Utilize as informações para indicar a validade de suas abordagens. Utilize as informações para descrever a situação atual e para medir o seu progresso. Por conseqüência, qualquer um que discordar de você o fará com base em melhores dados.
6. *Comunique com arte.* Deixe as pessoas saberem o que você está fazendo e como as coisas estão indo. Faça isso utilizando-se de meios diversos, inventivos e que chamem a atenção.
7. *Não discuta com as pessoas que discordam de você.* Não tente persuadir as pessoas que resistem à sua abordagem. Seja claro sobre o que deseja fazer e siga em frente, até onde puder e o mais rápido que puder. Seu sucesso atrairá seguidores.

OS 47 HÁBITOS DOS BONS LÍDERES

Aqui apresento um resumo do conselho que esse livro oferece aos líderes. A lista é longa.

Os líderes devem evitar respostas simplistas para assuntos complexos. Eles devem buscar a simplicidade do outro lado da complexidade" (Oliver Wendell Holmes).

1. *Essas são as novas competências da liderança:*
   - Pensamento sistêmico (Capítulo 3).
   - Compreender a variabilidade do trabalho (Capítulo 2).
   - Compreender como podemos aprender, nos desenvolver e aprimorar (Capítulo 2).
   - Compreender as pessoas (Capítulos 2, 8 e 9).
   - Compreender as interações entre os sistemas, a variabilidade, a aprendizagem e o comportamento humano (Capítulo 2).

- Dar visão, significado, direção e foco à organização (Capítulos 2, 5, 6 e 10).

2. À medida que aprendem a nova forma, os líderes devem ser pacientes com eles mesmos e com os outros, persistentes, humildes e permitir a eles mesmos e aos outros serem desajeitados (Capítulo 1).
3. A respeito dessa nova abordagem, estamos nos movendo da incompetência inconsciente para a incompetência consciente, a mais difícil das transições. Isso pode levar três anos ou mais. Depois podemos nos mover para competência consciente e competência inconsciente. Este ciclo não termina nunca (Capítulo 1).
4. Os líderes precisam compreender a organização *sistemicamente*: primeiro, compreender claramente o propósito de qualquer empreendimento; depois, as interações e interdependências entre as partes que resultam tanto no alcance do propósito quanto no fracasso. Toda *saída*, desejada ou não, é resultado do sistema e de suas interações (não das pessoas nem de sua inadequação) (Capítulo 2).
5. Tudo é parte de um sistema maior. Para que os líderes compreendam o que está acontecendo, precisam compreender o sistema maior do qual todo e qualquer esforço faz parte e com o qual interagem (Capítulo 2).
6. Mudar o sistema mudará o que as pessoas fazem. Mudar o que as pessoas fazem não mudará o sistema. (Capítulo 2).
7. Mesmo todas as pessoas que você venha a reunir organizadas em equipe, responsáveis, recebendo *empower* e sendo incentivadas, motivadas e pagas por desempenho não podem compensar um sistema disfuncional (Capítulo 2).
8. Os líderes precisam compreender a variação e a diferença entre variação de causa comum e variação de causa especial (Capítulo 2). Os líderes que não compreendem a variação:
   - Verão tendências onde não há.
   - Perderão as tendências de vista, quando elas existem.
   - Atribuirão problemas a indivíduos que não têm controle.
   - Darão crédito a pessoas que são simplesmente sortudas.
   - Fracassarão em compreender o desempenho passado.
   - Serão incapazes de prever o desempenho futuro.
   - Não compreenderão seus sistemas ou como aprimorá-los.

9. Os líderes precisam utilizar, instintivamente, o ciclo Planejar-Fazer-Estudar-Agir, vendo a si mesmos menos como diretores e controladores do que como líderes de aprendizagem e experimentação (Capítulo 2).

10. Os líderes precisam compreender a diferença entre a mudança necessária e a desnecessária assim como a diferença entre a mudança e a melhoria. Os líderes devem saber o que é necessário para assegurar que qualquer mudança proposta seja uma melhoria. A mudança exige conhecimento. A melhoria exige saber profundo (Capítulos 2 e 5).

11. Os líderes precisam compreender motivação; a diferença entre motivação intrínseca e extrínseca; que eles não têm o poder de motivar e se tentarem fazê-lo provavelmente só irão piorar as coisas. Eles precisam compreender, entretanto, que são capazes de *des*motivar as pessoas (Capítulo 2 e 9).

12. Os líderes precisam compreender a importância da participação e do envolvimento das pessoas na solução de problemas e planejamento da mudança. A participação resulta em melhores decisões, soluções e melhorias. Abordagens que excluem as pessoas ou que sustentam a participação de alguns grupos em detrimento de outros são muito prejudiciais à organização e às pessoas (Capítulos 2 e 10).

13. Os líderes devem tentar descobrir qual a cultura da sua organização, tendo em mente que eles são as pessoas menos prováveis de compreendê-la (Capítulo 5).

14. Sem relacionamentos pessoais e cara a cara, não há liderança. Os líderes criam e fomentam redes de relacionamentos pessoais dentro da organização e entre a organização e as pessoas de fora (Capítulos 2, 9 e 10).

15. Os líderes devem ir mais a fundo e liderar a organização por essa abordagem focalizada. A organização deve focalizar seus esforços para realizar poucas coisas, mas da forma adequada em vez de realizar muito, mas de forma inadequada (Capítulos 2 e 5).

16. Os líderes desenvolvem clareza e consistência sobre o propósito da organização, lembrando continuamente à força de trabalho esse propósito (Capítulo 3).

17. Os líderes precisam compreender o propósito de sua organização em função das capacidades adquiridas pelos clientes como

resultado da interação que mantêm com a organização (Capítulo 3).

18. Os líderes precisam de uma perspectiva centrada no cliente, ajudando toda a organização a definir um bom trabalho a partir da perspectiva do cliente (Capítulo 3).

19. O *feedback* é o leite materno da melhoria. Os líderes precisam estabelecer *loops* de *feedback* do cliente para a organização. Na organização, os líderes precisam promover a implantação e manutenção de sistemas e *loops* de *feedback* baseados em processos (Capítulos 3, 4 e 9).

20. Os líderes precisam de um forte sentido de Gemba (o fluxo de trabalho seguindo, diretamente, em direção ao cliente externo), compreendendo-o como o principal trabalho diário orientado ao cliente, ao qual os líderes dão prioridade e apoio (Capítulos 3 e 4).

21. Os líderes precisam promover a padronização de processos recorrentes e compreensão de como os processos de trabalho padronizados das pessoas se relacionam com outros processos e com sistemas maiores (Capítulo 4).

22. Os líderes precisam compreender a diferença entre abordagens simplistas à padronização, como a ISO 9000, por exemplo, e uma abordagem baseada em sistemas, holística e integrada, que é parte de uma filosofia e um contexto mais amplos (Capítulo 4).

23. Os líderes precisam utilizar e promover o uso de fluxogramas que ajudam a mostrar como os sistemas e processos se desenrolam e como o trabalho de um indivíduo ou grupo se encaixa em um fluxo de trabalho maior (Capítulo 4).

24. Os líderes precisam liderar a remoção de barreiras internas, transpondo-as e criando sistemas e processos interativos baseados em colaboração, cooperação e interdependência (Capítulo 4).

25. Os líderes não precisam sucumbir às últimas modas e novidades (Capítulo 5).

26. Os líderes precisam da habilidade de liderar o planejamento e a ação necessária para alcançarem melhorias revolucionárias e grandes mudanças nos sistemas (Capítulo 6).

27. Os líderes precisam liderar a criação de propósito, missão, visão e valores, declarações que são singulares e não genéricas, declarações que vêm do coração, e não de exercícios vazios de retórica (Capítulo 5).

28. Os líderes precisam liderar a implantação de sistemas e processos para, regularmente, coletar e analisar informações críticas, os sinais vitais que indicam o bem-estar, as necessidades e as oportunidades da organização (Capítulo 6 e 7).

29. Os líderes precisam acreditar, fielmente, que o planejamento consiste não somente em identificar metas e prioridades, mas também em especificar os métodos e atividades necessárias e suficientes para se alcançarem, com êxito, as metas e prioridades (Capítulo 6 e 7).

30. Os líderes precisam não somente do processo de *planejamento* — o estabelecimento de prioridades e de métodos necessários para realizá-los — mas também do processo de *análise*. Os líderes visitam as pessoas envolvidas nos esforços de melhoria para lhes fazer perguntas e para oferecer desafio e apoio (Capítulos 6 e 8).

31. Os líderes precisam compreender e apreciar a importância de definições operacionais claras e viáveis, que especifiquem características do ponto de vista do cliente (Capítulo 7).

32. Os líderes precisam de um reflexo para chegarem a uma medida inteligente, e não simplista, convencional e não-útil. As pessoas através da organização precisam saber *o que* medir, *como* medir, e *por que* é importante medir; precisam saber *como* interpretar as informações e como reagir a qualquer dado que essa investigação indique (Capítulo 7).

33. Os líderes precisam ver a si mesmos (Capítulo 8):

- Mais como treinadores do que como diretores.
- Mais como experimentadores do que como controladores.
- Mais como educadores do que como conselheiros.
- Mais como indagadores do que como inspetores.

34. Os líderes precisam perceber a importância das boas perguntas e desenvolver o instinto de fazer boas perguntas (Capítulo 8).

35. Os líderes precisam saber o que é ouvir, e praticar essa técnica (Capítulo 8).

36. Os líderes, normalmente, utilizam a retórica do humanismo e a combinam com ações desumanas. Os líderes precisam perceber essa disparidade e tornar suas ações coerentes com suas palavras (Capítulo 9).

37. Os líderes precisam examinar as pressuposições que estão por trás das políticas de suas organizações como, por exemplo, a crença implícita de que não se pode confiar nos funcionários. O que está implícito e o que não foi dito devem ser perguntados (Capítulo 9).

38. Os líderes precisam compreender a natureza degradante das abordagens de incentivos ou da "cenoura e vara" (Capítulo 9).

39. Os líderes que desejam solucionar problemas de desempenho ou de moral dos funcionários precisam ver os problemas como um sistema maior, de autoperpetuação dos problemas (Capítulo 9).

40. De forma similar, os líderes precisam compreender que por trás de qualquer sistema de autoperpetuação de problemas de desempenho e de moral estão pressuposições não declaradas e pressuposições falsas sobre a natureza das pessoas e do trabalho (Capítulo 9).

41. Algumas das pressuposições comuns e falsas que os líderes têm sobre os funcionários e o trabalho são (Capítulo 9):

- Os problemas, em sua maioria, resultam da negligência individual.
- O trabalho bem-sucedido exige pessoas responsáveis pelo alcance de metas mensuráveis.
- Há um reservatório de esforço dentro das pessoas o qual devemos retirar à força.
- A tarefa do líder é motivar e controlar a força de trabalho.

42. Os líderes precisam compreender que não há uma forma boa de se fazer avaliação de desempenho. Esse tipo de avaliação é, inerentemente, a coisa errada a ser feita. Os líderes precisam saber o que está errado com a avaliação de desempenho e o que fazer em seu lugar (Capítulo 9).

43. Ao invés de controlar o seu pessoal, os líderes devem trabalhar com as pessoas para controlar os sistemas e processos. Ao invés de utilizar sistemas disfuncionais que exigem esforços heróicos de pessoas sensacionais, os líderes devem procurar criar e manter sistemas e processos sensacionais que obtêm êxito continuamente com os esforços normais de pessoas comuns (Capítulo 9).

44. No coração de muitas das políticas gerenciais convencionais encerra-se um desejo, por parte de alguns líderes, de manter o controle, ou a ilusão de controle, sobre as pessoas. Os líderes precisam analisar se isto se aplica a eles e saber o que pode ser ganho controlando o trabalho, e não os funcionários (Capítulo 9).

45. Os líderes precisam compreender que para desenvolver uma avaliação de desempenho alternativa precisam mudar sua forma de pensar (Capítulo 9).

46. A liderança não é apenas uma posição. É um processo. A responsabilidade das pessoas nessa *posição* é ver se o *processo* de liderança ocorre (Capítulo 10).

47. Um local de trabalho pode ser um local de cura ou um local enlouquecedor. A tarefa de um líder é criar um ambiente de cura (Capítulo 10).

ATIVIDADES DO CAPÍTULO 10

Discuta essas questões com seu grupo.

Questões sobre liderança

1. A despeito de qualquer outra coisa que você tenha lido ou aprendido sobre liderança, quais são as características dos líderes excelentes com quem você trabalhou diretamente e cuja liderança observou diretamente?

2. O quanto sua experiência com líderes excelentes se difere das idéias apresentadas nesse livro?

3. O que estão estas pessoas, de fato, proclamando?
   - Douglas McGregor disse: "Todo ato gerencial se baseia em teoria."
   - Deming disse: "Todas as teorias são corretas em algum mundo."
   - George Box disse: "Todas as teorias são erradas, mas algumas são úteis."
   - Deming disse: "Gerência é adivinhação."

O *continuum* do local de trabalho enlouquecedor *versus* o de cura

Faça com que as pessoas descrevam sua organização utilizando o *continuum* do local de trabalho que deixa as pessoas loucas *versus* o local que cura. Observe as diversas tendências. (Ex.: As respostas das pessoas que estão no topo da organização *versus* as das que estão em um patamar mais baixo).

Instruções:

Coloque um X no *continuum* correspondente à posição geral da empresa em relação aos conjuntos de atributos de enlouquecer/de cura.

Zona 1: Enlouquecedor ao extremo.

Zona 2: Moderadamente enlouquecedor.

Zona 3: Moderadamente de cura.

Zona 4: De cura ao extremo.

Obs.: Não marque X nas posições fronteiriças.

Depois de marcar o *continuum*, compare sua resposta com as das outras pessoas do grupo. Discuta sobre as experiências e percepções diferentes.

Local de trabalho que cura

- Propósito claro constante, enobrecedor
- Oportunidades de aprender e crescer
- Melhoria contínua dos métodos e processos
- Respeito e confiança mútuos
- Comunicação freqüente e aberta
- Funcionários valorizados como pessoas
- Forte senso de comunidade

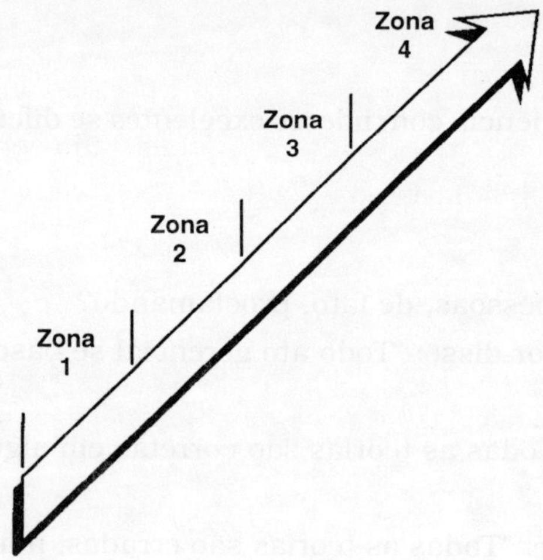

Local de trabalho de enlouquecer

- O propósito não é claro
- Inconsistência em termos de propósito
- Mentalidade de culpado
- Funcionários valorizados pela utilidade
- Desconfiança
- Distanciamento, diferenciação
- Paternalismo
- Trabalho que não vale a pena
- Pouco espaço para comunicação

Perguntas sobre negócios

1. Qual o propósito de *um* negócio?

2. Qual o propósito dos *negócios*?

3. Albert Dunlap:
   - Foi nomeado presidente da Scott Paper (agora ele é presidente da Sunbeam).
   - Fechou muitas fábricas e instalações, demitindo cerca de 11.000 pessoas.
   - Vendeu várias subsidiárias da Scott.
   - O que restou foi comprado pela Kimberly-Clark.
   - O retorno sobre investimento da Scott nunca foi tão bom. "Foi o melhor ano da Scott", disse Dunlap.
   - Descreve a si mesmo como um especialista na "arte da virada".

   O que você pode inferir das crenças de Dunlap sobre negócios, clientes, funcionários e acionistas?

Perguntas sobre você

1. O que o atrai para a liderança ou gerência?

2. O que você espera estar fazendo daqui a dez anos?

3. Que legado gostaria de deixar?

O exercício das características dos líderes

A seguir apresentamos 28 pares de declarações, cada um deles descrevendo uma característica de um líder. Para cada par escolha a declaração — A ou B — que você acredita ser mais importante.

Quando você completar as 28 características, utilize a legenda de pontos para identificar que características você escolheu e com que freqüência você o fez. Discuta seus resultados com outras pessoas que fizeram o mesmo exercício.

Escolha uma das declarações de cada par, correspondendo à característica que você acredita ser mais importante para um líder.

1	A. Um líder deve conhecer o seu negócio.	ou	B. Um líder deve se preocupar com as pessoas da força de trabalho: respeitá-las e confiar nelas.
2	A. Um líder deve compreender como o conceito de sistemas se aplica a sua organização	ou	B. Um líder deve ser um excelente comunicador.
3	A. Um líder deve ser inteligente.	ou	B. Um líder deve ser claro sobre o propósito, missão, visão, direção e foco da organização.
4	A. Um líder deve ser inteligente.	ou	B. Um líder deve se preocupar com as pessoas da força de trabalho: respeitá-las e confiar nelas.

5	A. Um líder deve estar comprometido a servir os clientes.	ou	B. Um líder deve ser um excelente comunicador.
6	A. Um líder deve conhecer o seu negócio.	ou	B. Um líder deve estar comprometido com o lucro dos acionistas.
7	A. Um líder deve ser inteligente.	ou	B. Um líder deve compreender como o conceito de sistemas se aplica a sua organização.
8	A. Um líder deve estar comprometido a servir os clientes.	ou	B. Um líder deve estar comprometido com o lucro dos acionistas.
9	A. Um líder deve conhecer o seu negócio.	ou	B. Um líder deve ser claro sobre o propósito, missão, visão, valores, prioridades, direção e foco da organização.
10	A. Um líder deve ser um excelente comunicador.	ou	B. Um líder deve estar comprometido com o lucro dos acionistas.
11	A. Um líder deve estar comprometido a servir os clientes.	ou	B. Um líder deve compreender como o conceito de sistemas se aplica a sua organização.
12	A. Um líder deve ser inteligente.	ou	B. Um líder deve conhecer o seu negócio.
13	A. Um líder deve se preocupar com as pessoas da força de trabalho: respeitá-las e confiar nelas.	ou	B. Um líder deve compreender como o conceito de sistemas se aplica a sua organização.

	A		B
14	A. Um líder deve ser claro sobre o propósito, missão, visão, valores, prioridades, direção e foco da organização.	ou	B. Um líder deve estar comprometido com o lucro dos acionistas.
15	A. Um líder deve compreender como o conceito de sistemas se aplica a sua organização.	ou	B. Um líder deve ser claro sobre o propósito, missão, visão, valores, prioridades, direção e foco da organização.
16	A. Um líder deve se preocupar com as pessoas da força de trabalho respeitá-las e confiar nelas.	ou	B. Um líder deve ser um excelente comunicador.
17	A. Um líder deve conhecer o seu negócio.	ou	B. Um líder deve compreender como o conceito de sistemas se aplica a sua organização.
18	A. Um líder deve ser inteligente.	ou	B. Um líder deve estar comprometido a servir os clientes.
19	A. Um líder deve conhecer o seu negócio.	ou	B. Um líder deve ser um excelente comunicador.
20	A. Um líder deve ser inteligente.	ou	B. Um líder deve ser um excelente comunicador.
21	A. Um líder deve ser inteligente.	ou	B. Um líder deve estar comprometido com o lucro dos acionistas.
22	A. Um líder deve se preocupar com as pessoas da força de trabalho: respeitá-las e confiar nelas.	ou	B. Um líder deve estar comprometido a servir os clientes.

23

A. Um líder deve estar comprometido a servir os clientes.	ou	B. Um líder deve ser claro sobre o propósito, missão, visão, valores, prioridades, direção e foco da organização.

24

A. Um líder deve se preocupar com as pessoas da força de trabalho: respeitá-las e confiar nelas.	ou	B. Um líder deve estar comprometido com o lucro

25

A. Um líder deve ser um excelente comunicador.	ou	B. Um líder deve ser claro sobre o propósito, missão, visão, valores, prioridades, direção e foco da organização.

26

A. Um líder deve conhecer o seu negócio.	ou	B. Um líder deve estar comprometido a servir os clientes.

27

A. Um líder deve compreender como o conceito de sistemas se aplica a sua organização.	ou	B. Um líder deve estar comprometido com o lucro dos acionistas.

28

A. Um líder deve se preocupar com as pessoas da força de trabalho: respeitá-las e confiar nelas.	ou	B. Um líder deve ser claro sobre o propósito, missão, visão, valores, prioridades, direção e foco da organização.

Legenda de Pontos

	Características da Liderança							
Circule A ou B, dependendo da sua escolha	1 Inteligente	2 Conhece o negócio	3 Preocupa-se com as pessoas	4 Compro-metido a servir os clientes	5 Compre-ende sistemas	6 Excelente comuni-cador	7 Claro sobre o propósito e direção	8 Compro-metido com o lucro dos acionistas
Par 1		A	B					
2					A	B		
3	A						B	
4	A		B					
5				A		B		
6		A						B
7	A				B			
8				A				B
9		A					B	
10						A		B
11				A	B			
12	A	B						
13			A		B			
14							A	B
15					A		B	
16			A			B		
17		A			B			
18	A			B				
19		A				B		
20	A					B		
21	A							B
22			A	B				
23				A			B	
24			A					B
25						A	B	
26		A		B				
27					A			B
28			A				B	
Total (máximo de sete pontos)								

REFERÊNCIAS

Adams, S. 1996. *The Dilbert principle.* Nova Iorque: Harper Business.

Anderson, T.D. 1992. *Transforming leadership.* Amherst, MA: HRD Press.

Argyris, C. 1964. *Integrating the individual and the organization.* Nova Iorque: John Wiley & Sons.

Belasco, J. e Stayer, R. 1993. *Flight of the buffalo.* Nova Iorque: Warner Books.

Bennis, W. 1989. *On becoming a leader.* Reading, MA: Addison Wesley.

Block, P. 1987. *The empowered manager.* São Francisco: Jossey Bass.

Brown, D. 1995. *Technimanagement.* Englewood Cliffs, NJ: Prentice Hall.

Bryner, A. e Markova, D. 1996. *An unused intelligence.* Berkeley, CA: Conari Press.

Byham, W.C. 1989. *Zapp! Pittsburgh,* PA: Developmental Dimensions International Press.

Delavigne, K.T. e Robertson, J.D. 1994. *Deming's profound changes.* Englewood Cliffs, NJ: Prentice Hall.

DePree, M. 1992. *Leadership jazz.* Nova Iorque: Doubleday Currency.

DePree, M. 1987. *Leadership is an art.* Nova Iorque: Doubleday.

Dobyns, L. e Crawford-Mason, C. 1994. *Thinking about quality.* Nova Iorque: Random House.

Drucker, P.F. 1966. *The effective executive.* Nova Iorque: Harper & Row.

Egan, G. 1988. *Change agent* skills. San Diego, CA: University Associates.

Gluckman, P. e Reynolds-Roone, D. 1993. *Everyday heroes of the quality movement.* Knoxville, TN: SPC Press.

Goldratt, E. M. 1990. *The theory of constraints.* Croton-On-Hudson, NY: North River Press.

Greenleaf, R. 1977. *Servant leadership: A journey in the nature of legitimate power and greatness.* Paulist Press.

Hesselbein, F., Goldsmith, M. e Beckhard, R. orgs. 1996. *The leader of the future: New visions, strategies, and practices for the next era.* São Francisco: Jossey-Bass Publishers.

Ikezawa, T. 1993. *Effective TQC.* Tokyo: PHP Institute.

Johnson, B. 1992. *Polarity management.* Amherst, MA: HRD Press.

Lane, T. e Green, A. 1994. *The way of quality.* Austin,TX: Dialogos Press.

Lareau, W. 1991. *American Samurai.* Nova Iorque: Warner Books.

Lundin, W. e Lundin, K. 1993. *The healing manager.* São Francisco: Berrett-Koehler.

Maslow, A. H. 1965. *Eupsychian management.* Homewood, IL: Richard Irwin, Inc. e The Dorsey Press.

Maynard, H. B. e Mehrtens, S. 1993. *The fourth wave: Business in the twenty-first century.* Berret-Koehler Publishers.

Ozaki, R. 1991. *Human capitalism.* Nova Iorque: Penguin Books.

Rehfeld, J. 1994. *Alchemy of a leader.* Nova Iorque: John Wiley & Sons.

Roberts, H. e Sergesketter, B. 1993. *Quality is personal.* Nova Iorque: The Free Press.

Sashkin, M. e Kiser, K. 1991. *Total quality management.* Seabrook, MD: Ducochon Press.

Scherkenbach, W.W. 1986. *The Deming route to quality and productivity.* Washington, DC: Ceepress Books.

Scholtes, P. 1997. *Management is prediction and competition in the organization: A house divided.* (Disponível através de Scholtes Seminars and Consulting.)

Semler, R. 1993. *Maverick.* Nova Iorque: Warner Books.

Spears, L. 1995. *Reflections on leadership: How Robert K. Greenleaf's theory of servant-leadership influenced today's top management thinkers.* Nova York: John Wiley & Sons.

Sun-Tzu. *The art of war* (translated by Thomas Cleary). 1989. Boston: Shambala Publications.

Tannenbaum, R. e Schmidt, W. 1968. *How to choose a leadership pattern.* (Reprodução nº 73311.) Harvard Business Review, maio-junho.

Tannenbaum, R. e Schmidt, W. 1968. *How to choose a leadership pattern: Organizational behavior and the practice of management.* Glenview, IL: Scott, Foresman & Co.

Walton, M. 1986. *The Deming management Method.* Putnam, NY: Peregee.

Wheatley, M. J. 1992. *Leadership and the new science.* São Francisco: Barrett Koehler.

Wright, L. e Syme, M. 1996. *Corporate abuse.* Toronto: Key Porter Books.

Índice

B

C

D

E

F

H

I

J

K

N, O

P

Q, R

V

W

ANOTAÇÕES

ANOTAÇÕES

ANOTAÇÕES

ANOTAÇÕES

ANOTAÇÕES

DADOS TÉCNICOS

FORMATO:	21 x 21 cm
Mancha:	16,5 x 19 cm
Corpo:	10
Entrelinhamento:	12
Fonte:	Bookman
Total de páginas:	504

Impresso nas oficinas da
SERMOGRAF - ARTES GRÁFICAS E EDITORA LTDA.
Rua São Sebastião, 199 - parte - Petrópolis - RJ
em Fevereiro de 1999